TERRA MAXIMA

Atlas der Superlative

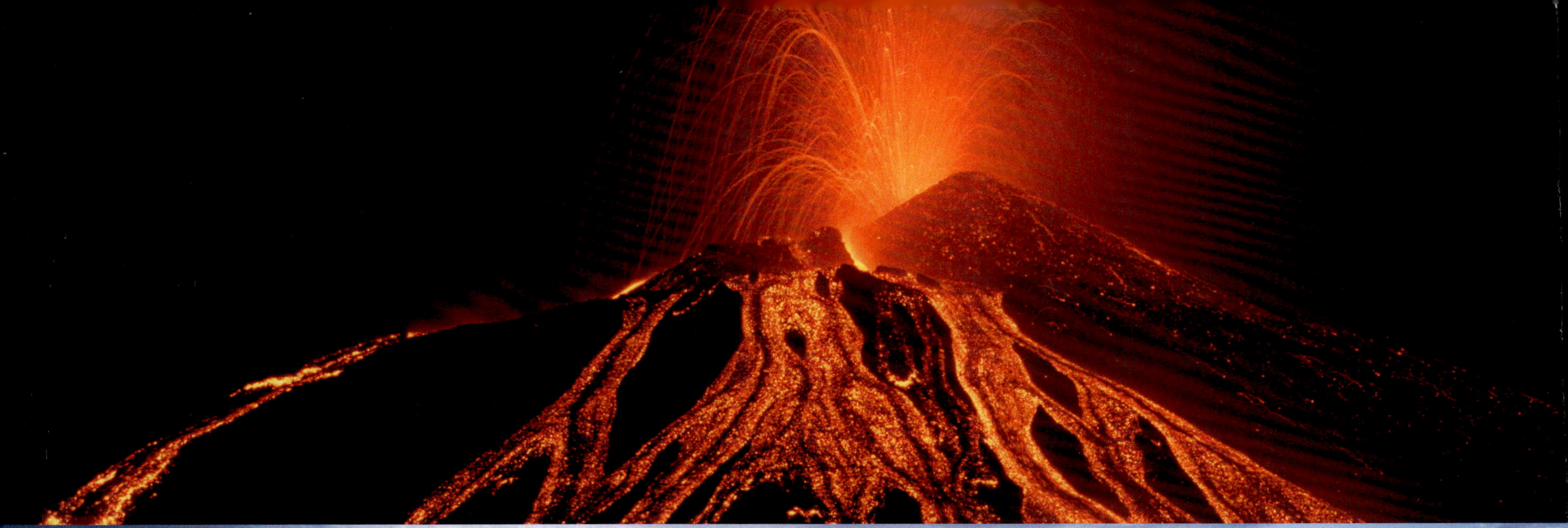

VORWORT

Die Lust am Staunen

Unsere Welt steckt voller Wunder. Und wir wollen sie bewundern! Denn die Superlative unseres Planeten sind keine Selbstverständlichkeit, keine bloße Begleiterscheinung unserer Existenz. Sie sind einzigartig, atemberaubend, unvergleichlich. Obwohl – was passiert eigentlich, wenn wir Vergleiche anstellen? Minimieren wir dann die gigantischen Rekorde von Natur und Menschheit? Schmälern wir damit die fantastischen Leistungen? Nichts dergleichen, im Gegenteil, indem wir ab und an Phänomene aus Natur und Technik gegenüberstellen, erkennen wir erst die sensationellen Werte und Meisterwerke, die uns mal alltäglich und mal auf Reisen begegnen.

TERRA MAXIMA nimmt uns mit auf eine spannende Entdeckertour zu den größten Ozeanen, hinab in die tiefsten Meeresgründe und zu ihren Bewohnern und Besuchern, und dann hinauf zu den höchsten Gipfeln, in eisige Höhen und zu Lava speienden Kratern. Wir folgen den Spuren der größten und schnellsten Landtiere, begreifen aber auch, welche Kraft und Raffinesse in den kleinsten Lebewesen steckt, lassen den Blick sehnsuchtsvoll nach oben schweifen und verfolgen spektakuläre Flugmanöver von Vögeln wie von Flugzeugen. Himmelstürmende Monumente der zeitgenössischen Architektur oder großartige Konstruktionen moderner Ingenieurbaukunst faszinieren genauso wie die Werke der kleinsten Baumeister der Welt, der Korallen.

Wir haben die Themen den vier Elementen Feuer, Wasser, Erde und Luft zugeordnet. Nach der 4-Elementen-Lehre aus Zeiten der Alchemie »besteht alles Sein in bestimmten Mischungsverhältnissen aus den vier Grundelementen«. Der wissenschaftliche Fortschritt führte zum Periodensystem, einer Liste aller chemischen, nach ihrer Kernladung geordneten Elemente. Doch für dieses Buch sollen die ursprünglichen, philosophischen und künstlerischen Prinzipien gelten. So ist es gelungen, das unfassbar breite Spektrum von Natur und Menschheit für dieses Buch unterhaltsam und überraschend neu einzuordnen.

Wenn Vulkane Feuer speien, ist ganz klar Feuer am Werk, wenn Delfine durch das Wasser tauchen, vergnügen sie sich im Element Wasser. Doch was ist eine Insel, sie besteht aus Erde, doch umgeben von Wasser? Oder in den Wüsten, da toben tagsüber die heißesten Temperaturen, und in der Nacht wird es bitterkalt. Lassen wir die Freiheit entscheiden, den übergeordneten Gedanken entfalten, denn es geht um das wundersame Staunen über unsere facettenreiche Welt. Wir wünschen elementares Vergnügen dabei!

Bilder von oben: Feuerwerksgleicher Ausbruch am Ätna 2002. Der langsam fließende Murray mit seinen baumbestandenen Ufern ist der längste Fluss auf dem australischen Festland. Eine Herde Trampeltiere zieht ihren Weg durch die farbenfroh blühende Steppenwüste Gobi. Skyline von Manhattan mit dem Empire State Building in der Bildmitte und One World Trade Center hinten rechts.

VULKANE 14

WASSER

OZEANE 104

FLÜSSE 142

WASSERFÄLLE 178

SEEN 204

SÜMPFE 224

EISFELDER UND GLETSCHER 230

ERDE

KONTINENTE 254

INSELN 278

TUNDRA UND TAIGA 294

MEISTER(WERKE) DER LÜFTE 448

VIER ELEMENTE
LUFT
LUFT

Der Fagradalsfjall im Südwesten des Krýsuvík-Trölladyngja-Systems auf der Halbinsel Reykjanes ist einer der aktiven Vulkane Islands. Zuletzt brach er im April 2021 aus, mehrere Eruptionsspalten öffneten sich dabei.

VIER ELEMENTE

FEUER

FEUER

Feuer ist pure Energie, es erzeugt Hitze, Wärme, Licht. Mit dem Urknall verbindet man den Beginn allen Lebens, die Entstehung von Materie, Raum und Zeit. Andererseits kann Feuer auch zerstörerisch sein und eine Vernichtung für Pflanzen, Tiere und Menschen bedeuten. Dennoch ist Feuer das einzige Element, das nicht allein existieren kann. Ohne Luft und damit Sauerstoff erstickt es im Nu, erlischt und sucht sich nicht selten neue Orte, um sie zu erobern.

VIER ELEMENTE

FEUER

VULKANE

Ein Großteil der Erdkruste entstand aus geschmolzenem Gestein, das aus dem Erdinneren zur Oberfläche aufgestiegen, dann abgekühlt und zu vulkanischem Gestein erkaltet ist

Vulkanismus ist fast ausschließlich auf die Plattenränder begrenzt. Von den weltweit 500 bis 600 aktiven Vulkanen liegen 80 % an zusammenstoßenden und 15 % an auseinanderdriftenden Platten. So genannte »Hot-Spot-Vulkane« machen etwa 5 % aus. Diese Vulkane sitzen unbeweglich auf einer besonders heißen Zone des Erdmantels und brechen immer an derselben Stelle aus, während sich die Erdplatte über sie hinwegschiebt. Einige der berühmtesten Vulkane der Welt zählen zu diesem Typ, etwa diejenigen auf der 2.400 Kilometer langen Kette der Hawaii-Inseln, die alle als ortsfeste Hot Spots entstanden sind, über die sich die Pazifische Platte schob.

Die feuerspeienden Schlote können nach der Art der Magmazufuhr unterteilt werden: So gibt es Spaltenvulkane wie den Ätna auf Sizilien, die immer wieder an unterschiedlichen Stellen (Spalten) ausbrechen, wobei sich die austretende Lava nur langsam talwärts bewegt. Völlig anders verhält es sich beim Zentralvulkan (z.B. der Vesuv bei Neapel). Bei diesen Vulkanen führt eine rohrartige Öffnung bis in die Magmakammer, die Lavamassen werden bei einem Ausbruch explosionsartig hochgeschleudert, und es können sich dabei Calderen (kesselförmige Vertiefungen) bilden.

Vulkane werden auch nach ihrer Form unterschieden. So gibt es Schicht- oder Stratovulkane, die kegelförmig aussehen (z.B. der Fujisan in Japan), Schildvulkane (z.B. Mount Loa auf Hawaii), Decken- und Plateauvulkane, bei denen dünnflüssigere Lava durch Spalten an die Oberfläche dringt, Schlacken- und Aschenkegel, die deutlich kleiner sind und meist eine regelmäßige, konische Form aufweisen (z.B. der Stromboli in Italien), Maare, die durch eine Explosion ohne Lava entstehen und ein trichter- oder schüsselartiges Aussehen haben (z.B. in der Vulkaneifel), und Calderen, die kessel- oder beckenförmige Vertiefungen darstellen (z.B. Caldera de Taburiente auf La Palma).

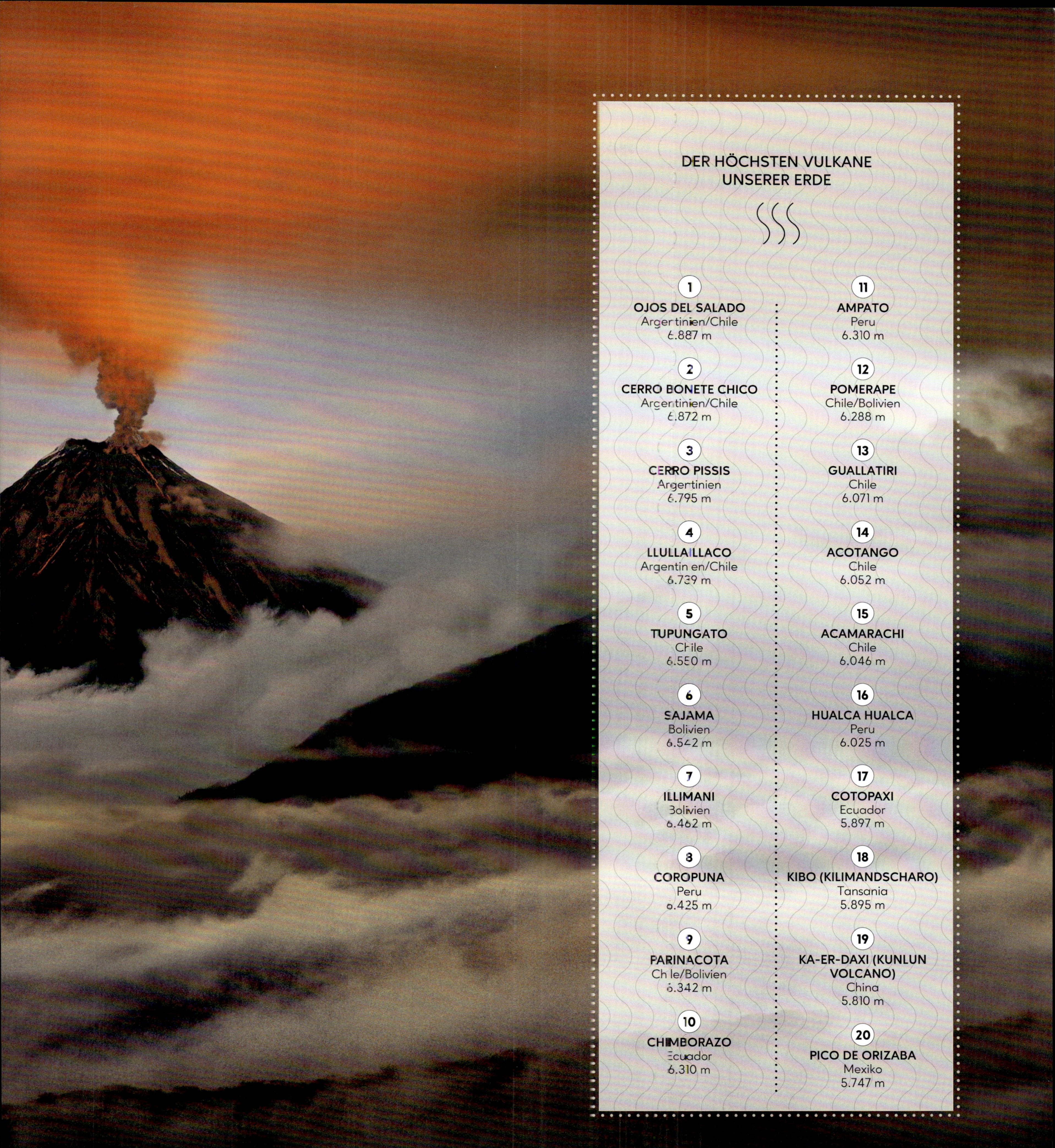

DER HÖCHSTEN VULKANE UNSERER ERDE

1. **OJOS DEL SALADO**
   Argentinien/Chile
   6.887 m
2. **CERRO BONETE CHICO**
   Argentinien/Chile
   6.872 m
3. **CERRO PISSIS**
   Argentinien
   6.795 m
4. **LLULLAILLACO**
   Argentinien/Chile
   6.739 m
5. **TUPUNGATO**
   Chile
   6.550 m
6. **SAJAMA**
   Bolivien
   6.542 m
7. **ILLIMANI**
   Bolivien
   6.462 m
8. **COROPUNA**
   Peru
   6.425 m
9. **PARINACOTA**
   Chile/Bolivien
   6.342 m
10. **CHIMBORAZO**
    Ecuador
    6.310 m
11. **AMPATO**
    Peru
    6.310 m
12. **POMERAPE**
    Chile/Bolivien
    6.288 m
13. **GUALLATIRI**
    Chile
    6.071 m
14. **ACOTANGO**
    Chile
    6.052 m
15. **ACAMARACHI**
    Chile
    6.046 m
16. **HUALCA HUALCA**
    Peru
    6.025 m
17. **COTOPAXI**
    Ecuador
    5.897 m
18. **KIBO (KILIMANDSCHARO)**
    Tansania
    5.895 m
19. **KA-ER-DAXI (KUNLUN VOLCANO)**
    China
    5.810 m
20. **PICO DE ORIZABA**
    Mexiko
    5.747 m

Der Vulkan Tungurahua in Ecuador, ein 5.016 Meter hoher Schichtvulkan (großes Bild), erlebte immer wieder Phasen starker Aktivität, beispielsweise in den Jahren 1916 bis 1925. Seit 1999 ist er erneut aktiv. Im August 2006 fand eine besonders starke Eruption statt, bei der der Vulkan Gase, Asche und Pyroklastika – vulkanisches Lockermaterial – auswarf. Die Aschesäule ragte damals zwölf Kilometer hoch in den Himmel.

VIER ELEMENTE

FEUER

OJOS DEL SALADO

Der höchste Vulkan
der Erde

Der Ojos del Salado in der Atacama-Wüste an der Grenze zwischen Argentinien und Chile ist der zweithöchste Berg Amerikas und der höchste Vulkan der Erde. Nach einigen Messungen im 20.Jahrhundert sollte er sogar höher als der Aconcagua und damit der höchste Berg Amerikas sein. Neuere, präzisere GPS-basierte Messungen bestätigten dies jedoch nicht. 1994 ergab eine Messung des Monte Pissis eine Höhe von 6.882 Metern – danach wäre der Ojos del Salado sogar nur noch der dritthöchste Berg Amerikas. Doch auch diese Messung stellte sich als falsch heraus. Inzwischen gilt es als sicher, dass der Ojos del Salado mit seinen 6.887 Metern rund 100 Meter höher als der Cerro Pissis ist. Da keine Aufzeichnungen über explosive Ausbrüche existieren, nimmt man an, dass der Ojos del Salado erloschen ist. Es wird jedoch immer wieder von Gasaktivitäten des Vulkans berichtet. So wurden in den Jahren 1937 und 1956 sowie am 14. November 1994 Aktivitäten aufgezeichnet, bei denen Wasser- und Schwefeldämpfe aus dem Krater austraten. 2007 erreichte ein Chilene mit einem umgebauten Geländewagen auf dem Ojos del Salado eine Höhe von 6.688 Metern – damit stellte er einen Weltrekord auf, denn noch nie zuvor war jemand mit einem Fahrzeug so hoch hinaufgelangt.

Blick über die Puna de Atacama vom Gipfel des Cerro Pissis aus, des jeweils dritthöchsten Bergs in Argentinien und Vulkans auf der Erde. Im Hintergrund erheben sich der Ojos del Salado und der Cerro Nacimiento (großes Bild).

Links: Ojos del Salado, höchster Vulkan der Erde und zweithöchster Berg Südamerikas, bedeutet übersetzt »Salzaugen«. Die Kraterseen zu seinen Füßen sind extrem salzhaltig und leuchten intensiv türkis.

SUPERVULKANE

Die gefährlichsten Vulkane der Erde

Im Gegensatz zu klassischen Vulkanen bilden Supervulkane keine Bergkegel aus, wie dies beim Fujijama oder beim Ätna der Fall ist. Sie hinterlassen nach einem Ausbruch gewaltige Einsturztrichter, die entstehen, wenn die Erde über der entleerten Magmakammer einstürzt. Dicht unter der Oberfläche steigert sich der Druck in den Vulkansystemen so lange, bis er mit einer gewaltigen Eruption an die Oberfläche dringt. Diese Ausbrüche kündigen sich mit vermehrter seismischer Aktivität, Hebungen und Senkungen des Vulkanbodens und Rissbildung in der Umgebung an. Die Folgen der Eruptionen sind verheerend und wirken sich weltweit aus. Bisher sind der Wissenschaft nur wenige solcher Ausbrüche bekannt. Gemessen wird ihre Stärke nach dem VEI, dem Vulkan-Explosions-Index. Eruptionen von Supervulkanen erreichten auf dem Index die Stärke acht.

LA-GARITA-CALDERA

USA, Colorado

Der stärkste nachweisbare Vulkanausbruch der Erdgeschichte fand vor rund 27 Millionen Jahren am Ort der heutigen La- Garita-Caldera im südwestlichen Colorado statt (oben: Tuffformationen). Dabei wurden rund 5.000 km³ vulkanische Asche und Gestein in die Atmosphäre geschleudert. Als Relikt blieb die geologisch sehr einheitlich aufgebaute Caldera erhalten, die 35 mal 75 Kilometer groß ist. Später waren noch sieben weitere größere Eruptionen zu verzeichnen.

TOBA-SEE

Indonesien, Sumatra

Der Toba-See (links) auf Sumatra, mit 1.146 km² der größte Vulkansee der Erde, ist das Relikt des stärksten Vulkanausbruchs der letzten 500.000 Jahre. Mit einem Nennwert von acht auf dem Vulkan-Explosivitäts-Index (VEI) verursachte die Eruption eine Abkühlung der Atmosphäre um bis zu 17 °C und sorgte so für die 1.000 kältesten Jahre der Würmeiszeit. Bei dem Ausbruch wurden schätzungsweise 2.800 km³ vulkanisches Material freigesetzt, das sich in einer Höhe von 50 Kilometern über die gesamte Erde verteilte und einen sogenannten »vulkanischen Winter« hervorrief. In der Mitte des Sees liegt die Insel Samosir.

TAUPOSEE

Neuseeland, Nordinsel

Vor circa 22.600 Jahren erschütterte eine gewaltige Vulkaneruption die Nordinsel Neuseelands. 1.170 km³ Asche und vulkanisches Gestein wurde in die Atmosphäre abgegeben und verteilte sich über große Teile der Welt. Der Taupo ist seither weitere 28 Mal ausgebrochen. Allerdings erreichte keine dieser Eruptionen diese Größenordnung. Mit einer Größe von 616 km² und einer Tiefe von 186 Metern ist der Tauposee (links) der größte See in Neuseeland.

YELLOWSTONE

USA, Wyoming

Unter den Supervulkanen gilt der Yellowstone als der gefährlichste. In einem Zyklus von etwa 700.000 bis 900.000 Jahren kommt es zu gewaltigen Eruptionen. Der letzte Ausbruch setzte 1.000 km^3 Asche und vulkanisches Material frei, das zu einem globalen vulkanischen Winter führte. Ursache für die Aktivität des Yellowstone-Vulkans ist ein Hot Spot, auf dem der Vulkan sitzt, der eine in 8.000 Metern Tiefe liegende Magmakammer nährt. Erdbeben und Geysire sind die äußeren und erfahrbaren Anzeichen erhöhter seismischer Aktivität. Steigt der Druck in der Magmakammer, so verändert sich die Struktur der Caldera. An ihren Rändern bilden sich Risse, Gase und Lava treten aus. In den vergangenen Jahrzehnten waren immer wieder Perioden »thermischer Unruhe« zu verzeichnen. Allerdings ließ die Aktivität mittlerweile wieder nach.

Schwefel- und Mineralablagerungen weist der Grand Prismatic Pool am Beckenrand auf (großes Bild). Dass man hier auf einem Pulverfass sitzt, ist im Yellowstone-Nationalpark vielerorts spürbar.

VULKANERUPTIONEN

Die gewaltigsten Vulkan-
ausbrüche der Geschichte

Die größten Vulkan-ausbrüche vor Christus:

1 **La Garita Caldera**
vor ca. 27 Mio. J. –
USA, Colorado

2 **Bruneau-Jarbidge**
vor ca. 11 Mio. J. –
USA, Idaho

3 **Yellowstone**
vor ca. 2,2 Mio. J. –
USA, Wyoming

4 **Yellowstone**
vor ca. 1,2 Mio. J. –
USA, Wyoming

5 **Valle Grande**
vor ca. 1,1 Mio.J. –
USA, New Mexico

6 **Long Valley Caldera**
vor 760.000 J. –
USA, Kalifornien

7 **Yellowstone**
vor 640.000 J. –
USA, Wyomings

8 **Aso Kysh**
vor 300.000–80.000 J. –
Japan, Kyushu

9 **Tobasee**
vor 75.000 J. –
Indonesien, Sumatra

10 **Phlegräische Felder**
vor 35.000 J. –
Italien, Kampanien

11 **Tauposee**
vor 26.500–22.500 J. –
Neuseeland, Nordinsel

12 **Aira Kysh**
vor 22.000 J. –
Japan, Kyushu

13 **Kurilensee**
um 5700 –
Russland, Kamtschatka

14 **Mount Mazama**
um 4900 –
USA, Oregon

15 **Kikai**
um 4300 –
Japan, Ryukyu-Inseln

16 **Santorin**
um 1630 –
Griechenland, Kykladen

Die größten Vulkan-ausbrüche nach Christus:

1 **Ambrym**
50 – Vanuatu

2 **Vesuv**
79 – Italien, Kampanien

3 **Tauposee**
181 – Neuseeland, Nordinsel

4 **Eldgjá**
936 – Island

5 **Baitoushan/Paektusan**
1050 – China/Korea

6 **Ätna**
1169 – Italien, Sizilien

7 **Kuwae**
1453 – Vanuatu

8 **Vesuv**
1631 – Italien, Kampanien

9 **Ätna**
1669 – Italien, Sizilien

10 **Lanzarote**
1730–1736 – Atlantik,
Kanarische Inseln

11 **Laki/Lakagígar**
1783–1784 – Island

12 **Tambora**
1815 – Indonesien, Sumbawa

13 **Krakatau**
1883 – Indonesien

Die griechische Ägäisinsel Santorin (großes Bild) war um 1630 v. Chr. Schauplatz eines verheerenden Vulkanausbruchs. Nach neuesten Berechnungen hatte der Ausbruch auf der Vulkanexplosivitätsindexskala, die von null bis acht reicht, vermutlich die Stärke sieben. Dieser Wert ist nur einmal in 1.000 Jahren zu erwarten.

Oben rechts: Crater Lake, ein Kratersee des Vulkans Mount Mazama in Oregon.

WISSENSWERT

Vesuv mit Museum

Der Vesuv gehört zu den berühmtesten Vulkanen der Welt und ist der einzige aktive Feuerberg auf dem europäischen Festland. Berühmt ist er für seinen Ausbruch 79 n. Chr., als die römischen Städte Pompeji, Herculaneum und Stabiae zerstört worden sind. Obwohl er zu den gefährlichsten Vulkanen der Welt zählt, befindet sich die Millionenstadt Neapel nur wenige Kilometer entfernt. Wie sich der Feuerberg im Laufe der Jahrhunderte verändert hat, wann Experten wieder mit einem Ausbruch rechnen und welche Rolle der Vulkan für die Tier- und Pflanzenwelt der Region spielt, darüber informiert ein neues Museum. Es greift sowohl das Thema Vesuv-Nationalpark auf als auch die vielen Fragen um den berühmten Vulkan selbst.

VULKANERUPTIONEN

Die gewaltigsten Vulkanausbrüche der Neuzeit

Schon immer haben sich Menschen auch in der Nähe von Vulkanen angesiedelt. Die Einwohner der Städte und Dörfer bei Vulkanen sind sich der Bedrohung zwar bewusst – aber sie hoffen natürlich, dass der Vulkan vor ihrer Tür nicht ausbrechen wird. Die Ruhe ist jedoch oft trügerisch. Denn auch Vulkane, die schon mehrere 1.000 Jahre lang nicht ausgebrochen sind, können irgendwann explodieren. Auf der Erde gibt es etwa 550 aktive Vulkane. Die bekanntesten unter ihnen sind der Vesuv und der Ätna in Italien, der Pinatubo auf den Philippinen und der Mount St. Helens in den USA. Ihre Ausbrüche in den letzten 100 Jahren vernichteten Landschaften und Leben.

DIE GRÖSSTEN VULKANSAUSBRÜCHE DER NEUZEIT:

1. **SANTA MARIA**
   1902 – Guatemala
2. **MT. PELÉE**
   1902 – Martinique
3. **NOVARUPTA**
   1912 – Alaska-Halbinsel
4. **KELUD**
   1919 – Indonesien, Java
5. **GUNUNG AGUNG**
   1963 – Indonesien, Bali
6. **SURTSEY**
   1963 – Island
7. **ELDFELL**
   1973 – Island
8. **NYIRAGONGO**
   1977 – Zaire
9. **MOUNT ST. HELENS**
   1980 – USA, Oregon
10. **NEVADO DEL RUIZ**
    1985 –Kolumbien
11. **PINATUBO**
    11991 – Philippinen
12. **CERRO HUDSON**
    1991 – Chile
13. **SOUFRIERE HILLS**
    1995/1997 – Montserrat,Karibik
14. **TUNGURAHUA**
    2000–2006 – Ecuador

Vesuv 1944 (ganz oben), Pinatubo 1991 (oben).

Gunung Agung auf Bali 1963 (rechts), Mount St. Helens 1980 (ganz rechts).

Großes Bild: Der karibischen Insel Montserrat liegen drei vulkanische Gebiete zugrunde: den Silver Hills im Norden, den Centre Hills in der Mitte und den Soufrière Hills im Süden.

VIER ELEMENTE

FEUER

PAZIFISCHER FEUERRING

Das größte Vulkansystem
der Erde

Ein 32.500 Kilometer langer Feuergürtel (»Ring of Fire«) aus vulkanischen Inselreihen und Vulkanketten säumt den Pazifischen Ozean: Er reicht von der Antarktischen Halbinsel über Feuerland bis zu den Vulkanreihen der süd- und mittelamerikanischen Kordilleren. Der von den Vulkanen Alaskas ausgehende Inselbogen der Aleuten markiert den nördlichen Rand der Pazifischen Platte. Dieser Inselbogen wird mit der sibirischen Halbinsel Kamtschatka und den Kurilen fortgeführt. Hier schiebt sich die Pazifische unter die Eurasische Platte. Die Reihe setzt sich fort mit einem Inselbogen, der von Japan bis Taiwan reicht und südlich in den Marianen ausläuft. Er markiert den Rand der Pazifischen Platte an der Grenze zur kleinen Philippinen-Platte, die ihrerseits an drei weitere Platten stößt und so an ihren Rändern die besonders aktiven Vulkanreihen Indonesiens und der Philippinen bedingt. Den Abschluss bilden die Vulkanketten entlang der Indisch-Australischen Platte, die sich über Melanesien und Fidschi bis hinunter nach Neuseeland und zu einigen subantarktischen Inseln ziehen.

Kamtschatka
Aktiver Karymski-Vulkan

Die Halbinsel Kamtschatka im äußersten Osten Russlands ist das aktivste Vulkangebiet der Erde: Von den 180 Vulkanen auf Kamtschatka sind 29 noch aktiv. Die höchste Erhebung auf der Halbinsel ist der Vulkan Kljuchevskaya Sopka mit 4.750 Meter.

Kurilen
Vulkan auf den Kurilen

Die Kurilen zwischen Kamtschatka und Japan bestehen aus über 30 Inseln mit mehr als 100 Vulkanen, von denen 39 aktiv sind. Im Juni 2009 brach der Sarychev auf der Kurilen-Insel Matua zuletzt aus – die Ascheschwaden reichten 1.000 Kilometer weit in den Pazifik.

Philippinen
Die Philippinen sind aus dem Meer ragende Vulkangipfel, deren höchster der Mount Apo (2.954 Meter) auf Mindanao ist. 1991 brach der Pinatubo auf Luzon aus – dies war einer der größten Ausbrüche des 20. Jahrhunderts.

Japan
Auf Japans Inseln gibt es 240 Vulkane, von denen 40 noch aktiv sind. Der 3.776 Meter hohe Fuji auf der Hauptinsel Honshu ist der höchste Berg des Landes und gilt als aktiv, auch wenn er seit Beginn des 18. Jahrhunderts nicht mehr ausgebrochen ist. Seit 2013 gehört er zum UNESCO Weltkulturerbe.

Alëuten / Alaksa

Ausbruch des Veniaminof, Alaska

Die Inselkette der Alëuten zwischen Nordamerika und Asien weist rund 80 teils noch tätige Vulkane auf, etwa den Mount Cleveland auf Chuginadak Island. Aktive Vulkane finden sich auch auf dem Festland von Alaska, von der Halbinsel bis zu den Wrangell Mountains, darunter der Mount Katmai mit der stärksten Eruption in der Region 1912.

Cascade Range

Crater Lake National Park

Die Cascade Range (Kaskaden-kette) verläuft parallel zur Westküste Nordamerikas von British Columbia über die US-Bundesstaaten Washington und Oregon bis in den Norden Kaliforniens. Der höchste Kaskaden-Gipfel ist der Mount Rainier (4.395 Meter) bei Seattle. Bekanntester, weil aktivster Vulkan des Gebirges ist jedoch der Mount St. Helens (2.549 Meter), der bei einem spektakulären Ausbruch im Jahr 1980 seinen Gipfel verlor.

Mittelamerika

In Costa Rica stehen teilweise recht aktive Vulkane wie an einer Schnur aufgereiht: Turrialba, Irazu (mit 3.432 Meter der höchste Vulkan des Landes), Barva, Poas und Arenal. Letzterer brach 1968 nach längerer Ruhezeit wieder aus und tötete etwa 80 Menschen. Seitdem ist der Arenal dauertätig. Die mittelamerikanische Vulkankette setzt sich gen Norden weiter fort.

Großes Bild: Ausbruch des Arenal, Costa Rica.

Nördliche Anden

Schneebedeckter Cotopaxi, Ecuador

In Ecuador sind rund 30 Vulkane aktiv, u. a. einer der höchsten aktiven Vulkane der Erde, Cotopaxi (5.897 Meter). Gefährlich für die Hauptstadt Quito ist der Pichincha, und der Tungurahua forderte 2006 viele Todesopfer.

Melanesien

Die melanesischen Inseln im Südpazifik, nordöstlich von Australien gelegen, sind vulkanischen Ursprungs. Von den vielen Vulkanen gelten der Mount Yasur und der Manaro, der 2005 zum bisher letzten Mal ausbrach, als die gefährlichsten.

Neuseeland Polynesien

Auch die Inseln Polynesiens sind durch Vulkanismus entstanden und befinden sich auf vulkanischen Erhebungen im etwa 4.000 Meter tiefen Pazifischen Ozean. Der höchste Vulkan des Archipels ist der Ruapehu auf Neuseelands Nordinsel.

Mittlere und südliche Anden

In Argentinien erhebt sich der höchste Vulkan der Welt: der Ojos del Salado (6.887 Meter). Auch in Peru findet man zahlreiche aktive Vulkane, so den Ubinas (5.672 Meter), der im Jahr 2006 erstmals nach 1956 wieder ausbrach. In den Jahren 2014 und 2015 kam es erneut zu Eruptionen mit heftigen Aschewolken.

VIER ELEMENTE

FEUER

HAWAII-ARCHIPEL

Die höchsten Vulkaninseln der Erde

Die hawaiianischen Inseln sind alle vulkanischen Ursprungs, und die Schildvulkane Hawaiis sind sogar die größten Vulkane der Welt, wenn man die Abschnitte unter der Meeresoberfläche mitrechnet, da ihre Basis in bis zu 5.400 Meter Tiefe gründet. Der jüngste Vulkan, Loihi, befindet sich unterhalb der Wasseroberfläche: Sein Gipfel liegt in 969 Meter Tiefe. Wenn er so oft ausbricht wie etwa der Mount Loa, erreicht er in einigen zehntausend Jahren den Meeresspiegel.

MAUNA KEA

Big Island, 4.205 m

Misst man den Mauna Kea von seiner Basis aus, ergibt sich eine absolute Höhe von weit über 9.000 Metern – damit ist er der höchste Berg der Erde. Im Gegensatz zu seinem Nachbarn Mauna Loa ist der Mauna Kea momentan nicht aktiv und gilt als schlafend.

MAUNA LOA

Big Island, 4.170 m

Der Schichtvulkan Mauna Loa, die zweithöchste Erhebung im Hawaii-Archipel, entstand auf einem Hot Spot und brach im Jahr 1984 zum letzten Mal aus. Zurzeit spuckt er zwar keine Lava mehr aus, gilt aber nach wie vor als aktiver Vulkan.

HUALALAI

Big Island, 3.055 m

Der Hualalai gilt als ruhender Vulkan, nachdem er Ende des 18. und Anfang des 19. Jh. zuletzt mehrmals ausgebrochen war. Auf einem der damals entstandenen Lavaströme baute man in der Neuzeit den Keahole-Kona-Flughafen.

Der Mauna Loa auf Hawaii, einer der größten aktiven Vulkane der Erde (oben)

Der Kilauea spuckt flüssige Lava ins Meer (großes Bild). Pele, die Vulkangöttin, sei dann wieder wütend, heißt es im Volksglauben. Teils fließt die glühende Lava durch Lavatunnels ab.

HALEAKALA
Maui Island, 3.055 m

Der Haleakala, der über zwei Drittel der Fläche Mauis einnimmt, ist der einzige Vulkan des Archipels außerhalb Big Islands, der in den letzten 600 Jahren aktiv war (oben). Sein Krater ist mit einem Umfang von 34 Kilometern einer der größten der Welt. Der Haleakala (»Haus der Sonne«) brach 1790 zum letzten Mal aus.

TIPP

BANZAI PIPELINE
SURFEN ODER STAUNEN

Für Surfer scheint sie das Maß aller Dinge: Die Banzai-Pipeline ist der Traum vieler Wellenreiter. Es ist diese gigantische Welle, die in Werbespots oder auf Fotos zu sehen ist, eine Ort, der die perfekte Surfgelegenheit suggeriert. Das Riff, vor dem sich die Wellen brechen, befindet sich vor der hawaiianischen Insel Oahu am Sunset-Beach. Niedriger Salzgehalt im Meer und starke Strömung sorgen dafür, dass dort so mancher Traum eines Surfers in Erfüllung geht. Die richtigen Wellenreiter freuen sich auf den Winter, wenn die Wellen höher sind, im Sommer ist das Wasser seichter. Anfänger sollten sich generell nicht ins Wasser wagen, doch am Strand stehen und zuzuschauen hat auch etwas. Mit jeder Welle kommt wieder ein neues Fotomotiv.

VIER ELEMENTE

FEUER

EUROPA

Vulkanismus findet sich vor allem an den Rändern Europas. Auf Island gibt es rund 30 aktive Vulkane, der höchste des Kontinents erhebt sich im Osten: der Elbrus im Kaukasus

KASBEK

Georgien, 5.047 m

Der Kaukasus, die Landbrücke zwischen dem Schwarzen und dem Kaspischen Meer, erreicht im Zentralen Kaukasus zwischen den Bergen Elbrus und Kasbek seine größten Höhen. Insgesamt 15 Gipfel sind hier über 4.800 Meter hoch. Mit seinen 5.047 Metern ist der Kasbek in der Nähe der Georgischen Heerstraße der dritthöchste Berg in Georgien und der achthöchste Gipfel des Kaukasus. Der als erloschen geltende Schichtvulkan wurde bereits im Jahr 1868 erstmals bestiegen.

ARAGAZ

Armenien, 4.095 m

Der Berg Aragaz, ein eigenständiger erloschener Schichtvulkan mit vier Gipfeln, die den Rand des Vulkankraters bilden, befindet sich in der Provinz Aragazotn, 40 Kilometer nordwestlich der armenischen Hauptstadt Eriwan, und ist die höchste Erhebung der Republik Armenien. Der von Gletschern überzogene Berg entstand im Pliozän oder Pleistozän. Aus den vielen Spalten an den Berghängen flossen einst nach Ausbrüchen des Aragaz gewaltige Lavaströme ins Tal.

KABARGIN OTH

Georgien, 3.650 m

Die Vulkane der Kabargin-Oth-Gruppe sind ebenfalls Teil des Kaukasus-Gebirges, das sich zwischen Schwarzem und Kaspischem Meer auf etwa 1.100 Kilometern auf russischem, georgischem, armenischem, aserbaidschanischem und türkischem Boden erstreckt. Die Kabargin-Oth-Gruppe, die sich im Großen Kaukasus auf dem Terrain Georgiens ganz in der Nähe der Grenze zu Russland und südwestlich des Vulkans Kasbek erhebt, besteht aus einem Dutzend Schlackenkegeln und Lavadomen.

ELBRUS

Russland, 5.642 m

Der Elbrus im Kaukasus, in der Mitte zwischem Kaspischem und Schwarzem Meer gelegen, ist der höchste Berg Russlands und zugleich Europas. Der Berg mit den zwei Gipfeln – der Westgipfel ist 5.642 Meter hoch, der Ostgipfel 5.621 Meter – ist ein zurzeit inaktiver, stark vergletscherter Schicht- oder Stratovulkan, der im Holozän in einer riesigen Caldera (spanisch für »Kessel«) entstanden ist. Auf dem Ostgipfel gibt es einen im Durchmesser 250 Meter großen Vulkankrater. Der letzte Ausbruch des Elbrus fand vor ungefähr 2.000 Jahren statt, seitdem ruht er. Allerdings gibt es einige, wenn auch schwache Anzeichen vulkanischer Aktivität wie etwa heiße Quellen. Bei einer erneuten Zunahme der Aktivitäten besteht die Gefahr, dass die massive Eiskappe schnell abtaut und das Schmelzwasser sowie Laharen (Schlammströme) die Umgebung unter sich begraben. An den Hängen des Elbrus erstrecken sich weitläufige Gletscher und Schneefelder, die nur teilweise im Frühjahr tauen.

GHEGAM-BERGKETTE

Armenien, 3.597 m

Die Ghegam-Bergkette ist ein Vulkanfeld im westlichen Teil Zentral-Armeniens zwischen Eriwan und dem Sewan-See, dessen höchster Gipfel 3.597 Meter erreicht. Die im Erdzeitalter Holozän entstandenen Vulkane und ihre Lavaströme bedecken eine 65 mal 35 Kilometer große Fläche. Die Lava der mittleren und östlichen Vulkane floss einst in den Sewan-See. Die jüngsten Aktivitäten der Ghegam-Vulkane vor etwa 2.000 Jahren schufen zahlreiche weitere Aschekegel und Lavaströme. Heute gilt die Ghegam-Kette jedoch als erloschen.

Großes Bild: schneebedeckter Gipfelbereich des Ätna auf Sizilien. Deutlich sind hier einige seiner insgesamt vier Gipfelkrater auszumachen.

Die schneebedeckten Hänge des Elbrus im Kaukasus (oben links) lassen nicht vermuten, dass es hier warme Quellen gibt.

DAR-ALAGES

Armenien, 3.329 m

Im Süden Armeniens, südlich des Sewan-Sees, erhebt sich in den westlichen Ausläufern der Vardenis-Gebirgskette die Dar-Alages-Gruppe, auch Daly-Tapa-Gruppe genannt. Es handelt sich um eine Reihe von sechs Schlacken- und Lavakegeln aus den Erdzeitaltern Pleistozän bis Holozän. Vor langer Zeit, das letzte Mal vor etwa 3.000 bis 4.000 Jahren, sorgten Ausbrüche des Vaiyots-Sar-Lavadoms für gigantische Lavaströme, die den Fluss Arpah verstopften und bis zu zehn Kiometer gen Westen flossen.

ÄTNA

Italien, 3.323 m

Der vor etwa 600.000 Jahren entstandene Ätna im Nordosten Siziliens ist der höchste aktive Vulkan Europas. Sein Zentralkegel ist 300 Meter hoch, daneben existieren vier Gipfelkrater sowie mehr als 300 Neben- oder Parasitärkrater. Nahezu jedes Jahr kommt es am Ätna zu größeren Eruptionen. Unter den aktiven Vulkanen der Welt steht er bezüglich der Zahl seiner historisch belegten Ausbrüche an erster Stelle. Der Lavaausstoß erfolgt meist nicht über die Gipfelkrater, sondern an den Flanken der Nebenkratern des Berges.

VIER ELEMENTE

FEUER

ÄTNA

Der aktivste Vulkan
Europas

Der Ätna auf der italienischen Halbinsel Sizilien, auf der Westseite der großen Störungszone namens Messina-Verwerfung, ist mit 3.323 Meter der höchste aktive Vulkan auf dem europäischen Kontinent. Er entstand vor ca. 600.000 Jahren an einer Stelle, wo eine Meeresbucht weit ins Landesinnere hineinreichte. Die gegenwärtige Höhe des Vulkans ist nicht exakt anzugeben, weil sie sich aufgrund von Schlackenkegeln und wegen der regelmäßigen Ausbrüche häufig ändert. Der Gebirgsstock des Ätna nimmt eine gewaltige Fläche (rund 1.250 km^2) ein, sein Umfang beträgt etwa 250 Kilometer.

Großes Bild: Dramatische Rauchsäule über dem Ätna.

Feuerwerksgleicher Ausbruch am Ätna 2002 (ganz oben).

Taormina am Ionischen Meer. Im Hintergrund ist der rund 40 Kilometer entfernte Ätna zu erkennen (oben).

TIPP

KRATERWANDERUNGEN AUF SIZILIEN

Wer auf Sizilien weilt, sollte es einmal machen: Die Tour zum Vulkan. Ob Ätna oder Stromboli, das obliegt der Wahl des Reisenden. Sicher aber ist: Es ist keine leichte Tour, denn der Wanderer muss Steigungen und je nach Jahreszeit sengende Sonne bewältigen. Dafür aber erwartet ihn oben ein phänomenales Ereignis: Der rumpelnde Vulkan. Aber Achtung: Die Touren sollten keinesfalls auf eigene Faust unternommen werden, also immer in Begleitung eines Bergführers, denn der Vulkan ist jeden Tag anders. Auf jeden Fall sollten sich Besucher vor der Tour bei den örtlichen Touristenbüros informieren. Eine entspannte, kostspielige, aber lohnenswerte Alternative ist übrigens ein Flug im Helikopter über den Krater.

VIER ELEMENTE

FEUER

ATLANTISCHER OZEAN

In der Region Makronesiens im Atlantik liegen die Kanarischen und Kapverdischen Inseln sowie die Azoren und das Madeira-Archipel. Alle diese Inseln sind durch vulkanische Aktivitäten entstanden

Spektakulär wirken die Roques de García, durch Erosion herausmodellierte Felsnadeln (großes Bild). Die imposante Kulisse dazu bildet der bis weit ins Frühjahr hinein von Schnee bedeckte Gipfel des Pico de Teide. In der Sprache der kanarischen Urbewohner Guanchen bedeutet Tenerife »Schneeberg« – ein Tribut an den die Insel dominierenden schlafenden Vulkan.

In der Caldera der Insel Fogo erhebt sich der Pico do Fogo (unten).

Wolkenverhangener Roque de los Muchachos auf La Palma (ganz unten).

TENERIFFA

Pico del Teide, 3.718 m

Die größte der Kanarischen Inseln ist Teneriffa mit einer Fläche von 2.034 km. Hier erstreckt sich die Las-Cañadas-Caldera, in der sich der Pico del Teide erhebt. Mit 3.718 Metern ist dieser Vulkan der höchste Berg Spaniens. Der letzte größere Ausbruch des Pico del Teide liegt schon 200.000 Jahre zurück. 1909 floss bisher zum letzten Mal Lava aus der Nordwestflanke des Bergs.

FOGO

Pico do Fogo, 2.829 m

Fogo gehört zu den Kapverdischen Inseln »unter dem Wind«. Die Insel ist ein ebenmäßiger Vulkankegel mit einer riesigen Caldera, über der der Pico do Fogo thront, der höchste Berg und der einzige aktive Vulkan dieses Archipels. Die Eruption von 1680 war so mächtig, dass der erleuchtete Berg lange Zeit für Seefahrer als Leuchtturm diente.

LA PALMA

Roque de los Muchachos, 2.426 m

La Palma, ca. zwei Millionen Jahre alt, ist eine der jüngsten Kanarischen Inseln. Die Caldera de Taburiente im Norden gilt als der größte Senkkrater der Welt (Durchmesser 9, Umfang 28, Höhenunterschied vom Kraterrand bis zur -sohle 2 Kilometer). Zu den Gipfeln am Kraterrand gehört der höchste Berg der Insel: Roque de los Muchachos (»Felsen der Jünglinge«).

PICO

Ponta do Pico, 2.351 m

Pico, mit 442 km² die zweitgrößte Insel der Azoren, ist nach dem Vulkan Ponta do Pico benannt, der mit 2.351 Metern die höchste Erhebung Portugals darstellt. Seinen letzten Ausbruch hatte er im Jahr 1718. Heute gilt er als ruhend, aber es gibt noch geologische Aktivitäten. Der Pico ist zwar eine Bedrohung für die Inselbewohner, doch sie bauen aus der Lava auch Häuser und Schutzmauern gegen den Seewind.

JAN MAYEN

Beerenberg, 2.277 m

Der Beerenberg auf der zu Norwegen gehörenden Insel Jan Mayen, in der Grönlandsee nordöstlich von Island gelegen, ist der nördlichste aktive Vulkan der Erde. Der stark vergletscherte Beerenberg galt nach der Eruption des Jahres 1818 eigentlich als erloschen, bis er 1970 erneut ausbrach. Zuletzt spuckte er in den Jahren 1984/85 Lava aus.

SÃO TOMÉ DE PRÍNCIPE

Pico de São Tomé, 2.024 m

Der Pico de São Tomé auf der gleichnamigen Insel ist ein massiver Schildvulkan. Die Basis des Bergs befindet sich mehr als 3.000 Meter unter der Meeresoberfläche.

WISSENSWERT

Feuer als Baumeister: Kanaren, Kapverdische Inseln

Vulkanismus ist nicht nur unterirdisch, sondern auch unterseeisch und zeigt dort seine Auswirkungen. Sichtbar ist dieses vor allem auf den Kanarischen sowie auf den Kapverdischen Inseln. Dort haben wiederholte Vulkanausbrüche nicht nur die See zum Beben gebracht, sondern auch die Erde dermaßen aufgetürmt, dass sich neue Inseln gebildet haben. Zunächst Fuerteventura, dann Lanzarote und am Schluss El Hierro. Vor El Hierros Küste ist es noch immer unruhig. Es ist die geologisch aktivste Insel. Vor dem Fischerort La Restinga ist 2011 ein untermeerischer Vulkan ausgebrochen. Möglicherweise wächst er irgendwann zu einer neuen, kleinen Insel aus dem Meer. Da auch die Kapverdischen Inseln auf diese Weise entstanden sind, als aus dem Meer aufsteigende Magma, gehörten sie auch nie zum Afrikanischen Kontinent, sondern formten seit jeher ein eigenes Archipel.

GRAN CANARIA

Pico de las Nieves, 1.949 m

Von dem unterseeischen vulkanischen Gebirge, deren höchste Spitzen die Kanarischen Inseln bilden, ragen nur etwa 5 % aus dem Wasser. Einer dieser Gipfel ist die fast kreisrunde Insel Gran Canaria mit einer Fläche von 1.560 km. Der höchste Berg ist der längst erloschene Vulkan Pico de las Nieves im Zentrum der Insel.

MADEIRA

Pico Ruivo, 1.862 m

Die höchste Erhebung auf der etwa 1.000 km² großen portugiesischen Insel Madeira ist der Vulkan Pico Ruivo, der mit den wie er selbst erloschenen Vulkanen Pico do Arieiro, Pico das Torres und Pico Grande ein Hochgebirge bildet. Die Insel ist die oberste Spitze des Vulkansystems, das unter der Wasseroberfläche 4.000 Meter tief abfällt.

EL HIERRO

Malpaso, 1.501 m

Das knapp 270 km² große El Hierro ist die kleinste der großen Kanarischen Inseln und mit etwa 1,2 Millionen Jahren auch die jüngste. Der höchste Berg der Insel ist mit 1.501 Metern der Malpaso. Der einzige dokumentierte Vulkanausbruch auf El Hierro war jedoch nur der des Lomo Negro im Jahr 1793.

BASSE-TERRE

La Soufrière, 1.467 m

Der aktive Stratovulkan La Soufrière (»Schwefelgrube«) auf Basse-Terre, einer der zwei Hauptinseln des französischen Übersee-Départements Guadeloupe, ist der höchste Berg der Kleinen Antillen in der Karibik. Vor dem letzten Ausbruch der Soufrière im Jahr 1977 wurde die gesamte Inselbevölkerung vorsichtshalber evakuiert, doch die Eruptionen verursachten keinerlei Schäden. Der letzte größere Magmaausstoß des Vulkans erfolgte, wie man anhand von Gesteinsuntersuchungen errechnen konnte, um 1440.

VIER ELEMENTE

FEUER

ISLAND

Die größte Vulkaninsel der Erde

Island, mit einer Fläche von 103.000 km² die zweitgrößte Insel Europas und größte Vulkaninsel der Erde, liegt im nördlichen Atlantik südlich des Polarkreises. Die Insel ist vulkanischen Ursprungs, und etwa 30 der mehr als 140 Vulkane sind heute noch aktiv, so etwa Hekla und Askja. Indikatoren des andauernden Vulkanismus sind Geysire und Solfataren (Bereiche, in denen Gase aus der Erde austreten), die besonders auf der Westhälfte anzutreffen sind. Wegen der geologischen Gegebenheiten und vulkanischen Aktivitäten gehört Island zu den für Geologen interessantesten Regionen der Erde.

DIE GRÖSSTEN VULKANE ISLANDS

1. **HVANNADALSHNÚKUR** 2.110 m
2. **BÁRDARBUNGA** 2.000 m
3. **AUSTUR-KVERKFJÖLL** 1.920 m
4. **HOFSJÖKULL** 1.782 m
5. **ESJUFJÖLL** 1.760 m
6. **GRIMSVÖTN** 1.725 m
7. **EYJAFJÖLL** 1.666 m
8. **HERDUBREID** 1.682 m
9. **ASKJA** 1.516 m
10. **KATLA** 1.512 m
11. **HEKLA** 1.491 m

Der Hvannadalshnúkur ist mit 2.110 Metern der höchste Berg Islands, er gehört zum Massiv des Öræfajökull (großes Bild).

Der Hofsjökull im Westen des Isländischen Hochlands (links oben).

Der Hekla gehört zu den drei aktivsten Vulkanen Islands (links unten).

SURTSEY – JÜNGSTE VULKANINSEL

Die 1,4 km² große Insel Surtsey (rechts) tauchte am 14. November 1963 rund 30 Kilometer vor Islands Küste nach einem untermeerischen Vulkanausbruch unerwartet aus dem Atlantik auf. Die von der Eruption verursachte Rauchwolke war über drei Kilometer hoch. Durch Wellen, Wind und Regen wird die Insel allmählich wieder abgetragen. Inzwischen hat sie bereits die Hälfte ihrer ursprünglichen Masse eingebüßt. Die Insel ist unbewohnt und darf ausschließlich zu wissenschaftlichen Zwecken betreten werden.

WISSENSWERT

Gehwege im Winter beheizt

Fußbodenheizung ist für die Menschen auf Island kein Luxus, sondern Alltag. Der unruhige Untergrund mit seiner großen vulkanischen Energie macht es möglich, dass die Menschen dort auch im strengen, nordischen Winter keinen Mangel an heißem Wasser haben. Diese Erdwärme ist einer der bedeutendsten Schätze der Insel und so üppig, dass geothermische Wärme nicht nur für die Heizungen in den Wohnhäusern und zur Stromerzeugung genutzt wird, sondern auch mittels unter den Bürgersteigen verlaufenden Rohren. Das Heißwasser aus den Thermalquellen ermöglicht so, dass Reykjavík beheizte Bürgersteige hat und man an diesen Stellen nicht Schnee schippen muss.

VIER ELEMENTE

FEUER

ASIEN

Viele Landschaften Asiens und auch
die Gebirgs- und Inselwelt an der Pazifikküste
sind durch Plattentektonik entstanden

Pazifische und Philippinen-Platte schieben sich unter die Eurasische Platte und sorgen für vermehrte vulkanische Aktivität. Tektonische Instabilität mit rund 70 aktiven Vulkanen prägt die indonesische Inselwelt. Und da die japanischen Inseln aus den Hochregionen unterseeischer Vulkanketten bestehen, gibt es hier neben einer Vielzahl erloschener Vukane noch einige aktive.

FUJI
Japan, 3.776 m

Der Fuji, der höchste Berg Japans, wird wegen seiner Ebenmäßigkeit als Göttersitz verehrt. (großes Bild) Er liegt in der Berührungszone von Eurasischer, Pazifischer und der Philippinen-Platte und gehört zu den Stratovulkanen des Pazifischen Feuerrings. Der Fuji gilt als aktiv, das Risiko eines Ausbruchs wird jedoch als gering eingestuft. Beim letzten Ausbruch im Jahr 1707 bildete sich auf halber Höhe ein zweiter Krater.

KA-ER-DAXI (KUNLUN)
China, 5.810 m

Die Kunlun-Vulkangruppe befindet sich im Nordwesten des tibetschen Hochlands innerhalb des 3.000 Kilometer langen und bis über 7.700 Meter emporragenden Kunlun-Shan-Gebirges. Im Westen befindet sich der 5.810 Meter hohe Ashi Shan, auch bekannt als Ka-er-daxi oder »Vulkan«, der jüngste und höchste Vulkan Asiens. Er besteht aus ungefähr siebzig gut erhaltenen pyroklastischen Kegeln (aus verschiedenen Gesteinen bestehende, vom Vulkan ausgeworfene Trümmer), die sich um den Aqqikkol- und den Wuluke-See gruppieren. Der Hauptschlot brach zum letzten Mal am 27. Mai 1951 aus. Die große Ansammlung vulkanischer Kegel in dieser Region erklärt sich durch die plattentektonische Aktivität, denn nur an solchen »Schwachstellen« der Erdkruste entstehen Vulkane. Im Gebiet des Kunlun-Shan-Gebirges trafen im späten Trias (vor etwa 200 Millionen Jahren) der Indische Subkontinent und die Eurasische Platte aufeinander.

DAMAVAND
Iran, 5.670 m

Der Damavand (persisch für »Dampf aussondernder oder rauchender Berg«, kleines Bild oben) ist ein ruhender Vulkankegel, an dessen höchstem Krater aber Dampfaustrittsstellen Schwefel absondern. Mit 5.670 Metern über dem Meeresspiegel ist dies der höchste Berg im Elbrus-Gebirge sowie die höchste Erhebung im Iran und im gesamten Nahen Osten. Er ist, neben dem Kilimandscharo, einer der höchsten frei stehenden Berge der Welt. Der Höhenunterschied ist mit 4.700 Meter vom Fuß des Damavand bis zum Gipfel deutlich größer als beim Mount Everest.

ARARAT
Türkei, 5.165 m

Die Hochebene Anatoliens nahe der Grenze zu Armenien und dem Iran wird vom mächtigen Berg Ararat, der höchsten Erhebung der Türkei, dominiert. Entgegen der Bedeutung seines kurdischen Namens, Çiyayê Agirî, »Feuriger Berg«, gilt der Ararat inzwischen als ruhender Vulkan – die letzte Eruption fand im Jahr 1840 statt. Erst seit 2001 darf man den heiligen Berg Ararat, an dem Noah mit seiner Arche gelandet sein soll, unter bestimmten Auflagen besteigen.

RINJANI

Indonesien, 3.726 m

Der aktive Schichtvulkan Rinjani (kleines Bild oben) auf der Insel Lombok ist der zweithöchste Vulkan Indonesiens. In der sechs mal 8,5 Kilometer großen ovalen Caldera des Rinjani liegen ein 230 Meter tiefer Kratersee und mehrere heiße Quellen. Bei Ausbrüchen in den Jahren 1994 bis 1996 entstand ein neuer kleiner Lavakegel im Zentrum der Caldera, dessen Lava bis in den See hineinfloss. Zuletzt brach der Rinjani im Mai 2009 aus, wobei Asche und Rauch bis zu acht Kilometer hoch aufstiegen.

KLJUTSCHEWSKAJA SOPKA

Russland, 4.750 m

Ganz im Osten Russlands erhebt sich der Vulkan Kljutschewskaja Sopka, mit 4.750 Metern der höchste Berg Kamtschatkas. Der Vulkan besteht aus einem Kegelstumpf mit einem zentralen Krater sowie etwa 70 Nebenkratern und -kegeln an den Hängen. Typisches Kennzeichen dieses Vulkans, der seit dem Jahr 1700 über 50-mal ausgebrochen ist, ist die beständige Rauchfahne über seinem Gipfel. Am Fuß des Bergs wurde eine Station eingerichtet, die die vulkanischen Aktivitäten auf der Halbinsel beobachtet.

KERINCI

Indonesien, 3.805 m

Die Vulkane auf der Insel Sumatra bilden einen der großen Vulkankomplexe Indonesiens. Der Gunung Kerinci ist darunter mit seinen 3.805 Metern der höchste Vulkan ganz Indonesiens. Er überragt die umliegenden Teefelder der Kayu-Aro-Hochebene um bis zu 3.000 Meter. Die vulkanische Tätigkeit des Kerinci äußert sich seit Jahrhunderten in einer stetigen, aber leichten Dauertätigkeit sowie in zeitweiligen, plötzlich auftretenden Ausbrüchen. Erhöhte vulkanische Aktivitäten des Kerinci mit Eruptionen und Beben sowie vermehrtem Ascheauswurf waren zuletzt – nach mehreren Jahren Pause – 1998 (mit mehreren Eruptionen und Ascheregen auf das Dorf Palempok), 1999 (mit Ascheregen auf die gesamte Umgebung, kontinuierlichem Tremor (niedrig frequentes Beben) und daraus resultierenden Veränderungen der Gipfeltopografie) zu verzeichnen. Letztmals brach der Vulkan im Jahr 2004 aus, und auch heute noch ist die Rauchsäule über dem Krater des Kerinci manchmal bis zu einem Kilometer hoch.

VIER ELEMENTE

FEUER

KAMTSCHATKA

Die größte Vulkankonzentration der Erde

Die 1.200 Kilometer lange und bis zu 450 Kilometer breite russische Halbinsel Kamtschatka zwischen Beringsee und Ochotskischem Meer gehört zu den bedeutendsten Vulkanregionen dieser Erde. Die Halbinsel ist in erdgeschichtlichen Dimensionen gemessen noch recht jung: Erst seit etwa zwei Millionen Jahren schiebt sich hier in breiter Front die Pazifische unter den Rand der Eurasischen Platte. Dabei wurde die Halbinsel hochgedrückt. Eine stark gegliederte Westkette durchzieht Kamtschatka in Längsrichtung und gipfelt im Vulkan Itschinskaja Sopka (3.621 Meter). Im mittleren Teil der Halbinsel verläuft parallel die Ostkette, die von 160 Vulkanen umrahmt wird. Der höchste der 29 aktiven Vulkane ist der Kljutschewskaja Sopka (4.750 Meter). Jedes Jahr brechen durchschnittlich sechs der Vulkane auf Kamtschatka aus. 1996 wurde die Vulkanregion Kamtschatkas von der UNESCO zum Weltnaturerbe erklärt.

DIE HÖCHSTEN VULKANE KAMTSCHATKAS

1. **LJUTSCHEWSKAJA SOPKA** 4.750 m
2. **KAMEN** 4.585 m
3. **USHKOVSKY** 3.943 m
4. **TOLBACHIK** 3.682 m
5. **KRONOTSKY** 3.528 m
6. **KORYAK** 3.456 m
7. **GAMCHEN** 2.576 m

Auf Kamtschatka reihen sich zahlreiche Vulkane. Großes Bild: Kljutschewskaja Sopka, Asiens höchster Vulkan. Bildreihe von oben: Tolbachik und Bezymianny, der 1956 ausbrach und immer noch schwelt.

WISSENSWERT

UNESCO-Weltnaturerbe

Die ostasiatische Halbinsel Kamtschatka ist von Feuer und Eis geformt, denn Vulkane (Bild unten Kronotsky) haben sie erschaffen. Kamtschatka gehört zu den letzten Wildnissen dieser Erde. Abgelegen von Russland und fern von jeglicher Zivilisation hat sich der Mensch dort nur wenig ausgebreitet. Dafür lebt dort eine riesige Population der endemischen Kamtschatka-Bären ebenso wie große Bestände der Riesenseeadler. Dass die Bestände der Tiere stabil bleiben können, dafür sorgt der strenge Schutz des Gebietes als UNESCO-Weltnaturerbe. In der wichtigsten Ökoregion wird Holz nun verstärkt nach nachhaltigen Kriterien gewonnen und der Fang der Wildlachse ist auch geregelt.

Der schneebedeckte Karymsky-Vulkan.

Der Vulkan Koryak mal ohne Schnee.

VIER ELEMENTE

FEUER

AUSTRALIEN/OZEANIEN

Australien ist ein gleichmäßig aufgebautes Land mit großen Weiten und geringen Höhenunterschieden. Die höchsten Berge und Vulkane Ozeaniens liegen auf den Inseln, vor allem auf Neuseeland und Papua-Neuguinea. Der höchste Vulkan Ozeaniens erhebt sich auf Papua-Neuguinea: der 4.368 Meter hohe Mount Giluwe, gefolgt vom Mount Hagen mit 3.778 Metern. Zu Papua-Neuguinea gehören mehrere Inseln, die ebenfalls beeindruckende – teils ruhende, teils aktive – Vulkane aufweisen. Und auch die Nordinsel Neuseelands ist von Vulkanen geprägt.

NEUGUINEA

Mount Giluwe, 4.368 m
Mount Hagen, 3.778 m
Doma Peaks, 3.568 m
Crater Mountain, 3.233 m

Der Mount Giluwe mit seinem Doppelgipfel ist Papua-Neuguineas zweithöchster Berg (nach dem Mount Wilhelm, 4.509 Meter) und höchster Vulkan des Landes sowie ganz Australiens und Ozeaniens. 35 Kilometer nordöstlich davon ragt der zweithöchste Vulkan auf: der Mount Hagen. Beide in den oberen Regionen von Gletschern bedeckte Schichtvulkane sind im Lauf der Jahrtausende stark erodiert. Auch Neuguineas kleinere Vulkane, Doma Peaks und Crater Mountain, gelten als ruhend oder erloschen.

NEUSEELAND

Mount Ruapehu, 2.797 m
Mount Taranaki, 2.518 m
Mount Ngauruhoe, 2.291 m
Mount Tongariro, 1.968 m

Der auf der Nordinsel Neuseelands aufragende Mount Taranaki oder Egmont ist ein ruhender Vulkan, der zuletzt 1775 ausbrach. Der schneebedeckte isolierte Vulkankegel steht auf einer fast kreisrunden Halbinsel mit einem Durchmesser von etwa 60 km², die durch seine Lavaablagerungen aufgebaut wurde. Drei weitere Vulkankrater dominieren das Zentrum der Nordinsel und bilden das Tongariro-Hochland: der zuletzt sehr aktive Mount Ruapehu, der höchste Berg der Nordinsel, der Mount Ngauruhoe, der zuletzt 1975 ausbrach, sowie der bereits erloschene Mount Tongariro. Die Gebirgsregion ist weitgehend vergletschert und durch zahlreiche steile Schluchten gegliedert. Außerdem kennzeichnen bizarre Felsformationen die Landschaft.

HEARD ISLAND

Big Ben (Mawson Peak)
2.745 m

Der Osten der unbewohnten Insel Heard wird vom schneebedeckten Schichtvulkan Big Ben dominiert, dessen höchsten Punkt der Mawson Peak bildet. Der Big Ben mit seinem 70 m tiefen Krater ist einer von gerade mal zwei aktiven Vulkanen Australiens – der andere ist der Mount Ruapehu auf Neuseeland. Dem Ausbruch von 2008 folgen seit 2012 bis heute Aktivitäten.

Großes Bild: Wenn der Vulkan Ruapehu auf Neuseeland wie zuletzt 1995/96 ausbricht, entleert er den Kratersee unterhalb des Gipfels über seine Westflanke in Schlamm- und Geröllawinen. 1953 riss solch eine Lawine eine Eisenbahnbrücke weg, ein Zugunglück forderte 151 Opfer.

BOUGAINVILLE

Balbi, 2.715 m
Takuan, 2.210 m
Tore, 2.200 m
Loloru, 1.887 m
Bagana, 1.730 m

Vulkane prägen die zu Papua-Neuguinea gehörende Insel Bougainville. Der Höchste ist der Mount Balbi mit fünf Kratern. Er gilt als aktiv, ist aber in historischer Zeit nicht ausgebrochen. Der aktivste Vulkan der Insel und einer der aktivsten der Welt ist der Bagana.

NEUBRITANNIEN

Ulawun, 2.334 m,
Bamus, 2.248 m

Auf Neubritannien, das ebenfalls zu Papua-Neuguinea gehört, rumort der Vulkan Ulawun, der seit einem Ausbruch im Jahr 2000 permanent überwacht wird, was sich bei der letzten Eruption 2019 bewährt hatte. Der Ulawun und der Bamus sind die höchsten Gipfel der Bismarck-Gruppe in der Subduktionszone Neubritanniens.

VIER ELEMENTE

FEUER

AFRIKA

Eine tektonisch noch immer aktive Großlandschaft des afrikanischen Kontinents ist der Ostafrikanische Graben, dessen Bruchzonen von mehreren Vulkanen begleitet werden

KIBO (KILIMANDSCHARO)

Tansania, 5.895 m

Der Berg Kibo (»Der Helle« auf Suaheli) in Tansania ist mit seinen 5.895 Metern über dem Meeresspiegel der höchste Berg und somit auch der höchste Vulkan Afrikas. Er gehört zu den Seven Summits der Erde, den höchsten Bergen der sieben Kontinente. Der höchste Punkt des Kibo, Uhuru (»Freiheit«) genannt, erhebt sich über die anderen Gipfel des Kilimandscharo-Massivs, des höchsten Gebirgszugs des Kontinents, der am Rand des Eastern Rift des Ostafrikanischen Grabens verläuft. Der Kibo, der ungefähr 340 Kilometer südlich des Äquators liegt, ist der höchste von drei Vulkanen im Kilimandscharo-Hochgebirge. Mit dem Mawensi (5.148 Meter), etwa zehn Kilometer weiter westlich gelegen, ist er durch einen im Durchschnitt 4.300 Meter hohen Sattel verbunden.

BATIAN (MOUNT KENIA)

Kenia, 5.199 m

Der ruhende Vulkan Batian, der sich etwa 140 Kilometer nordöstlich der kenianischen Hauptstadt Nairobi im Zentrum des Landes und etwa 15 Kilometer südlich des Äquators befindet, ist mit 5.199 Meter Höhe der zweithöchste Berg des afrikanischen Kontinents sowie die höchste Erhebung des Mount-Kenia-Massivs. Im Jahr 1997 reihte die UNESCO auch diesen Gebirgszug in ihre Liste des Weltnaturerbes ein.

MAWENSI (KILIMANDSCHARO)

Tansania, 5.148 m

Nach dem Kibo die zweithöchste Erhebung im tansanianischen Kilimandscharo-Gebirgsmassiv ist der Berg Mawensi (»Der Dunkle«), der etwa 340 Kilometer südlich des Äquators liegt. Der stark verwitterte Gipfelbereich dieses erloschenen Vulkans ist nicht vergletschert, sondern von Frostschuttgestein und jäh aufragenden Felswänden gekennzeichnet.

MOUNT MERU

Tansania, 4.562 m

Im Norden Tansanias erhebt sich der Vulkan Meru, der zweithöchste Berg des Landes. Er befindet sich im Arusha-Nationalpark, 65 Kilometer südwestlich vom Kilimandscharo-Massiv. Ursprünglich war der Meru wesentlich höher, hat seinen Gipfel jedoch bei einem Ausbruch in vorhistorischer Zeit verloren. Bei Eruptionen um 1880 entstand im großen Krater ein kleinerer, Ashcone genannt. Seit 1910 ruht der Meru.

Der Mount Meru mit den Momela Lakes im Vordergrund (oben). Seine Caldera misst rund 3,5 Kilometer Durchmesser.

Großes Bild: Der Mount Kenia wurde erstmals im Jahr 1899 bestiegen. Der Rangliste nach Höhe zum Trotz, ist er als zweithöchster Berg schwieriger zu bezwingen, als der höchste Berg Afrikas.

MUHAVURA
Ruanda, 4 127 m

Der Muhavura ist ein erloschener Stratovulkan am östlichen Ende der Virunga-Kette, an der Grenze zwischen Ruanda und Uganda. Auf seinem Gipfel befindet sich ein kleiner, nur 40 Meter breiter Kratersee. Mit dem benachbarten Gahinga, einem ebenfalls schlafenden Vulkan, ist der Muhavura durch einen Sattel verbunden. Wann der Muhavura zuletzt ausgebrochen ist, ist unbekannt, doch es gibt ausgedehnte Lavafelder.

MOUNT CAMEROUN
Kamerun, 4.095 m

Der Mount Cameroun (Kamerun-Berg), auch Fako genannt, ist der höchste Berg Westafrikas. Der aktive Vulkan im Südwesten Kameruns liegt auf einem »Hot Spot«, einer Stelle im Erdmantel, an der heißes Gestein aus dem Erdinneren nach oben steigt und dabei teilweise schmilzt. Das Magma tritt bei Vulkanausbrüchen als Lava aus. Der Kamerunberg und die anderen aktiven Vulkane Kameruns liegen auf der Spur eines solchen Hot Spot im Atlantik.

VISOKE
Dem. Rep. Kongo/Ruanda, 3.711 m

Der symmetrisch geformte Vulkan Visoke ist der nordöstlichste einer Reihe aus Schichtvulkanen am südlichen Ende der Virunga-Kette, an der Grenze der Demokratischen Republik Kongo und Ruanda. Bei einem Ausbruch im Jahr 1957, dem letzten bisher, entstanden an der Nordflanke des Visoke, etwa elf Kilometer vom Gipfel entfernt, zwei kleine Kegel. Die Vulkane Visoke und Karasimbe sind durch einen Sattel verbunden (Bild oben).

MOUNT SABINYO
Ruanda/Dem. Rep. Kongo/Uganda, 3.634 m

Der Mount Sabinyo im Dreiländereck zwischen den afrikanischen Staaten Ruanda, Uganda und der Demokratischen Republik Kongo ist ein seit langer Zeit erloschener Schichtvulkan am östlichen Ende der Virunga-Vulkankette, die im Zentralafrikanischen Graben liegt. In den Wäldern an den Hängen des Sabinyo – im ruandischen Vulkan-Nationalpark, im ugandischen Mgahinga-Gorilla-Nationalpark und im kongolesischen Virunga-Nationalpark – lebt eine Gruppe der vom Aussterben bedrohten Berggorillas.

VIER ELEMENTE

FEUER

KILIMANDSCHARO

Der gewaltigste Vulkan
Afrikas

Der vulkanische Gebirgsstock Kilimandscharo (Suaheli für »Berg der bösen Geister«) gilt als der höchste Berg des Kontinents Afrika. Er ist aus den drei Vulkanen Shira (4.962 Meter), Mawensi (5.148 Meter) und Kibo zusammengewachsen. Letzterer erreicht in seinem Gipfel Uhuru Peak eine Höhe von 5.895 Metern und besitzt als einziger Berg einen Krater mit einem Durchmesser von zwei Kilometern, in dessen Tiefen vulkanische Aktivität zu verzeichnen ist. Von seiner Firnkappe reichen steile Hängegletscher bis auf Höhen von etwa 4.300 Meter hinab. Der Kilimandscharo wurde im Jahr 1971 zum Nationalpark erklärt.

Kibo, der höchste Berg des Kilimandscharo-Massivs (links). Er ruht, aber Fumarole zeigen seine Aktivität an.

Großes Bild: Aus der dichten Wolkendecke ragt der Kilimandscharo heraus. Deutlich sichtbar aus der Vogelperspektive ist die kreisrunde Caldera.

VIER ELEMENTE

FEUER

NYIRAGONGO

Der aktivste Vulkan Afrikas

NYIRAGONGO
Dem. Rep. Kongo
3.470 m

Der Nyiragongo, einer der acht Virunga-Vulkane, ist einer der berühmtesten und auch berüchtigsten Vulkane Afrikas. Er befindet sich nahe der Stadt Goma im Osten der Demokratischen Republik Kongo. In dem Ansinnen zur Vermeidung von großen Naturkatastrophen, wurde die Initiative »Decade Volcanoes« ins Leben gerufen. Der Nyiragongo steht daher unter ständiger Beobachtung, was dennoch nicht seine Aktivität komplett unter Kontrolle bringt.. Am 17. Januar 2002 begann eine gewaltige Eruption. Die Lava des Nyiragongo wälzt sich nicht wie andere Lava träge zu Tal, sondern ist flüssig wie Wasser – deshalb gibt es häufig kein Entrinnen. Da die Lava die Großstadt Goma erreichte, mussten 500.000 Menschen evakuiert werden, 170.000 wurden obdachlos. Im Mai 2021 kam erneut zu einem gewaltigen Ausbruch, die Lava stoppte jedoch wundersamer Weise kurz vor der Stadt Goma, was Schlimmeres verhinderte. Der permanente Lavasee des Nyiragongo, der größte der Erde, befindet sich etwa 600 m unterhalb des Kraterrands.

VIRUNGA-VULKANE
Die acht Virunga-Vulkane erheben sich im Grenzgebiet von Ruanda, Uganda und der Demokratischen Republik Kongo zwischen dem Eduard- und dem Kivusee. Auf dem Gebiet des Kongo liegen der Nyiragongo und der Nyamuragira (3.063 Meter). Die Zentralgruppe bilden Karisimbi (4.507 Meter), Mikeno (4.437 Meter) und Visoke (3.711 Meter), weiter im Osten liegen Sabinyo (3.634 Meter), Gahinga (3.474 Meter) und der Muhavura (4.127 Meter). In den tropischen Bergregenwäldern, die die Virunga-Vulkane bedecken, sind die seltenen Berggorillas zu Hause, die in drei Nationalparks geschützt werden.

Großes Bild: Der Nyiragongo ist seit 2020 wieder aktiv, was im Mai 2021 zu einem erneuten Ausbruch führte, der 31 Menschenleben kostete.

Links: Der Lake Mutanda im Südwesten Ugandas liegt zu Füßen der Virunga Mountain Range.

INDISCHER OZEAN

Die höchsten Vulkane
im Indischen Ozean

La Réunion

Piton des Neiges, 3.069 m

Piton de la Fournaise, 2.632 m

La Réunion ist ein französisches Übersee-Departement im Indischen Ozean. Der Piton des Neiges (»Schneeberg«) ist die höchste Erhebung dieser Insel, die vor etwa zwei Millionen Jahren durch einen »Hot Spot« entstand. In einer Flanke des Vulkans befindet sich ein etwa 250 Meter tiefes Loch, das als Trou de Fer (»Höllenschlucht«) bezeichnet wird. Riesige Magmahöhlen im Inneren des Vulkans brachen irgendwann zusammen und formen heute ausgedehnte Calderen, die wegen ihrer runden Form »Cirques« genannt werden. Im Gegensatz zum Piton des Neiges, der vor etwa 12.000 Jahren erloschen ist, ist der deutlich jüngere Piton de la Fournaise (»Glutofen«; circa 380.0000 Jahre) noch sehr aktiv. 2007 brach sein Hauptkrater ein.

Großes Bild: Ausbruch des Piton de la Fournaise auf Réunion, der zu den aktivsten Vulkanen der Welt zählt. Der Schildvulkan brach seit dem 17. Jahrhundert über 160-mal aus. Zuletzt im Jahr 2020.

TIPP

LA RÉUNION – EUROPÄISCHES ÜBERSEEDEPARTEMENT

Sie ist etwa so groß wie das Saarland, befindet sich aber in einer traumhaften Umgebung: Mitten im Indischen Ozean gelegen, bildet La Réunion einen Außenposten Frankreichs, denn die Insel gehört offiziell zur Europäischen Union. Obwohl Afrika zehnmal näher ist als Paris, beherrscht ein Mix aus französischer Kultur und kreolischer Lebensart die Insel, die zwischen Madagaskar und Mauritius liegt. Zu den Hauptsehenswürdigkeiten zählen die Vulkane Piton des Neiges und de la Fournaise sowie die umliegenden Täler und Bergketten mit den tiefen Schluchten, den vielen Wasserfällen und den exotischen Gewächsen wie etwa Vanille. An der Küste warten zuckerweiße Strände oder tiefschwarze Beaches auf Badefreudige.

Madagaskar

Ankaizina, 2.878 m
Ankarata, 2.644 m
Itasy, 1.800 m

Auch die Insel Madagaskar vor der Ostküste Mosambiks entstand über einem »Hot Spot« im Erdinneren. Die höchsten Erhebungen dieser Insel sind die Vulkane Ankaizina, Ankaratra und Itasy. Der schlafende Ankaizina im Norden Madagaskars präsentiert sich mit Schlackenkegel, Lavaströmen und mehreren Kraterseen. Ausbrüche des heute ruhenden Ankaratra im Zentrum der Insel schufen ausgedehnte Lavaströme und Basaltkegel, die das weite Ankaratra-Plateau (2.300–2.700 Meter) bedecken. Dies ist die aktivste Region der Insel, und regelmäßig kommt es hier circa 20 Meter unter der Erdoberfläche zu Beben. Ebenfalls im Zentrum Madagaskars liegt der Itasy mit Lavakegeln und -strömen. Am Rand des Lake Itasy sind geothermale Aktivitäten zu beobachten: heiße Quellen, Geysire und Solfatare.

Komoren

Karthala, 2.361 m

La Grille, 1.087 m

Grande Comore, die größte Insel der Komoren, einer Inselgruppe östlich von Mosambik, wird im Süden vom Vulkan Karthala dominiert, im Norden vom erheblich niedrigeren Vulkan La Grille. Der Karthala weist den weltweit größten Krater eines aktiven Vulkans mit Ellipsenmaßen von vier und drei Kilometern auf. Seit 1857 ist er rund 20-mal ausgebrochen, allein von 2005 bis 2007 jährlich.

VIER ELEMENTE

FEUER

NORD- UND MITTELAMERIKA

Der Westen Nordamerikas, der zum pazifischen Feuerring gehört, wird immer wieder von Naturgewalten im Erdinneren erschüttert. In der Cordillera Volcánica liegen die höchsten Berge Mexikos

Wie die gesamte Elias-Kette ist der Schichtvulkan Mount Bona stark vergletschert – die Eisfelder ziehen sich kilometerweit in die Täler (unten).

MOUNT BONA

USA/Alaska, 5.005 m

Der Schichtvulkan Mount Bona ist Teil der Elias-Kette im Osten Alaskas. Diese Bergkette, der höchste Abschnitt der nordamerikanischen Coast Mountains, erstreckt sich über etwa 400 Kilometer vom Südosten Alaskas über das kanadische Territorium Yukon bis in den äußersten Nordwesten von British Columbia. Sie bildet die Wasserscheide zwischen dem Yukon River und dem Pazifischen Ozean. Der 5.005 Meter hohe Mount Bona ist die fünfthöchste Erhebung der Vereinigten Staaten von Amerika, und nach den drei höchsten mexikanischen Vulkanen (Pico de Orizaba, Popocatépetl und Iztaccíhuatl) ist er auch der höchste Vulkan Nordamerikas. Nahezu das gesamte Bergmassiv des Mount Bona ist – ähnlich wie beim Nachbarberg Mount Churchill, mit dem er durch einen Sattel verbunden ist – sehr stark vergletschert. Seinen Namen erhielt der Vulkan im Jahr 1897, als ihn Luigi Amadeo von Savoyen bei seiner Erstbesteigung des Mount Saint Elias entdeckte und nach seinem Schiff »Bona« taufte.

MOUNT BLACKBURN

USA/Alaska, 4.996 m

Der Mount Blackburn ist mit seinen 4.996 Metern die höchste Erhebung der Wrangell Mountains in Alaska, der sechsthöchste Gipfel der Vereinigten Staaten und zweithöchster Vulkan in den USA. Der stark erodierte Schichtvulkan wird fast vollständig von Eisfeldern bedeckt, Benannt ist der Berg nach dem US-Senator Joseph Blackburn.

MOUNT CHURCHILL

USA/Alaska, 4.766 m

Der Mount Churchill ist am bekanntesten als Quelle des White River Ash, einem etwa 540.000 km² großen Aschefeld, das bei zwei der größten Vulkanausbrüche Nordamerikas innerhalb der letzten 2.000 Jahre entstand. Die Ablagerungen im nördlichen Teil stammen von einer Eruption vor circa 1.900 Jahren, die im östlichen Teil entstanden vor etwa 1.250 Jahren. Starker Wind verteilte die Asche über dieses riesige Gebiet. Die Ascheschicht ist teilweise 60 Zentimeter dick.

MOUNT RAINIER

USA/Washington, 4.395 m

Der Mount Rainier ist die höchste Erhebung der Kaskaden-Kette. Rund um den Schichtvulkan südöstlich von Seattle im US-Bundesstaat Washington erstreckt sich der gleichnamige Nationalpark. Oberhalb etwa 1.800 Metern bedecken Gletscher die Hänge des Mount Rainier. Die Ränder der Krater jedoch bleiben durch die Hitze des aktiven Vulkans ständig eisfrei. Die letzte erwiesene Eruption fand zwischen 1820 und 1854 statt, Augenzeugen berichteten von mehreren Ausbrüchen im späten 19. Jahrhundert.

MOUNT WRANGELL

USA/Alaska, 4.317 m

Der Mount Wrangell in der nach ihm benannten Gebirgskette liegt im Südosten Alaskas, nahe der Grenze zum kanadischen Yukon. Der Wrangell ist der einzige Vulkan im Wrangell-Vulkangürtel mit historisch belegten Ausbrüchen, bei denen hauptsächlich kleinere Rauch- und Aschenmengen ausgestoßen wurden. Der Berg strahlt seit den 1950er Jahren vermehrt geothermische Hitze aus, was zuletzt 2002 zu einer Eruption führte.

MOUNT ADAMS

USA/Washington, 3.743 m

Der Mount Adams ist nach dem Mount Rainier der zweithöchste Gipfel im pazifischen Nordwesten der USA. Der Vulkanismus begann vor rund 940.000 Jahren, zuletzt brach der Vulkan vor rund 1.000 Jahren aus.

POPOCATÉPETL
Mexiko 5.462 m

Der Popocatépetl (»Stark rauchender Berg«), der zweithöchste Berg Mexikos, ist einer der Zwillingsvulkane im Zentrum des Landes (links), sein Bruder ist der Iztaccíhuatl. Nachdem er etwa 50 Jahre lang geruht hatte, brach der Popocatépetl im Dezember 1994 wieder aus. Bis 2000 hatte sich über dem Krater eine fünf Kilometer hohe Wolke gebildet. Im Dezember 2007 schoss der Vulkan eine riesige Asche- und Rauchwolke in den Himmel. Aufgrund seiner andauernden Aktivität wird er permanent überwacht.

Großes Bild: Von den Hängen des Popocatépetl fällt der Blick auf den Nachbarvulkan Iztaccíhuatl. Auf einem dazwischenliegenden Hügel erhebt sich eines der vielen Klöster, die hier von den spanischen Conquistadoren errichtet wurden.

PICO DE ORIZABA
Mexiko, 5.636 m

Der Pico de Orizaba oder auch Citlaltépetl (»Berg des Sterns« in der Náhuatl-Sprache) ist der höchste Berg und Vulkan Mexikos. Der Stratovulkan befindet sich in der Cordillera Volcánica an der Grenze zwischen den mexikanischen Bundesstaaten Veracruz und Puebla. Der Pico de Orizaba ist einer von den drei einzigen Vulkanen Mexikos, deren Gipfel ständig von Schnee und Eis bedeckt sind (die anderen sind Popocatépetl und Iztaccíhuatl). Obwohl er 110 Kilometer weit im Landesinneren liegt, ist er vom Golf von Mexiko aus zu erkennen. Ein schwerer Ausbruch des Pico de Orizaba ereignete sich im Jahr 1566, die letzte Eruption fand 1846 statt. Nachdem der Vulkan seither ruht, traten in jüngster Zeit wieder vermehrt Fumarolen über dem Krater auf, die möglicherweise auf eine neue Aktivitätsphase hinweisen könnten.

IZTACCÍHUATL
Mexiko, 5.286 m

Der dritthöchste Berg Mexikos ist der Vulkan Iztaccíhuatl (»Weiße Frau«), circa 70 Kilometer von Mexiko-Stadt entfernt und bei klaren Verhältnissen von der Stadt aus zu sehen. Seine drei Gipfel assoziieren die Mexikaner mit Kopf, Brust und Füßen einer schlafenden Frau und nennen den Berg deshalb auch Mujer dormida. Im Gegensatz zum Popocatépetl daneben ist der Iztaccíhuatl erloschen und hat seine typische Vulkangestalt bereits durch Erosion verloren.

COLIMA
Mexiko, 4.330 m

Der Colima besteht eigentlich aus zwei Bergen: dem älteren, inaktiven Nevado de Colima und dem jüngeren Volcán de Colima, der als Mexikos aktivster Vulkan gilt. Seit 1576 wurden mehr als 40 Ausbrüche verzeichnet. Die schwerste Eruption ereignete sich 1913, doch auch 1991 und 2005 fanden Ausbrüche mit gigantischen Aschenausstößen statt. Die UN zählt den Colima zu den weltweit gefährlichsten Vulkanen.

VIER ELEMENTE

FEUER

CASCADE RANGE

Das größte Vulkangebirge Nordamerikas

Die Cascade Range (Kaskadenkette) zieht sich über eine Länge von 1.100 Kilometer vom kanadischen British Columbia im Norden über die US-Bundesstaaten Washington und Oregon bis nach Kalifornien im Süden. Die zahlreichen über 3.000 Meter hohen Gipfel sind erloschene Vulkane, die zum Teil vergletschert sind. Noch heute ist hier vulkanische Tätigkeit zu beobachten. Die höchsten Erhebungen sind der Mount Rainier, der Mount Shasta und der Mount Adams.

DIE HÖCHSTEN VULKANE DER CASCADE RANGE

1. **MOUNT RAINIER** 4.395 m
2. **MOUNT SHASTA** 4.317 m
3. **MOUNT ADAMS** 3.743 m
4. **MOUNT HOOD** 3.425 m
5. **MOUNT BAKER** 1.760 m
6. **GLACIER PEAK** 3.213 m
7. **MOUNT JEFFERSON** 3.199 m
8. **LASSEN PEAK** 3.189 m
9. **MOUNT ST. HELENS** 2.549 m

Der schneebedeckte Gipfel des Mount Shasta erhebt sich über die umgebende Wolkendecke im Norden Kaliforniens (großes Bild). Der aktive Stratovulkan ist der zweithöchste Berg der Cascade Range.

Potenziell aktiver Vulkan: Mount Hood mit dem Trillium Lake (kleines Bild).

Großes Bild: Der Cerro Pissis im Nordwesten Argentiniens ist die höchste Erhebung eines Vulkanmassivs, das aus fünf Hauptgipfeln besteht.

Unten: der endemische Andenbär.

SÜDAMERIKA

Noch sind die tektonischen Veränderungen in den Anden nicht abgeschlossen. Vulkanausbrüche und Erdbeben zeugen auch heute von den Bewegungen der Kontinentalplatten

CERRO PISSIS

Argentinien, 6.795 m

Der Cerro oder Monte Pissis in Argentinien, in den Provinzen La Rioja und Catamarca, ist der dritthöchste Berg auf dem amerikanischen Kontinent und nach dem Ojos del Salado der zweithöchste Vulkan der Erde. Der Cerro Pissis ist ein erloschener Vulkan, der sich über die Hochebene Puna de Atacama erhebt. Sein Massiv hat ganze fünf Hauptgipfel. Vermutlich ist der Pissis der am stärksten vergletscherte Berg in der Puna de Atacama, zu den größten Eisfeldern gehört der Pissis-Gletscher an seiner östlichen Flanke. An den Hängen findet man viele interessante Formationen.

LLULLAILLACO

Argentinien/Chile, 6.739 m

Nach Ojos del Salado und Cerro Pissis ist der Llullaillaco an der argentinisch-chilenischen Grenze der dritthöchste Vulkan der Erde. Die archäologischen Funde auf seinem Gipfel gelten als die höchstgelegenen der Welt. Der Gipfel ist fast immer schneebedeckt (rechts), jedoch ist er der höchste nicht vergletscherte Berggipfel der Erde. Der heute inaktive Vulkan brach zuletzt im Jahr 1877 aus – damit hält er einen weiteren Rekord als höchster in historischer Zeit aktiver Vulkan.

TUPUNGATO

Argentinien/Chile, 6.550 m

Der Tupungato, ein Stratovulkan an der Grenze von Argentinien und Chile, befindet sich etwa 50 Kilometer südlich des Aconcagua. Obwohl der Tupungato mit seinen 6.550 Metern eine der höchsten Erhebungen in den Anden darstellt, wird er nur selten bestiegen, eben weil der Aconcagua, der höchste Berg der Anden und ganz Südamerikas, so nahe ist. 1947 stürzte am Tupungato ein Flugzeug ab und blieb ganze 50 Jahre verschollen. Erst im Jahr 2000 entdeckten Bergsteiger Wrackteile.

SAJAMA

Bolivien, 6.542 m

Der Vulkan Sajama im gleichnamigen Nationalpark an der Grenze zwischen Bolivien und Chile ist der höchste Berg Boliviens. Er erhebt sich auf der Altiplano-Hochebene auf einem Plateau in circa 4.200 Metern Höhe, wodurch er niedriger scheint, als er in Wirklichkeit ist. Seit mindestens 25.000 Jahren ist der Vulkan mit der symmetrischen Gestalt bereits erloschen.

COROPUNA

Peru, 6.425 m

Mit seinen 6.425 Metern ist der Coropuna Perus höchster Vulkan und dritthöchster Berg. Der stark vergletscherte Berg gehört zur Cordillera Volcánica im Süden des Landes und steht rund 110 Kilometer von der Pazifikküste entfernt. Der Schichtvulkan entstand vor einer bis drei Million Jahre und war noch im Holozän aktiv. In historischer Zeit sind jedoch keine Aktivitäten des Coropuna erwiesen, der somit als schlafender Vulkan eingestuft wird. Die einzige Aktivität äußert sich in einigen wenigen Thermalquellen in der Umgebung des Vulkans.

CHIMBORAZO

Ecuador, 6.310 m

Der nicht mehr aktive Schildvulkan Chimborazo (links) in der Westkordillere der Anden ist Ecuadors höchste Erhebung. Vor der Vermessung der Himalaya-Berge im Jahr 1856 galt der Chimborazo sogar als höchster Berg der Erde. Später stellte man fest, dass einige Andengipfel höher sind als der Chimborazo. Der letzte Ausbruch des Vulkans ereignete sich etwa 500 bis 600 nach Christus.

PARINACOTA

Chile/Bolivien, 6.342 m

Der Parinacota an der Grenze zwischen Chile und Bolivien befindet sich im Nationalpark Lauca in der Westkordillere der zentralen Anden, im Bereich der Atacama-Wüste. Zusammen mit dem Pomerape, der sich etwas weiter nordöstlich erhebt, bildet er den Payachata-Komplex. Der Parinacota ist ein überaus beliebtes Ziel von Bergsteigern und Kletterern – nicht nur aufgrund seiner Höhe von 6.342 Meter, sondern auch wegen der atemberaubend schönen Landschaft. Auf dem Gipfel selbst hat man einen fantastischen Ausblick bis zur bolivianischen Königskordillere. Der Krater hat einen Durchmesser von 700 Metern. Zwar deuten Fumarolen über dem Krater auf vulkanische Aktivitäten hin. Der letzte Ausbruch ist allerdings schon 500 bis 600 Jahre her.

POMERAPE

Chile/Bolivien, 6.282 m

An der chilenisch-bolivianischen Grenze, im Lauca-Nationalpark im Gebiet der Atacama-Wüste, steht der konische, im Pleistozän entstandene Vulkan Pomerape, der mit dem Parinacota den Payachata(Zwillings-)-Komplex bildet. Die beiden Berge sind leicht zu erreichen und zudem relativ einfach zu besteigen. In der Nähe des Vulkansliegt auf 4.520 Meter Höhe der Lago Chungará – einer der höchstgelegenen Seen der Welt. Im umliegenden Lauca-Nationalpark finden sich Flamingos, Vicunjas, Alpacas und Andenkondore.

GUALLATIRI

Chile, 6.071 m

Der Guallatiri im Norden Chiles gehört zu den aktivsten Vulkanen in den Anden und zugleich zu den höchsten aktiven Vulkanen der Erde. Der letzte große Ausbruch dieses symmetrisch geformten Stratovulkans, der immer eine Eis- und Schneemütze trägt, fand im Jahr 1960 statt.

ACOTANGO

Chile, 6.052 m

Der Cerro Acotango ist ein Stratovulkan an der Grenze Chiles zu Bolivien. Zusammen mit den beiden Vulkanen Humarata und Capurata bildet er die Vulkangruppe Quimsachata (»Drei Brüder«). Der stark erodierte Acotango, der höchste Berg in dieser Dreiergruppe, wird als aktiv eingeschätzt, seine größte Aktivität liegt aber wohl 10.000 Jahre zurück. Der Gletscher an der Südflanke des Vulkans wäre bei einem Ausbruch eine Gefahr, da das Schmelzwasser zu Überflutungen und Schlammlawinen führen kann.

ACAMARACHI

Chile, 6.046 m

Der Stratovulkan Acamarachi, der auch Cerro Pili genannt wird, erhebt sich auf der Hochebene Puna de Atacama im Norden Chiles. Sein Krater enthält einen See mit einem Durchmesser von circa 10 Metern – dies ist hinter dem See im Krater des Ojos del Salado der zweithöchste Kratersee der Welt und somit zugleich der zweithöchste See Südamerikas.

VIER ELEMENTE
FEUER

ANDEN

Das vulkanreichste Gebirge der Erde

Von oben: Die schneebedeckten Vulkane Pomerape und Parinacota mit Lamas zu ihren Füßen und der aktive Vulkan Cotopaxi in Ecuador, der dennoch ein beliebtes Bergsteigerziel ist.

Großes Bild: Ein faszinierender Blick vom Weltall auf die Landschaft der chilenischen Vulkane.

WISSENSWERT

Kultur der Inkas

Die Inka waren im 14. Jahrhundert das mächtigste Volk der Anden, eine der Säule ihrer Macht war die gute Infrastruktur, die sie erschaffen haben. Dazu gehörten vor allem die Straßen. Das Herz des Systems befindet sich noch immer in Cuzco, es sind vier Straßen, die die Grundlage des 30.000 Kilometer langen Straßensystems bilden. Das weite Netz verband Quito mit Santiago de Chile und Mendoza in Argentinien. Wichtig waren nicht nur die instand gehaltenen Wege, sondern auch die Versorgungseinheiten wie Siedlungen und Lamagehege. Zentraler Teil ist die Andenhochstraße Qhapaq Ñan, die in ihrer Bedeutung vergleichbar ist mit der Seidenstraße in Asien.

VIER ELEMENTE

FEUER

ANTARKTIS

Die höchsten Vulkane der Antarktis

Im Osten des Transantarktischen Gebirges, eines vor 450 Millionen Jahren entstandenen Verwerfungsgürtels am Rand der Antarktisplatte, finden sich Vulkane und Gebiete mit seismischer Aktivität, die vom Ellsworth-Land bis weit hinaus zum Scotia-Bogen reichen. Seine größte Höhe erreicht der schroffe Gebirgszug entlang des Rossmeeres mit dem Kirkpatrick (4.528 Meter) und dem Markham (4.350 Meter). Hier fällt er steil zur Küste ab. Wo sich das Transantarktische Gebirge zum Victorialand hin fortsetzt, liegt auf einer Insel im Ross-Schelfeis mit dem 3.794 Meter hohen Mount Erebus der höchste noch aktive Vulkan des kalten Kontinents.

DIE HÖCHSTEN VULKANE DER ANTARKTIS

1. **MOUNT EREBUS** 3.794 m
2. **MOUNT FRAKES** 3.654 m
3. **TONEY VOLCANO** 3.595 m
4. **MOUNT BERLIN** 3.478 m
5. **MOUNT TAKAHE** 3.460 m
6. **SIPLE VOLCANO** 3.396 m
7. **ROYAL SOCIETY VOLCANO** 3.000 m
8. **ANDRUS VOLCANO** 2.978 m
9. **MOUNT MELBOURNE** 2.732 m
10. **MOUNT MORNING** 2.723 m

Rauch steigt aus einem Eisturm über der »Sauna Cave« in 3.550 Meter Höhe auf dem Mount Erebus. Die Hitze des Magmas im Vulkaninneren schmilzt Schnee und Eis unterhalb der Eistürme und lässt Tunnel und Höhlen entstehen. Da die Lufttemperatur meist unter −30 °C liegt, gefriert der Wasserdampf zu Eistürmen (großes Bild).

Rechts: Der Mount Erebus, der südlichste aktive Vulkan der Erde, wirft einen langen Schatten auf das Rossmeer.

VIER ELEMENTE

FEUER

EIN FRÜHSTÜCKS-EI WÜRDE EINFACH VERDAMPFEN, IN SEKUNDEN

41,2 °Celsius

DEUTSCHLAND SCHWITZT

Die höchste Temperatur, die bislang in Deutschland gemessen wurde. Gemessen in Duisburg-Baerl und Tönisvorst (Nordrhein-Westfalen) am 25. Juli 2019.

100 °Celsius

WASSER KOCHT

und ein Ei wird nach ca. 7 Minuten hart.

ca. 280 °Celsius

HOLZ BRENNT

50°C 100°C 200°C 300°C 400°C 500°C 600°C 900°C

56 °Celsius

DEATH VALLEY IM US STAAT KALIFORNIEN

So heiß war es wohl seit mehr als 100 Jahren nicht. Im Death Valley im US-Staat Kalifornien wurden jetzt 56°C gemessen. Das wäre eine der höchsten weltweit jemals gemessenen Temperaturen – wenn der Wert bestätigt wird.

WISSENSWERT

Pūhāhonu
Größter Schildvulkan der Erde

Typisch für Hawaai sind die Schildvulkane, bei denen sich die Lava in riesige Flächen ausdehnt. Bisher galt der Mauna Loa als der größte Schildvulkan der Erde. Jetzt muss der diesen Titel abgeben – an den Pūhāhonu. Dieser Vulkan ist Teil der Inselkette, in die Hawaii nach Nordwesten hin ausläuft. Nur 52 Meter ragt die oberste Spitze über das Wasser, doch unter der Wasseroberfläche zeigt sich das gigantische Ausmaß. Mit einem Gesamtvolumen von 148.000 Kubikkilometern ist der Pūhāhonu doppelt so groß wie der Mauna Loa.

IM HOCHOFEN

Bei der Roheisengewinnung werden Eisenerz und Koks schichtweise in einen Hochofen eingefüllt. Von unten wird mit etwa 1200°C erhitzte Luft eingeblasen, die nach oben steigt und der Hochofenprozess beginnt. Dabei nimmt die Temperatur im Hochofen von oben nach unten kontinuierlich zu. Zuerst wird das Eisenerz-Koks-Gemisch bei 200–400°C vorgewärmt. Bei [illegible]00–900°C wird das Eisenoxid reduziert, das dabei entstehende Eisen ist aber noch fest. In der Kohlungszone entsteht bei 900–[illegible]00°C ein Eisen-Kohlenstoffgemisch. In der Schmelz- und Verbrennungszone reagiert der Koks mit dem Luftsauerstoff und bringt das Eisen-Kohlenstoffgemisch zum Schmelzen. Es entstehen hier Temperaturen bis zu 2200°C. Bei 1450°C verflüssigt sich das Eisen, sinkt nach unten und wird zusammen mit der im Schmelzprozess entstandenen Schlacke aus dem Hochofen gezogen. Eisen und Schlacke werden außerhalb des Ofens voneinander getrennt und das Roheisen ist bereit zur Stahlherstellung.

DER HÖLLE GANZ NAH

Zwischen 900 °C und 1500 °C ist das Magma heiß, wenn es sich in Hohlräumen im Erdinnern sammelt. Steigt der Druck unter der Erdkruste und wird das geschmolzene Gestein nach oben gedrückt, bricht der Vulkan aus. Der Gesteinsbrei kommt an der Erdoberfläche mit dem Luftsauerstoff in Kontakt und kühlt sich dabei ab.
Jetzt spricht man von Lava und die hat je nach chemischer Zusammensetzung des Vulkangesteins eine Temperatur von etwa 1200 °C. An der Farbe ist zu sehen, wie hoch die ausgestrahlte Hitze ist: gelblichweiß (ca. 1100°C), hellrot (ca. 870°C), dunkelrot (ca. 650°C) und schließlich schwarz (ca. 500°C).
Die heiße Lava breitet sich als fließender Strom an der Erdoberfläche aus – zunächst dünnflüssig und bis zu 50 km/h schnell, dann immer langsamer, aber lange noch weich und verformbar. In ganz unterschiedlichen Formen wie Kissen, Klumpen oder langen Strängen erstarrt die Lava schließlich. Komplett abgekühlt ist sie erst nach Wochen oder manchmal erst nach Monaten.

1064 °Celsius
GOLD SCHMILZT

1100°C 1200°C 1300°C 1400°C 1500°C 1600°C 1700°C 1800°C 1900°C

1270 – 1350 °Celsius
HEISSWIND FÜR DEN HOCHOFEN

Im Winderhitzer wird Heißwind mit einer Temperatur von 1270°C bis 1350°C erzeugt und über ein Rohrsystem und Düsen in den Hochofen eingeleitet.

ca. 1500 °Celsius
MAGMA IM ERDINNEREN

VIER ELEMENTE

FEUER

HOCHÖFEN

Die größten Hochöfen/Hüttenwerke in Deutschland

THYSSENKRUPP STEEL EUROPE

Unspektakulär sieht er aus, eine eckige Industrieanlage mit Schornsteinen und Röhren ragt aus dem Industriegebiet Duisburg-Schwelgern hervor. Der graue Kasten aber hat es in sich, denn dort befindet sich der größte Hochofen Europas. Es ist Technik der Superlative, die im Ruhrgebiet angewendet wird. Der Hochofen stammt aus dem Jahr 1993 und hat in den ersten zwanzig Jahren seiner Laufzeit immerhin schon 75 Millionen Tonnen Roheisen geschmolzen. Der Hochofen reduziert Erze mit Koks und Kohlenstaub zu metallischem Eisen.

HÜTTENWERKE OBERHAUSEN

Dort, wo die Menschen des Ruhrgebietes gern zum Einkaufen hinfahren, hat bis in die 1970er Jahre eines der traditionellen Hüttenwerke des Ruhrgebietes gearbeitet. Die Gutehoffnunghütte gilt als Motor der industriellen Entwicklung des Ruhrgebietes, durch sie wurde Oberhausen zum Zentrum der Eisen- und Stahlproduktion der Region. Gegründet wurde die Hütte schon im Jahre 1758 als Eisenwerk, im 20. Jahrhundert fusionierte sie mit dem MAN-Konzern. In den 1970er Jahren jedoch führt Konkurrenzdruck zum Ende der Produktion. Die Industrieanlagen werden abgerissen, es bleibt nur noch der Gasometer.

HÜTTENWERK MEIDERICH, HEUTE LANDSCHAFTSPARK DUISBURG NORD

Der Landschaftspark Duisburg-Nord gründet sich auf ein ehemaliges Hüttenwerk. Der einstige Produktionsstandort für Roheisen ist heute teilweise überwuchert von Büschen und Stauden, denn um das Hüttenwerk Meiderich hat sich nun der Landschaftspark Duisburg-Nord gegründet. Für die britische Zeitung »The Guardian« zählt er sogar zu den zehn schönsten Stadtparks der Welt. Das liegt vor allem in der gelungenen Umgestaltung der Landschaftsarchitekten, die alte Industrieflächen gekonnt begrünt und begehbar gemacht haben. Am schönsten aber ist der Landschaftspark nachts, wenn die Anlagen künstlerisch und bunt beleuchtet werden.

Auf den Rhein und die dahinter liegenden Felder und Wälder blicken die hohen Schornsteine des Werks von Thyssenkrupp bei Duisburg (großes Bild).

Dass dieses idyllische Häuschen einst Industriepionier war, ist schwer vorzustellen. Doch die St. Antony Hütte gilt als die erste des Ruhrgebiets, in der Stahl floss. Außerdem ist sie die Geburtsstätte des Konzerns Gutehoffnungshütte – später MAN (kleines Bild oben).

Selbst durch die Umgestaltung zum Landschaftspark Duisburg-Nord, kann der Ort seine industrielle Vergangenheit nicht leugnen (kleines Bild unten).

VIER ELEMENTE

FEUER

FEUERRITUALE

Die schönsten Feuerrituale der Menschheit

BIIKEBRENNEN

Den Winter vertreiben und die Geister des Frühjahrs wecken, dafür zünden die Friesen traditionell Feuer an. Biike bedeutet auf Sylter Friesisch »Feuerzeichen« und gehört nicht nur auf Deutschlands nördlichster Nordseeinsel zu den beeindruckenden Naturritualen. Ob Insel, Hallig oder gar Festland – gezündet wird das Feuer traditionell am 21. Februar.

HERZ-JESU-FEUER

Möglicherweise ist dieses Ritual eine der schönsten Zeiten, um nach Tirol zu reisen. Dann legen die Menschen den Bergen eine Art Feuertatoo an. Der Grund findet sich in einstigen Kämpfen gegen die Franzosen, zu denen die Menschen aus Tirol um göttlichen Beistand baten. Da sie überraschend gegen die Feinde gewonnen haben, sind die brennenden Feuer wichtige Tradition geblieben, entzündet werden sie jedes Jahr zur Herz Jesu-Feier am 3. Samstag nach Pfingsten.

WALPURGISNACHT

Die Walpurgisnacht ist sagenumwoben. Vor allem der Harz ist bekannt für seine großen Feiern mit Hexentänzen und Freudenfeuern, doch die Tradition geht eigentlich auf keltische Wurzeln zurück, Beltane, wie dieses Fest auch heißt, wird in Irland groß gefeiert. Die Nacht des 30. April nehmen auch Studenten in Schweden und Finnland gern zum Anlass, ausgelassen am Feuer zu tanzen.

WAKAKUSA YAMAYAKI JAPAN

Der brennende Berg ist eines der beeindruckendsten Feste in Japan. Jeden vierten Samstag im Januar werden die trockenen Gräser des Wakakusa angezündet und verwandeln seine Hänge in ein glühendes Meer. Das Ritual geht auf das 12. Jahrhundert zurück. Noch immer wird das Feuer von Mönchen entfacht, eine Prozession macht sich auf den Weg, passiert betend einige Schreine, bevor sie die Hänge in Brand setzt.

FALLAS VALENCIA

Große Puppen aus Holz oder Pappmaché stehen im Mittelpunkt dieses Festes in Valencia. Ähnlich wie im Karneval verhohnepipeln die Figuren die aktuellen politischen Zustände. Zunächst werden sie aufgestellt, um dann spektakulär in Flammen aufzugehen. Nur eine Fallas, also eine Figur, bleibt unversehrt, sie wird als Miniatur im Fallas-Museum der Stadt ausgestellt. Die Fallas gehen zurück auf die Tischer, die alte Lappen und altes Holz ihrer Werkstätten einmal im Jahr verbrannt haben. Die Feiern finden rund um den 15. März statt.

Beim Sylter Biikebrennen bestaunt man übrigens nicht nur das Feuer, auch trifft man sich zu Glühwein, Grünkohl und einem gepflegten Plausch (großes Bild).

An Hexen glaubt heute kaum noch jemand – aber in der Walpurgisnacht tanzt man trotzdem noch gemeinsam ums Feuer (kleines Bild oben).

Ist der Mount Wakakusa erst einmal entzündet, steigen dazu auch noch Feuerwerke in den Himmel (kleines Bild Mitte).

Man muss sich mit Zeitgeschehen und Politik auskennen, um in Valencia die volle Bedeutung der Fallas zu verstehen (kleines Bild unten).

VIER ELEMENTE

FEUER

FEUERWERKE

Die fünf schönsten Feuerwerke
jedes Jahr weltweit

YONSHAKUDAMA-FEUERWERK

Das größte Feuerwerk der Welt findet in Japan statt: Das Yonshakudama-Feuerwerk ist das größte Festival seiner Art der weltweit. Austragungsort ist die Stadt Katakai und spektakulär ist die 420-Kilo Zündkugel, sie steht sogar schon im Guinnessbuch der Rekorde. Das Festival ist 400 Jahre alt und findet Anfang September statt, dann glüht dort der Himmel.

WORLD PYRO OLYMPICS

Auf den Philippinnen wird der Himmel zu diesem Festival enorm bunt. Zu diesem Fest tragen die internationalen Feuerwerkshersteller ihren Wettbewerb aus. Fünf Tage lang messen sich die Teilnehmer aus aller Welt. Besonders schön ist das Festival, weil die Feuerwerke auf großen Booten in der Bucht von Manila gezündet werden. Das Festival findet in den letzten Tagen im Dezember statt.

SEMANA GRANDE

Die große Woche, wie dieses Fest auf Deutsch heißt, startet mit einem Kanonenschuss in San Sebastian. Der Ort im Baskenland ist Austragungsort von Feuerwerkswettbewerben, die eine ganze Woche lang stattfinden und über der Bucht gezündet werden. Ein wundervolles Farbenspiel am Himmel mit spanischer Lebensfreude gepaart, dazu gibt es vor allem viel Musik.

CELEBRATION OF LIGHT

Riesige leuchtende Lichtbälle in Pink, Regen in goldenen Funken – der Himmel über Vancouver erstrahlt Ende Juli / Anfang August zwei Wochen lang in den schönsten Funkenströmen. Zur Celebration of Lights treffen sich Feuerwerkskünstler aus der ganzen Welt, die dem Publikum eine 25minütige Show präsentieren, untermalt mit Musik. Besonders schön ist es, weil es in der Englischen Bucht stattfindet, also direkt am Wasser.

INTERNATIONALES FEUERWERK-FESTIVAL MALTA

Die kleine Mittelmeerinsel liebt Feuerwerk. Vor allem im Sommer wird dort der Himmel oft künstlich erleuchtet. Ende April kommen die besten Pyrotechniker der Welt nach Malta, um ihr Publikum mit ihren Shows zu verzaubern. Gezündet wird von Booten in der Hafenstadt Valetta, oftmals sind die Gebäude noch in besonderes Licht getaucht – ein märchenhaftes Lichterspiel.

Während zu anderen Zeiten die Boote in Maltas Häfen ein beliebtes Fotomotiv sind, spielen sie während des Internationalen Feuerwerk-Festivals nur noch eine Nebenrolle (großes Bild).

Auch Japans Stadt Katakai lässt es sich nicht nehmen, mit riesigen Feuerwerken den Himmel in kunterbunte Farben zu versetzen (kleines Bild oben).

Vancouvers Bucht wird umstanden von golden leuchtenden Häusern, während das Wasser selbst in ein Farbenmeer verwandelt wird (kleines Bild unten).

VIER ELEMENTE

FEUER

OLYMPISCHES FEUER

Die eindrucksvollsten Fackelläufe der Olympischen Spiele

Auch wenn bereits in der griechischen Antike anlässlich von Wettkämpfen Fackelläufe ausgetragen wurden, geht das olympische Feuer erst auf eine Idee des frühen 20. Jahrhunderts zurück. Erstmals 1936 wurde es von Griechenland nach Berlin zu den Sommerspielen getragen. In den folgenden Jahrzehnten versuchten die Gastgeberländer sich immer wieder gegenseitig zu übertreffen: 2004 wurde das Feuer zum ersten Mal über alle Kontinente getragen, 2008 wurde mit 137.000 Kilometern der längste Fackellauf jemals absolviert, 1976 wurde die Flamme von Athen nach Ottawa per Satellit übertragen, 2000 wurde die Fackel nicht nur von Surfern transportiert, sondern sogar unter Wasser durch einen Taucher am Great Barrier Reef. Auch die Paralympics werden traditionell mit einem Fackellauf eingeläutet, dieser startet jedoch im englischen Stoke Mandelville.

2016 wurde nicht nur der Beginn der Olympischen Spiele in Rio de Janeiro mit Feuer gefeiert, auch die Abschlusszeremonie stand ganz im Zeichen dieses Element (großes Bild).

2021 entzündete die japanische Tennisspielerin Naomi Ōsaka als letzte Fackelläuferin das Olympische Feuer im Rahmen der Eröffnungsfeier (kleine Bilder rechts).

VIER ELEMENTE

FEUER

DIE GRÖSSTEN PYROSHOWS

Die größten Pyroshows der Konzerte von Kiss, Rammstein und jährliche Pyrogames in Norddeutschland

KISS

Wenn sie singen »Heaven's on fire«, dann meinen sie es wirklich ernst. Denn wenn Kiss auf der Bühne steht, brennt nicht nur der Himmel. Die Rockband, die seit mehr als 45 Jahren auf der Bühne steht, ist bekannt für ihre außergewöhnlichen Feuershows. Die Gitarre, die in Flammen aufgeht und feuerspuckende Musiker sind schon fast Standard bei den Shows. Flammenwerfer auf der Bühne gehören dazu – Kiss-Konzerte sind immer Pyrotechnik der Spitzenklasse.

RAMMSTEIN

Einen Bühnenunfall nachzuspielen, bei dem ein Musiker in Flammen aufgeht, diese Showeinlage war sehr umstritten bei den Konzerten von Rammstein, denn sie sorgte bei vielen Zuschauern für Panikmomente. Rammstein gehört zu den Bands, deren pyrotechnische Einlagen legendär sind, Frontman Till Lindemann hantiert gern mit Feuerwerk und Flammen herum und sorgt für sensationellen Effekte, da kann es schon mal vorkommen, dass die Bühne in Flammen steht, selbstverständlich auch nur ein Effekt.

PYROGAMES

Einmal im Jahr treffen sich Deutschlands Feuerwerker und liefern sich einen Wettkampf und die spektakulärsten Feuerwerkseffekte: Die Pyrogames sind eines der größten Feuerwerksevents in Deutschland. Die Orte sind dabei immer unterschiedlich, die Show zeigt die jüngsten Errungenschaften und Tricks der Pyrotechnik. Wenn dann de Sommer noch eine lauwarme Nacht schenkt, ist die Bühne für die Show perfekt.

Wer zu einem Konzert von KISS anreist, nimmt den Weg nicht nur aufgrund der Musik in Kauf, sondern auch, um einer spektakulären Feuershow beizuwohnen (großes Bild).

Und auch Rammstein ist nicht einfach irgendeine Heavy Metal-Band, sondern eine Heavy Metal-Band mit Vorliebe zum Feuer (kleines Bild oben).

2017 konnte man die Pyrogames beispielsweise in Lichterfeld bewundern (kleines Bild unten).

VIER ELEMENTE

FEUER

SONNENSYSTEM

Unser Sonnensystem mit der Sonne im Zentrum hat einen Durchmesser von etwa 14 Milliarden Kilometern

Unsere Galaxis, die Milchstraße, hat einen Durchmesser von rund 100.000 Lichtjahren, das entspricht ungefähr 950 Trillionen Kilometern. Rund 26.000 Lichtjahre vom galaktischen Zentrum entfernt befindet sich unsere Sonne mit ihren acht Begleitern, den Planeten Merkur, Venus, Erde, Mars, Jupiter, Saturn, Uranus und Neptun. Fast die gesamte Mas-se des Sonnensystems, nämlich 99,86 %, entfällt dabei auf das Zentralgestirn, die Sonne. Zwei Drittel der restlichen Masse nimmt allein der riesige Gasplanet Jupiter ein. Die verbleibenden 0,05 % teilen sich die sieben anderen Planeten mit ihren Monden sowie die Asteroiden und Klein- und Kleinstplaneten, die ebenfalls die Sonne umkreisen.

Die größten Körper im Sonnensystem

Äquatordurchmesser

1 **Sonne**
1.392.000 km

2 **Jupiter**
142.984 km

3 **Saturn**
120.536 km

4 **Uranus**
51.118 km

5 **Neptun**
49.528 km

6 **Erde**
12.756 km

7 **Venus**
12.104 km

8 **Mars**
6.792 km

9 **Ganymed (Jupitermond)**
5.262 km

J **Titan (Saturnmond)**
5.150 km

K **Merkur**
4.879 km

Die schwersten Körper im Sonnensystem

Erdmasse = 1

1 **Sonne**
332.270

2 **Jupiter**
318

3 **Saturn**
95

4 **Neptun**
17

5 **Uranus**
14,5

6 **Erde**
1

7 **Venus**
0,8

8 **Mars**
0,1

9 **Merkur**
0,06

J **Ganymed**
0,0025

K **Titan**
0,0023

JOHANNES KEPLER
(1571–1630)

Der im württembergischen Weil der Stadt geborene Johannes Kepler entdeckte die bis heute nach ihm benannten Gesetze der Planetenbewegung. Er konnte zeigen, dass die Planetenbahnen keine Kreise, wie noch Kopernikus vermutet hatte, sondern Ellipsen sind und dass sich die Sonne stets in einem der Brennpunkte der Ellipse befindet. Kepler gilt neben Galileo als einer der Begründer der modernen Naturwissenschaft.

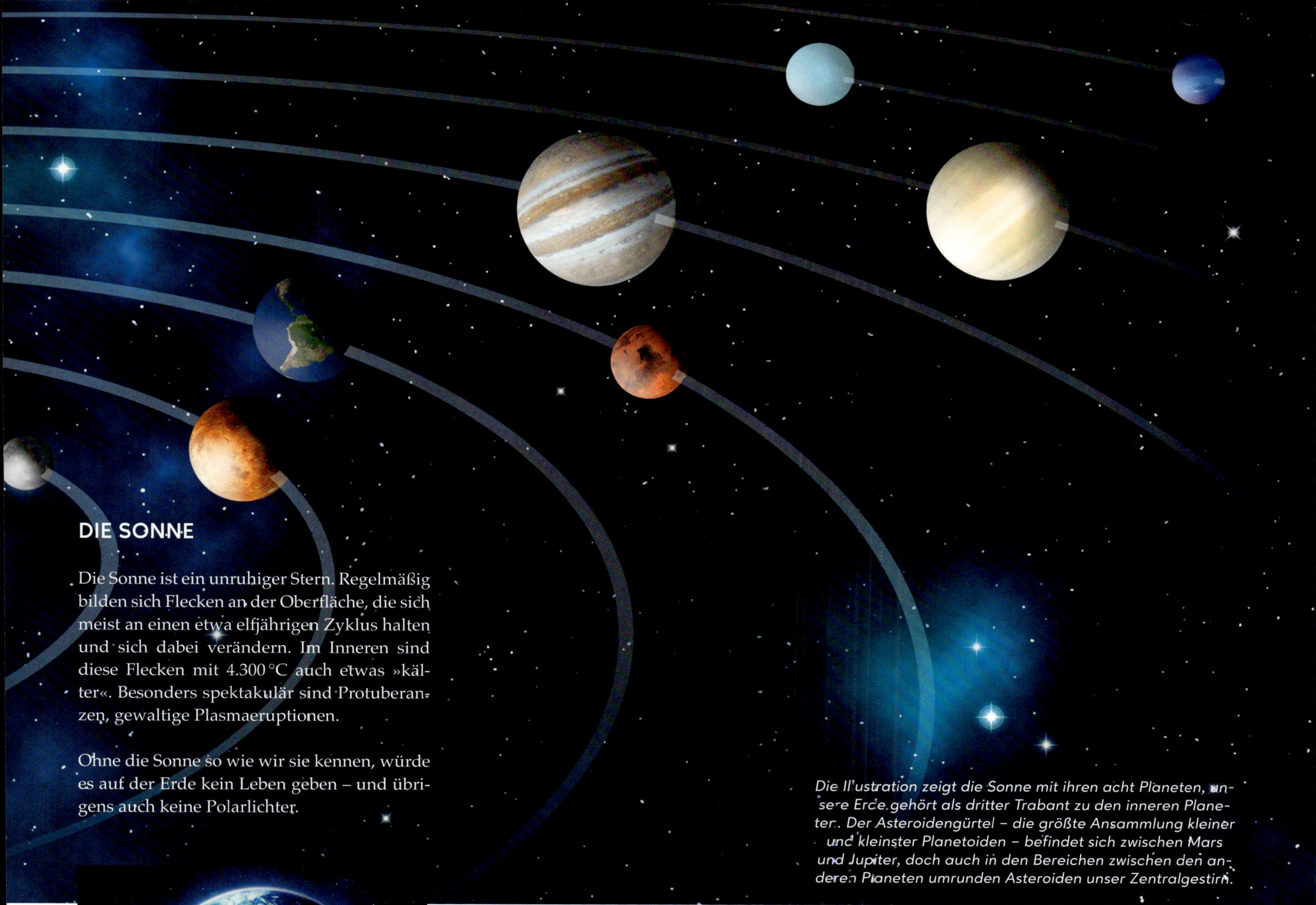

DIE SONNE

Die Sonne ist ein unruhiger Stern. Regelmäßig bilden sich Flecken an der Oberfläche, die sich meist an einen etwa elfjährigen Zyklus halten und sich dabei verändern. Im Inneren sind diese Flecken mit 4.300 °C auch etwas »kälter«. Besonders spektakulär sind Protuberanzen, gewaltige Plasmaeruptionen.

Ohne die Sonne so wie wir sie kennen, würde es auf der Erde kein Leben geben – und übrigens auch keine Polarlichter.

Die Illustration zeigt die Sonne mit ihren acht Planeten, unsere Erde gehört als dritter Trabant zu den inneren Planeten. Der Asteroidengürtel – die größte Ansammlung kleiner und kleinster Planetoiden – befindet sich zwischen Mars und Jupiter, doch auch in den Bereichen zwischen den anderen Planeten umrunden Asteroiden unser Zentralgestirn.

MERKUR
58 Mio. km

Der Merkur verfügt nur über 6 % der Erdmasse. Die dünne Atmosphäre schützt nicht vor den extremen Temperaturen von +425 °C auf der Tag- und -170 °C auf der Nachtseite.

VENUS
108 Mio. km

Die völlig undurchsichtige Atmosphäre besteht hauptsächlich aus Kohlendioxid, über +460 °C hat es am Boden, Wasser hat hier keine Chance. Die Venus besitzt keine Monde.

ERDE
150 Mio. km

Die Erde zählt zu den inneren Planeten, die im Unterschied zu den äußeren Gasplaneten auch als Gesteinsplaneten bezeichnet werden. Eine Lichtsekunde entfernt umkreist nur ein Trabant, der Mond, die Erde.

MARS
228 Mio. km

An vierter Stelle folgt der Planet Mars, der von der Erde aus rötlich erscheint. Auch der Mars gehört zu den erdähnlichen Planeten, ist allerdings wesentlich kleiner als die Erde.

JUPITER
778 Mio. km

Der Jupiter ist mit Abstand der größte Planet, er besteht hauptsächlich aus Wasserstoff und Helium. Zahlreiche Satelliten begleiten ihn, die vier größten entdeckte schon Galileo 1610.

SATURN
1.427 Mio. km

Saturn ist ein Gasplanet, er hat unter den Planeten die geringste mittlere Dichte. Er besteht vor allem aus Wasserstoff und weist ein System von Bändern und Zonen auf. Markantestes Merkmal sind die ausgeprägten Ringe.

URANUS
2.870 Mio. km

1986 flog die »Voyager 2« am kalten Riesen vorbei, und er erwies sich im sichtbaren Bereich als nahezu strukturlos. Allerdings konnte sein Ringsystem bestätigt werden.

NEPTUN
4.497 Mio. km

Teleskopisch entdeckt wurde der Neptun 1846. Der Gasplanet weist einen etwas höheren Anteil an Methan auf, die Temperatur der Atmosphäre wurde mit –218 °C bestimmt.

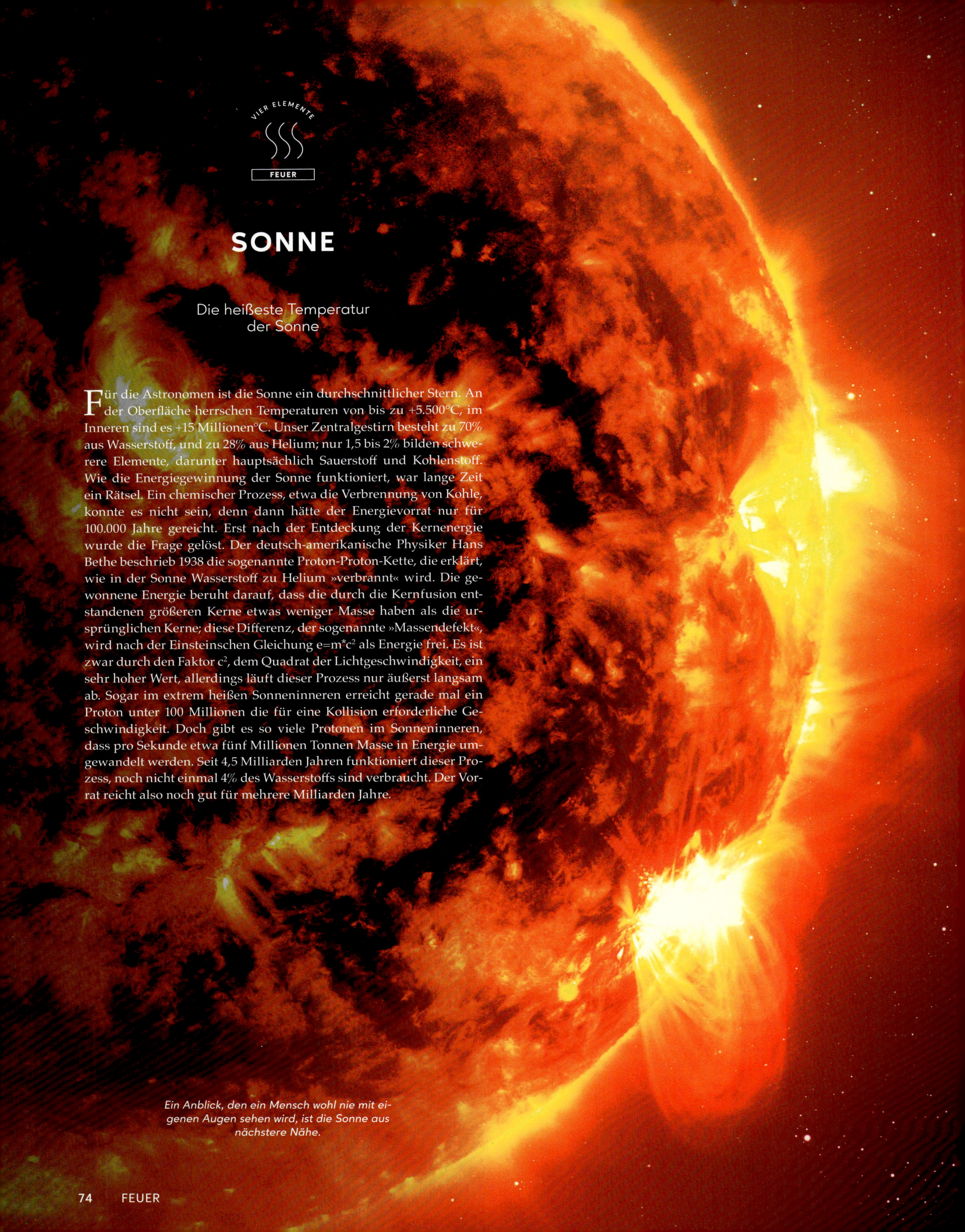

VIER ELEMENTE

FEUER

SONNE

Die heißeste Temperatur der Sonne

Für die Astronomen ist die Sonne ein durchschnittlicher Stern. An der Oberfläche herrschen Temperaturen von bis zu +5.500°C, im Inneren sind es +15 Millionen°C. Unser Zentralgestirn besteht zu 70% aus Wasserstoff, und zu 28% aus Helium; nur 1,5 bis 2% bilden schwerere Elemente, darunter hauptsächlich Sauerstoff und Kohlenstoff. Wie die Energiegewinnung der Sonne funktioniert, war lange Zeit ein Rätsel. Ein chemischer Prozess, etwa die Verbrennung von Kohle, konnte es nicht sein, denn dann hätte der Energievorrat nur für 100.000 Jahre gereicht. Erst nach der Entdeckung der Kernenergie wurde die Frage gelöst. Der deutsch-amerikanische Physiker Hans Bethe beschrieb 1938 die sogenannte Proton-Proton-Kette, die erklärt, wie in der Sonne Wasserstoff zu Helium »verbrannt« wird. Die gewonnene Energie beruht darauf, dass die durch die Kernfusion entstandenen größeren Kerne etwas weniger Masse haben als die ursprünglichen Kerne; diese Differenz, der sogenannte »Massendefekt«, wird nach der Einsteinschen Gleichung $e=m*c^2$ als Energie frei. Es ist zwar durch den Faktor c^2, dem Quadrat der Lichtgeschwindigkeit, ein sehr hoher Wert, allerdings läuft dieser Prozess nur äußerst langsam ab. Sogar im extrem heißen Sonneninneren erreicht gerade mal ein Proton unter 100 Millionen die für eine Kollision erforderliche Geschwindigkeit. Doch gibt es so viele Protonen im Sonneninneren, dass pro Sekunde etwa fünf Millionen Tonnen Masse in Energie umgewandelt werden. Seit 4,5 Milliarden Jahren funktioniert dieser Prozess, noch nicht einmal 4% des Wasserstoffs sind verbraucht. Der Vorrat reicht also noch gut für mehrere Milliarden Jahre.

Ein Anblick, den ein Mensch wohl nie mit eigenen Augen sehen wird, ist die Sonne aus nächstere Nähe.

VIER ELEMENTE

FEUER

CERN LARGE HADRON COLLIDER

Die größte Forschungsanlage – der größte Teilchenbeschleuniger der Welt

Nahe der französischen Grenze beschäftigt man sich im Schweizer Kanton Genf mit den Grundlagen des Universums. Hier im CERN stehen für derzeit rund 7.000 Wissenschaftler die Elementarteilchen der Materie im Mittelpunkt des Interesses. An diesem weltweit größten Forschungszentrum forschten seit 1954 über 10.000 Wissenschaftler aus knapp 90 Nationen. Für ihre Experimente stehen nicht nur die größten sondern auch die kompliziertesten wissenschaftlichen Geräte der Welt zur Verfügung: Teilchenbeschleuniger und Teilchendetektoren.

Was passiert, wenn man Protonen, Elektronen oder Ionen auf knappe Lichtgeschwindigkeit beschleunigt und zusammenprallen lässt? Das kann man sich gerade noch vorstellen: Sie werden in Quarks, Leptoren und andere Elementarteilchen »pulverisiert«. Je nachdem, wie sich diese kleinsten Bausteine der Materie nach der Kollision verhalten, können Wissenschaftler Rückschlüsse über die Naturgesetze und den Aufbau der Materie im Universum ziehen. Im Forschungszentrum CERN steht ihnen für diese Grundlagenforschung der Large Hadron Collider (LHC) zur Verfügung. Der Beschleunigerring dieses größten und leistungsstärksten Teilchenbeschleunigers der Welt hat einen Umfang von 26.659 Metern und wird von der größten Kühlanlage der Welt gekühlt. 9.300 supraleitende Magnete sorgen dort für die Magnetfelder, die die unvorstellbare Geschwindigkeit der Teilchen im Beschleuniger ermöglichen. Im Large Hadron Collider erreichen die Protonen sogar eine Beschleunigungsspannung von sagenhaften 7.000 Gigaelektronenvolt. Diese Energie von 7.000 Milliarden Volt ist weit über eine Million Mal größer als die Spannung in einer Überlandleitung. Unglaublich!

Entlang des Beschleunigerrings des Large Hadron Collider (LHC) des CERN sind in gigantischen unterirdischen Hallen die vier Teilchendetektoren ATLAS, CMS, ALICE und LHCb installiert. Im großen Bild sieht man den 12.500 Tonnen schweren Universaldetektor CMS (Compact Muon Solenoid). Er registriert und analysiert die zahllosen Teilchen, die bei den Kollisionen im LHC entstehen (grafisch verdeutlicht im kleinen Bild). Das Magnetfeld des Solenoidmagneten im Inneren des CMS-Detektors ist mit vier Tesla rund 100.000-mal so stark wie das Magnetfeld der Erde.

VIER ELEMENTE

FEUER

WÜSTEN

Viele Regionen dieser Erde sind von so extremer Trockenheit oder Kälte geprägt, dass sich vor allem Trockenflora, aber keine landschaftsbestimmende Vegetation entwickeln kann. Trocken- oder Heißwüsten befinden sich häufig in der Zone der subtropischen Hochdruckgebiete, an Meeresküsten mit kaltem Auftriebwasser und in abgeschlossenen Gebirgsbecken. Die jährlichen Niederschläge liegen in den nahezu vegetationslosen Voll- oder Kernwüsten unter 100 Millimeter.

Sanddünen, die je nach Sonnenstand und Feuchtigkeitsgehalt ihre Farben ändern, prägen den Namib-Naukluft-Nationalpark in der Namib-Wüste in Namibia, der ältesten Wüste der Erde (großes Bild).

Oben: Einer Kunstskulptur gleichend ragen die kahlen, schwarzen Äste des Dead Camelthorn Trees aus der Wüstenerde im Sossuvlei.

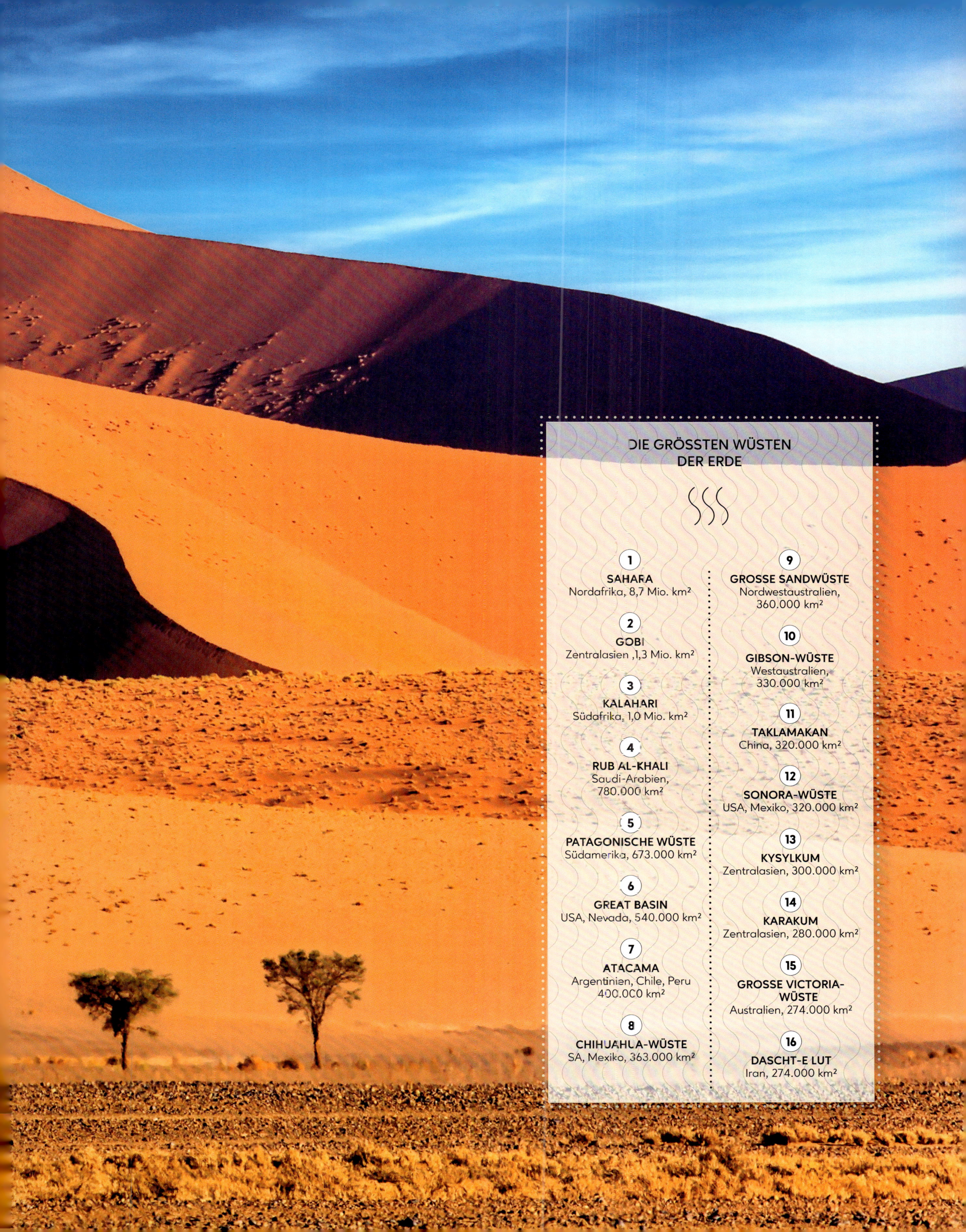

DIE GRÖSSTEN WÜSTEN DER ERDE

1. **SAHARA**
Nordafrika, 8,7 Mio. km²

2. **GOBI**
Zentralasien ,1,3 Mio. km²

3. **KALAHARI**
Südafrika, 1,0 Mio. km²

4. **RUB AL-KHALI**
Saudi-Arabien, 780.000 km²

5. **PATAGONISCHE WÜSTE**
Südamerika, 673.000 km²

6. **GREAT BASIN**
USA, Nevada, 540.000 km²

7. **ATACAMA**
Argentinien, Chile, Peru 400.000 km²

8. **CHIHUAHUA-WÜSTE**
SA, Mexiko, 363.000 km²

9. **GROSSE SANDWÜSTE**
Nordwestaustralien, 360.000 km²

10. **GIBSON-WÜSTE**
Westaustralien, 330.000 km²

11. **TAKLAMAKAN**
China, 320.000 km²

12. **SONORA-WÜSTE**
USA, Mexiko, 320.000 km²

13. **KYSYLKUM**
Zentralasien, 300.000 km²

14. **KARAKUM**
Zentralasien, 280.000 km²

15. **GROSSE VICTORIA-WÜSTE**
Australien, 274.000 km²

16. **DASCHT-E LUT**
Iran, 274.000 km²

VIER ELEMENTE

FEUER

SAHARA

Die größte Wüste der Erde

Die größte Wüstenregion der Erde hat eine Ausdehnung von etwa 8,7 Millionen km². Das unermessliche, von Sand und Geröll bedeckte Tafelland – durchsetzt von kleinen Oasen – reicht über etwa 6.000 Kilometer in Ost-West-Richtung vom Atlantik bis zum Roten Meer und in Nord-Süd-Richtung über mehr als 2.000 Kilometer bis in die Sudanzone. Nur etwa 20 % der Sahara werden von Sandwüsten bedeckt, die restlichen Gebiete sind Geröll- und Steinbecken, die in Flächen mit Kieselsteinbedeckung (Serire) und in Ebenen mit grobem Gestein (Hammadas) unterschieden werden. Die Becken fallen an ihren Rändern zu sogenannten Wadis ab – Flussbetten, die nur nach starken Regenfällen Wasser führen. Binnendepressionen, bedeckt mit gewaltigen Sandmeeren (Ergs) und Salzseegebieten (Schotts), prägen weite Teile des Nordens der Sahara bis zu den Mittelmeerküsten. Diese Binnenbecken setzen sich nach Süden fort und bilden die Ténéré-Wüste sowie die Gebiete der Libyschen und der Arabischen Wüste. Durchbrochen von der Nilsenke, reichen sie bis an das Rote Meer. In der Zentralsahara erheben sich Inselberge und Hochländer wie Tademait, Tassili und Djado, die von Hochgebirgen wie dem Ahaggar, dem Tibesti, dem Aïr, dem Iforas und dem Ennedi überragt werden. Das einzige Dauergewässer in der Sahara ist der Nil. Die größte Wüste der Welt hat ein extremes Klima: Die Temperaturen können tagsüber auf über 50 °C steigen, nachts sinken sie im Sommer bis unter den Gefrierpunkt.

TIBESTI UND AHAGGAR: DIE HÖCHSTEN GEBIRGE IN DER SAHARA

Der Ahaggar ist mit ungefähr 300.000 km² die größte Gebirgsregion der Zentralsahara. Das Herz dieses spektakulären Berglandes, das vor etwa 600 Millionen Jahren entstand und durch stetige Vulkantätigkeit überformt wurde, ist die bizarre Basaltlandschaft des Atakor, in dem sich der Gipfel des Tahat 2.918 Meter hoch erhebt. Dem Ahaggar im Norden und Osten vorgelagert sind die Tassili-Stufenländer, die sich vor etwa 250 Millionen Jahren gehoben haben. Auf diesen Hochebenen wurden die Sandsteinschichten durch frühere Flussläufe ausgewaschen und sind durch Wind und Sand zu einzigartigen Formen erodiert. Das ausgedehnte Tassili der Adjer in Algerien, auf dem der Adrar eine Höhe von 2.158 Metern erreicht, ist eine fantastische Mondlandschaft.

Das ungefähr 100.000 km² große Tibestigebirge in der Zentralsahara gehört mit seinen steilen Schluchten und bizarren Verwitterungen zu den eindrucksvollsten Landschaften des Kontinents. Das stark zerklüftete Hochgebirge ragt wie ein Keil aus der umliegenden Flachebene heraus. Den Sockel des Tibestigebirges bilden Granit- und Schieferschichten, die sich im Quartär und Tertiär aufgefaltet haben. Im Zuge dieser tektonischen Aktivitäten entstanden Vulkane, deren erkaltete Lavamassen heute auf diesem Sockel als Gipfel aufsitzen.

Durch Erosion und Verwitterung im Lauf der Zeit entstandene, zuweilen bizarr anmutende Formationen aus Steinsäulen und Dünenlandschaften (oben und rechts) prägen das Gesicht von Ahaggar- und Tibestigebirge in der Sahara.

Unterschiedlichste Reliefformen machen die Sahara zur facettenreichen Großlandschaft, in der die gewaltigen Sanddünen nur einen kleinen Teil ausmachen (großes Bild).

WISSENSWERT

Die größten Ergs (Sandmeere) der Sahara

Ergs sind die weitläufigen, in sich geschlossenen Dünengebiete, die zusammengenommen etwa 20 % der Gesamtfläche der Sahara ausmachen. Besonderes Merkmal der Ergs sind die sehr großen Draa-Dünen, die nur in den großen Sandgebieten der Erde vorkommen. Diese Dünen können bis zu 200 Meter hoch werden, einzelne Exemplare sogar noch höher.
Die ausgedehntesten dieser Dünenmeere sind der Grand Erg Oriental (Großes Östliches Sandmeer), der sich im Nordosten Algeriens bis nach Tunesien hinein erstreckt und mit einer Fläche von etwa 600 mal 200 Kilometer den Größenrekord für sich verbucht, und der Grand Erg Occidental (Großes Westlicher Sandmeer), ebenfalls im Norden Algeriens gelegen. Hier gibt es keine menschlichen Siedlungen, und nicht einmal Straßen führen durch die Dünenlandschaft.

VIER ELEMENTE

FEUER

GOBI

Die höchsten Sanddünen
Asiens – 1,3 Mio. km^2

Die zentralasiatische Steppenwüste Gobi, deren größter Teil in der Mongolei liegt, wird von Gebirgszügen begrenzt: im Osten und Südosten vom Großen Hinggan, im Süden von Altun Shan und Nan Shan, im Westen vom Bei Shan und im Norden von Changai- und Jablonowygebirge. Weite Flächen bedecken Geröll und Löss, Felsen und sogar Seen, den Charakter einer Sandwüste hat die Gobi nur in einem Abschnitt im Südwesten, der etwa 3% der Gesamtfläche ausmacht. Die durchschnittliche Höhe der Gobi beträgt im Osten etwa 900 Meter, im Westen ungefähr 1.500 Meter. Die Niederschläge liegen im Jahresdurchschnitt unter 200 Millimetern, nur in den Randgebieten der Wüste fällt etwas mehr Regen – hier werden einige Flächen landwirtschaftlich genutzt. Das Klima ist kontinental mit sehr kalten Wintern und heißen Sommern, im Frühjahr kann es zu kalten Sand- und sogar Schneestürmen kommen.

Großes Bild: Gelb bis orange leuchten die Bajanzag-Hügel (»Flaming Cliffs«) bei Sonnenaufgang. Ein Blick von oben auf diese fantastische Landschaft lässt den Betrachter staunen.

Kamele sind in der Mongolei zuhause (oben).

Bildreihe rechts von oben: Die Wüste Gobi ist nicht lebensfeindlich, sie ist in manchen Gebieten auch mit fruchtbaren Oasen versetzt. Die markanten Dünenfelder Khongoryn Els sind die größten Dünenfelder der Mongolei.

VIER ELEMENTE

FEUER

AFRIKA

Die Sahara ist die größte Wüste Afrikas und der ganzen Erde. Doch auf diesem Erdteil gibt es noch weitere ausgedehnte Wüsten und Halbwüsten

KALAHARI
1.000.000 km²

Die abflusslose, trockene Beckenlandschaft der Kalahari besteht aus weiten Hochlandflächen, die das größte zusammenhängende Sandgebiet der Erde bilden. Die großen Dünenfelder, die den Westen kennzeichnen, bestehen teilweise seit der Eiszeit. Die einzigen Erhebungen in der ansonsten endlos flachen Trockensavanne auf 900 Meter Meereshöhe sind Felshügel. Zur Kalahari gehören überdies Salzpfannen, Reste von eiszeitlichen Seen, darunter mit der Makgadikgadi-Pfanne und der Etoshapfanne zwei der größten dieser Erde. Im Norden erstreckt sich das sumpfige Okavangobecken. Anders als in der Namib verlaufen die Dünen der Kalahari in schmalen, langen Rippen parallel zueinander. Es sind fossile Dünen, deren Fundament vor langer Zeit versteinerte und die sich nicht bewegen. In den Dünentälern findet sich oberflächennahes Wasser, dessen unterirdisches Netz mit dem Okavango-Binnendelta verbunden ist. Dieser Umstand beschert der Kalahari eine relativ große Fruchtbarkeit. In den Tälern weiden Giraffen, Oryxantilopen, Zebras und Springböcke.

ARABISCHE WÜSTE
220.000 km²

Die Arabische Wüste, ein trockene, hügelige Region im Osten Ägyptens, ist nicht mit der Großen Arabischen Wüste, der Rub al-Khali, zu verwechseln. Die Arabische Wüste, neben der Nubischen Wüste die östlichste Teilwüste der Sahara in Afrika, erstreckt sich zwischen dem Mittelmeer im Norden, dem Roten Meer und dem Golf von Suez im Osten, der Nubischen Wüste im Süden sowie dem Nil im Westen. Hier ragen Klippen aus dem Niltal auf, die weiter östlich in ein zerklüftetes Hochplateau übergehen und schließlich am Roten Meer zu schroffen Vulkanbergen ansteigen, die an der Küste unvermittelt abfallen. Hier liegt Hurghada, das größte ägyptische Tourismuszentrum am Roten Meer. Gleich hinter der Stadt fängt die Wüste an. Die höchste Erhebung in der Arabischen Wüste ist der Berg Gebel Shayib al-Banat mit 2.187 Metern über dem Meeresspiegel. Die Wüste verzeichnet gelegentliche Niederschläge und wird von mehreren Wadis (Trockenbetten saisonaler Flüsse) durchschnitten. Die vom Rest Ägyptens recht isolierte Wüste ist reich an natürlichen Ressourcen wie Erdöl – das sowohl an Land als auch im Golf von Suez gefördert wird –, Phosphatgestein, Nitrat, Uran und Gold.

Nahe der ägyptischen Stadt Hurghada am Roten Meer erstreckt sich die durch zerklüftete Granit- und Basaltformationen gekennzeichnete Dünen- und Felsenlandschaft der Arabischen Wüste (Bildreihe links).

Großes Bild: In der von riesigen Dünen umgebenen Salz-Ton-Pfanne Sossusvlei steht im Frühjahr Wasser.

NAMIB

50.000 km²

Die Trockenwüste, deren Name so viel wie »das leere Gebiet« bedeutet, erstreckt sich auf einer Länge von rund 1 800 Kilometern im Westen Afrikas entlang der Küste des Atlantischen Ozeans, auf dem Staatsgebiet von Namibia und Angola. Sie weist eine Breite von 80 bis 130 Kilometern auf, bis sie an den Fuß der Großen Randstufe stößt. Das Kaokoveld im Norden der Namib besteht aus einer Reihe von Inselbergen, deren höchste Erhebung mit 2.579 Metern der Brandberg ist. Die extreme Trockenheit begründet sich durch den nahen Benguela-Kaltstrom, der für häufigen Nebel sorgt. Weite Teile des von Geröll und Kieseln bedeckten Nordens, der in die Kalahari übergeht, sind fast vegetationslos, während der mittlere Teil von breiten Dünen geprägt ist, die eine Höhe von bis zu 300 Metern erreichen können und je nach Sonnenstand und Feuchtigkeitsgehalt ihre Farbe verändern. Die Namib ist mit etwa 80 Millionen Jahren die älteste Wüste der Welt und eine der unwirtlichsten Regionen der Erde: Tagsüber wird es über 50 °C heiß, nachts sinken die Temperaturen zuweilen unter den Gefrierpunkt. Die einzige Feuchtigkeitsquelle für Tiere und Pflanzen ist der Nebel. An diese Umgebung ist die Welwitschie, eine der ältesten Pflanzen der Welt, angepasst.

VIER ELEMENTE

FEUER

NAMIB- UND SECHURA-WÜSTE

Die höchsten Dünen und größten Küstenwüsten der Erde

NAMIB-WÜSTE

Die Namib-Wüste ist für ihre ungewöhnlich farbintensiven und besonders großen Sanddünen berühmt. Zahlreiche Namib-Dünen gehören zu den höchsten Dünen der Welt, doch besonders imposant ist die »Düne 7«, die bis zu 350 Meter emporragt – eine höhere Sanddüne existiert nirgendwo auf der Erde. Abhängig vom Sonnenstand sowie von der Sand- und Luftfeuchtigkeit nehmen die Dünen in der Namib die unterschiedlichsten, kräftigsten Farben an.

Die Zentral-Namib im südlichen Namibia ist eine riesige, kaum erforschte und unter strengem Naturschutz stehende Region. Besucher dürfen nur in die Randgebiete der Wüste eindringen: in die Dünenwelt rund um das Sossusvlei, eine Salz-Ton-Pfanne, in die vergleichbar majestätischen Dünenformationen weiter südlich auf dem Areal des privaten Namib-Rand-Naturreservat oder von der Walvis Bay an der Küste entlang nach Sandwich Harbour, einer einzigartigen Lagunenlandschaft.

SECHURA-WÜSTE

Die Sechura-Wüste an der peruanischen Pazifikküste, südlich der Piura-Region, gilt als eine der trockenste Wüsten der Erde, trotz der Nähe zum Pazifik und obwohl die Temperaturen relativ moderat sind – im Sommer 24 bis 38 °C, im Winter 16 bis 24 °C. Die Sechura-Wüste besteht aus Stein-, Geröll- und Sandflächen, niedrigen Gebirgszügen und Salzebenen. Typisch für die Sechura sind Sicheldünen, deren Leeseite konkav gebogen sind, d. h. die Öffnung der Sichel zeigt in die Richtung der Windströmung.

Großes Bild: Die gewaltigen Dünen in der Namib-Wüste können eine Höhe von bis zu 300 Meter und mehr erreichen.

Die Wogen des Atlantiks brechen sich an Wellen aus Sand (oben).

Halbmondförmige Sicheldünen in der Sechura-Wüste (links).

KÖCHERBAUM

Die größten Aloe-Gewächse der Erde

Sehr malerisch sieht die »Aloe dichotoma« aus, der Köcherbaum. Als Kookerboom wurde er bereits 1685 in einem Rapport erwähnt, den der Gouverneur der Kapkolonie Simon van der Stel abgefasst hatte. Er berichtet darin, dass die Buschmänner aus den Ästen und der Rinde des Baumes Pfeilköcher herstellten. Dass es den Köcherbaum im südlichen Afrika schon länger gibt, belegen Felsbilder, auf denen er dank seiner charakteristischen Gestalt eindeutig zu erkennen ist. Die Pflanze ist im südlichen Afrika endemisch und ein typisch namibischer Überlebenskünstler: Das schwammartige Gewebe in Stamm und Ästen speichert Wasser, das den Baum durch die trockenen Monate rettet. Seine Rinde ist hauchdünn wie Papier; die dunkelgrünen, im Alter gelblich werdenden Blätter sind fleischig. Wenn die Aloepflanze im Juni und Juli gelb blüht, umschwirren Bienen und Vögel ihre Krone; der süße Nektar lockt sogar Paviane auf den Baum. Köcherbäume bevorzugen felsigen Untergrund und stehen meist alleine – der bei Keetmanshop in Südnamibia wachsende Köcherbaumwald ist eher ungewöhnlich. Oft nisten in seiner Krone Siedelwebervögel, sodass der Baum aussieht, als trüge er einen Heuhaufen. Dank seiner Fähigkeit, Wasser zu speichern, übersteht der Köcherbaum mit seiner charakteristischen Krone und dem massiven Stamm auch lange Trockenzeiten.

WELWITSCHIEN

Die großblättrigste Wüstenpflanze der Erde

Die »Welwitschia mirabilis« ist ein Symbol für Ausdauer, Beharrlichkeit und Erfindungsreichtum, den Pflanzen aufbringen müssen, um im ariden Namibia zu überleben.

Im Jahr 1859 identifizierte der österreichische Botaniker Friedrich Welwitsch erstmals einen Haufen wirr durcheinanderwuchernder, hier absterbender und dort neu sprießender Blätter in der Wüste als eine bislang unbekannte Pflanze. Schon bald vermuteten Forscher, dass sie ein Fossil aus einer feuchteren Periode in der Namib sei und sich im Lauf der Austrocknung von einem ursprünglichen Baum zu ihrer heutigen gedrungenen Größe entwickelt habe. In diesem Zeitraum hat die nach ihrem Entdecker benannte »Welwitschia mirabilis« eine ganz besondere Methode entwickelt, ihren Flüssigkeitshaushalt aufrechtzuerhalten. Sie wächst in küstennahen Regionen der Namib und besitzt ein dicht unter der Oberfläche weit verzweigtes Wurzelwerk. Wenn Nebelbänke von der Küste landeinwärts ziehen, kondensiert die Feuchtigkeit auf dem Blattwerk der Pflanze und tropft von dort auf den Boden, wo die Wurzeln sie aufsaugen. Die Nebelfeuchtigkeit nutzen auch andere Pflanzen und sogar Tiere. Der Tenebriokäfer stellt sich im Kopfstand dem Nebel entgegen und lässt sich das Nass am Panzer entlang ins Maul tropfen. Die Oryxantilope macht es ähnlich: Sie postiert sich auf einem Dünenkamm und leckt sich die kondensierten Tropfen von den Nüstern. Nebelbänke ziehen vom Atlantik bis zu 100 Kilometer landeinwärts; es gibt Tage, an denen die Dünen des Sossus-vlei im Nebel versinken.

VIER ELEMENTE

FEUER

ASIEN

Zu den bekanntesten Wüstenregionen der Welt gehören die Rub al-Khali, die Taklamakan und die Gobi. Damit liegen einige der größten Wüsten der Erde auf dem asiatischen Kontinent

NEGEV-WÜSTE

12.000 km²

Die Negev-Wüste nimmt etwa 60 % der Fläche Israels ein und ist ein Teil des Wüstengürtels, der sich vom Atlantik bis nach Indien erstreckt. Im Norden und Westen der Wüste befindet sich eine recht eintönige, staubige Ebene, im Süden durchziehen Gebirge und Erosionskrater die Region. Nach Regenfällen verwandeln sich die ausgetrockneten Wadis in reißende Flüsse, und die Wüste blüht für kurze Zeit.

NEFUD-WÜSTE

104.000 km²

Die von rötlichem Sand bedeckte Nefud-Wüste in Saudi-Arabien ist für starke, jäh auftretende Winde bekannt, die zur Bildung von bis zu 180 Meter hohen Dünen führen. Die Sandsteinfelsen der Wüste sind zum Teil zu bizarren Formen erodiert. In einigen Oasen können Obst, Gemüse und Getreide angebaut werden. Im Südosten geht die »Kleine Nefud« in die Rub al-Khali über.

AD-DAHNA

104.000 km²

Die Ad-Dahna-Wüste, ein etwa 1.300 Kilometer langer und bis zu 50 Kilometer breiter bogenförmiger Korridor aus Sand und Kiesel, verbindet die zwei großen Wüsten Saudi-Arabiens: die Rub al-Khali im Süden und die im Norden des Landes liegende Nefud-Wüste. Die Dünen der Ad-Dahna-Wüste erscheinen aufgrund des hohen Eisenoxidgehalts des Sandes zum größten Teil rötlich bis tiefrot. Durch die Wüste verlaufen wichtige Verkehrsstraßen, die Kuwait mit Riad sowie Riad mit Al-Hasa verbinden.

Oben: In der Negev-Wüste findet man viele einzeln stehende Pilzfelsen.

RUB AL-KHALI

780.000 km²

Die Rub al-Khali (»Leeres Viertel«) oder Große Arabische Wüste ist die größte zusammenhängende Sandfläche der Erde und bedeckt das südliche Drittel der Arabischen Halbinsel, vom Nadschd in Saudi-Arabien im Norden bis nach Hadramaut im Jemen im Süden und in die Vereinigten Arabischen Emirate im Osten.

KARAKUM

280.000 km²

Die Karakum-Wüste (»Schwarzer Sand«) macht mit der benachbarten Kysylkum-Wüste (»Roter Sand«) einen großen Teil des Tieflands von Turan in Zentralasien aus. Die Karakum liegt fast komplett in Turkmenistan, ein kleiner Teil auf dem Terrain Usbekistans.

KYSYLKUM

300.000 km²

Die Kysylkum ist eine Kies-, Schotter- und Sandwüste in Turkmenistan, Usbekistan und Kasachstan, zwischen den Flüssen Amudarja im Südwesten und Syrdarja im Norden. Sie besteht aus einer weitläufigen Ebene, die in Richtung Nordwesten abfällt, und einigen einzeln stehenden, bis zu 922 Meter hohen Bergkuppen. Im Zentrum der Kysylkum-Wüste erhebt sich das Muruntau-Granitmassiv, in dem Gold abgebaut wird.

Das Wadi Rum, der größte ausgetrocknete Flusslauf in Jordanien, ist etwa 100 Kilometer lang und 60 Kilometer breit. Das Trockental ist gesäumt von schroff aufragenden Felswänden und Gebirgen, die aus Sandstein und Granit bestehen (großes Bild).

SYRISCHE WÜSTE
260.000 km²

Die Syrische Wüste, ein steppen- bis wüstenhaftes Kreidekalkplateau, liegt im Norden der Arabischen Halbinsel. Sie erstreckt über den Norden von Saudi-Arabien, den Nordosten von Jordanien, den Südosten des namengebenden Syrien und den Westen des Irak. Im Norden wird das Trockengebiet von den Ebenen des Fruchtbaren Halbmondes begrenzt, im Nordosten vom Fluss Euphrat und im Südosten vom vulkanischen Gebirgsmassiv Hauran. Durch die Syrische Wüste verlaufen große Pipelines, die die Ölfelder Saudi-Arabiens und des Irak mit den Häfen am Mittelmeer verbinden. Entlang der alten Karawanenstraßen durch die Steppen- und Wüstenlandschaften liegen die Ruinen einiger historischer Städte, die einst in den Oasen errichtet wurden, wie z. B. Tudmur aus dem ersten Jh. n. Chr. Da es in der Syrischen Wüste im Durchschnitt nur etwa 130 Millimeter Niederschläge pro Jahr gibt, müssen die landwirtschaftlich genutzten Flächen intensiv bewässert werden.

THAR
260.000 km²

Die Thar, eine Wüstenregion in Vorderindien östlich des Indus, liegt zu zwei Dritteln in Rajasthan, der Rest in Haryana, Punjab und

Gujarat. Sie besteht aus Wander- sowie festen Dünen, Felsen und Salzpfannen. Extreme Temperaturschwankungen von 0 °C im Winter bis zu 50 °C im Sommer prägen das Klima. Die jährliche Niederschlagsmenge liegt zwischen unter 150 Millimetern im Westen und 350 Millimetern im Osten.

WISSENSWERT

Lut 70°C – heißester Ort der Erde, 274.000 km²

Die Dascht-e Lut südwestlich des Zagrosgebirges ist die größte Wüste im Iran. Nördlich davon schließt sich die zweite große Wüste des Landes, die Kavir, an. In der Lut finden sich einige sehr hohe Dünen, die es sonst nur in den Ergs der Sahara gibt. Mit Temperaturen bis zu 70,7 °C ist die Lut-Wüste der heißeste Ort der Erde. Bislang fand man hier weder Hinweise auf frühere Besiedelung noch Fossilien, und auch heute noch ist die Wüste menschenleer.

TAKLAMAKAN
320.000 km²

Die zweitgrößte Sandwüste der Erde ist die Taklamakan-Wüste in Zentralasien. Sie reicht vom chinesischen Xinjiang durch das Tarimbecken bis zur Straße 218 (östlich dieser Straße liegt die Lop-Nor-Wüste). Großteils besteht die Taklamakan aus über 100 Meter hohen Dünen, die aufgrund der starken Winde schnell wandern. Mit weniger als 30 Millimetern Niederschlag im Jahr gilt die Taklamakan als extrem arid.

VIER ELEMENTE

FEUER

RUB AL-KHALI

Die größte Sandwüste der Erde

Die mit einer Fläche von 780.000 km² größte Sandwüste der Erde ist zum überwiegenden Teil unerforscht – sieht man von Satellitenaufnahmen aus dem Weltall ab. Bis heute ist die Rub al-Khali eine der unzugänglichsten Regionen der Erde. Weihrauchkarawanen zogen bis um das Jahr 300 durch die Wüste, doch da die Desertifikation, die Wüstenbildung, immer mehr voranschritt, wurden diese Handelsreisen bald unmöglich, und auch die reiche antike Stadt Ubar im heutigen Oman versank im Sand. Die 1.500 Kilometer breite Vollwüste wird von bis zu 300 Meter hohen Dünen durchzogen. In dem extrem ariden Klima mit maximal 50 Millimeter Niederschlägen im Jahr gibt es nur wenige Oasen wie etwa die große Liwa-Oase im Norden.

Das endlos erscheinende Wahiba-Sandmeer im Oman.

WISSENSWERT

»Leeres Viertel«

Die erste Durchquerung der Wüste gelang 1931 dem Briten Bertram Thomas. Hauptsächlich besteht die Rub al-Khali, wörtlich »Leeres Viertel«, aus Sanddünen – sie machen insgesamt über 500.000 km² aus. Die Temperaturen in dieser Wendekreiswüste (in solchen Wüsten lösen Hochdruckgebiete die Wolken auf, sodass es keinen Niederschlag gibt) schwanken extrem und können von 0°C in der Nacht bis zu 60°C am Tag reichen. Trotz dieser Bedingungen leben in der Wüste Spinnen, Nagetiere und einige wenige Pflanzen.

Großes Bild: Selten scheint der Himmel der Erde so nah. Bei Nacht legt sich das Firmament wie eine funkelnde Plane über die Wüste Rub-al-Khali.

Bei Tag leuchtet dagegen die Sonne grell und färbt die Sanddünen in den schönsten Rot- und Orangetönen (unten).

VIER ELEMENTE

FEUER

NORD- UND MITTELAMERIKA

Von Texas bis zu den Bergen Südkaliforniens und von Oregon bis nach Mexiko breiten sich Wüsten bzw. Halbwüsten aus, die sich stark in ihrer Flora unterscheiden

Großes Bild: Eine Besonderheit im Death Valley ist die Artists Palette, eine Gesteinsformation an den Hängen der Black Mountains. Durch die Oxidation verschiedener Metalle in den Felsen entstehen hier spektakuläre Farbspiele: Rot lässt auf Eisen im Gestein schließen, Grün auf Kupfer.

Das Organ Pipe Cactus National Monument im Norden der Sonora-Wüste (rechts).

Dünen im Death Valley (unten) und südliche Mojave mit Nachtkerzen (ganz unten).

GREAT BASIN
540.000 km²

Beim Great Basin handelt es sich um ein weitläufiges, abflussloses Wüstenhochland, das aus etwa 100 Teilbecken besteht. Es dehnt sich zwischen dem Columbia-Plateau im Norden, der Mojave-Wüste im Süden, der Sierra Nevada im Westen und der Wasatch-Kette, einem Gebirgszug der Rocky Mountains, im Osten aus. Der größte Teil des Great Basin liegt im US-Bundesstaat Nevada, kleinere Abschnitte befinden sich auf dem Terrain von Oregon, Idaho, Utah, Arizona und Kalifornien. Einer der höchsten Punkte ist das Humboldtgebirge, mit einem 3.677 Meter hohen Gipfel. Der Nationalpark ist berühmt für die Langlebigen Kiefern, die ältesten bekannten Lebewesen der Welt.

DEATH VALLEY
8.500 km²

Das wegen seines vermeintlich lebensfeindlichen Klimas Death Valley (»Tal des Todes«) genannte, von mehreren Gebirgen umschlossenes Tal im Great Basin erreicht in Badwater, einem salzhaltigen Tümpel, den tiefsten Punkt (85,5 Meter unter dem Meeresspiegel) der westlichen Hemisphäre. Obwohl das Death Valley nur wenige Hundert Kilometer vom Pazifischen Ozean entfernt liegt, ist es einer der trockensten Orte der Erde. Der Hitzerekord liegt hier bei 56,7 °C.

MOJAVE-WÜSTE
40.000 km²

Die Mojave-Wüste auf dem Gebiet der US-Bundesstaaten Kalifornien, Utah, Nevada und Arizona ist ein abflussloses Wüstenbecken, das von mehreren Gebirgszügen umgeben ist. In der Wüste liegen mehrere verlassene »Geisterstädte«, die zur Zeit der Silbersuche und des Baus der Route 66 entstanden. Viele Reptilien, darunter Klapperschlangen, leben hier. Der Joshua Tree kommt ausschließlich hier vor.

SONORA-WÜSTE

320.000 km²

Die parallelen Bergketten mit ihren breiten Tälern und die nordpazifische Küstenebene im mexikanischen Bundesstaat Sonora entstanden im mittleren und späten Tertiär. Im Norden dieser trockenen Landschaft beginnt die Sonora-Wüste, die sich bis nach Kalifornien und in den Südosten von Arizona ausbreitet. Im Norden grenzt sie an die Mojave-Wüste, im Osten an die Chihuahua-Wüste. Die Sonora gehört zu den vielseitigsten und artenreichsten Wüstenregionen der Erde: Hier leben z. B. viele Reptilien- und Vogelspezies, und es gedeihen zahlreiche Kakteenarten, die man besonders gut im Organ-Pipe-Cactus-Nationalmonument bewundern kann.

CHIHUAHUA-WÜSTE

363.000 km²

Die Chihuahua-Wüste erstreckt sich im Süden des US-Bundesstaates New Mexico, im Westen von Texas sowie in den mexikanischen Bundesstaaten Chihuahua und Coahuila. In der Sierra del Carmen wachsen Koniferenwälder. Die Chihuahua-Wüste hat typische Wüstenvegetation mit Agaven, Kakteen, Peyote und Gräsern. Der auffälligste Abschnitt der Chihuahua-Wüste ist das White Sands National Monument mit Dünen aus weißen Gipskristallen. Der Gips wird durch Niederschläge von den umliegenden Bergen in den abflusslosen Lake Lucero gespült, der im Sommer austrocknet – zurück bleiben die Gipskristalle, die vom Wind zu Dünen geformt werden.

VIER ELEMENTE

FEUER

JOSHUA TREES UND SAGUAROKAKTEEN

Die größten Wüstenpflanzen Amerikas

JOSHUA TREES – DIE GRÖSSTEN AGAVENGEWÄCHSE DER ERDE

Wie stumme Wächter heben sich die Joshua Trees, eigentlich Joshua-Palmlilien, gegen den meist klaren Himmel im Joshua-Tree-Nationalpark östlich von Palm Springs ab. Diese kakteenartigen Pflanzen sind mit den Yuccas verwandt und werden bis zu zwölf Meter hoch und bis zu 900 Jahre alt. Die Pflanzen sind ein wichtiger Bestandteil des Ökosystems der Mojave-Wüste und liefern vielen Wüstentieren Nahrung und Schutz. Die Fasern der Palmlilie verarbeitet man zu Seilen und Tauen.

SAGUAROS – DIE GRÖSSTEN KAKTEEN DER ERDE

Das zweigeteilte Naturschutzgebiet des Saguaro-Nationalparks liegt im Süden von Arizona in den Tucson Mountains und der Sonora-Wüste. Innerhalb der Parkgrenzen findet man eine besonders dichte und schöne Ansammlung von Saguaro-Kakteen. Der botanische Name der Pflanze lautet »Carnegiea gigantea«, zu Ehren des amerikanischen Industriellen und Philantrophen Andrew Carnegie.

Die mächtigen sukkulenten (dickfleischigen) Pflanzen erreichen eine Höhe von bis zu 15 Metern und ein durchschnittliches Alter von 85 Jahren, einzelne Exemplare können aber bis zu 200 Jahre alt werden. Das Gewicht eines ausgewachsenen Saguaros kann bis zu 15 Tonnen betragen. Jede der langröhrigen Blüten wird von Fledermäusen, Kolibris oder Spechten bestäubt und blüht im Mai, kurz vor der Regenzeit, nur einen einzigen Tag. Die außen und innen roten Früchte sind zwischen sechs und neun Zentimeter lang. Der Saguarokaktus wächst extrem langsam – etwa vier Zentimeter im Jahr. Die größte Gefahr droht den Pflanzen von Eselhasen, Buschratten und Dickhornschafen, von denen sie gern gefressen werden. Spechte bauen ihre Bruthöhlen in den Stämmen der Kakteen, und größere Vögel wie Falken bauen ihre Horste auf den Pflanzen. Das schmackhafte Fruchtfleisch wird in getrockneter Form von den Papago-Indianern als Nahrungsmittel verwendet.

WISSENSWERT

Coachella Festival

Hippieflair und Wüstenkulisse – dieses Festival ist bekannt für seine spektakulären Szenen. Ein Riesenrad mitten in der Wüste. Indie-, Pop-, Electronicmusik werden dort ebenso gespielt wie Hip-Hop. Das namensgebende Coachella Valley liegt in der Colorado-Wüste, das Festival findet seit dem Jahr 1999 statt. Jedes Jahr Mitte April war es soweit und die großen Stars gaben sich dort ein Stelldichein. Rihanna war dort ebenso zu Gast wie Beyoncé oder Paul McCartney. Das Festival findet drei Tage statt und ist bekannt für seine bunten Outfits im Flower-Power- und Häkelstil sowie den wachsenden Stellenwert, den Nachhaltigkeit dort als Thema einnimmt.

Im April ind Mai gehen die dicken Dolden der Joshua Trees zu Blüten auf (oben).

Großes Bild: Der Joshua Tree National Park im südlichen Kalifornien verdankt seinen Namen den gleichnamigen Palmlilien, die seine Flora dominieren.

Der Saguaro National Park im Südwesten der USA hat seinen Namen von den Saguaro- oder Armleuchterkakteen (links).

VIER ELEMENTE

FEUER

SÜDAMERIKA

Die Atacama- und die Sechura-Wüste an der südamerikanischen Pazifikküste verdanken ihre Entstehung dem Humboldtstrom, dessen kaltes Wasser kaum verdunstet, weshalb an der Küste nur selten Regen fällt

SECHURA-WÜSTE
180.000 km²

Die Sechura-Wüste erstreckt sich von der nördlichen Pazifikküste Perus, wo die Ozeanwellen direkt an das sandige Wüstenufer schlagen, etwa 100 Kilometer weit ins Landesinnere bis zu den niedrigen Ausläufern der Anden. Am nördlichen Ende der Wüste, in der Nähe der Stadt Piura, geht die Wüstenlandschaft in die äquatorialen Tumbes-Piura-Trockenwälder über. Wegen der Nähe zum Pazifischen Ozean verzeichnet die Sechura-Wüste relativ geringe Temperaturschwankungen mit warmen Sommer- (Dezember bis März) und kühlen Wintermonaten (Juni bis September), dennoch gehört sie – neben der benachbarten Atacama-Wüste – zu den trockensten Regionen der Welt. Dennoch gibt es schon seit Jahrtausenden menschliche Siedlungen, dazu zählen Perus größte Städte wie etwa Piura und Chiclayo.

ATACAMA-WÜSTE
140.000 km²

Im niederschlagsarmen nördlichen Chile an der Westküste Südamerikas bildet eine Reihe abflussloser Becken die Atacama-Wüste, das bedeutendste Wüstengebiet Südamerikas. Zwischen den Küstenkordilleren und der Andenkette steigt die Atacama von 600 Meter Meereshöhe stufenförmig auf. Besonders eindrucksvoll ist das Valle de la Luna (Mondtal), in dem die Erosion aus diversen Kordillerengesteinen Tausende sogenannter Erdpyramiden geschaffen hat, die aufgrund ihrer mineralischen Unterschiede farblich verschieden sind. Weite Gebiete der Atacama sind von Salzkrusten überzogen: Extreme Trockenheit – die Atacama gilt als die trockenste Wüste der Erde – sowie starke Temperaturunterschiede zwischen Tag und Nacht – um 30°C tagsüber, etwa -15°C nachts – verhindern das Entstehen von nennenswerter Vegetation. In der Atacama-Wüste liegt nördlich von San Pedro das Geysirfeld El Tatio. Der »rauchende Großvater« ist das höchstgelegene Geysirgebiet der Erde und wird vom in der Nähe liegenden Vulkan Cerro Tatio gespeist.

Der Wind gestaltet stetig die sogenannten Sicheldünen in der Sechura-Wüste (oben links).

El Tatio ist mit 4.320 Meter das höchstgelegene Geysirfeld der Welt (großes Bild).

Die endlose Weite der Atacama-Wüste bei Antofagasta, Chile (rechts).

VIER ELEMENTE

FEUER

AUSTRALIEN

Rund zwei Drittel Australiens, des trockensten Kontinents der Erde, sind von Wüsten oder Halbwüsten bedeckt, in denen es viele beeindruckende geologische Formationen gibt

GROSSE SANDWÜSTE

388.000 km²

Im Nordwesten des Kontinents, in Western Australia, liegt im Canning Basin die Große Sandwüste, ein Flachland zwischen dem Pilbara- und dem Kimberley-Gebirge. In der Wüste mit mehreren Salzseen wohnen nur einigen Aborigines-Gruppen. Im Küstenbereich und nahe den Kimberley-Bergen fallen etwa 300 Millimeter Niederschläge im Jahr, allerdings in sehr unregelmäßigen Abständen, im Rest der Wüste rund 250 Millimeter – das ist für eine Wüste relativ viel, die Hitze sorgt aber für eine hohe Verdunstung: Im Sommer herrschen Temperaturen von ca. 38°C, im kurzen Winter fallen sie nicht unter 25°C. Unter diesen Bedingungen gedeihen nur einige wenige Gräser. Trotz dieser unwirtlichen Gegebenheiten ist die Region die Heimat des Alexandrasittichs, einer an aride Zonen angepassten Papageienart.

GIBSON-WÜSTE

330.000 km²

Die Gibson-Wüste im Bundesstaat Westaustralien erstreckt sich südlich der Großen Sandwüste und nördlich der Großen Victoria-Wüste, zwischen Lake Disappointment und Lake Macdonald am Südlichen Wendekreis. Aus geografischer Sicht ist die GibsonWüste ein Teil der Hochebene Westaustraliens. Sie besteht aus weiträumigen Gebieten mit welligen Sandflächen und Dünenfeldern, niedrigen Felskämmen – die höchsten Erhebungen liegen knapp 500 Meter über dem Meeresspiegel – sowie Regionen mit zahlreichen Lateritformationen. Im Zentrum der Gibson-Wüste befinden sich mehrere Salzwasserseen. Durch die Wüste führen nur wenige Straßen, und die einzige nennenswerte Siedlung ist Warburton am Rand des Trockengebiets. Das Klima der Gibson-Wüste ist trocken-heiß, mit Niederschlägen zwischen 200 und 250 Millimeter im Jahr (bei einer hohen Verdunstungsrate) und Temperaturen von über 40°C in den Sommermonaten und maximal 18 bis zu 6°C im Winter.

Nur wenige Gräser können in der Großen Sandwüste im Nordwesten Australiens überleben. Ihr Erscheinungsbild wird vierlerorts durch Sanddünen und Salzseen bestimmt (großes Bild).

Die Wüste lebt, wie hier die Große Victoria-Wüste (unten).

GROSSE VICTORIA-WÜSTE

274.000 km²

Die Große Victoria-Wüste ist eine Halbwüste im Süden Australiens, in den Bundesstaaten Süd- und Westaustralien. Die Sanddünen, die im Durchschnitt nur 15 Meter hoch sind, werden zum Teil von Grasbewuchs gefestigt, andere sind Wanderdünen. Dazwischen liegen Grasländer und Salzseen. Ein Charakteristikum der Großen VictoriaWüste sind halbmondförmige Dünen, die sich an windabgewandten Rändern von nur selten mit Wasser gefüllten Seen aus den Ablagerungen des Seebodens bilden. Die Temperaturen liegen im Durchschnitt zwischen 18 und 40 °C, im Winter kommt es gelegentlich auch zu Frost. In manchen Gegenden der Wüste ist es feucht genug, damit Mulga (eine in Australien endemische Akazienart) gedeiht. Reptilien wie Geckos und Warane bevölkern diese Wüste.

TANAMI-WÜSTE

180.000 km²

Die Tanami-Wüste, die nördlichste Wüste Australiens, liegt im Northern Territory, östlich der Großen Sandwüste und nordwestlich von Alice Springs. So weit im Norden des Kontinents fällt mehr Niederschlag als in anderen Regionen: Die Tanami-Wüste verzeichnet bis zu 400 Millimeter jährlich. Doch aufgrund der Hitze (die Tagestemperaturen liegen im Sommer bei rund 38 °C, im Winter noch immer um die 25 °C mit gelegentlichen Nachtfrösten) verdunstet das Wasser schnell, und es gedeiht nur spärliche Vegetation. Durch die weiten roten Sandebenen der Tanami-Wüste, die stellenweise von niedrigen Hügelketten unterbrochen werden, verläuft der beliebte, über 1.000 Kilometer lange Tanami Track, die kürzeste Verbindung zwischen der Kimberley-Region und dem Zentrum Australiens. Die Naturpiste ist zwar gut befestigt, wird jedoch in den Regenzeiten im Sommer zuweilen überflutet und somit unpassierbar.

SIMPSON-WÜSTE

250.000 km²

Auch die Simpson-Wüste erstreckt sich im Northern Territory: Im Westen begrenzen Finke River und Mabel Range die Wüste, im Norden die Adam Range, im Osten die Flüsse Georgina und Diamantina, und im Süden liegt der Lake Eyre. Unter der Wüste liegt ein großer Grundwasserspeicher, der jedoch zu versiegen droht, da er in den letzten Jahren extrem ausgebeutet wurde. Im Inneren der Simpson-Wüste gibt es ausgedehnte Wanderdünen, in den Randgebieten kahle Felsformatinen. Die Region ist größtenteils unbewohnt und durch Naturschutzgebiete geschützt, darunter der Simpson Desert National Park und der Witjira National Park. Da in der Simpson-Wüste im Vergleich zu anderen australischen Wüsten nur wenig Niederschlag fällt (unter 150 Millimeter pro Jahr), gibt es lediglich am Rand Buschvegetation. Je weiter man ins Innere der Wüste vordringt, desto mehr weichen die Büsche Spinifexgräsern, einer Süßgräserart.

VIER ELEMENTE

FEUER

SIMPSON-WÜSTE

Die längsten Sanddünen der Erde

SIMPSON-WÜSTE
250.000 km²

Das Klima in der australischen Simpson-Wüste ist gekennzeichnet durch heiße Sommer mit 38 bis 40 °C und durch warme Winter mit 18 bis 24 °C. Allerdings kann es durchaus zu gelegentlichen Nachtfrösten kommen. Die jährlichen Niederschläge von maximal 120 Millimetern fallen äußerst unzuverlässig. Nach langjährigen Dürreperioden kann es – wenngleich höchst selten – zu kurzzeitigen heftigen Niederschlägen kommen. Dann füllen sich die Gerinne mit Wasser und führen es zu den abflusslosen Senken, was zu verheerenden Überschwemmungen führt. Flache Salzpfannen und Salzseen sowie ausgetrocknete Täler bleiben zurück.

Typisch für die Simpson-Wüste sind die parallel verlaufenden, bis zu 300 Kilometer langen und 3 bis 30 Meter hohen Längsdünen – die bekannteste, Nappanerica oder Big Red genannt, ist sogar bis zu 40 Meter hoch. Die Dünen sind Zeugen der jüngsten geologischen Vergangenheit dieser Region. In der Zeit, als in den mittleren Breiten der Wechsel von Kalt- und Warmzeiten das Klima bestimmte und Mitteleuropa zeitweise vergletschert war, vor etwa 15.000 Jahren, wechselten hier trockene und feuchte Phasen einander ab, und während der Feuchtzeit existierte der riesige Lake Dieri. Als dieser See auf dem Höhepunkt der letzten Kaltzeit austrocknete, blieben Strandwälle, Dünen sowie Fluss- und Seesedimente zurück. Der Wind lagerte den Sand um und schuf die heute raumprägenden Längsdünen. Sie sind durch die karge Vegetation in ihrer Lage stabil und zeigen die vorherrschende nordsüdliche Windrichtung an.

Ein besonderes Merkmal der Simpson-Wüste: die längsten Längsdünen der Welt (großes Bild).

Die roten Dünen der Simpson-Wüste werden kontrastreich von den grünen Spinifexbüscheln unterbrochen.

Der tropische Teil des Atlantischen Ozeans ist berühmt für seine mächtigen Wellen. Das macht die dort liegenden Karibischen Inseln zu beliebten Hot Spots für alle Surffans.

VIER ELEMENTE

WASSER

WASSER

Betrachten wir die Erde aus dem All, sehen wir zunächst einen blauen Planeten, der insbesondere südlich des Äquators in fantastischen Blautönen leuchtet. Rund zwei Drittel der Erdoberfläche ist mit Wasser bedeckt, zudem gilt die Erde als wahrscheinlich der einzige Planet, der über Wasser verfügt. Gleichzeitig ist es unabdingbar für alles Leben.

VIER ELEMENTE

WASSER

OZEANE

Die Ozeane bedecken 71% unseres Planeten und bilden mit 361 Millionen km² eine zusammenhängende Wasserfläche, die die Erde, betrachtet man sie aus dem Weltall, als »blauen Planeten« erscheinen lassen

Die drei großen Weltmeere Pazifischer, Atlantischer und Indischer Ozean nehmen dabei circa 90 % der Fläche ein, die restlichen 10 % teilen sich Nord- und Südpolarmeer. 97,5 % des auf der Erde vorkommenden Wassers befindet sich in den Ozeanen, nur 2,5 % ist Süßwasser auf dem Festland. Der Salzgehalt des Meeres liegt im Mittel bei 3,5 %. Die mittleren Tiefen der Meeresböden betragen zwischen 3.000 und 4.500 Metern. Die Übergänge zu Kontinenten und Inseln variieren. Je nach tektonischer Begebenheit sind Schelfmeere, die eine Tiefe von 200 Metern nicht überschreiten, Kontinentalabbrüche oder Tiefseegräben, die bis zu 11.022 Meter hinabreichen, zu verzeichnen.

OZEANE NACH FLÄCHE UND MITTLERER TIEFE

1

PAZIFISCHER OZEAN
Fläche 181.340.000 km²
Mittlere Tiefe 4.188 m

2

ATLANTISCHER OZEAN
Fläche 106.400.000 km²
Mittlere Tiefe 3.339 m

3

INDISCHER OZEAN
Fläche 73.556.000 km²
Mittlere Tiefe 3.400 m

4

SÜDPOLARMEER
Fläche 20.327.000 km²
Mittlere Tiefe 4.500 m

5

NORDPOLARMEER
Fläche 14.090.000 km²
Mittlere Tiefe 1.500 m

Wellen werden hauptsächlich durch Wind hervorgerufen. Sie stellen einen schwingenden Bewegungsvorgang des Wassers dar, ohne die Wassermassen jedoch wesentlich zu verlagern. Meereswellen können unter dem Einfluss von Orkanen bis zu 20 Meter hoch werden.

Die Ozeane bieten Lebensraum für zahlreiche Fischarten, die oftmals in großen Schwärmen auftreten. Die bis zu zwei Meter langen Kuhnasenrochen (»Rhinoptera«) leben in den subtropischen Gewässern, teils in Schwärmen mit Hunderten von Exemplaren.

OZEANE NACH KÜSTENLÄNGE

1. **PAZIFISCHER OZEAN**
   135.664 km
2. **ATLANTISCHER OZEAN**
   111.866 km
3. **INDISCHER OZEAN**
   66.526 km
4. **NORDPOLARMEER**
   45.387 km
5. **SÜDPOLARMEER**
   17.968 km

VIER ELEMENTE

WASSER

PAZIFISCHER OZEAN

Mit seinen Nebenmeeren bedeckt der 181.340.000 km² große Pazifische Ozean etwas mehr als ein Drittel der gesamten Erdoberfläche

Fast alle Nebenmeere befinden sich, durch Inseln und Inselketten abgegrenzt, im Westen des Ozeans. Hier sind die Meeresböden mit Tiefseegräben und Meeresrücken besonders vielgestaltig. Mit dem Witjastief I im Marianengraben befindet sich hier auch die tiefste Stelle aller Weltmeere auf der Erde. Der Osten des Pazifiks ist mit seinem Meeresboden nicht so formenreich, er weist neben dem langgezogenen Ostpazifischen Rücken, der von Niederkalifornien bis zum Südpolarmeer reicht, nur eine Reihe von Bruchzonen und wenige Inseln auf.

AUSTRALASIATISCHES MITTELMEER – DAS GRÖSSTE NEBENMEER DES PAZIFISCHEN OZEANS

Unter dem Begriff Australasiatisches Mittelmeer werden alle Nebenmeere des Pazifischen Ozeans in Südostasien zusammengefasst. Zum Indik grenzt es sich durch Inseln, zum Pazifik mit breiten Meeresstraßen ab. Es ist ein tropisches Gewässer, die Flora und Fauna entsprechend vielfältig. Korallenriffe kommen in allen Teilen des Australasiatischen Mittelmeeres in verschiedener Ausbreitung vor. Große Schelfflächen mit geringer Tiefe sind vor allem im Westen des Meeres zu verzeichnen, im Osten sind tiefe Becken vorherrschend, die bis auf 7.440 Meter hinunterreichen.

Dschunken, chinesische Holzboote, treiben in der Halong-Bucht im Golf von Tonkin im Norden Vietnams (ganz oben).

Die sehr gebirgige Inselkette der Aleuten am Südrand des Beringmeeres (darunter).

Cabo San Lucas, die äußerste Südspitze der Halbinsel Niederkalifornien (oben).

DIE GRÖSSTEN NEBENMEERE

1. **AUSTRALASIATISCHES MITTELMEER** Westpazifik 9.080.000 km²
2. **PHILIPPINENSEE** Westpazifik ca. 5.000.000 km²
3. **KORALLENMEER** Südwestpazifik 4.791.000 km²
4. **BERINGMEER** Nordpazifik 2.300.000 km²
5. **TASMANSEE** Südwestpazifik 2.300.000 km²
6. **GOLF VON ALASKA** Nordpazifik 1.533.000 km²
7. **OCHOTSKISCHES MEER** Nordpazifik 1.530.000 km²
8. **OSTCHINESISCHES MEER** Westpazifik 1.250.000 km²
9. **JAPANISCHES MEER** Westpazifik 1.049.000 km²
10. **GOLF VON KALIFORNIEN** Ostpazifik 160.000 km²

TIPP

MIT HAMMERHAIEN TAUCHEN VOR DER ISLA DE COCO IM AUGUST

Sie gilt auch als Insel der Hammerhaie und lockt Taucher aus der ganzen Welt an: Die Riffe vor der Isla de Coco sind bekannt für ihre großen Vorkommen der Unterwasserbewohner. In großen Schulen mit bis zu 100 Tieren ziehen sie teilweise vor der Küste durchs Wasser und lassen sich auch von Tauchern nicht aus der Ruhe bringen. Isla de Coco gehört zu Costa Rica und ist sehr streng geschützt, denn sie ist zudem UNESCO-Weltnaturerbe. Wer auf die Insel reisen möchte, braucht eine Sondergenehmigung. Sie liegt rund 500 Kilometer vom Festland entfernt und ist mit einer langen Bootsfahrt zu erreichen. Sie wird nur von Naturrangern bewohnt, Übernachtungsmöglichkeiten für Touristen gibt es somit keine.

DIE GRÖSSTEN MEERESTIEFEN

1. **WITJASTIEF I**
   11.034 m, Marianengraben
2. **TRIESTETIEF**
   10.916 m, Marianengraben
3. **CHALLENGERTIEF**
   10.899 m, Marianengraben
4. **WITJASTIEF II**
   10.882 m, Tongagraben
5. **WITJASTIEF III**
   10. 542 m, Kurilen-Kamtschatka-Graben
6. **GALATHEATIEF**
   10.540 m, Philippinengraben

Palau ist die westlichste Inselgruppe des Archipels der Karolinen im Pazifik und besteht aus 200 bis 300 Inseln.

ALS STÜNDE EIN ELEFANT AUF UNSEREM DAUMEN

WISSENSWERT

Wie passen sich Tiere an die Extrembedingungen in der Tiefsee an?

Die ewige Finsternis ist eine der größten Herausforderungen für alle Tiefseebewohner. Um in dieser Dunkelzone trotzdem leben zu können, haben diese Tiere unterschiedliche Strategien entwickelt. Einige von ihnen – beispielsweise der Koloss-Kalmar – haben sehr große und hochempfindliche Augen, um die geringe Lichtmenge aufnehmen und optimal nutzen zu können. Andere Spezies, wie der Pelikanaal, haben winzig kleine Augen, dafür ein Leuchtorgan am Schwanzende.
Forscher, die in diese Meerestiefen vorgedrungen sind, berichten von bläulichen Lichtblitzen, welche von den hier lebenden Organismen erzeugt werden. Etwa 90 Prozent der Tiefseebewohner produzieren ihr eigenes Licht. Sie nutzen es zur Tarnung, zum Anlocken von Beute und als Signal für Fortpflanzungspartner. Da das Nahrungsangebot in diesen extremen Wassertiefen gering ist, müssen die hier lebenden Tiere ihren Energieverbrauch möglichst niedrig halten. Sie jagen ihre Beute nicht, sondern lauern ihr auf. Jahreszeiten, in denen es noch weniger Nahrung gibt, verbingen viele Tiefseebewohner dann in einer Art Winterschlaf.

WELCHE TIERE LEBEN IN DER TIEFSEE?

Bereits ab 800 Metern Wassertiefe spricht man von Tiefsee. Ab dann herrschen völlige Dunkelheit und ein immenser Wasserdruck. Ein Gewicht von etwa einer Tonne lastet in 10.000 Metern Tiefe auf jedem Quadratzentimeter.

Hier kann es kein Leben geben, meinten Forscher noch bis zur Mitte des 19. Jahrhunderts. Zweifel kamen auf, als an einem Telegrafenkabel das aus 1800 Metern Tiefe an die Wasseroberfläche geholt wurde, festgekrustete Tiere gefunden wurden. Eine Expedition der H.M.S. Porcupine südwestlich von Irland, bei der Bodenproben aus über 4000 Metern Tiefe genommen wurden, erbrachte 1869 schließlich den Beweis dafür, des es selbst in diesen Tiefen des Ozeans Leben gibt. Die Anzahl der Meeresbewohner nimmt zwar mit zunehmender Wassertiefe ab, aber die Artenvielfalt ist beeindruckend.

Tiere wie der Vampirtintenfisch, die Seefledermaus oder der Peitschenangler haben nicht nur ein bizarres Aussehen, sondern auch einzigartige Jagdtechniken auf der Suche nach Beute entwickelt.

Auf den Meeresböden konnten bis jetzt bereits an die 200.000 Spezies identifiziert werden, es wird jedoch vermutet, dass die Artenvielfalt in die Millionen geht. Selbst im Meeresschlamm der tiefsten Seegräben leben Krebse, Muscheln, Borstenwürmer und Seegurken – diese machen in 4000 Metern Tiefe etwa die Hälfte und in 8500 Metern sogar 90 Prozent der Masse aller Organismen aus.

Auf ein Leben neben erloschenen Tiefseevulkanen haben sich meterlange Röhrenwürmer oder bis zu 25 Zentimeter große Einzeller spezialisiert. Besonders interessant für Forscher sind die Xenophyophoren (übersetzt: Träger fremder Körper), deren Gehäuse aus abgestorbenem Plankton besteht. Dort wiederum leben verschiedene Seesternarten und Asseln als Untermieter.

Das Paarungsverhalten mancher Tiefsee-Anglerfische wirkt merkwürdig: Sehr kleine männliche Tiere verschmelzen vorübergehend oder für immer mit wesentlich größeren weiblichen Exemplaren. Dabei wachsen Haut und Blutkreislauf der Fische zusammen.

DIE TIEFSTE BEMANNTE TAUCHFAHRT DER WELT

Mit der »Trieste«, einem speziell für die Tiefseeforschung konstruiertem U-Boot, einem Bathyscaph (Bild unten), gelang es dem Schweizer Jacques Piccard und dem US-Amerikaner Don Walsh im Januar 1960, im Marianengraben bis auf 10.910 Meter abzutauchen. Der Bathyscaph ist ein Auftriebskörper, der beim Tauchgang mit Meerwasser gefüllt wird. Die Besatzung des U-Bootes befindet sich in der kleinen weißen, dem hohen Druck von über einer Tonne pro Quadratzentimeter standhaltenden Druckkammerkugel unterhalb des Bootskörpers. Am Ende der Tauchfahrt bekam die Stelle dieses Tauchganges den Namen Trieste-Tief.

VIER ELEMENTE

WASSER

KORALLEN

Die kleinsten Baumeister der Erde

Sie sehen aus wie Unterwasserpflanzen und bezaubern Taucher mit ihrer bunten Vielfalt. Korallen sind jedoch keine untermeerischen Blütenpflanzen, sondern festsitzende koloniebildende Nesseltiere, die sich von Mikroplankton ernähren, das sie aus dem strömenden Meereswasser mit ihren Tentakeln herausfiltern. Riffe bildend sind die Steinkorallen, die durch Kalkeinlagerungen Skelette bilden. Abgestorbenes Skelettmaterial wird dabei immer wieder von lebenden Korallen überwuchert, was zu einem Aufbau von komplexen Riffen führt. Klares Wasser, eine maximale Tiefe von circa 60 Metern und Wassertemperaturen zwischen 18 und 35 °C sind dabei die Grundvoraussetzungen für ihre Existenz. Diese Bedingungen gibt es nur in den tropischen und subtropischen Gewässern zwischen dem 25. nördlichen und südlichen Breitengrad. Das größte und bekannteste Korallenriff dieser Art ist das Great Barrier Reef im Osten Australiens. Neben den Riffe bildenden Steinkorallen gibt es eine große Artenvielfalt unter den nicht Riffe bildenden Weichkorallen, die auch in tieferen Gewässern vorkommen.

Weichkorallen sind eine Untergruppe der sogenannten Blumentiere (»Anthozoa«), die etwa 6.000 Arten umfasst. Die vier Bilder aus dem Roten Meer und dem westlichen Pazifik vermitteln nur einen kleinen Einblick in die enorme Artenvielfalt der Korallenwelt.

Großes Bild:
Die »Anthomastus ritteri« ist eine Tiefseekoralle, die vor der Küste Kaliforniens und Mexikos in einer Tiefe zwischen 400 und 1.200 Meter lebt.

DIE GRÖSSTEN KORALLENRIFFE DER ERDE

1. **GREAT BARRIER REEF**
   Australien, 348.700 km²
2. **NEW CALEDONIA BARRIER REEF**
   Neukaledonien, 15.743 km²
3. **ANDROS**
   Bahamas, 6.000 km²
4. **BELIZE BARRIER REEF**
   Belize, 963 km²
5. **EAST RENNELL**
   Salomonen, 370 km²
6. **TUBBATAHA REEF**
   Philippinen, 332 km²

VIER ELEMENTE

WASSER

KORALLENRIFFE

Die größten »Bauwerke« der Natur

Korallenriffe werden mit ihrer ökologischen Vielfalt und Bedeutung oft mit den tropischen Regenwäldern gleichgesetzt. Zwei Zahlen lassen diese Bedeutung erahnen: Sie nehmen in der Summe nur 0,015% der Ozeanflächen ein, verfügen aber über 25% des marinen Lebens. Dabei sind es nicht nur die Korallen selber, die durch ihre Varianten- und Farbvielfalt zur Komplexität dieses marinen Ökosystems beitragen, sondern auch Algen, Fische, Krebse, Muscheln und andere Organismen, die sich in diesem Biotop in einer Lebensgemeinschaft mit den Korallen befinden. Sie leben mit- und voneinander. Das Leben ist fein austariert in diesem symbiotischen System, die vielfältigen Farben locken, täuschen oder dienen der Tarnung, um zu fressen oder nicht gefressen zu werden. Es wird gejagt, genesselt und schmarotzt. Jede Spezies hat ihre eigene Überlebens- und Fortpflanzungsstrategie entwickelt, die das ganze System so komplex, aber auch empfindlich gegenüber Störungen macht. Sorge bereitet der Anstieg des Meeresspiegels und der Wassertemperatur, da dies zu der gefürchteten sogenannten Korallenbleiche führen kann, was nichts anderes als den Tod der Korallenriffe bedeutet.

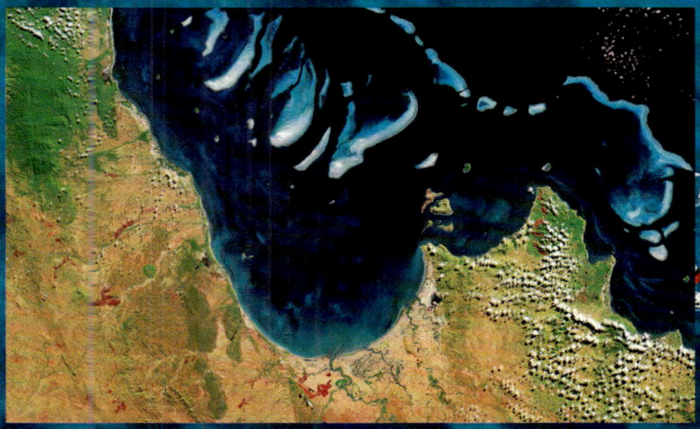

Großes Bild: Das Blue Hole ist mit den vertikal abfallenden Riffsäumen als untermeerische Doline (schlot- oder trichterförmige Senke) und den damit verbundenen Höhlen eine außergewöhnliche Erscheinung im Belize Barrier Reef.

Rechts: Ein Satellitenbild zeigt einen Ausschnitt des Great Barrier Reefs nördlich von Princess Charlotte Bay und Cape Melville.

VIER ELEMENTE

WASSER

WIE MENSCH-ÄRGER-DICH-NICHT-FIGUREN AUF EINEM FUSSBALLFELD

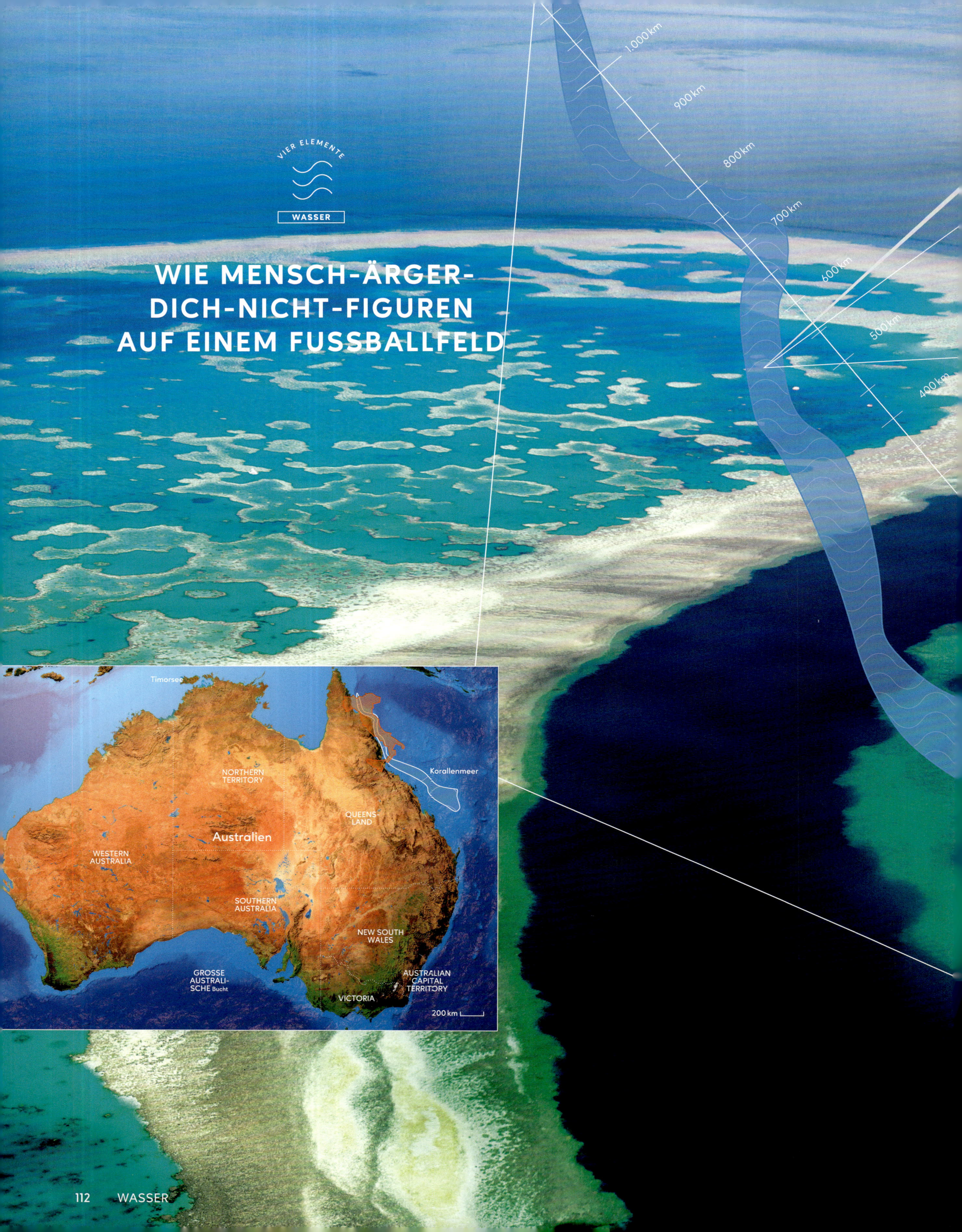

KAISERPALAST IN TOKIO

Fläche: 1,15 km²

Der Kaiserpalast in Tokio passt somit 303.217 (dreihundertdreitausendzweihundertsiebzehn) mal in das Great Barrier Reef.

VERGLEICH:
So viele Mensch-Ärger-Dich-Nicht-Figuren könnten sich zeitgleich auf einem Fußballfeld tummeln.

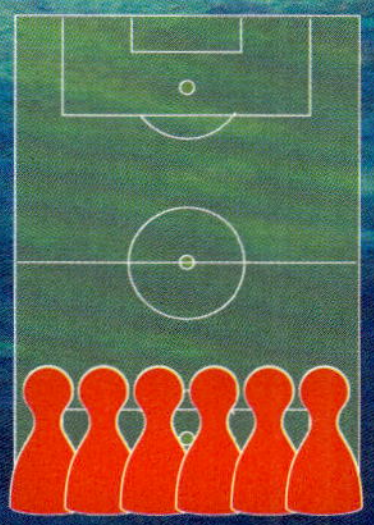

DAS GREAT BARRIER REEF

»Waga Gaboo«, großes Riff, nennen die Aborigines die circa 3.000 einzelnen Riffe und etwa 900 Inseln vor der Küste von Queensland in Nordostaustralien, die sich auf einer Länge von über 2.500 Kilometer erstrecken. Mit 348.700 km² bedeckt es eine Fläche, die größer ist als Italien.

Es ist das größte Bauwerk auf der Erde, das von mikroskopisch kleinen Lebewesen errichtet wurde. Sogart vom Weltraum aus ist es gut zu sehen. Unzählige Polypen schaffen es, pro Tag vier Tonnen Kalksteingerippe pro Quadratkilometer zu produzieren. Über 4.000 Weichtierarten, 300 Korallenarten, rund 1.500 Fischarten und unzählige Sturmtaucher, Brauntölpel, Fregattvögel und andere bevölkern dieses gigantische Biotop.

Korallenriffe werden mit ihrer ökologischen Vielfalt und Bedeutung oft mit den tropischen Regenwäldern gleichgesetzt. Zwei Zahlen lassen diese Bedeutung erahnen: Sie nehmen in der Summe nur 0,015 % der Ozeanflächen ein, verfügen aber über 25% des marinen Lebens.

Dabei sind es nicht nur die Korallen selber, die durch ihre Varianten und Farbvielfalt zur Komplexität dieses marinen Ökosystems beitragen, sondern auch Algen, Fische, Krebse, Muscheln und andere Organismen, die sich in diesem Biotop in einer Lebensgemeinschaft

mit den Korallen befinden. Sie leben mit- und voneinander. Das Leben ist fein austariert in diesem symbiotischen System, die vielfältigen Farben locken, täuschen oder dienen der Tarnung, um zu fressen oder nicht gefressen zu werden. Es wird gejagt, genesselt und schmarotzt. Jede Spezies hat ihre eigene Überlebens- und Fortpflanzungsstrategie entwickelt, die das ganze System so komplex, aber auch empfindlich gegenüber Störungen macht.

Sorge bereitet der Anstieg des Meeresspiegels und der Wassertemperatur, da dies zu der gefürchteten sogenannten Korallenbleiche führen kann, was nichts anderes als den Tod der Korallenriffe bedeutet.

VIER ELEMENTE

WASSER

SHANGHAI

Der größte Hafen der Welt

Seit 2010 führt die chinesische Metropole die Liste der weltweit umschlagsstärksten Häfen an. In diesem Jahr wurden in Shanghai 29,9 Millionen Standardcontainer umgeschlagen, unterdessen hat sich das Volumen um die Hälfte vergrößert. Das Hafengebiet umfasst eine Fläche von insgesamt 3619 Hektar und besteht mittlerweile aus gleich fünf Häfen. Die beiden ältesten liegen im Norden der Stadt im Bereich der Yangtze-Mündung. Zu Beginn der 1990er-Jahre wurden sie um den Containerhafen Waigaoqiao erweitert. Auf den Zhoushan-Inseln in der Hangzhou-Bucht südlich von Shanghai wird der Tiefseehafen Yangshan gebaut. Im Stadtzentrum wurde zudem ein neuer Kreuzfahrtterminal angelegt.

Mit dem 2005 teileröffneten Tiefseehafen Yangshan verfügt der Hafen von Shanghai über ultramoderne Containerterminals, an denen zurzeit alljährlich mehr als zehn Millionen Standardcontainer umgeschlagen werden. Die Liegeplätze sind für die größten Containerschiffe der Welt ausgelegt.

Statistiker bestimmen die Größe eines Hafens durch die Gütermenge, die in ihm innerhalb eines Jahres umgeschlagen wird. Bis zur Einführung des Containers wurde diese Menge ausschließlich anhand der umgeschlagenen Tonnage ermittelt. Seit dem Aufkommen der Containerschiffe in den 1960er-Jahren werden außerdem die umgeschlagenen Container gezählt. Die international gültige Maßeinheit hierfür ist »TEU«. Die Abkürzung steht für »Twenty-foot-Equivalent-Unit« und entspricht einem 20-Fuß-Container mit einer Länge von 6,058, einer Breite von 2,438 und einer Höhe von 2,591 Metern. Ein 40-Fuß-Container entspricht zwei TEU.

Obwohl der Seefahrt mit der rasanten Entwicklung des Luftverkehrs eine starke Konkurrenz erwachsen ist, sind Schiffe immer noch das wichtigste Transportmittel. Nach wie vor werden Menschen und Güter auf ihnen über Tausende von Kilometern bewegt. Besonders die Handelsschifffahrt befindet sich weiterhin auf Expansionskurs. Containerschiffe, Frachter und Öltanker transportieren Milliarden Tonnen von Gütern über die Weltmeere und tragen so das Ihre zum Wachstum der globalen Ökonomie bei. Die Tradition der großen Passagierschiffe, die einst zwischen den Kontinenten hin und her pendelten, lebt in Kreuzfahrtreisen fort. Obwohl der Kalte Krieg längst Geschichte ist, befahren nach wie vor unzählige Kriegsschiffe die Meere.

DIE GRÖSSTEN HÄFEN DER WELT

TEU (Container) (Bezugsjahr 2020)

1. **SHANGHAI** Volksrepublik China, 43,3 Mio.
2. **SINGAPUR** Singapur, 37,2 Mio.
3. **NINGBO-ZHOUSHAN** Volksrepublik China, 27,5 Mio.
4. **SHENZHEN** Volksrepublik China, 25,7 Mio.
5. **GUANGZHOU** Volksrepublik China, 23,3 Mio.
6. **BUSAN** Südkorea, 21,2 Mio.
7. **QINGDAO** Volkskrepublik China, 21,0 Mio.
8. **HONGKONG** Hongkong, 18,3 Mio.
9. **TIANJIN** Volkskrepublik China, 17,3 Mio.
10. **ROTTERDAM** Niederlande, 14,8 Mio.

VIER ELEMENTE

WASSER

SINGAPUR

Der zweitgrößte Hafen der Welt

Der auf einer Inselgruppe vor der Südspitze der malaiischen Halbinsel gelegene Stadtstaat führte lange die Liste der weltweit größten Handelshäfen an. Singapur verdankt seine Spitzenposition nicht allein seiner geografischen Lage an einer sehr stark frequentierten Schifffahrtsroute, sondern auch einer klugen Wirtschafts- und Industriepolitik. Nach der Unabhängigkeit wurde in Singapur eine florierende Leichtindustrie aufgebaut. Der Stadtstaat importiert Halbfabrikate zur Weiterverarbeitung und exportiert die Fertigprodukte in alle Welt. Außerdem hat Singapur große Erdölraffinerien und eine hoch entwickelte petrochemische Industrie. Singapurs Hafenanlagen verfügen über 1.000 Liegeplätze und erstrecken sich auf einer Gesamtlänge von 30 Kilometern. Sie werden von zwei Unternehmen betrieben: Die PSA International verwaltet den Containerhafen Pasir Panjang und einige kleine Anlagen. Die Jurong Port Pte. Ltd. ist für den gleichnamigen Hafen zuständig.

An den Containerterminals des Hafens von Singapur wird rund ein Fünftel der weltweit verschifften Container umgeschlagen.

VIER ELEMENTE

WASSER

ATLANTISCHER OZEAN

Der Atlantische Ozean ist mit 106.400.000 km² der zweitgrößte Ozean der Erde, er reicht vom Nord- bis zum Südpolarmeer und bedeckt etwa ein Fünftel der Erdoberfläche

Etwa in der Mitte des Ozeans verläuft von Nord nach Süd der Mittelatlantische Rücken. Er ist mit circa 11.000 Kilometer der längste durchgehende Gebirgszug der Erde. Sichtbare Erhebungen über dem Meeresspiegel sind die Inseln Jan Mayen, Island und die Azoren auf der Nordhalbkugel sowie die relativ kleinen Inseln Ascension, Tristan da Cunha, Gough und Bouvet auf der Südhalbkugel.

Ursprünglich war der Mittelatlantische Rücken nur ein kleiner Spalt, der den Urkontinent Pangäa teilte. Im Laufe der letzten 200 Millionen Jahre verursachte die Plattentektonik ein Auseinanderdriften der Kontinente und führte zu einer Verbreiterung des Atlantischen Ozeans auf bis zu 5.000 Kilometer. Auch heute sind diese Vorgänge noch sehr aktiv. Der submarine Gebirgszug wird von einem 25 bis 50 Kilometer breiten Graben durchzogen, der den Atlantischen Ozean durch austretendes Magma auf der Nordhalbkugel circa zwei bis drei Zentimeter und auf der Südhalbkugel etwa vier Zentimeter pro Jahr in West-Ost-Richtung auseinanderdrückt.

DIE SARGASSOSEE – DAS GRÖSSTE NEBENMEER DES ATLANTIKS

Warme Meeresströmungen führen dazu, dass sich das Meerwasser in der Sargassosee im Uhrzeigersinn wie in einem überdimensionalen Strudel dreht. Der rasche Wechsel zwischen ruhiger und glatter See und hohem Wellengang macht diese Region, zu der auch das Bermuda-Dreieck gehört, in der Seefahrt so unbeliebt.

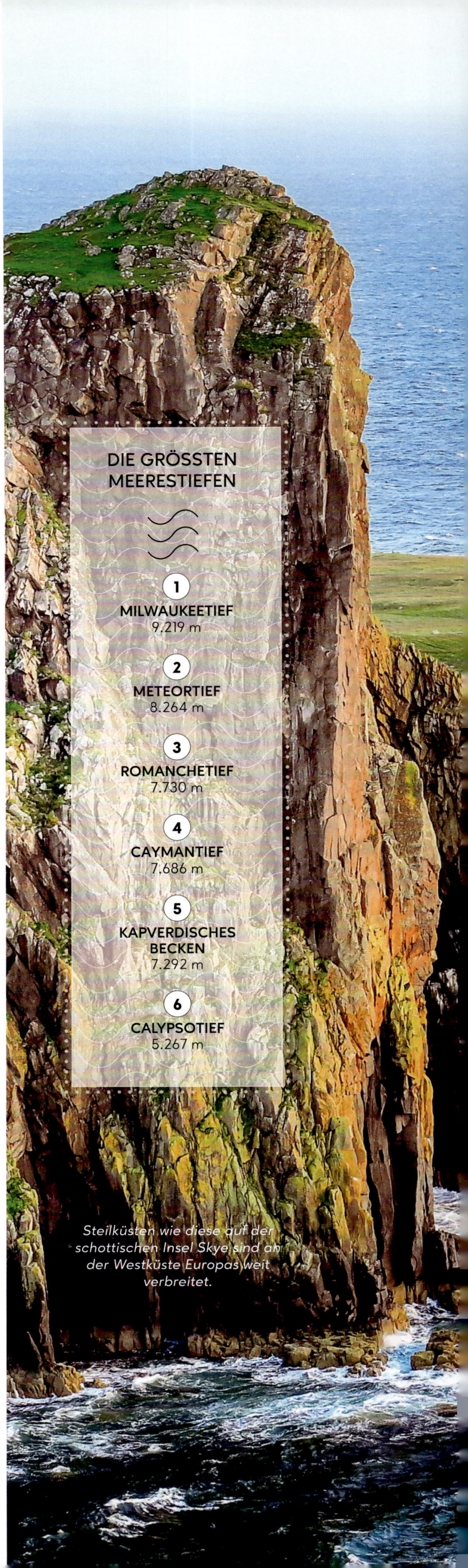

DIE GRÖSSTEN MEERESTIEFEN

1. **MILWAUKEETIEF** 9.219 m
2. **METEORTIEF** 8.264 m
3. **ROMANCHETIEF** 7.730 m
4. **CAYMANTIEF** 7.686 m
5. **KAPVERDISCHES BECKEN** 7.292 m
6. **CALYPSOTIEF** 5.267 m

Steilküsten wie diese auf der schottischen Insel Skye sind an der Westküste Europas weit verbreitet.

DIE GRÖSSTEN NEBENMEERE

1. **SARGASSOSEE**
4.500.000 km²
2. **MITTELMEER**
2.966.000 km²
3. **KARIBISCHES MEER**
2.754.000 km²
4. **GOLF VON MEXIKO**
1.600.000 km²
5. **LABRADORSEE**
1.115.000 km²
6. **EUROPÄISCHES NORDMEER**
1.100.000 km²
7. **NORDSEE**
575.000 km²
8. **SCHWARZES MEER**
424.000 km²
9. **OSTSEE**
413.000 km²

TIPP

SCHWIMMEN MIT SCHWEINEN AUF DEN BAHAMAS

Wer den Namen dieser Insel nennt, wird in einem Atemzug auch das Wort Schwein benutzen: Auf Big Major Cay können tierliebende Urlauber schwimmende Schweine im Meer beobachten. Doch dabei ist es längst nicht mehr geblieben. Dank Instagram und anderer sozialer Medien ist längst die Jagd auf das spektakulärste Foto mit den schwimmenden Schweinen am weißen Traumstrand eröffnet. Als einige Tiere starben, musste man sich etwas einfallen lassen und nun gibt es Restriktionen für den Besuch. Die Bootstouren zum Pig Beach zählen weiterhin zu den beliebtesten Aktivitäten der Bahamas. Wie die Schweine auf die einsame Insel überhaupt gekommen sind, ist unklar, möglicherweise sind sie von Schiffbrüchigen auf die Insel gekommen oder bewusst eingeführt.

ICH BIN DER KÖNIG DER WELT!

DIE GRÖSSTEN KREUZFAHRTSCHIFFE DER WELT
(nach Bruttoraumzahl, BRZ)

1. **SYMPHONY OF THE SEAS**
Royal Caribbean
223.081

2. **HARMONY OF THE SEAS**
Royal Caribbean
226.963

3. **COSTA SMERALDA**
Costa Crociere
185.010

4. **MSC MERAVIGLIA**
MSC Cruises
171.598

5. **SPECTRUM OF THE SEAS**
Royal Caribbean
169.379

... und das Rennen um die vordersten Plätze geht weiter. Beinahe jährlich werden immer größere Kreuzfahrtschiffe gebaut, die auf allen Meeren der Welt unterwegs sind.

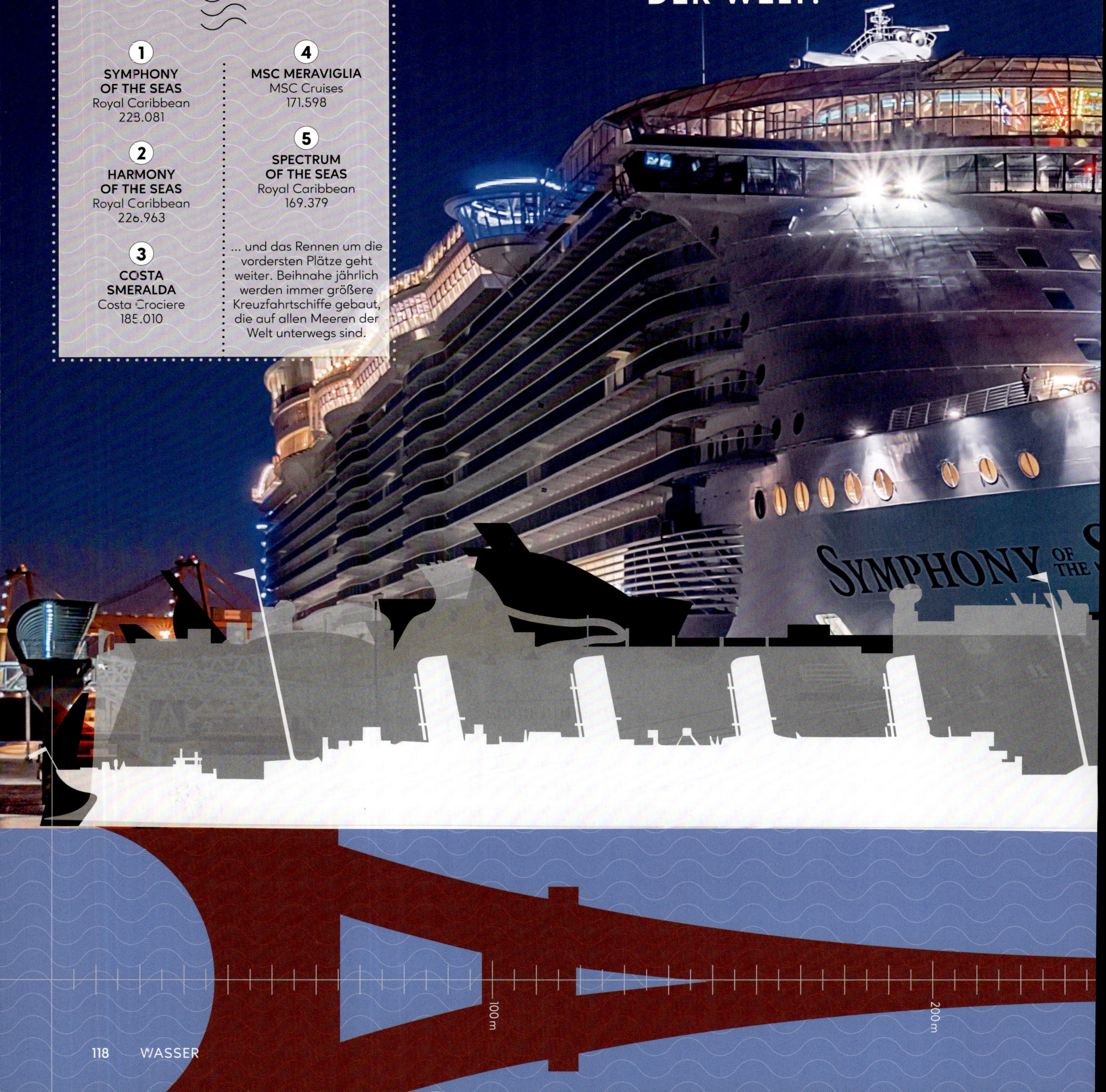

WISSENSWERT

Höher, größer, breiter, ausgefallener

Bis in die 1990er-Jahre waren Kreuzfahrten ein Luxusvergnügen, das sich nur wenige Leute leisten konnten. Mittlerweile aber bieten die Veranstalter Reisen für jeden Geschmack und jeden Geldbeutel an. Spezielle Expeditions-, Abenteuer, Fun- und Familienkreuzfahrten sind neben die klassische Kreuzfahrt getreten. Die Zahl der Kreuzfahrt-Interessierten wächst. Der Markt boomt. Die Ozeanriesen bieten vielen Tausend Passagieren Platz und werden oft mit schwimmenden Städten verglichen, die jede nur erdenkliche Zerstreuung und Abwechslung bieten können. Es gibt an Bord der Megaliner nicht nur Swimmingpools, Wellness- und Entertainmentbereiche mit Theater, Jazzclub und Tanz-Lounge für die ganze Familie, sondern auch vielfältigen Angebote an In- und Outdoor-Aktivitäten wie z. B. eine Eiskunstlaufbahn, eine Minigolfanlage, eine Kletterwand, einen Surfpark oder ein Volleyballfeld. Restaurants und Cafés für jeden Geschmack sorgen für das leibliche Wohl der Gäste.

NORWEGIAN EPIC
- Größe: 329,4 m x 40,6 m
- Gewicht: ca. 114.631 t
- Tiefgang: max. 8,7 m
- Anzahl Passagiere: 5.098
- Anzahl Besatzung: 1.730
- Baubeginn: 24. April 2008
- Stapellauf: 10. Juli 2009

TITANIC
- Größe: 269 m x 28,2 m
- Gewicht: ca. 52.310 t
- Tiefgang: max. 10,5 m
- Anzahl Passagiere: 2.400
- Anzahl Besatzung: knapp 900
- Baubeginn: 31. März 1909
- Stapellauf: 31. Mai 1911

SYMPHONY OF THE SEAS
- Größe: 362 m x 65,5 m
- Gewicht: ca. 201.996 t
- Tiefgang: max. 9,3 m
- Anzahl Passagiere: 5.518
- Anzahl Besatzung: 2.200
- Baubeginn: 29. Oktober 2015
- Stapellauf: 9. Juni 2017

KREUZFAHRT-HÄFEN UND IHRE PASSAGIERZAHLEN
STAND: 2018

1. MIAMI 5,3 Mio
2. PORT CANAVERAL 4,5 Mio
3. COZUMEL 4,1 Mio
4. PORT EVERGLADES 3,8 Mio
5. BARCELONA 2,7 Mio
6. NASSAU 2,6 Mio
7. CIVITAVECCHIA 2,2 Mio

VIER ELEMENTE

WASSER

INDISCHER OZEAN

Der Indische Ozean, auch Indik genannt, steht an dritter Stelle in der Größenrangfolge der Ozeane. Sein Meeresboden weist komplexe Strukturen auf, die Bruchzonen des Zentral-, Südwest- und Südostindischen Rückens unterteilen sich in große Becken, die ihrerseits mit Plateaus und Gräben untergliedert sind

Die Meeresströmungen im Indischen Ozean sind wechselhaft. Im Winter treiben nördlich des Äquators Monsunwinde die Strömung an die afrikanische Küste, im Sommer dagegen an die indische, und bringen dabei starke Niederschläge. Südlich des Äquators folgen nach der nahezu windstillen Zone der Rossbreiten die sogenannten Roaring Forties (brüllende Vierziger), die zwischen 40° und 50° südlicher Breite im Bereich der Westwinddrift liegen und durch starke bis stürmische Winde aus westlicher Richtung gekennzeichnet sind.

ARABISCHES MEER – DAS GRÖSSTE NEBENMEER DES INDISCHEN OZEANS

Das Arabische Meer, zwischen der Arabischen Halbinsel, dem Horn von Afrika und dem Subkontinent Indien gelegen, bedeckt eine Fläche von ca. 3,86 Millionen km^2. Die Temperaturunterschiede zwischen der offenen See und dem Festland machen es in den Sommermonaten zur Wetterküche für den Südwestmonsun, der Indien die niederschlagsreichsten Regionen der Erde beschert.

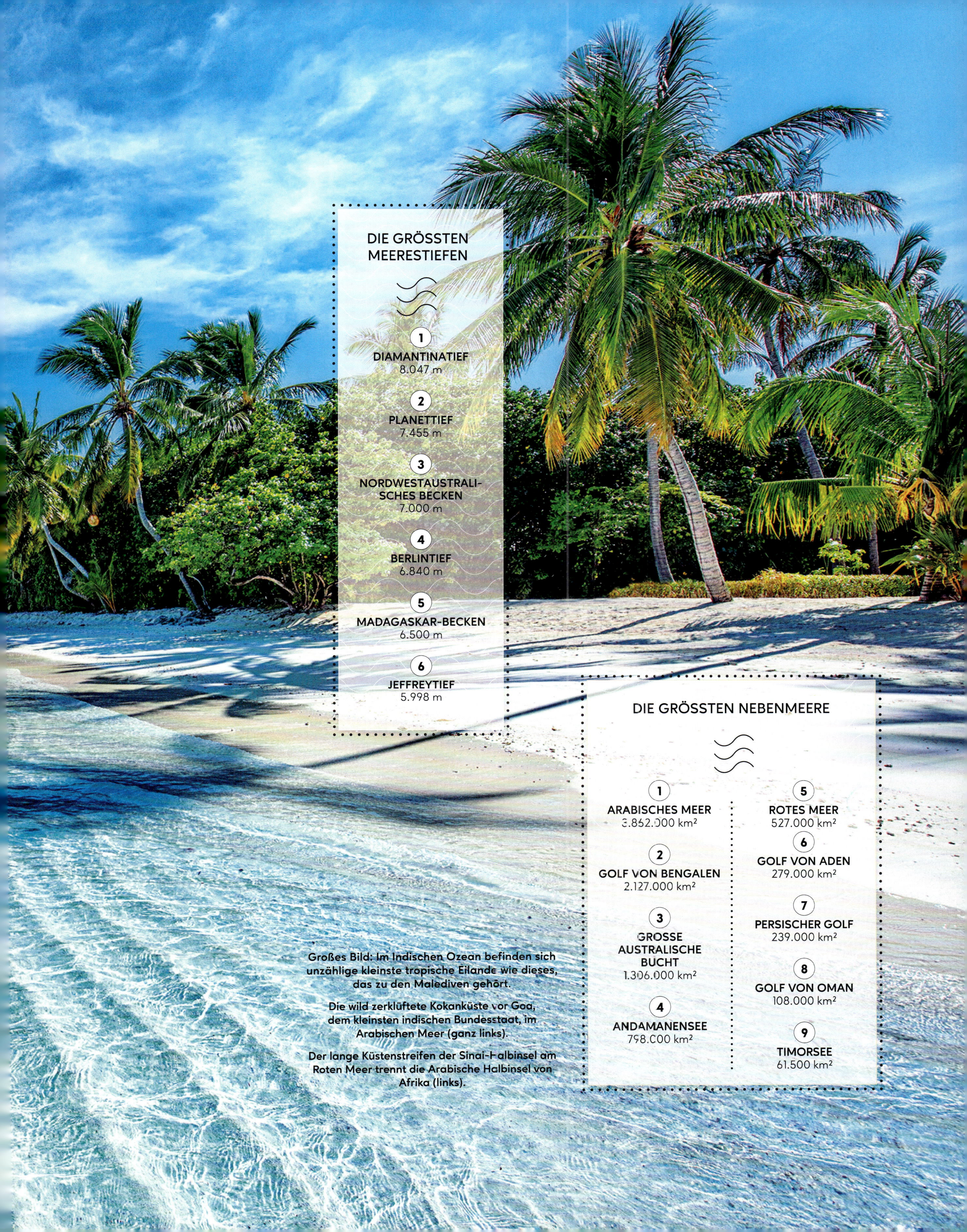

DIE GRÖSSTEN MEERESTIEFEN

1. **DIAMANTINATIEF** 8.047 m
2. **PLANETTIEF** 7.455 m
3. **NORDWESTAUSTRALISCHES BECKEN** 7.000 m
4. **BERLINTIEF** 6.840 m
5. **MADAGASKAR-BECKEN** 6.500 m
6. **JEFFREYTIEF** 5.998 m

DIE GRÖSSTEN NEBENMEERE

1. **ARABISCHES MEER** 3.862.000 km²
2. **GOLF VON BENGALEN** 2.127.000 km²
3. **GROSSE AUSTRALISCHE BUCHT** 1.306.000 km²
4. **ANDAMANENSEE** 798.000 km²
5. **ROTES MEER** 527.000 km²
6. **GOLF VON ADEN** 279.000 km²
7. **PERSISCHER GOLF** 239.000 km²
8. **GOLF VON OMAN** 108.000 km²
9. **TIMORSEE** 61.500 km²

Großes Bild: Im Indischen Ozean befinden sich unzählige kleinste tropische Eilande wie dieses, das zu den Malediven gehört.

Die wild zerklüftete Kokanküste vor Goa, dem kleinsten indischen Bundesstaat, im Arabischen Meer (ganz links).

Der lange Küstenstreifen der Sinai-Halbinsel am Roten Meer trennt die Arabische Halbinsel von Afrika (links).

VIER ELEMENTE

WASSER

ANTARKTISCHER OZEAN

Südpolarmeer

Es klingt schon etwas eigenartig, aber diesen Ozean gibt es erst seit dem Jahr 2000. In diesem Jahr beschloss die Internationale Hydrografische Organisation, den Bereich südlich des 60. Breitengrades zum Südpolarmeer zusammenzufassen. Zuvor waren die Meeresgebiete Teile des Atlantischen, Pazifischen und Indischen Ozeans. Mit 20.327 Millionen km² ist er der zweitkleinste Ozean der Erde und umgibt vollständig den fünftgrößten und kältesten Kontinent Antarktika.

DIE GRÖSSTEN NEBENMEERE

1. **WEDDELLSEE** 2.800.000 km²
2. **BELLINGSHAUSENSEE** 1.500.000 km²
3. **ROSSMEER** 960.000 km²
4. **DUMONT-D'URVILLE-SEE** 950.000 km²
5. **DAVISSEE** 900.000 km²
6. **AMUNDSENSEE** 770.000 km²
7. **COOPERATION SEA** 230.000 km²

DIE GRÖSSTEN MEERESTIEFEN

1. **BELLINGSHAUSENSEE** 4.830 m
2. **DUMONT-D'URVILLE-SEE** 4.725 m
3. **AMUNDSENSEE** 4.460 m
4. **ROSSMEER** 4.175 m
5. **WEDDELLSEE** 4.037 m
6. **COOPERATION SEA** 3.500 m
7. **DAVISSEE** 3.082 m

Großes Bild: Eisberge, besonders Tafeleisberge, die aus Schelfeis entstehen, sind typisch für das Südpolarmeer. Für Pinguine sind sie Startplatz, aber gelegentlich auch eine Barriere bei der Nahrungssuche.

Oben: Neugierige Robben im Weddelsee.

WEDDELLSEE – DAS GRÖSSTE NEBENMEER DES ANTARKTISCHEN OZEANS

Die Weddellsee ist mit 2,8 Millionen km^2 Fläche das größte Nebenmeer der Antarktis. In ihrer West-Ostausdehnung zwischen der Antarktischen Halbinsel und der Küstenregion Coatsland im Osten des Meeres erreicht sie 2.000 Kilometer. Die bis zu 4.037 Meter tiefe See grenzt im Süden an das Ronne-Filchner-Schelfeis. Große Teile des Meeres sind permanent von Packeis bedeckt, insbesondere im Lee der Antarktischen Halbinsel, die auch durch die besondere Strömungssituation in der Weddellsee begünstigt wird: Im Uhrzeigersinn rotierende Wirbel drücken Eis aus dem Norden zunächst nach Süden und dann nach Westen an die Halbinsel.

VIER ELEMENTE

WASSER

ARKTISCHER OZEAN

Nordpolarmeer

DIE GRÖSSTEN NEBENMEERE

1. **BARENTSSEE** 1.521.878 km²
2. **GRÖNLANDSEE** 1.084.000 km²
3. **KARASEE** 880.000 km²
4. **LAPTEWSEE** 623.000 km²
5. **TSCHUKTSCHENSEE** 580.000 km²
6. **OSTSIBIRISCHE SEE** 527.000 km²
7. **BEAUFORTSEE** 508.000 km²

Eisbedeckt, unwirtlich und lebensfeindlich präsentiert sich das Nordpolarmeer, das mit 14.090.000 km² das kleinste der fünf Weltmeere ist. Fast völlig vom Festland Nordasiens, Nordamerikas und Europas umgeben, ist der nördlichste Teil des Nordpolarmeeres eine Eiskappe, die ganzjährig eine Stärke zwischen zwei und vier Metern aufweist. Das Eis ist nicht ortsfest, es driftet, es ist ständig in Bewegung. Meeresströmungen und Erdrotation sind die Hauptverursacher dieser Bewegungen. An den Außenrändern der Eiskappe werden unter dem zusätzlichen Einfluss von Wind und Wellen bizarre Packeislandschaften zusammengeschoben, die sich weiter südlich in eine wesentlich offenere Treibeiszone mit driftenden Eisbergen auflösen. Diese Vorgänge sind starken jahreszeitlichen Schwankungen ausgesetzt.

Mit der recht schmalen Beringstraße zwischen Nordamerika und Asien hat das Nordpolarmeer eine Verbindung zum Pazifischen und über das Europäische Nordmeer eine zum Atlantischen Ozean. Große, flache Schelfgebiete insbesondere vor der sibirischen Küste charakterisieren den Meeresboden in großen Teilen.

Unberührt und still wirkt der Hornsundfjord im norwegischen Spitzbergen (Svalbard).

BARENTSSEE – GRÖSSTES NEBENMEER DES ARKTISCHEN OZEANS

Die Barentssee wird von den Inselgruppen Spitzbergen, Franz-Joseph-Land und Nowaja Semlja sowie dem europäischen Festland begrenzt. Die breite Verbindung zum Europäischen Nordmeer zwischen dem Nordkap in Norwegen und der Inselgruppe Spitzbergen lässt die Ausläufer des warmen Golfstromes in dieses Schelfmeer vordringen. Dies hat zur Folge, dass die Barentssee weitgehend eisfrei ist und selbst im Winter Häfen wie z. B. Murmansk an der Nordküste Europas für die Schifffahrt zugänglich bleiben. Murmansk ist deshalb auch der wichtigste Stützpunkt der russischen Nordmeerflotte.

Die im Vergleich zu den anderen Teilen des Nordpolarmeeres relativ hohen Temperaturen des Meerwassers führen im Frühjahr zu einer raschen Produktion von Phytoplankton und damit einem starken Wachstum von Zooplankton. Dies stellt die Hauptnahrung für den Kabeljau dar, der hier von den russischen und norwegischen Flotten im großen Stil gefangen wird.

DIE GRÖSSTEN MEERESTIEFEN

1. **MOLLOYTIEF** 5.608 m
2. **LITKETIEF** 5.449 m
3. **KANADISCHES BECKEN** 4.994 m
4. **ZENTRALARKTISCHES BECKEN** 3.290 m

In den Sommermonaten löst sich in den Randgebieten des Nordpolarmeeres die geschlossene Eisdecke in Eisschollen auf und geht in eine Treibeiszone über. Eisbären, die größten Landraubtiere der Erde, verbringen die meiste Zeit ihres Lebens auf dem Treibeis.

WALROSSE, SÜDLICHE SEEELEFANTEN

Die größten Bewohner der Arktis und Antarktis

Walrosse, die zweitgrößte Robbenart, bevölkern die Gewässer im Osten der kanadischen Arktis und im Norden Grönlands. Sie leben auf dem Treibeis der Arktis und ziehen im Sommer südwärts, um dem Packeis auszuweichen. Die Bullen werden 3,50 Meter lang und rund 1.200 Kilogramm schwer, die kleineren Weibchen bringen nur bis zu 800 Kilogramm auf die Waage.

Beide Geschlechter haben lange Stoßzähne, mit denen sie sich an Land ziehen, sich gegen Feinde verteidigen und ihren sozialen Status demonstrieren. Gegen die Kälte sowie auch vor Verletzungen schützt die Walrosse eine fünf bis acht Zentimeter dicke Fettschicht unter der Haut.

Die größte Robbenart der Welt, nach der rüsselartigen Nase der Männchen benannt, ist in zwei Arten einzuteilen: Die Nördlichen Seeelefanten sind an Nordamerikas Westküste zu finden, die Südlichen Seeelefanten leben in der Subantarktis, vor allem auf Inseln wie Südgeorgien, Kerguelen, Heard- und Macquarie-Insel. Heute gibt es noch rund 750.000 Südliche Seeelefanten, von denen über 50% auf Südgeorgien leben. Die Bullen erreichen eine Körperlänge von bis zu fünf Metern und ein Gewicht von bis zu vier Tonnen, damit sind sie die größten Bewohner der Antarktis. Die weiblichen Tiere bleiben deutlich kleiner und leichter. In der Paarungszeit versammeln sich die ansonsten einzelgängerischen Seeelefanten zu großen Kolonien. Ein Bulle kommt dabei auf etwa zehn bis zwanzig Kühe, um die heftige Kämpfe ausgetragen werden.

Seeelefanten und Königspinguine – hier auf Südgeorgien im Atlantik – leben in friedlicher Koexistenz miteinander (großes Bild).

Junge Seeelefanten auf Südgeorgien (kleines Bild oben).

Walrosse sind keine Fischfresser, sondern tauchen nach Muscheln, die sie mit den Eckzähnen von den untermeerischen Bänken brechen und mithilfe der Borstenhaare, die so dick sind wie Strohhalme, aufschlürfen. Dabei stülpen sie die Oberlippe auf und drücken sie über die Schale. Außerdem wühlen sie am Meeresgrund nach Seesternen, Seeigeln und Würmern (kleines Bild unten).

VIER ELEMENTE

WASSER

UNTERSEEBOOTE

Die größten Unterseeboote der Welt

Unterseeboote werden bis heute hauptsächlich militärisch genutzt. In den beiden Weltkriegen des 20. Jahrhunderts wurden mit ihnen gegnerische Schiffe versenkt. Während des Kalten Krieges waren sie Bestandteil der nuklearen Abschreckung. Noch heute durchpflügen mit Atomraketen bestückte amerikanische und russische U-Boote die Meere. Da sie über einen Nuklearantrieb verfügen, können sie wochenlang auf Tauchfahrt gehen. Mittlerweile erreichen sie Tauchtiefen von mehreren Hundert Metern. Forschungsboote können aber wesentlich tiefer tauchen. Hier liegt der Rekord bei 10.910 Metern.

Keine andere Klasse besitzt mehr U-Boote als die Los-Angeles-Klasse. Zu ihren 62 auf Kiel gelegten Einheiten gehört auch die USS Hampton (großes Bild).

Die größten U-Boote der Welt sind die als Typhoon-Klasse bekannten »Projekt 941«-Boote (kleines Bild unten).

DIE GRÖSSTEN UNTERSEEBOOTE DER WELT

(nach Verdrängungsleistung in Standardtonnen, ts)

1. **PROJEKT 941-KLASSE** Russland, 48.000 ts
2. **BOREI-KLASSE** Russland, 24.000 ts
2. **OSCAR II-KLASSE** Russland, 24.000 ts
4. **OHIO-KLASSE** USA, 18.750 ts
5. **DELTA-KLASSE** Russland, 18.200 ts
6. **VANGUARD-KLASSE** Großbritannien, 15.900 ts

UNTERSEEBOOTE DER TYPHOON-KLASSE

»Typhoon-Klasse« ist die Nato-Bezeichnung für eine Reihe von mit Atomraketen bestückten U-Booten, die ab 1976 für die sowjetische Marine gebaut wurden. Von den insgesamt sieben Schiffen, die bis 1989 vom Stapel liefen, wurde die Hälfte abgewrackt, drei sind noch für die russische Marine unterwegs. Sie sind 178 Meter lang und verdrängen bis zu 48.000 Tonnen. In der Sowjetunion wurden die U-Boote »Projekt 941« getauft.

VIER ELEMENTE

WASSER

NORDPOL

Der geografische Nordpol ist der nördlichste Punkt der Erde

Kein Vermessungspunkt markiert diese Stelle im Nordpolarmeer, denn sie liegt nicht auf dem Festland, sondern auf einer zwei bis drei Meter dicken Eisschicht, die auf dem circa 4.000 Meter tiefen Ozean schwimmt und fortdauernd in Bewegung ist. Er ist der nördliche Endpunkt der Rotationsachse der Erde. Die Blickrichtungen West und Ost sind aufgehoben – von diesem Punkt geht der Blick stets nach Süden. Der magnetische Nordpol steht nicht in unmittelbarem Zusammenhang mit dem geografischen Nordpol, er liegt im Norden Kanadas. Am Nordpol ist mit einer kurzen Übergangszeit sechs Monate im Jahr Polartag (21. März bis 23. September). Das heißt vereinfacht gesprochen: Die Sonne geht nicht unter. Die anderen sechs Monate im Jahr ist Polarnacht – die Sonne geht nicht auf.

Großes Bild: Im Sommer bricht die Eisdecke im Arktischen Ozean oder Nordpolarmeer an einigen Stellen auf und offene Wasserflächen entstehen.

Der Polarforscher Robert Edwin Peary

Auf Pearys Nordpolexpedition

Der Polarforscher Matthew A. Henson

WISSENSWERT

Wettlauf zum Pol

Die Geschichte der Nordpolarexpeditionen ist lang. Besessen von der Idee, den Nordpol als Erster zu erreichen, lieferten sich Forscher und Abenteurer einen intrigen- und dramenreichen Wettlauf.
Dass Robert E. Peary (1856 bis 1920) tatsächlich am 6. April 1909 mit Matthew A. Henson zuerst den Nordpol erreichte, wird in der Wissenschaft sehr stark angezweifelt. Der Forscher Frederick Cook (1865–1940) reklamiert für sich, den Nordpol bereits ein Jahr zuvor erreicht zu haben, was ebenfalls als wenig wahrscheinlich gilt. Als gesichert gilt jedoch, dass der Flug des Luftschiffs »Norge«, der von Umberto Nobile, Roald Amundsen und Lincoln Ellsworth im Mai 1926 durchgeführt wurde, über den geografischen Nordpol führte. Damit war der Sieg zumindest in der Luft besiegelt.

Und 1958 erreichte mit der »USS Nautilus« erstmals ein U-Boot unterhalb der geschlossenen Eisdecke den geografischen Nordpol. Damit war der endgültige Beweis erbracht, dass es einen arktischen Kontinent nicht gibt. Der erste Mensch jedoch, der den Nordpol zu Fuß erreichte, war der Brite Walter William Herbert im Jahr 1969.

Amundsen und Ellsworth beobachten die »Norge«.

Zwischen Eisschollen aufgetauchtes U-Boot am Nordpol

VIER ELEMENTE

WASSER

SCORESBYSUND

Der längste Fjord der Erde

Fjorde – weit ins Festland reichende, durch Gletscher entstandene Meeresarme – prägen neben Buchten und Meeresstraßen die Küsten-linie Grönlands.

Der Scoresbysund im Osten Grönlands ist 314 Kilometer lang und damit der längste Fjord der Erde. Er ist auch das größte Fjordsystem, denn mit seinen zahlreichen Nebenfjorden und Seitenarmen erstreckt er sich über eine Fläche von 38.000 km². Bis zu 2.200 Meter hohe Gebirge prägen die Landschaft um die Fjorde. In Richtung Westen verbreitert sich der Sund und verzweigt sich in mehrere kleinere Fjorde, die einige Inseln umschließen, wie etwa die mit ungefähr 3.900 km² drittgrößte Insel Grönlands, Milneland. Sie ist stark zerklüftet und überwiegend vergletschert. Hocharktisches Klima beherrscht die Region, mit langen, kalten Wintern und heftigen Stürmen. Von einer Tundrenvegetation mit Moosen und Flechten im Küstenbereich umsäumt, ist der Fjord durch die niedrigen Temperaturen bis in den Juni zugefroren. Riesige Gletscherzungen wälzen sich vom Inlandeis in die Täler, und gigantische Eisberge spalten sich ab und treiben im Fjordsystem. Im Inneren des Scoresbysunds ist das Klima etwas milder, was eine üppigere Flora begünstigt. So gedeihen dort auch Beerensträucher, Heidekrautarten, Grasflächen und Moorpflanzen.

Nur in den Sommermonaten sind die Wasserflächen des Scoresbysund eisfrei. Die Kraft der Sonne kommt in den übrigen Monaten des Jahres nicht gegen die massiven Schneedecken an.

SOGNEFJORD

Der tiefste Fjord der Erde

Mit 1.308 Metern ist der Sognefjord im Westen Norwegens der tiefste Fjord der Erde und mit 204 Kilometern das längste Fjordsystem Europas. Unter seinen vielen Nebenarmen befindet sich auch der schmale Nærøyfjord (UNESCO-Weltnaturerbe), der bis zu 1.700 Meter hohe steile Felswände aufweist.

NORWEGENS KÜSTE – DIE LÄNGSTE FJORDKÜSTE DER ERDE

Eine der weltweit längsten und spektakulärsten Fjordküsten hat Norwegen aufzuweisen. Vom hohen Norden bis in den tiefen Süden greift ein Fjord nach dem anderen tief ins Festland ein. Zu den bekanntesten Einbuchtungen gehören der Geiranger- und der Nærøyfjord, die beide zum UNESCO-Welterbe gehören, dann der Hardangerfjord, der oft als die Königin unter den Fjorden Norwegens bezeichnet wird, sowie der Sogne-, Lyse-, Nord- und der Trondheimfjord, die alle an der Westküste zu finden sind. Die bekanntesten Fjorde im hohen Norden sind der Porsanger- und der Varangerfjord.

Links: Das gigantische Fjordsystem an Norwegens Küste, sensationell aus dem All betrachtet.

Großes Bild: Der Auerlands-Fjord bildet das südliche Ende des großen Sognefjordsystems. Von ihm zweigt wiederum der bekannte Nærøyfjord ab. Kreuzfahrtschiffe können dank der großen Wassertiefe bis weit in das Landesinnere Norwegens fahren.

Das Wattenmeer der Nordsee reicht vom Hafenort Den Helder im Nordwesten der Niederlande bis nach Esbjerg im Westen Dänemarks. Dieses etwa 450 Kilometer lange und bis zu 40 Kilometer breite Gebiet ist das größte Wattenmeer der Erde.

Nur wenige Regionen dieser weitgehend naturbelassenen Großlandschaft stehen nicht unter Naturschutz. Das Wattenmeer ist mit durchschnittlich 100 Meter Tiefe sehr flach. Der Meeresboden hat zur offenen See hin über Kilometer hinweg kaum Gefälle und ist bei Ebbe trocken.Typisch für die Gebiete des Wattenmeeres sind die Priele, die als Zu- und Abflussrinnen des Wassers dienen. Ablagerungen aus den Flüssen, ständiger Wechsel der Gezeiten und der fast immer vorhandene Wind führen zu einer permanenten Umlagerung der Sedimente und Nährstoffe. In diesem andauernden Prozess sind Sandbänke, Dünen und Inseln entstanden, die Lebensraum für unzählige Vögel, Kegelrobben und Seehunde bieten. Aber auch zahlreiche Pflanzen wurzeln in dem lockeren, sandigen Boden und stabilisieren ihn.

Kleines Bild : Das Morsumer Kliff auf der Wattseite im Osten von Sylt steht seit 1923 unter Naturschutz.

Großes Bild: Blick auf Nord- und Ostfriesland mit der Deutschen Bucht. Im Norden liegen die Nordfriesischen Inseln mit Sylt, Föhr, Amrum, Pellworm und den Halligen; südwärts folgen die Mündungen von Elbe und Weser, westwärts die Ostfriesischen Inseln und die niederländischen Waddeneilanden. Die hellblauen Farbtöne zwischen den Inseln und dem Festland zeigen die feinen Sedimentumlagerungen des Wattenmeeres, die von dunkleren Wasserrinnen, den Prielen und Flussmündungen, unterbrochen werden. Nahezu weiß erscheinen die Sandbänke sowie die Strände und Dünen auf der der Nordsee zugewandten Seite der Inseln.

VIER ELEMENTE

WASSER

WALE

Die größten Säugetiere

Beide Bilder: Der Buckelwal besitzt ungewöhnlich lange und schmale Brustflossen. Oft sind diese und der Kopf des Säugetiers mit Seepocken besetzt.

Großes Bild: Jungtier, begleitet von der Mutter.

Die fast 90 Arten werden in die zwei Hauptgruppen der Barten- und Zahnwale unterteilt. Zu den Letzteren gehören auch die Delfine. Unter den Bartenwalen (»Mysticeti«) sind die größten Wale zu finden, so auch der Blauwal, der mit einer Länge von bis zu 33 Meter das größte Tier der Erde ist. Mit den Barten filtern diese Wale die kleinen Krebstiere aus dem Meer, die ihre Hauptnahrung sind. Die Zahnwale (»Odontoceti«) nutzen ihre Zähne zum Fangen der Beute, ein Zerkleinern oder gar Zerkauen erfolgt mit den Zähnen jedoch nicht. Zahnwale ernähren sich hauptsächlich von Fischen. Alle Wale sind Säugetiere, gebären voll entwickelte Kälber und sind Luftatmer. Sie haben ein hoch entwickeltes Sozialverhalten und leben in Gruppen. Die Kommunikation unter den Tieren erfolgt über den geheimnissvollen Walgesang.

DIE GRÖSSTEN WALE

1 **BLAUWAL** Länge 24–33 m Gewicht 100–120 t	5 **NORDKAPER** Länge 11–18 m Gewicht 30–80 t
2 **FINNWAL** Länge 18–22 m Gewicht 30–80 t	6 **SEIWAL** Länge 12–16 m Gewicht 20–30 t
3 **POTTWAL** Länge 11–18 m Gewicht 20–50 t	7 **GRAUWAL** Länge 12–15 m Gewicht 14–35 t
4 **GRÖNLANDWAL** Länge 14–18 m Gewicht 60–100 t	8 **BUCKELWAL** Länge 11–15 m Gewicht 25–30 t

VIER ELEMENTE

WASSER

WALHAIE, RIESENHAIE, WEISSE HAIE

Die größten Fische

RIESENHAI

Länge bis 15m
Gewicht bis 7t

Trotz ihrer Furcht einflößenden Größe sind Riesenhaie (»Cetorhinus maximus«) keine Räuber der Meere. Sie sind auch für den Menschen nicht gefährlich. Sie sind nach den Walhaien die zweitgrößte Fischart der Erde. Sie ernähren sich von Plankton, das sie passiv aufnehmen, indem sie das Wasser mit geöffnetem Maul über ihre Kiemen gleiten lassen und es dabei nach Plankton durchfiltern (großes Bild). Pro Stunde lassen sie bis zu 2.000 Tonnen Wasser durch ihr Maul strömen. Dafür benötigen sie die außerordentlich großen Kiemenspalten, die den Kopf nahezu vollständig umfassen und ein auffälliges Merkmal dieser Haiart sind. In den kaltgemäßigten bis warmen Gewässern des Atlantischen und Pazifischen Ozeans hat der Riesenhai sein Hauptverbreitungsgebiet. Er tritt nicht nur als Einzeltier auf, sondern auch in großen Gruppen mit hundert oder mehr Mitgliedern. Riesenhaie sind in ihrem Bestand durch die Jagd des Menschen bedroht. Dabei haben es die Jäger hauptsächlich auf die Leber der Tiere abgesehen, die bis zu 30% des Körpergewichtes ausmachen kann, das bedeutet bis zu 1.500 Litern Lebertran.

WALHAI

Länge bis 18m
Gewicht bis 13t

Der Walhai (»Rhincodon typus«) ist der größte Fisch der Erde – er ist der Gigant unter den Meerestieren. Er lebt in Gruppen in den tropischen und subtropischen Gebieten der Ozeane nördlich und südlich des Äquators. Mit 300 Zahnreihen mit jeweils mehreren Hunderten von Zähnen ist es das zahnreichste Tier der Erde. Jedoch ist es immer noch ein Rätsel, wofür er diese hohe Anzahl an Zähnen überhaupt benötigt, denn er ist ein Planktonfresser wie der Riesenhai auch, nur mit dem Unterschied, dass er das Wasser aktiv durch das geöffnete Maul ansaugt und von Zeit zu Zeit das Maul schließt, um die Beute zu schlucken. Oft geht er dabei in eine senkrechte Position. Walhaie werden bis zu 100 Jahre alt, fortpflanzungsfähig sind sie erst ab einem Alter von zehn Jahren. Über die Fortpflanzung selbst ist bislang recht wenig bekannt. Sie sind lebendgebärend. Feste Paarungszeiten scheint es nicht zu geben. Vermutet wird weiterhin, dass sie bis zu 300 Junge gebären können, die sie in den unterschiedlichsten Entwicklungsstadien in ihrem Körper tragen. Durch Schiffsverkehr und Fischerei ist seine Existenz bedroht.

WEISSER HAI

Länge, bis 8m
Gewicht, bis 3t

Dramatisch in einem Film von Steven Spielberg in Szene gesetzt, löst kein anderer Raubfisch so viel Angst und Horror aus wie der Weiße Hai (»Carcharodon carcharias«). Surfer und Schwimmer sehen für ihn von unten betrachtet genauso aus wie Seehunde, die seine natürlichen Beutetiere darstellen. Deshalb kommt es immer wieder zu diesen sogenannten Haiattacken, die jedoch nichts mit einer Bösartigkeit des Fisches zu tun haben. Er folgt lediglich seinem Jagdinstinkt. Er ist in allen Weltmeeren anzutreffen, lebt in kleinen Gruppen, zeigt ein bislang wenig erforschtes komplexes Sozialverhalten und ist in seinem Bestand stark bedroht.

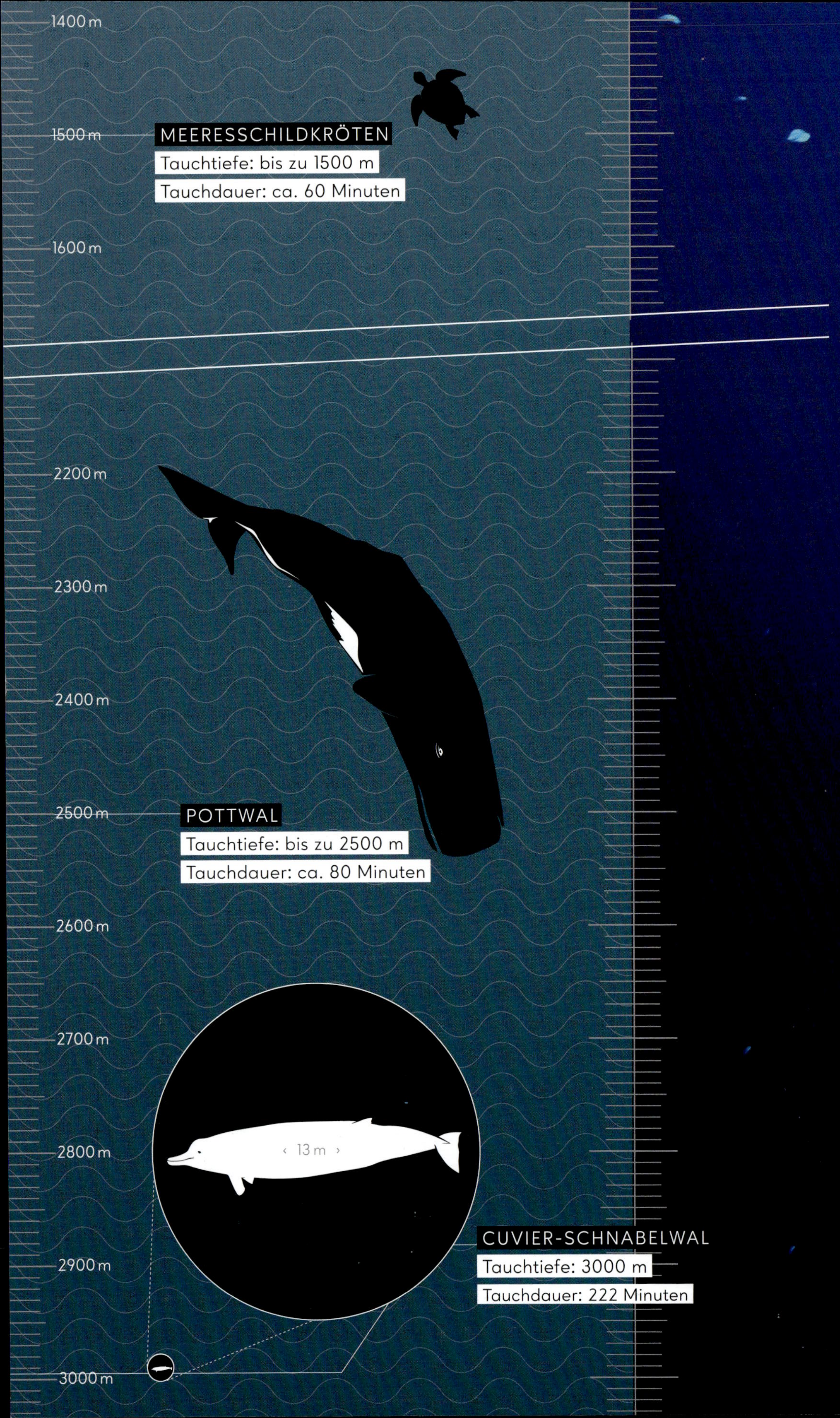

MENSCH

Tauchtiefe: 125 m

Tauchdauer: 4 Minuten 39 Sekunden

Ohne externe Luftversorgung ist bisher kein Mensch so tief getaucht.

Der Russe Alexey Molchanov ist im Dean's Blue Hole auf Long Island, einer der Inseln der Bahamas zu einem neuen Apnoe-Weltrekord getaucht. 125 Meter ist der Sportler in die Tiefe geschwebt, bevor er sich auf den Rückweg zur Oberfläche gemacht hat. Dafür musste er sage und schreibe 4 Minuten und 39 Sekunden die Luft anhalten.

TIER

Tauchtiefe: 3000 m

Tauchdauer: 222 Minuten

Ein Cuvier-Schnabelwal, den Wissenschaftler mit einem Tiefenrekorder markiert hatten hält derzeit den Rekord im Tieftauchen: 3000 Meter. Dabei ist das Tier 222 Minuten unter Wasser geblieben. Es ist nicht unwahrscheinlich, dass Wale noch tiefer tauchen können. Dazu müssten die Tiere aber zuvor mit einem Messgerät ausgestattet werden.

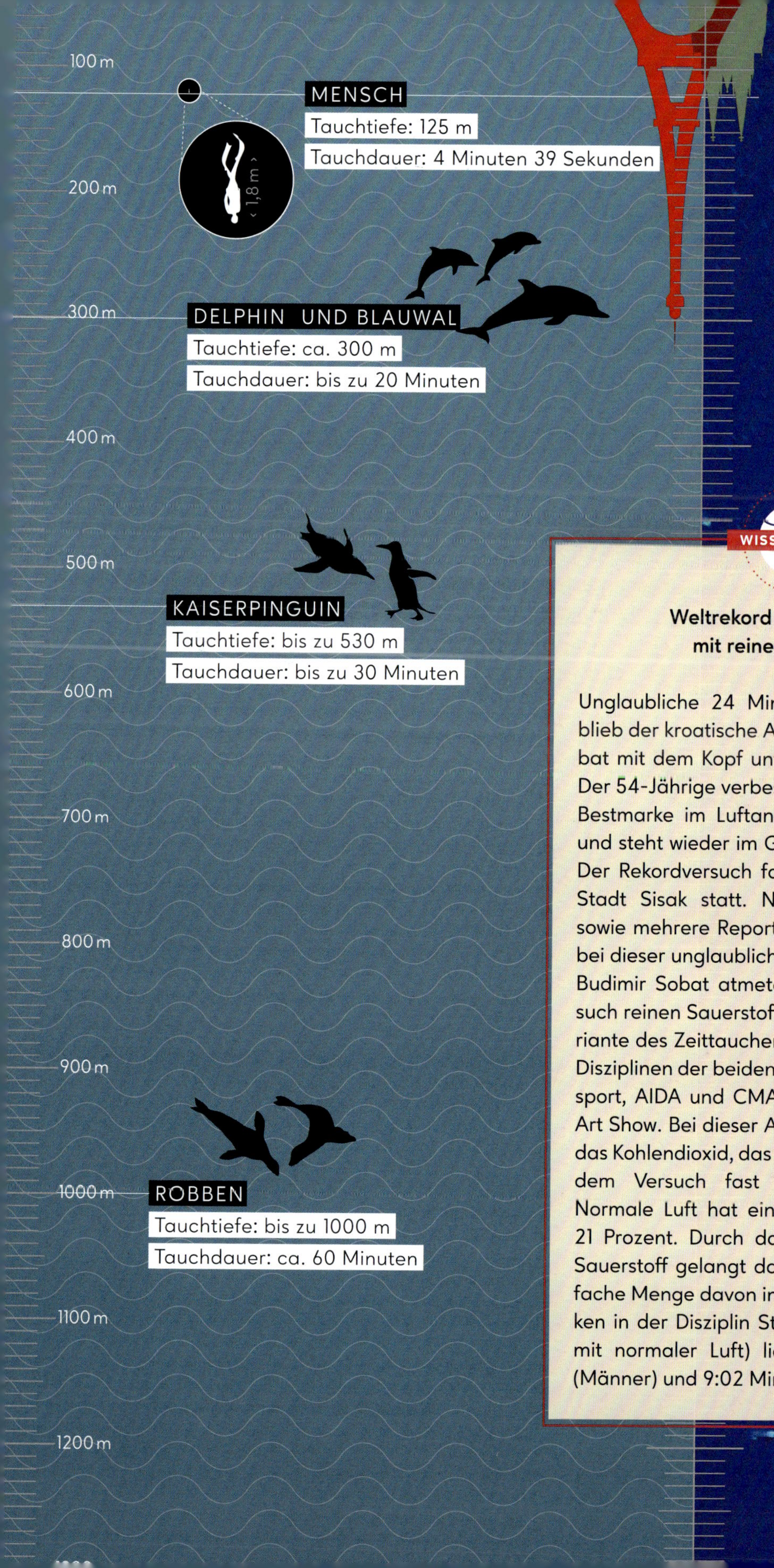

VIER ELEMENTE

WASSER

JETZT HALT ABER MAL DIE LUFT AN!

WISSENSWERT

Weltrekord im Zeittauchen mit reinem Sauerstoff

Unglaubliche 24 Minuten und 33 Sekunden blieb der kroatische Apnoetaucher Budimir Sobat mit dem Kopf unter Wasser – Weltrekord. Der 54-Jährige verbesserte damit seine eigene Bestmarke im Luftanhalten um 22 Sekunden und steht wieder im Guinessbuch der Rekorde. Der Rekordversuch fand in einem Pool in der Stadt Sisak statt. Notfalltaucher und Ärzte sowie mehrere Reporter und Zuschauer waren bei dieser unglaublichen Leistung anwesend.

Budimir Sobat atmete vor seinem Rekordversuch reinen Sauerstoff. Damit gehört diese Variante des Zeittauchens nicht zu den offiziellen Disziplinen der beiden Weltverbände im Tauchsport, AIDA und CMAS, sondern ist eher eine Art Show. Bei dieser Art des Luftanhaltens wird das Kohlendioxid, das den Atemreiz auslöst, vor dem Versuch fast vollständig abgeatmet. Normale Luft hat einen Sauerstoffgehalt von 21 Prozent. Durch das Einatmen von reinem Sauerstoff gelangt dagegen die fast die fünffache Menge davon in die Lunge. Die Bestmarken in der Disziplin Static Apnoe (Zeittauchen mit normaler Luft) liegen bei 11:54 Minuten (Männer) und 9:02 Minuten (Frauen)

VIER ELEMENTE

WASSER

ORCAS

Die größten Delfine

Die Orcas (»Orcinus orca«) sind die größte Spezies der Delfinfamilie. Sie gehören zu den Zahnwalen, sind zwischen fünf und neun Tonnen schwer sowie zwischen sechs und acht Meter lang. Die wegen ihrer hohen Rückenflosse auch Schwertwale genannten Tiere sind in allen Meeren anzutreffen, hauptsächlich aber in den kühleren Meeresgebieten. Sie werden ungefähr 50 bis 80 Jahre alt und in »Sesshafte« und »Nomaden« unterschieden. Die »Sesshaften« verbleiben in ihren angestammten Seegebieten, oft in Verbänden von mehr als 50 Tieren, und ernähren sich in erster Linie von Fischen. Die »Nomaden« sind in kleineren Gruppen von fünf bis zehn Tieren in den Weltmeeren unterwegs und als schnelle Schwimmer und geniale Jäger spezialisiert auf das Erlegen größerer Beutetiere. Sie scheuen sich nicht, Blauwale zu jagen, die erheblich größer sind als sie selbst. Die Jagdtechniken der im Verband operierenden Orcas sind dabei verblüffend. In der Antarktis fangen sie Robben und Pinguine von den Eisschollen, in Patagonien werfen sie sich an den Strand, um Seelöwen zu fangen und in den Gewässern um Neuseeland erlegen sie mit einem mächtigen Schlag ihrer Schwanzflosse kurzerhand auch Haie. Diese verwegenen Jagdtechniken haben dem Orca den Ruf des »Killerwals« oder auch »Mörderwals« eingetragen.

Orcas leben in Familienverbänden in einem Matriarchat. Sie kalben nach der Geschlechtsreife etwa alle fünf bis sechs Jahre. Nach 15-monatiger Tragzeit werden die Kälber von dem weiblichen Leittier aufgezogen und in den unterschiedlichsten Jagdtechniken trainiert. Die Ausbildung zu einem erfolgreichen und kühnen Jäger dauert auch bei diesen hochintelligenten Tieren einige Jahre. Für die akustische Kommunikation werden hochfrequente Klicklaute und Pfeiftöne eingesetzt, die allgemein als Walgesang bezeichnet werden.

Zur Paarungszeit verlassen die Bullen ihre Gruppe, kehren aber zu ihren Familien zurück. Die Fortpflanzung innerhalb der eigenen Familie ist tabu. Konflikte, zwischen den Bullen scheint es bei den Orcas nicht zu geben. Im Laufe der Evolution haben sie offensichtlich gelernt Konflikte gewaltfrei zu lösen und stattdessen miteinander zu kooperieren.

Großes Bild und oben links: »Breaching« nennt man den Sprung der Orcas aus dem Wasser. In der Wissenschaft wird ein Dominanzverhalten dahinter vermutet.

Ein gefährliches Manöver für den Orca, wenn er am Strand Seelöwen fängt, wagt er sich fast komplett aus dem Wasser heraus (Bild links unten).

VIER ELEMENTE

WASSER

DIE SCHNELLSTEN SÄUGETIERE IM WASSER

EINE AUSWAHL TIERISCHER SCHNELL-SCHWIMMER

1. **INDOPAZIFISCHER FÄCHERFISCH**
   110 km/h
2. **BLAUER MARLIN**
   100 km/h
   SCHWERTFISCH
   100 km/h
3. **KURZFLOSSEN-MAKO**
   (schnellste Hai)
   80 km/h
   THUNFISCH
   80 km/h
4. **BLAUHAI**
   70 km/h
5. **DELFIN**
   (schnellster Meeressäuger)
   55 km/h
6. **SEELEOPARD**
   40 km/h

SCHWIMMREKORDE VON MENSCHEN

Gegen Delfine wirken Menschen im Wasser eher wie planschende Badegäste. Höchstleistungen sind das trotzdem:

Kraul (Freistil)	7,67 km/h	César Cielo
Schmetterling	7,23 km/h	Michael Phelps
Rücken	6,93 km/h	Aaron Peirsol
Brust	6,22 km/h	Adam Peaty

WIE SCHNELL KANN EIN DELFIN SCHWIMMEN?

Delfine gehören zur Familie der Zahnwale und sind damit Meeressäuger.

Mit rund 40 Arten sind Delfine die vielfältigste und größte Familie der Wale. Zu ihnen zählen beispielsweise Große Tümmler, Hector-Delfine und Schwertwale, die auch Orcas oder Killerwale genannt werden. Killerwal ist jedoch eine irreführende Bezeichnung, denn die Tiere töten nur, um sich zu ernähren.

Schwertwale, die mit bis zu acht Metern Körperlänge die größten Delfine sind, jagen aktiv nach ihrer Beute. Dabei gehen sie oft mit anderen Artgenossen gemeinsam auf die Jagd und teilen sich dann die Beute untereinander. Da Schwertwale sich von Fischschwärmen, Kalmaren, Tintenfisch, Vögeln sowie kleineren Walen und Robben ernähren, spielt ihre Geschwindigkeit eine große Rolle für ihren Jagderfolg.

Ein männlicher Schwertwal im östlichen Nordpazifik war der bisher schnellste gemessene Delfin. Die WDCS (Whale and Dolphin Conservation Society) »stoppte« ihn mit 55 km/h. Diese Geschwindigkeit wird aber nur kurzfristig auf der Jagd oder wenn die Tiere flüchten erreicht.

Delfine haben optimale Voraussetzungen, um hohe Schwimmgeschwindigkeiten erreichen zu können. Ihr stromlinienförmiger Körper zerschneidet das Wasser nahezu und ihre sich permanent regenerierende Haut fördert schnelles Schwimmen durch einen geringen Strömungswiderstand.

Sie bedienen sich aber auch einer ausgefeilten Schwimmtechnik. Den nötigen Vorschub erhalten Delfine durch ihre Schwanzflosse. Ein Schlag erzeugt eine Kraft, die dem Gewicht von etwa 90 Kilogramm entspricht. Sprünge an der Wasseroberfläche ermöglichen es den Delfinen, sich auch kraftsparend fortzubewegen.

Im Wasser gibt es kein schnelleres Säugetier als den Delfin. Er ist ein hervorragender Schwimmer.

TIERISCHE WELTREKORDE

Keine wirkliche Überraschung ist, dass aus dem Tierreich wesentlich bessere Schwimmer als wir Menschen im Wasser unterwegs sind. Nicht nur Fische, sondern auch Meeressäuger setzen hier ganz eigene Maßstäbe. Und sogar ein Eisbär kann schneller schwimmen als ein Mensch, wenn er will …

VIER ELEMENTE

WASSER

FLÜSSE

Flüsse prägen unsere Landschaften, sie haben in Jahrmillionen tiefe Täler in die Gebirge geschnitten, bewässern Ebenen und verwandeln karge Wüstengegenden in fruchtbare Oasen

Indem sich Flüsse zu Strömen vereinen, die in die Meere entwässern, sind sie wesentlicher Bestandteil des globalen Wasserkreislaufs.

Die längsten Flüsse sind nicht unbedingt die wasserreichsten. Der Nil als Fremdlingsfluss verliert auf seinem Weg bis zur Mündung durch Verdunstung so viel Wasser, dass er sich nur noch mit etwa 2.800 Kubikmeter pro Sekunde ins Mittelmeer ergießt – wesentlich kürzere Flüsse bringen es oft auf ein Mehrfaches dieses Eintrags. Doch das verblasst gegenüber den wasserreichsten Flüssen der Welt, zumal dem mit großem Abstand wasserreichsten Fluss überhaupt, dem Amazonas.

Die Qutang-Schlucht des Jangtsekiang in der Drei-Schluchten-Region in China (oben).

DIE LÄNGSTEN FLÜSSE DER ERDE

mit Hauptquellflüssen

1. **NIL MIT KAGERA-NIL**
   Afrika, 6.671 km
2. **AMAZONAS (UCAYALI/APURÍMAC)**
   Südamerika, 6.448 km
3. **JANGTSEKIANG MIT TONGTIAN HE**
   Asien, 6.380 km
4. **MISSISSIPPI/ MISSOURI MIT RED ROCK RIVER**
   Nordamerika, 6.051 km
5. **JENNISEJ/ANGARA MIT SELENGA UND IDER**
   Asien, 5.940 km
6. **OB/IRTYSCH**
   Asien, 5.410 km
7. **AMUR/ARGUN UND HERLEN HE**
   Asien, 5.052 km
8. **GELBER FLUSS**
   Asien, 4.845 km
9. **KONGO/LUVIA MIT LUAPULA UND CHAMBESHI**
   Afrika, 4.835 km
10. **MEKONG**
    Asien, 4.350 km
11. **LENA**
    Asien, 4.400 km
12. **MACKENZIE MIT PEACE/FINLAY**
    Nordamerika, 3.998 km

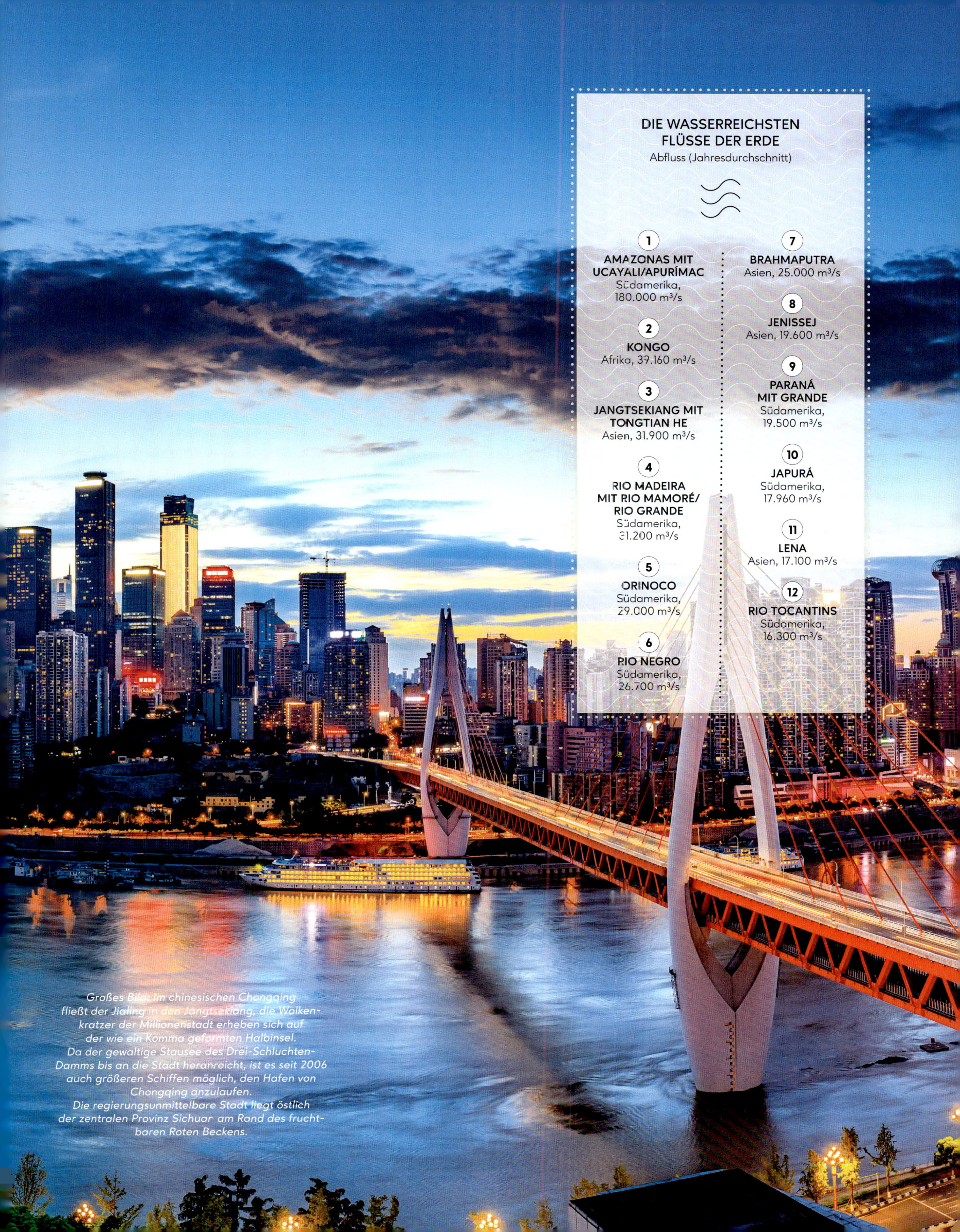

DIE WASSERREICHSTEN FLÜSSE DER ERDE

Abfluss (Jahresdurchschnitt)

1. **AMAZONAS MIT UCAYALI/APURÍMAC** Südamerika, 180.000 m³/s
2. **KONGO** Afrika, 39.160 m³/s
3. **JANGTSEKIANG MIT TONGTIAN HE** Asien, 31.900 m³/s
4. **RIO MADEIRA MIT RIO MAMORÉ/ RIO GRANDE** Südamerika, 31.200 m³/s
5. **ORINOCO** Südamerika, 29.000 m³/s
6. **RIO NEGRO** Südamerika, 26.700 m³/s
7. **BRAHMAPUTRA** Asien, 25.000 m³/s
8. **JENISSEJ** Asien, 19.600 m³/s
9. **PARANÁ MIT GRANDE** Südamerika, 19.500 m³/s
10. **JAPURÁ** Südamerika, 17.960 m³/s
11. **LENA** Asien, 17.100 m³/s
12. **RIO TOCANTINS** Südamerika, 16.300 m³/s

Großes Bild: Im chinesischen Chongqing fließt der Jialing in den Jangtsekiang, die Wolkenkratzer der Millionenstadt erheben sich auf der wie ein Komma geformten Halbinsel. Da der gewaltige Stausee des Drei-Schluchten-Damms bis an die Stadt heranreicht, ist es seit 2006 auch größeren Schiffen möglich, den Hafen von Chongqing anzulaufen. Die regierungsunmittelbare Stadt liegt östlich der zentralen Provinz Sichuan am Rand des fruchtbaren Roten Beckens.

VIER ELEMENTE

WASSER

NIL

Der längste Fluss der Erde

Der Nil ist Lebensader und Mythos. Seine Quelle wurde erst Ende des 19. Jh. entdeckt. Er gilt als Fremdlingsfluss, weil er sein Wasser aus den regenreichen Regionen des Oberlaufs bezieht und bis zu seiner Mündung nahezu kein weiteres Wasser aufnimmt.

Über drei Millionen km² umfasst das Einzugsgebiet des mit 6.671 Kilometern längsten Flusses unseres Planeten – etwa 10 % des afrikanischen Kontinents. Quellfluss ist der Weiße Nil, der sich aus dem Kagera-Nil speist. Dessen beiden Quellflüsse entspringen in Burundi und Ruanda; der längere von beiden beginnt in Burundi am Luvironza, dem mit 2.700 Metern höchsten Berg des kleinen afrikanischen Landes, und gilt daher als eigentlicher Quellfluss. Der Kagera fließt an der Grenze zwischen Tansania und Uganda in den Victoriasee, in den viele andere Flüsse münden und der deshalb für den gesamten Nil als Wasserspeicher dient. Als Albertnil ergießt er seine Wassermassen über die Murchison-Wasserfälle und fließt weiter nördlich durch Uganda und den Sudan. Bei Khartum mündet der Blaue Nil und etwas weiter nördlich der Atbara in den Weißen Nil, beide kommen aus dem äthiopischen Hochland. Ohne weitere Zuflüsse windet sich der Strom durch die Nubische Wüste und schließlich nach Ägypten, wo er sich in einem breiten Delta nördlich von Kairo ins Mittelmeer ergießt.

Der Nil bei Assuan, im Hintergrund ist das Ende der 1950er-Jahre errichtete Aga-Khan-Mausoleum zu sehen. Die Uferbereiche bilden eine Oase, unmittelbar dahinter beginnt die karge Wüste.

TIPP

FELUKENFAHRT AUF DEM NIL

Das Gegenstück zur Luxuskreuzfahrt ist wohl der Felukentrip auf dem Nil: Es ist eine der kernigsten Arten, den Fluss mit den geschichtsträchtigen Gebäuden am Ufer zu erleben. Die Felukenfahrt gilt als die ursprünglichste, kleine Alternative zur Nilkreuzfahrt. Das Holzboot mit dem typisch dreieckigen Segel und dem bis zu neun Meter hohen Mast bietet eine Zeitreise in die alte Lebensweise der Nilfischer. Wer sich für einige Tage auf der Feluke einquartiert und zwischen Luxor und Assuan in Sichtweite der berühmten Pyramiden schippert, schläft im Schlafsack unter dem Sternenhimmel, während das Boot vom Wind getrieben seinen Weg nimmt. Das geruhsame Gleiten vermittelt unvergessliche Eindrücke, besonders zu den Zeiten der Dämmerung morgens und abends.

VIER ELEMENTE

WASSER

SEGELSCHIFFE

Die größten Motorsegler und Segelschiffe der Welt

Für mehr als 3000 Jahre beherrschten Segelschiffe die Meere. Erst im Laufe des 19. Jahrhunderts wurden sie allmählich durch Dampfschiffe und im 20. Jahrhundert dann durch Motorschiffe ersetzt. Die großen Segelschiffe von heute gehören entweder Kreuzfahrtveranstaltern oder werden wie die »Gorch Fock« der Bundesmarine als Schulschiff eingesetzt. In der modernen Welt ist Segeln ein Freizeitvergnügen oder wird als Sport betrieben. Nach wie vor erregen Weltumsegelungen zumal von Einhandseglern international Aufsehen. Segelregatten wie der seit 1851 stattfindende America's Cup zählen bis heute zu den sportlichen Großereignissen. Seit 1900 ist Segeln eine olympische Disziplin.

DIE GRÖSSTEN SEGELSCHIFFE DER WELT

(nach Länge)

1. **SAILING YACHT A** – Deutschland, 142,8 m
2. **ROYAL CLIPPER** – Malta, 132,2 m
3. **SEDOV** – Russland, 117,5 m
4. **STAR CLIPPER/STAR FLYER** – Malta, 115,5 m
5. **UNIÓN** – Peru, 115 m
6. **KRUSENSTERN** – Russland, 114,5 m
7. **JUAN SEBASTIÁN ELCANO** – Spanien, 113 m
8. **ESMERALDA** – Chile, 113 m
9. **MIR** – Russland, 109 m
10. **NADEZHA** – Russland, 109 m

SAILING YACHT A – SY A DAS GRÖSSTE SEGELSCHIFF DER WELT

Rund 400 Millionen Euro teuer soll der Bau der Sailing Yacht A gewesen sein, Auftraggeber war der russische Unternehmer und Milliardär Andrei Melnitschenko. Der Bau der »White Pearl«, wie sie vor Fertigstellung noch genannt wurde, erfolgte größtenteils unter Diskretion in einer Werft im schleswig-holsteinischen Rendsburg nach den Entwürfen des französischen Designers Philippe Starck. Als die Sailing Yacht A schließlich Anfang 2017 die Werft verließ, war damit das größte Segelschiff der Welt geboren. Stolze 142,81 Meter Länge über alles maß sie, acht Decks nannte sie ihr Eigen. Drei Masten ragen rund 90 Meter hoch in den Himmel, die Fläche des größten Segels misst über 1.760 Quadratmeter. Am unteren Ende des Kiels wurde gebogenes Glas verbaut, sodass man von innen die Unterwasserwelt beobachten kann. Insgesamt kann die Sailing Yacht A knappe 40 Kilometer pro Stunde segeln, oder sie holt sich Unterstützung von den Diesel- oder Elektromotoren. Umstritten ist die Verwendung von Teakholz für den Bau – angeblich stammt es von illegalen Plantagen.

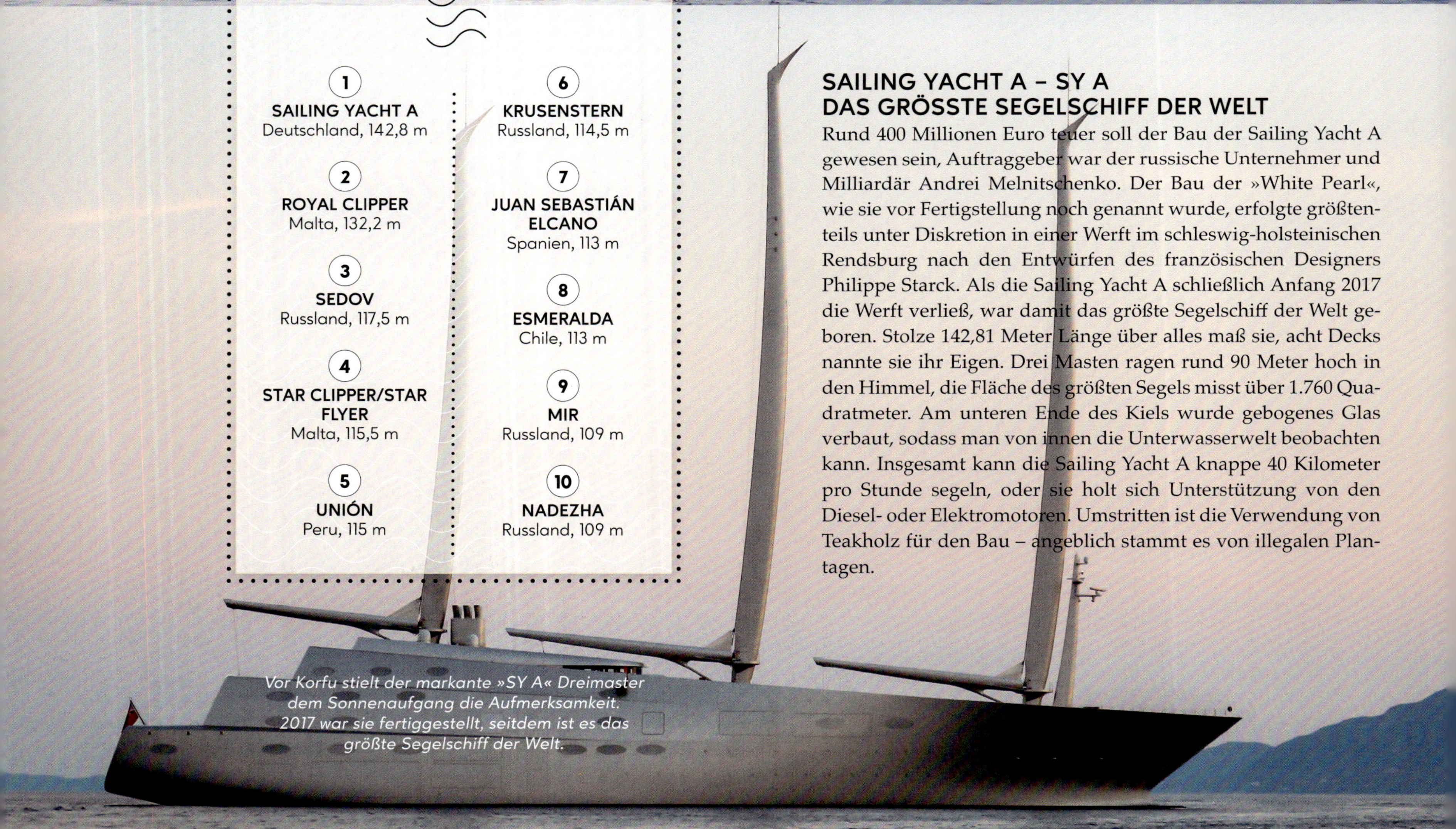

Vor Korfu stielt der markante »SY A« Dreimaster dem Sonnenaufgang die Aufmerksamkeit. 2017 war sie fertiggestellt, seitdem ist es das größte Segelschiff der Welt.

WIND SURF UND CLUB MED 2 – DER GRÖSSTE MOTORSEGLER DER WELT

Der Fünfmaster war bis 1998 als »Club Med I» unterwegs. Heute kreuzt er für den US-amerikanischen Segelkreuzfahrtveranstalter Windstar Cruises im Winter in der Karibik und im Sommer im Mittelmeer sowie in der Ostsee. Moderne Computertechnik unterstützt nicht nur die Navigation des Schiffes, sondern steuert auch das Auf- und Abrollen der sieben Segel, die eine Gesamtfläche vom immerhin 2.600 Quadratmetern umfassen. Die »Wind Surf« ist mit zwei Elektromotoren ausgestattet, sodass sie sich auch bei Flauten immer noch mit einer Geschwindigkeit von bis zu zwölf Knoten fortbewegen kann. Neben »Club Med 2« (links) ist es 2021 das größte Motorsegelschiff der Welt.

AFRIKA

Die Länge der Flüsse, die in Afrika nach dem Nil die nächsten Ränge belegen, ist nicht immer unstrittig. Das liegt nicht zuletzt an den extrem unterschiedlichen Wassermengen in Regen- oder Trockenzeiten. Oft variieren deshalb die Angaben für diesen Kontinent erheblich

Niger
4.184 km

Der drittlängste Fluss des Schwarzen Kontinents entspringt in Guinea nahe der Grenze zu Sierra Leone. Er fließt in einem Bogen ostwärts durch Mali, passiert die Stadt Timbuktu, wendet sich weiter östlich scharf nach Südosten, fließt durch Niger, streift die Grenze zu Benin und entwässert schließlich in Nigeria nach Verlassen des Kainji-Reservoirs über eine weites Delta in den Golf von Guinea.

Kongo und Luvua
mit Luapula und Chambeshi
4.835 km

Der zweitlängste Fluss Afrikas ist nach dem Amazonas der wasserreichste Fluss der Erde. Sein Einzugsgebiet ist mit 3,7 Millionen Quadratkilometern sogar größer als das des Nils. Zum Stromsystem des Kongo gehört eine Vielzahl von Flüssen: Der Chambeshi als Quellfluss des Luapula ist der am weitesten von der Mündung entfernte Quellfluss dieses Systems. Er entspringt im Norden Sambias in der Nähe der Grenze zu Tansania westlich des Malawisees, fließt weiter südwestlich durch die Bangweulu-Sümpfe, die dann durch den Luapula entwässert werden. An der Stelle, wo sich der Kongo südwestwärts wendet, bildet er die Grenze zwischen der Demokratischen Republik Kongo und der Republik Kongo – die beiden Hauptstädte Brazzaville und Kinshasa liegen an einer seeartigen Ausstülpung, dem Pool Malebo, einander gegenüber.

Sambesi
2.574 km

Der Sambesi ist der größte afrikanische Strom, der nach Osten entwässert. Er entspringt im Nordwesten Sambias in 1.500 Metern Höhe, fließt durch Angola und Sambia, ist Grenzfluss zu Simbabwe und mündet in Mosambik über ein 880 Quadratkilometer großes Delta in den Indischen Ozean. Die Victoriafälle des Sambesi zwischen Simbabwe und Sambia sind UNESCO-Welterbe.

Oranje
2.160 km

Der Oranje, wie der Orange River auf Afrikaans heißt, ist der größte Fluss im Süden Afrikas. Er fließt durch Lesotho und Südafrika und bildet an seinem Unterlauf den Grenzfluss zu Namibia. Seine Quelle liegt im Hochland von Lesotho, von dort fließt er westwärts durch Südafrika und mündet bei Oranjemund in den Atlantik. Der Oranje seit 2007 UNESCO-Weltkulturerbe.

Okavango
1.800 km

Im Südwesten Afrikas auf dem Hochland von Bié in Angola entspringt der Okavango, der am Oberlauf noch Cubango genannt wird. Er fließt südlich durch das Hochland und ist für etwa 400 Kilometer der Grenzfluss zwischen Namibia und Angola. Hinter Andara erreicht er den Nordwesten von Botsuana. Dort versickert das Wasser dann im sumpfigen Okavango-Delta, dem 15.000 km² großen Binnendelta im Nordosten der Kalahari-Wüste.

Juba
1.658 km

Die Quellflüsse des Juba befinden sich im Äthiopischen Bergland; sie vereinen sich an der Grenze zu Somalia bei Doolow zum Juba, der dann südwärts Somalia durchfließt und bei Kismaayo in den Indischen Ozean mündet. Das Juba-Becken ist eine Savanne, die der Fluss zu einem fruchtbaren Ackerland verwandelt hat. Oft kommt es aufgrund schwerer Regenfälle zu Überschwemmungen des Juba.

Volta mit Schwarzem Volta
1.600 km

In Westafrika fließt der Volta, der sich aus drei in Burkina Faso (ehemals Obervolta) entspringenden Quellflüssen speist, dem Schwarzen (Mouhoun), Roten (Nazinoun) und Weißen (Nakambé) Volta. Nach dem Zusammenfluss wird der Strom bei Salaga in Ghana durch den Akosombo-Damm zum Voltasee aufgestaut, dem nach dem Victoriasee zweitgrößten Stausee der Welt. Der Volta fließt sodann nach Südosten weiter und ergießt sich in den Golf von Guinea.

Limpopo
1.750 km

Der Limpopo ist der nordöstliche Grenzfluss Südafrikas zu Botsuana und Simbabwe. Er ist nach dem Sambesi der zweitlängste Fluss Afrikas, der in den Indischen Ozean entwässert. Seine Quelle liegt nördlich von Johannesburg im Witwatersrand-Gebirge in etwa 1.800 Metern Höhe, wo er noch Crocodile heißt. In einem Bogen fließt er dann südöstlich durch Mosambik und ergießt sich nördlich von Maputo in den Indischen Ozean. Sein größter Nebenfluss ist der Olifants River, der durch den Kruger-Nationalpark fließt, der seit 2005 offiziell als Lepelle bekannt ist.

Chari
mit Ouham, 1.740 km

Der Chari (oder auch Schari) ist der Hauptzufluss des abflusslosen Tschad-Sees, der am Südrand der Sahara im Grenzbereich der Länder Tschad, Kamerun, Nigeria und Niger liegt. 90 % des Wassers erhält der See über den Chari, weshalb der Wasserstand von den wechselnden Niederschlagsverhältnissen im Quellgebiet des Flusses abhängt. Sein Hauptquellfluss Ouham entspringt in der Zentralafrikanischen Republik, durchquert anschließend den Tschad und mündet bei Sarh in den Chari, der dann weiter nordwestlich in den See fließt.

Senegal
mit Bafing, 1.430 km

Der Quellfluss Bafing des Senegal entspringt in Mali im Bergland von Fouta Djallon, nahe der Grenze zu Guinea. Der Bafing fließt nordwärts, wird bei Manantali aufgestaut und bildet dann durch den Zusammenfluss mit dem Bakoyé den Senegal. Der Senegal fließt als Grenzfluss zwischen Mauretanien und dem Land Senegal weiter westlich und entwässert schließlich bei der UNESCO-Welterbestadt Saint-Louis in den Atlantik. Im Mündungsgebiet befindet sich ein Nationalpark, in dem viele europäische Weißstörche ihr Winterquartier beziehen.

VIER ELEMENTE

WASSER

FLUSSPFERDE

Die schwersten Tiere in Flüssen und Seen

Nach dem Elefanten ist das Nil- oder Flusspferd das schwerste Landsäugetier der Erde. Obwohl es »Pferd« im Namen trägt, gehört es nicht zu den Unpaarhufern. Unter den Paarhufern, zu denen Kühe, Ziegen, Schweine, Gazellen und viele andere Säugetiere zählen, bildet es eine eigene Unterordnung. Flusspferde kommen nur noch in Afrika südlich der Sahara vor. Genetische Untersuchungen haben gezeigt, dass die nächsten Verwandten die Wale sind. Großflusspferde sind Pflanzenfresser, sie wiegen bis zu vier Tonnen und können vom Kopf bis zum Rumpf fünf Meter erreichen. Tagsüber ruhen sie meist im Wasser, in der Nacht gehen sie auf Nahrungssuche. Sozial zeigen sie unterschiedliches Verhalten: Manche leben einzelgängerisch, es gibt aber auch Gruppen von bis zu 150 Tieren – vermutlich in Gegenden, wo das Nahrungsangebot für alle ausreichend ist.

Flusspferde verbringen die Tage meist im Wasser, sie haben eine empfindliche Haut, die immer feucht bleiben muss. Im Hippo Pool im Serengeti-Nationalpark im Norden Tansanias kann es während der Trockenzeit deshalb manchmal etwas enger zugehen.

VIER ELEMENTE

WASSER

KANÄLE

Die längsten Binnen- und Meereskanäle der Welt

DIE LÄNGSTEN BINNENKANÄLE DER WELT

1. **KAISERKANAL**
   China, ca. 1.800 km
2. **TENNESSE-TOMBIGBEE WATERWAY**
   USA, 377 km
3. **CANAL DE NANTES À BREST**
   Frankreich, 362 km
4. **MITTELLANDKANAL**
   Deutschland, 326 km
5. **CANAL DE LA MARNE AU RHIN**
   Frankreich, 289 km
6. **CANAL DE BOURGOGNE**
   Frankreich, 289 km

Kanäle sind künstlich angelegte Wasserstraßen, die Flüsse, Seen oder Meere miteinander verbinden. Durch den Bau des Suezkanals wurde der Seeweg zwischen Europa und Asien erheblich verkürzt, der Panamakanal erleichtert den Verkehr zwischen der nordamerikanischen Atlantik- und der Pazifikküste, durch den Nord-Ostsee-Kanal wird vielen Schiffen der lange Umweg über den Skagerrak erspart. Auch die moderne Binnenschifffahrt ist ohne das Netz von Kanälen, das weite Gebiete Europas, Asiens und Amerikas durchzieht, gar nicht zu denken. Durch sie werden Flüsse sowie Seehäfen mit ihrem Hinterland verbunden und Transportwege verkürzt. Hinderliche Höhenunterschiede werden durch Schleusen oder Schiffshebewerke überbrückt.

DIE LÄNGSTEN MEERESKANÄLE DER WELT

1. **SUEZKANAL**
   Ägypten, 193,3 km
2. **NORD-OSTSEE-KANAL**
   Deutschland, 98,3 km
3. **PANAMAKANAL**
   Panama, 81,6 km
4. **KANAL VON KORINTH**
   Griechenland, 6,3 km

Die Gatún-Schleusen sind das größte der drei Schleusensysteme des weltberühmten Panamakanals, durch dessen Bau der Seeweg zwischen der Atlantik- und der Pazifikküste Nordamerikas um rund 10.000 Kilometer verkürzt wurde.

VIER ELEMENTE

WASSER

SUEZKANAL

Der längste Meereskanal der Welt

Die längste künstliche Meereskanal der Welt verbindet auf einer Strecke von 193,3 Kilometern das Mittelmeer mit dem Roten Meer und verkürzt so den Seeweg vom Nordatlantik in den Indischen Ozean um fast 5.000 Kilometer. Der Suez-kanal wurde 1869 nach zehnjähriger Bauzeit eröffnet und kann seit der 1888 vereinbarten Konvention von Konstantinopel von Schiffen aller Nationen befahren werden. Bis zu seiner Verstaatlichung durch Gamal Abdel Nasser 1956 wurde er von den Briten und der von Ferdinand de Lesseps, dem Erbauer der Kanals, gegründeten Kanal-Gesellschaft kontrolliert. Nach dem Sechstagekrieg von 1967 war er acht Jahre gesperrt. Im Frühjahr 2021 blockierte das Frachtschiff »Ever Given« die wichtige Handelsroute eine Woche lang. Nach einem Sandsturm geriet es von der Fahrtroute ab und lief auf Grund. Davor und dahinter stauten sich in der Zeit mehr als 400 Schiffe.

Der Suezkanal um 1860 ...

... und im Jahr 1880

Der Kanal bei Suez am Roten Meer. Im Gegensatz zum Panamakanal kann er dank kontinuierlichen Ausbaus von Schiffen fast jeder Größenordnung passiert werden. Der Suezkanal ist nur einspurig befahrbar und verfügt deshalb über drei Wartezonen.

VIER ELEMENTE

WASSER

NORD-OSTSEE-KANAL

Der zweitlängste und meistbefahrene Meereskanal der Welt

Diese Bundeswasserstraße verbindet auf einer Strecke von fast 100 Kilometern Nord- und Ostsee und ist der meistbefahrene Meereskanal der Welt. Jährlich passieren bis zu 30.000 Schiffe den Kanal und transportieren dabei Ladungen von 87 Millionen Tonnen. Sowohl an seinem Beginn in Brunsbüttel an der Elbemündung als auch an seinem Ausgang in Kiel-Holtenau befinden sich Schleusen, die die gezeitenbedingten unterschiedlichen Wasserstände von Nord- und Ostsee ausgleichen sollen. Der Kanal wurde 1895 nach achtjähriger Bauzeit von Kaiser Wilhelm II. eröffnet und nach seinem Großvater benannt. Nach dem Ersten Weltkrieg wurde er im Versailler Vertrag für den internationalen Schiffsverkehr geöffnet, diese »Internationalisierung« 1936 aber durch die Nazis wieder zurückgenommen. 1948 wurde er in Nord-Ostsee-Kanal umbenannt.

Großes Bild: Containerschiffe auf dem Nord-Ostsee-Kanal bei Kiel. Die Wasserstraße ist zwischen 102 und 162 Meter breit sowie elf Meter tief. Sie kann von Schiffen mit einer Länge von 235, einer Breite von 32,5 und einem Tiefgang von 7 Metern passiert werden.

Die Rendsburger Hochbrücke überspannt den Nord-Ostsee-Kanal als stählerne Konstruktion. Sie ist sowohl von Eisenbahnen als auch von Fußgängern passierbar (kleines Bild).

VIER ELEMENTE

WASSER

SÜDAMERIKA

Das Einzugsgebiet des Amazonas ist mit sieben Millionen km² fast so groß wie Australien, deshalb haben bereits viele seiner Nebenflüsse Rekordlängen. Die Aufstellung hier berücksichtigt Flüsse, die unabhängig von dem Großsystem Amazonas in die Meere entwässern

Unten: Der Paraná-Nebenfluss Iguaçu mit den tosenden Wasserfällen bei Foz do Iguaçu.

AMAZONAS

(mit Ucayali und Apurimac), 6.448 km

Die drei Quellflüsse Marañón, Huallaga und Ucayali des Amazonas entspringen in den peruanischen Anden. Der Marañón ist dabei der nördlichste und wasserreichste, der Ucayali ist jedoch länger. Als der am weitesten von der Mündung entfernte Quellfluss gilt der Río Apurímac, der in 5.597 Metern Höhe im Bergmassiv Nevado Mismi in Peru nur etwa 200 Kilometer Luftlinie vom Pazifik entfernt entspringt. Der Apurímac fließt bei der peruanischen Stadt Atalaya in den Ucayali, den sich dann weiter nördlich bei Nauta in den Amazonas ergießt. In Brasilien heißt der Fluss zunächst Río Solimões, erst hinter Manaus, nach der Einmündung des Río Negro, trägt er wieder den Namen Amazonas. In den mit Abstand wasserreichsten Fluss der Erde münden etwa 10.000 weitere Flüsse, von den 1.100 größeren sind allein 13 länger als 1.000 Kilometer.

PARANÁ

(mit Grande), 3.998 km

Der längste Quellfluss des Paraná, der Río Grande, entspringt im brasilianischen Bundesstaat Minas Gerais in der Serra da Mantiqueira. Durch viele Stauseen fließt er westwärts und vereinigt sich mit dem Paranaíba zum Paraná. Südlich in Argentinien bildet er die Grenze zu Paraguay, fließt durch das La-Plata-Tiefland und mündet nördlich von Buenos Aires in den Atlantik.

ORINOCO
2.140 km

Die Quelle des Orinoco befindet sich in der Sierra Parima in Venezuela, ganz an der Grenze zu Brasilien. In einem weiten Bogen fließt er westwärts um das Bergland von Guayana herum, bildet den Grenzfluss zu Kolumbien und strömt östlich durch das ausgedehnte Orinoco-Tiefland über ein breites Delta in den Atlantik. Durch den Casiquiare, eine natürliche Gabelung des Flusses im Oberlauf, ist er mit dem Negro in Brasilien verbunden. Das ruhige Gewässer des Orinoco wird von Kanufahrern genutzt (unten).

SÃO FRANCISCO
3.199 km

Im Osten Brasiliens in der Serra da Canastra entspringt der São Francisco. Er fließt nordwestlich durch mehrere brasilianische Bundesstaaten und mündet 200 Kilometer südlich von Recife in den Atlantik. Zwei große Stauseen durchquert er auf seinem Weg zum Meer: den Três-Marias-Stausee und – weiter nördlich – den Sobradinho-Stausee, einen der weltweit größten Stauseen.

RIO TOCANTINS
2.640 km

Die Quellflüsse des Río Tocantins, Rio Paranã und Rio das Almas, entspringen im brasilianischen Bundesstaat Goiás westlich der Hauptstadt Brasilia. Er fließt in nördlicher Richtung und bildet die Landesgrenze von Tocantins und Maranhão. Als größter Nebenfluss mündet der Río Aranguaia bei S. João do Aranguaia in den Río Tocantins.

PARNAÍBA
1.716 km

Zwischen den brasilianischen Bundesstaaten Maranhão und Piauí bildet der Río Parnaíba den Grenzfluss. Nach dem Río São Francisco ist der Parnaíba der zweitlängste Fluss im Norden des südamerikanischen Landes. Im Oberlauf weist er Wasserfälle auf, ist aber ansonsten schiffbar. Seine Quelle liegt in der Serra das Mangabeiras, einer Bergkette, die sich die beiden Bundesstaaten teilen. Der Río Parnaíba mündet in den Atlantischen Ozean.

URUGUAY
1.790 km

Zusammen mit dem Paraná bildet der Uruguay den Mündungstrichter des Río de la Plata. Wegen vieler Stromschnellen ist er nur eingeschränkt schiffbar. Imposant sind die Saltos del Moconá, zwei Kilometer lange Wasserfälle, von denen – einmalig in der Welt – das Wasser parallel zum Flusslauf herabstürzt.

Wolken über dem Anavilhanas – Archipel des Río Negro, einem der größten Nebenflüsse des Amazonas. Das riesige, aus zahlreichen Inseln bestehende Archipel befindet sich kurz vor dem Zusammenfluss des Schwarzwasserflusses mit dem Amazonas nördlich von Manaus (großes Bild).

VIER ELEMENTE

WASSER

AMAZONAS

Der wasserreichste Fluss der Erde

Der Amazonas führt so viel Wasser, dass Ozeanschiffe von der Atlantikmündung etwa 1.500 Kilometer weit bis nach Manaus mitten in Brasilien gelangen können. Kleinere Schiffe, zwischen 3.000 und 9.000 Tonnen, erreichen sogar den 3.600 Kilometer entfernten Hafen von Iquitos in Peru.

Der Amazonas ist mit großem Abstand der wasserreichste Fluss der Erde: Durchschnittlich 180.000 Kubikmeter ergießt er pro Sekunde an seiner Mündung in den Atlantik. An dieser Abflussmenge sind die zehn längsten Nebenflüsse mit 150.000 Kubikmetern beteiligt. Da sich der Amazonas in der Nähe des Äquators befindet, durchläuft die Sonne zweimal den Zenit zwischen den Wendekreisen. Deshalb gibt es im tropischen Amazonasbecken zwei unterschiedliche Regen- und Trockenzeiten. In den nördlichen Regionen regnet es verstärkt zwischen April und August, im Süden von Oktober bis April. Der Amazonas erhält somit in rhythmischen Abständen Wassernachschub. Weite Bereiche der umliegenden Wälder der Tiefebene werden dann überschwemmt. Die größten Zuflüsse liegen jedoch im Süden, wenn es dort regnet, schwillt der Strom besonders mächtig an und erreicht im Februar/März einen um bis zu 17 Meter erhöhten Pegelstand. Bei Macapá mündet der Amazonas in einem 330 Kilometer breiten Delta in den Atlantik; er liefert etwa ein Fünftel des weltweit den Meeren zufließenden Süßwassers.

Großes Bild: Man kennt sie aus den Botanischen Gärten dieser Welt, doch hier am Amazonas haben sie ihr ursprüngliches Zuhause: Die fantastische Victoria amazonica, eine Riesenseerose kann bis zu drei Meter breite Blätter entwickeln, die auf dem Wasser schwimmen.

Der von tropischem Regenwald umgebene Sandoval-See liegt im Amazonas-Tiefland in Peru (kleines Bild).

TIPP

SURVIVAL-TRIP MIT VOGELSPINNE UND ANAKONDA

Die größte Schlange der Welt ist schon recht furchteinflößend, denn immerhin wird sie bis zu neun Meter lang. Der Kopf kann so groß werden wie der eines mittelgroßen Hundes. Die Schlange aus der Familie der Boas lebt im Wasser des Regenwaldes und wartet dort auf ihre Beute, die sie umschlingt und dann erwürgt. Sie ernährt sich von großen Tieren wie Hirschen oder Schweinen, die sie im Ganzen verschlingt. Dazu kann sie ihren Kiefer aushaken und anschließend bis zu 500 Tage ohne Nahrung aushalten. Die Tiere können bis zu 250 Kilogramm schwer werden und besitzen noch Überreste von Beinen. Ihren Nachwuchs bringt die Riesenschlange lebend zur Welt. Zahlreiche Reiseveranstalter bieten solche Dschungeltrips an, bei denen man das Hotelbett gegen Abenteuer und Outdoorerlebnisse tauschen kann, um Anakondas, Vogelspinnen und Piranhas aus nächster Nähe beobachten zu können und dabei lernt, selbst Nahrung zu suchen.

VIER ELEMENTE

WASSER

DELTAS

Die größten Flussmündungen der Erde

Unter einem Delta ist eine Landformation zu verstehen, die an der Mündung eine Flusses durch die allmähliche Ablagerung von Sediment entstehen kann. Typischerweise sind es langsam fließende Ströme, die Deltas bilden; außerdem sind die Gezeiten bei den Meeren, in die diese Flüsse entwässern, in der Regel schwach ausgeprägt. Bei einem Delta fächert der Fluss an seiner Mündung ins Meer oder in einen See auf, wodurch das aufgeschüttete Land in seiner Form an ein auf der Spitze stehendes Dreieck erinnert – am deutlichsten ist dies am Nil zu erkennen. Die Form gleicht dem kopfstehenden griechischen Buchstaben, und so hat der griechische Historiker Herodot (5. Jh. v. Chr.) für die Nilmündung den Begriff »Delta« eingeführt. Wo ein Delta beginnt und wo es aufhört, ist nicht immer genau auszumachen – Trockenzeiten oder Hochwasser können hier kurzfristig dramatische Änderungen herbeiführen. Die Liste auf dieser Seite folgt weitgehend neuesten Satellitenmessungen, die Angaben zu den Flächen sind gerundete Werte, die die Größenordnung wiedergeben.

AMAZONAS-DELTA – DAS GRÖSSTE FLUSSDELTA DER ERDE

Der Amazonas ist nicht nur der wasserreichste Fluss, sondern er hat auch das größte Delta vorzuweisen. Die genauen Ausmaße lassen sich nur schwer bestimmen, aber der Rang ist unstrittig. Das Mündungsdelta hat eine Breite von 330 Kilometern, wenn man die Flussinsel Marajó, die allein schon etwa so groß ist wie Dänemark, mitrechnet, und den südlich in den Atlantik mündenden Pará berücksichtigt. Obwohl der Amazonas viel Sediment mit sich führt, hat sich das Delta nicht wie bei anderen Flüssen tief ins Meer hinausgeschoben. Das liegt vermutlich an den Gezeitenwellen, den periodisch wiederkehrenden, bis zu vier Meter hohen Flutwellen. Sie werden bei Neu- oder Vollmond im Februar und März mit einsetzender Flut von einigen der Amazonas-Zuflüsse vom Meer her mehrere Kilometer flussaufwärts bewegt. Diese Wellen sind von den Anwohnern wegen ihrer Zerstörungskraft gefürchtet, ziehen aber Surfer aus aller Welt an.

Rechts: Das sedimentreiche Wasser des Amazonas-Delta ergießt sich bis weit in den Atlantik hinein, ohne sich mit ihm zu mischen.

DIE GRÖSSTEN FLUSSDELTAS

1. **AMAZONAS-DELTA** 121.000 km²
2. **GANGESDELTA** 106.000 km²
3. **YUKON-KUSKO-KWIM-DELTA** 70.000 km²
4. **LENA-DELTA** 45.000 km²
5. **MEKONG-DELTA** 39.000 km²
6. **HUANG-HE-DELTA** 36.000 km²
7. **IRRAWADDY-DELTA** 30.000 km²
8. **MISSISSIPPI-DELTA** 29.000 km²
9. **WOLGADELTA** 27.000 km²
10. **ORINOCO-DELTA** 22.500 km²
11. **SONG-HONG-DELTA** 22.000 km²
12. **NIGER-DELTA** 19.000 km²

Welcher Künstler war hier am Werk?
Wie so oft, die Natur: Das Delta der Lena
im Sommer als Satellitenfoto.

VIER ELEMENTE

WASSER

IN DIESEN ADERN PULSIERT DAS LEBEN

KAISERKANAL

Dieser Binnenkanal ist die längste von Menschen geschaffene Wasserstraße der Welt. Er verbindet auf einer Strecke von 1.800 Kilometern die chinesische Hauptstadt Bejing mit Hangzhou am Ostchinesischen Meer. Mehr als eine einzige Wasserstraße bezeichnet der Kaiserkanal ein ganzes System von Kanälen, das seit seinen Anfängen, die vermutlich auf die Sui-Dynastie (581–618 n. Chr.) zurückgehen, immer wieder verändert und ausgebaut wurde. Bis zur Errichtung von Schleusen, die im 10. Jahrhundert von Qiao Weiyue erfunden wurden, mussten die Schiffe zur Überwindung der insgesamt 42 Meter Höhenunterschied an einigen Stellen über Land gezogen werden.

Nach der Gründung Pekings im 13. Jahrhundert wurde der Kanal neu verlegt. Er entwickelte sich zum wichtigsten Transportweg Chinas. Seit der Mitte des 19. Jahrhunderts verlor der Kanal an Bedeutung.

KAISERKANAL
(GROSSER PEKING-HANGZHOU KANAL)
Länge: ca. 1.800 km
Breiteste Stelle: ca. 40 m
Bauzeit: bis heute über 2.000 Jahre

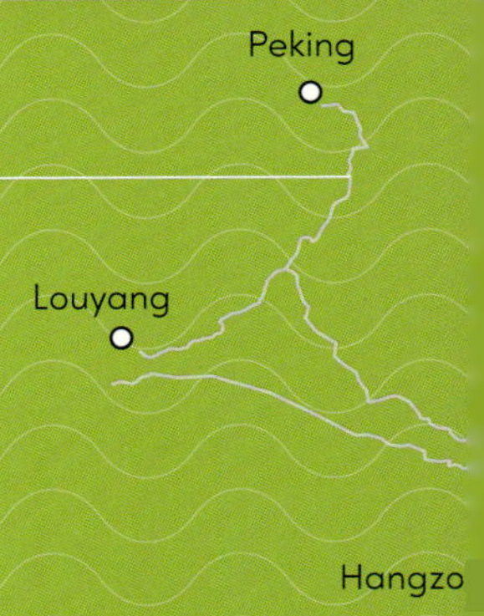

DAS WASSERREICHSTE FLUSSSYSTEM DER ERDE

Zwei Drittel des Wassers, das weltweit in den Flüssen fließt, trägt der Amazonas in Richtung Atlantik. So ist er mit Abstand der mächtigste Fluss der Erde. Pro Sekunde ergießen sich rund 180.000 Kubikmeter Wasser an seiner Mündung in den Ozean. Nicht alles Wasser stammt dabei vom Hauptstrom, die zehn längsten Nebenflüsse tragen beispielsweise 150.000 Kubikmeter dazu bei. Die Wassermengen sind dabei nicht konstant. Denn das Amazonasgebiet kennt durch seine Lage südlich und nördlich des Äquators zwei verschiedene Regenzeiten, einmal im Norden und einmal im Süden. Besonders im Süden lässt der Regen die Flüsse stark anschwellen, sodass der Pegel zur Regenzeit bis zu 17 Meter erhöht sein kann. Und auch in anderen Punkten ist das riesige Regenwaldgebiet des Amazonas von Superlativen geprägt: Es ist der größte zusammenhängende tropische Regenwald überhaupt. Auch die Artenvielfalt ist schier unermesslich – zahlreiche Tier- und Pflanzenarten sind noch nicht einmal entdeckt. Die Mündung des Amazonas ist ein etwa 330 Kilometer breites Delta bei Macapá. Dabei liefert er rund ein Fünftel allen Süßwassers, das weltweit den Meeren zufließt. Nicht zuletzt ist das Amazonasgebiet auch in der Menschengeschichte von Bedeutung – wenngleich diese auch bis heute nicht alle ihre Rätsel verloren hat und die bevölkerungsreiche und hoch entwickelte Kultur, die hier vor Jahrtausenden lebte, nur in wenigen Spuren überliefert ist und so von einer geheimnisvollen Mystik umgeben ist. Die heutigen Bewohner des Gebiets leben entweder n den weniger kleinen Städten, oder direkt am Fluss in auf Stelzen errichteten Hütten und sind besonders im Fischfang oder der Herstellung von Kautschuk beschäftigt.

AMAZONAS

Längster Fließweg: ca. 7.000 km

Breiteste Stelle: bis zu 60 km

Entstehungszeit: ca. 10 bis 15 Millionen Jahre

FLÜSSE ASIENS

Die längsten Flüsse Asiens

In Asien, dem größten Kontinent der Erde, befinden sich auch einige der gewaltigsten Flüsse. Im asiatischen Teil Russlands entwässern die meisten Ströme ins nördliche Polarmeer, während die Flüsse Süd- und Ostasiens südlich oder östlich in die Ozeane münden.

Jenissj
5.940 km

Von Süd nach Nord fließt der Jenissej durch Sibirien und mündet in die Kara-See des Polarmeers. Die Gesamtlänge ergibt sich, wenn die Angara mit der Selenga, in die als Quellfluss die Ider mündet, und die Mündungsbucht eingerechnet werden. Die Quelle des Flusssystems befindet sich im Changhai-Gebirge südwestlich des Baikalsees. Im Herbst bilden sich erste Eisschollen; bis zum Mai ist er völlig zugefroren.

Jangtsekiang
6.380 km

Für die Chinesen heißt der drittlängste Fluss der Welt offiziell einfach »Chang Jiang«, der »lange Strom«. Sein Quellgebiet liegt in 5.405 Metern Höhe im dünnbesiedelten nördlichen Hochland von Tibet. Das Quellgebiet ist mehrere Hundert km^2 groß, als Quellfluss wird der Tuotuo He angesehen. Im Oberlauf heißt der Strom noch Tongtian He, »Fluss, der den Himmel durchquert«. Erst fließt er in südöstlicher Richtung, doch bei Shigu stoßen die Wassermassen frontal auf ein Kalksteinmassiv. In einer scharfen Kurve wird der Fluss darauf nach Nordosten abgelenkt. Ohne diese »Große Biegung von Shigu« hätte sich der Jangtsekiang – wie der benachbarte Mekong – im Süden ergossen. Nach einigen Haken fließt der Strom schließlich nach Osten.

Amur mit Argun und Herlen He
5.052 km

Der Herlen He (auch Kerulen genannt) entspringt in der Mongolei nördlich von Ulan-Bator und fließt dann nach China in den Steppensee Hulun Nur. In regenreichen Jahren läuft dieser See über und entwässert nach Norden in den chinesisch-russischen Grenzfluss Argun, der weiter östlich bei Chabarowsk auf russischem Gebiet in den Amur mündet. Dieser fließt weiter nach Norden und entwässert bei Nikolajevsk am Amur gegenüber der Insel Sachalin in den Tatarensund.

Ob und Irtysch
5.410 km

Die Irtysch, wörtlich »Weißer Fluss«, entspringt im Mongolischen Altai in der Dsungarei im Norden der chinesischen Provinz Xinjiang. Er fließt durch Kasachstan, erreicht südöstlich von Omsk Russland und mündet bei Chanty-Mansijsk in den Ob. Der Ob fließt weiter nördlich durch Westsibirien und entwässert über einen 800 Kilometer langen und 70 Kilometer breiten Ästuar in die Kara-See.

Euphrat und Murat
3.380 km

Der Murat, der Quellfluss des Euphrat, entspringt in der Nähe des Ararat, des höchsten Bergs der Türkei (5.165 m), im Bergland Ostanatoliens. Er fließt westlich und vereint sich in Malatya, der Hauptstadt der gleichnamigen anatolischen Provinz, mit dem Euphrat. Der Euphrat fließt anschließend durch Syrien und den Irak, wo er sich mit seinem Zwillingsfluss, dem Tigris, in Mesopotamien zum Schatt al-Arab – dem Grenzfluss zwischen Irak und Iran – vereint und in den persischen Golf ergießt. Mesopotamien gilt historisch als die »Wiege der Zivilisation«.

Gelber Fluss
4.845 km

Nach dem Jangtsekiang ist der Gelbe Fluss (Huang He) der zweitlängste Fluss Chinas. Auch er entspringt im Hochland von Tibet, in den Bayan-HarBergen der Provinz Qinghai. Er fließt durch neun chinesische Provinzen und mündet südlich von Peking in den Golf von Bohai des Gelben Meers. Seinen Namen verdankt er dem vielen Löss, den er mitführt, der der Landwirtschaft nützt, aber auch durch Erosion und Sedimentation Probleme bereitet.

Mekong
4.500 km

Der Mekong entspringt im Hochland von Tibet – die genauen Quellen sind umstritten. Er fließt nach Süden, ist Grenzfluss zwischen Laos und Myanmar sowie zwischen Laos und Thailand. Weiter fließt der Mekong durch die Hauptstadt von Laos, Vientiane (Viangchan). Anschließend quert er Kambodscha unweit der Hauptstadt Phnom Penh. Über die Grenze fließt er nach Vietnam und ergießt sich in einem breiten Delta ins Südchinesische Meer.

Lena
4.400 km

Die Lena ist ein Fluss in Russland im Grenzbereich von Mittel- zu Ostsibirien. Die Quelle befindet sich im Baikalgebirge, westlich des Baikalsees. Über Ust-Kut – ab hier ist sie auch schiffbar – erreicht sie Jakutsk, die Hauptstadt der russischen Teil-republik Sacha. Von da aus fließt sie weiter nach Norden, bis sie ihr Wasser über ein weit gefächertes Mündungsdelta in die Laptewsee, ein Randmeer des Nordpolarmeers, ergießt. Von Oktober bis Juni ist die Lena gefroren.

VIER ELEMENTE

WASSER

INDIEN

Die längsten Flüsse des indischen Subkontinents

INDUS
3.180 km

Der Indus ist der längste Fluss des indischen Subkontinents. Seine Quelle – ein Zusammenfluss mehrerer Gletscherbäche – befindet sich auf 5.300 Metern Höhe im Transhimalaya im Kreis Gar im zu China gehörenden Autonomen Gebiet Tibet. Er fließt weiter nach Nordwesten am Südrand der Bergkette des Karakorum entlang, um dann in einem Knick nach Südwesten aus aus dem Hochgebirge heraus Pakistan zu erreichen. Ungefähr 50 Kilometer nordwestlich von Islamabad fließt der Indus durch den Tarbela-Stausee, strömt dann südwestlich weiter – unterbrochen von zahlreichen Staudämmen und Kanälen, die der landwirtschaftlichen Bewässerung dienen – durch ganz Pakistan, bis er sich südwestlich von Hyderabad in einem Delta etwa auf der Höhe der nördlichen Wendekreises ins Arabische Meer entwässert.

Die Luftaufnahme zeigt den Indus im Bereich des Karakorum – der Gebirgskette, die nördlich an die Hauptkette des Himalaya anschließt. Der zweithöchste Berg der Welt – der K2 (8.611 Meter) – ist Teil dieser Kette. Das Karakorum befindet sich in der zwischen Indien, Pakistan und China umstrittenen Kaschmir-Region.

BRAHMAPUTRA
2.896 km

In etwa 6.000 Metern Höhe entspringt der Brahmaputra aus einem Gletscher auf der Nordseite des Himalaya, in der Nähe des heiligen Bergs Kailash. Innerhalb Tibets (links) fließt er 1.500 Kilometer nach Osten, bricht in den Dihang-Schluchten nach Süden durch und mündet mit dem Ganges vereint in den Golf von Bengalen.

GANGES
2.511 km

Der Ganges entsteht als Zusammenfluss zweier Quellflüsse im indischen Garhwal im südwestlichen Himalaya. Er ist der heilige Fluss der Hindus. Zunächst fließt er südöstlich durch das Ganges-Tiefland. In Bangladesch vereinigt er sich mit dem Brahmaputra und entwässert über das Gangesdelta in den Golf von Bengalen. Bild oben: Der Gangesnebenfluss: die Yamuna bei Agra.

TIPP

GANGA AARTI, FEUERRITUAL AM GANGES

Er wird auch als Mutter Ganga bezeichnet: Der Ganges gilt nicht nur als wichtigster Fluss Indiens, sondern für die Inder auch Wasser gewordene Flussgöttin. Sie sehen in ihm eine Verkörperung der Gottheit Ganga, weswegen er eben diesen Namen trägt. So ist es kein Wunder, dass trotz aller Verschmutzung des Wassers das Bad im Ganges noch immer als heilig gilt. Vielfach wird nicht nur im Ganges gebadet, sondern er ist auch Ort der Zeremonien, wie zum Beispiel der Ganga Aarti, einer Feuerzeremonie. In den Städten Varanasi, Rishikesh und Haridwar gibt es berühmte Rituale, in Rishikesh lassen Gläubige Kerzen unter Gebeten auf dem Wasser ziehen und bitten um Segen und Heilung.

VIER ELEMENTE

WASSER

NORD- UND MITTELAMERIKA

Der Teilkontinent Nordamerika grenzt an drei Weltmeere. Die Ströme Kanadas und der USA entwässern im Norden in das Nordpolarmeer, im Westen in den Pazifik und im Osten in den Atlantik mit den jeweiligen Randmeeren

MACKENZIE RIVER

(mit Peace River und Finlay River), 4.241 km

Die Quelle des Finlay River liegt im Westen Kanadas östlich der kontinentalen Wasserscheide in den Rocky Mountains. Er fließt südöstlich in den Williston Lake, den der Peace River entwässert. Weiter östlich vereint sich der Peace River mit dem Athabaska, fließt dann nordwestwärts durch den Great Slave Lake, um schließlich als Mackenzie in die Beaufort-See zu münden.

ST.-LORENZ-STROM

(mit North River), 3.058 km

Wenn man die Kaskade der großen Seen einrechnet, ist der am weitesten vom Atlantik entfernte Fluss der North River, ein Quellfluss des St. Louis Rivers, der bei Duluth in den Lake Superior mündet. Der eigentliche St.-Lorenz-Strom beginnt als Ausfluss des Ontario-Sees und entwässert bei Québec in den Atlantik. Der Oberlauf veräuft zwischen den USA und Kanada (Bild rechts).

RIO GRANDE

3.034 km

In etwa 3.000 Metern Höhe entspringt der Rio Grande als Vereinigung einiger kleinerer Quellflüsse am Fuß des Canby Mountain im amerikanischen Bundesstaat Colorado. Von dort fließt er nach Süden durch das San Luis Valley, dann durch New Mexico über Albuquerque nach El Paso, Texas. Weiter südlich verlässt er in einem nordöstlichen Bogen das Gebirge und strömt südöstlich in den Golf von Mexiko. Der Rio Grande bildet ab El Paso die Grenze zu Mexiko.

MISSISSIPPI RIVER

(mit Missouri River und Red Rock River), 6.051 km

Das Flusssystem, das den Mississippi einschließt, nimmt seinen Anfang im Mittleren Westen der USA, in den Rocky Mountains. Im Bundesstaat Montana entspringt der Red Rock River westlich vom Yellowstone Park, an der Grenze zu Idaho. Er ist der längere der beiden Quellflüsse des Jefferson River, der wiederum den längsten der drei Quellflüsse darstellt, die bei Three Forks zum Missouri zusammenfließen. Der Missouri zieht anschließend durch gebirgige Canyons weiter nach Norden, verlässt östlich von Great Falls die Bergregion und strömt dann südöstlich, bis er bei St. Louis an der Grenze zu Illinois in den Mississippi mündet. Die Quelle des Mississippi liegt westlich des Oberen Sees in Minnesota. Er fließt nach Süden und bildet über weite Strecken den Grenzfluss zwischen benachbarten US-Bundesstaaten. Nach der Vereinigung mit dem Missouri fließt er weiter südlich und ergießt sich bei New Orleans in einem breiten Delta in den Golf von Mexiko.

Großes Bild: Der Mississippi vor der Skyline von St. Louis im US-Bundesstaat Missouri mit dem Gateway Arch, dem 192 Meter hohen, 1968 eingeweihten Wahrzeichen der Stadt. Bei St. Louis fließt der Missouri in den Mississippi (oben links).

NELSON RIVER

(mit Saskatchewan River), 2.671 km

Die Quellen der beiden Arme des Saskatchewan Rivers, des »Vorflusses« des Nelson Rivers, liegen in den Rocky Mountains. Beide Arme vereinen sich östlich von Prince Albert zu einem Strom und fließen in den Lake Winnepeg. Der Nelson River bildet den Abfluss des Sees und mündet nach 664 Kilometer in die Hudson Bay.

COLORADO RIVER

2.333 km

Die Quellen des Colorado Rivers liegen im Rocky-Mountains-Nationalpark im US-Bundesstaat Colorado. Er fließt erst durch Colorado, dann durch Utah und Arizona, und biegt auf der Höhe von Las Vegas nach Süden ab. Berühmt ist der Fluss durch die einzigartigen Canyons, darunter der Grand Canyon, die er durch Erosion in die Felsen geschnitten hat.

YUKON

(mit Teslin River und Nisutlin River), 3.185 km

Die Goldgräber haben den Fluss berühmt gemacht. Der Quellfluss Nisutlin entspringt in den kanadischen Pelly Mountains, fließt südlich in den Teslin Lake und dann in den Teslin River, der nordwestlich bei Hootalinqua in den Yukon mündet, dieser fließt weiter durch Alaska und entwässert in das Beringmeer.

COLUMBIA RIVER

(mit Snake River), 2.240 km

Der Columbia River speist sich aus dem Columbia Lake, der in 820 Metern Höhe in der kanadischen Provinz British Columbia liegt. Nach Süden fließt er in den US-Bundesstaat Washington und biegt vor den Blauen Bergen nach Westen ab. Etwa auf dieser Höhe mündet der Snake River, der im Yellowstone-Nationalpark entspringt, als linker Nebenfluss in den Columbia River. Westlich von Portland, Oregon, mündet er schließlich in den Pazifik.

VIER ELEMENTE

WASSER

FLÜSSE EUROPAS

Die längsten Flüsse Europas

In der Liste der längsten Flüsse der Erde nimmt die Wolga den 25. Platz ein. Die meisten Länder verbindet die Donau, gefolgt vom Rhein. Allein sechs der zehn längsten Flüsse Europas fließen im europäischen Teil Russlands.

Großes Bild: Die Präsidentenbrücke Uljanowsk ist seit 2009 in Betrieb und hat die gigantische Länge von 5.825 Metern.

WOLGA
3.534 km

Etwa 300 Kilometer nordwestlich von Moskau in den Waldai-Höhen entspringt der längste europäische Fluss, die Wolga. Mit über 8.000 Kubikmetern pro Sekunde ist sie zugleich der wasserreichste Fluss des Kontinents. Zunächst fließt die Wolga östlich und ab Rybinsk bis Kasan in südöstliche Richtung. Weiter geht es durch die Steppenlandschaft der Kaspischen Senke, um südlich von Astrachan schließlich ins Kaspische Meer zu münden.

DONAU
2.888 km

Die Donau entspringt im Schwarzwald, fließt östlich durch sechs Länder – für weitere vier bildet sie den Grenzfluss – und mündet in der Ukraine, südlich von Odessa, ins Schwarze Meer. Als Quellfluss gilt heute die Breg, die nördlich von Furtwangen in 1.078 Metern Höhe entspringt. Die Donau ist ab Kehlheim schiffbar. Der Main-Donau-Kanal ermöglicht den Schiffsverkehr von der Nordsee bis zum Schwarzen Meer.

URAL
2.428 km

Das Uralgebirge und der gleichnamige Fluss gelten als die Grenze zwischen Europa und Asien – das Westufer zählt zu Europa, das Ostfer zu Asien. Die Quelle des Ural befindet sich im südlichen Uralgebirge, etwa 150 Kilometer nördlich von Magnitogorsk. Er fließt in südliche Richtung bis Orsk, zweigt dann fast rechtwinklig nach Westen ab, um schließlich bei Atyrau in das Kaspische Meer zu münden.

DNJEPR
2.285 km

Der Dnjepr entspringt nordöstlich von Smolensk, fließt südwestlich an Smolensk vorbei durch Weißrussland, weiter südlich in die Ukraine bis Kiew und Dnipropetrowsk, um schließlich in einem Bogen östlich von Odessa ins Schwarze Meer zu münden. Im ukrainischen Teil weist der Dnjepr eine Kaskade riesiger Stauseen auf, deren Wasserkraftwerke die dicht besiedelten Industriegebiete mit Strom versorgen.

RHEIN
1.320 km

Der am weitesten von der Mündung entfernte Quellfluss des Rheins ist der Rein da Medel in den Schweizer Kantonen Tessin und Graubünden. Die Aare, Mosel und der Main gehören zu den großen Nebenflüssen. Der Rhein ist eine der verkehrsreichsten Wasserstraßen der Welt. Zugleich ist er der größte Zufluss zur Nordsee. Er durchfließt die Schweiz, Österreich, Deutschland und die Niederlande. Grenzfluss ist er zu Frankreich und Liechtenstein. Die häufig vorkommenden Hochwasser werden in manchen Regionen durch Polder abgewehrt. Im Bild oben: Der Rhein bei Köln – links der Kölner Dom, rechts die Hohenzollernbrücke, festlich beleuchtet in der Abenddämmerung .

ELBE MIT MOLDAU
1.252 km

Die Quelle der Elbe liegt in Tschechien im Riesengebirge in 1.386 Metern Höhe. Die Länge ergibt sich, wenn man die Moldau, die 30 Kilometer nördlich von Prag in die Elbe fließt, als Quellfluss betrachtet. Die Elbe durchfließt Tschechien und Deutschland und ist die einzige Wasserstraße, die Böhmen mit der Nordsee verbindet. Sie durchströmt viele reizvolle Landschaften, vom Elbsandsteingebirge bis zum Wattenmeer. Im Bild oben rechts: Die Brühlsche Terrasse, der »Balkon Europas«, in Dresden an der Elbe.

WEICHSEL
1 047 km

In 1.100 Metern Höhe in den Schlesischen Beskiden entspringen die Quellbäche der Weichsel, die nach einigen Kilometern in den Stausee Zbiornik Czernianski münden. In östlicher Richtung fließt sie durch die alte Königsstadt Krakau und nördlich weiter durch Warschau, um schließlich ihr Wasser bei Danzig in die Ostsee zu ergießen. Dort gibt es zwei Durchbrüche, der ältere, westliche in der Nähe von Danzig und ein jüngerer weiter östlich. Bild oben: Die Weichsel in Krakau mit dem Schloss Wawel

Es ist eine tidenunabhängige Schleusung von Frachtern fast jeder Größe, was die Wirtschaftlichkeit des Antwerpener Hafens beflügelt.

VIER ELEMENTE

WASSER

SCHLEUSEN

Die größten Seeschleusen der Welt

Seeschleusen gleichen die Unterschiede im Wasserstand zwischen tidenabhängigen und tidenunabhängigen Gewässern aus. Sie ermöglichen einen von den Gezeiten unabhängigen Hafenbetrieb. Seeschleusen bestehen wie jede Schleuse aus Schleusenkammern mit Toren an jeder Schmalseite für die Ein- bzw. Ausfahrt der Schiffe. Soll ein Schiff aus einem tidenabhängigen Gewässer in einen Hafen geschleust werden, so wird der Wasserspiegel in der Kammer nach seiner Einfahrt und dem Schließen der Tore dem Wasserstand im Hafen angepasst. Danach wird das Tor an der Hafenseite geöffnet und das Schiff kann seine Fahrt fortsetzen. Umgekehrt wird der Wasserstand in der Schleuse dem des tidenabhängigen Gewässers angepasst, wenn das Schiff den Hafen wieder verlässt.

KIELDRECHT- UND BERENDRECHT-SCHLEUSE, ANTWERPEN DIE GRÖSSTEN SCHLEUSEN DER WELT

Die Anlage hat eine Länge von 500, eine Breite von 68 sowie eine Tiefe von 13,5 bzw 17,8 Metern. Zusammen mit der ihnen benachbarten und nur wenig kleineren Zandvliet-Schleuse verbinden sie den Mündungstrichter der Schelde mit den Hafenanlagen am rechten (Berendrechtsluis) und linken (Kieldrechtsluis) Ufer des Flusses. Die Berendrecht-Schleuse wurde 1989 eröffnet. Im Jahr 2016 wurde nach vierjährige r Bauzeit die Kieldrecht-Schleuse fertiggestellt.

SEESCHLEUSE EINFAHRT IV, WILHELMSHAVEN – DIE ZWEITGRÖSSTE SCHLEUSE DER WELT

Diese zweikammrige Seeschleuse verbindet den inneren und den neuen Marine-Vorhafen von Wilhelmshaven. Sie gehört der Bundesmarine, wird aber vom Wasser- und Schifffahrtsamt Wilhelmshaven betrieben. Die IV. Einfahrt wurde 1964 eingeweiht, nachdem der 1936 begonnene und gegen Ende des Zweiten Weltkriegs teilweise fertiggestellte Vorgängerbau von den Alliierten demontiert worden war. Jede ihrer Kammern ist 390 Meter lang.

Ein Schiff der Bundesmarine wird von einem Schlepper aus der Wilhelmshavener Seeschleuse bugsiert.

DREI-SCHLUCHTEN-DAMM

Die größte Flussschleuse der Welt

Die im Jahr 2006 eingeweihte Drei-Schluchten-Staumauer am Unterlauf des Yangtsekiang zählt zu den umstrittensten Großbauprojekten der Gegenwart. Sie wurde in der östlichsten der »Drei Schluchten« angelegt, ist 1.983 Meter lang, 185 Meter hoch und staut den längsten Fluss Chinas bis zu der mehr als 660 Kilometer weiter westlich gelegenen Stadt Chongqing. Durch die Stauung wurde der Wasserspiegel des Yangtse um 19 Meter gehoben. 13 Ortschaften und mehrere Hundert Fabriken versanken in den Fluten. Millionen von Menschen mussten umgesiedelt werden. Seit dem 1993 erfolgten Baubeginn betonen Kritiker, dass das Mammutprojekt eine der reizvollsten Landschaften des Landes und das ökologische Gleichgewicht in der Region zerstöre. Ihre Befürworter weisen hingegen auf den Nutzen für den Hochwasserschutz und die Energiegewinnung hin. Das Wasserkraftwerk an der Staumauer kann so viel Energie wie 20 mittlere Atomkraftwerke produzieren. Die Schiffbarkeit des Yangtse hat sich durch die Verbreiterung und die Vertiefung des Stroms verbessert. Heute können Schiffe mit einer Tragfähigkeit von 10.000 Tonnen bis Chongqing fahren. Die beiden Treppenschleusen an der Staumauer tragen dazu bei.

VIER ELEMENTE

WASSER

AUSTRALIEN/OZEANIEN

Zum Fünften Kontinent werden die vorgelagerten Inseln Tasmanien und Papua-Neuguinea sowie die Inseln Ozeaniens gerechnet. Das eigentliche Australien ist in seinem Hinterland sehr trocken, es gibt deshalb nur wenige Flüsse, die dauerhaft Wasser führen

DARLING MIT MURRAY

3.370 km

Die Darling ist mit 2.739 Kilometern der längste Fluss Australiens. Er mündet in New South Wales bei Wentworth in den 2.589 Kilometer langen Murray, sodass von der Darling-Quelle bis zur Mündung in den Indischen Ozean ein Flusssystem von 3.370 Kilometern entsteht. Beide Flüsse entspringen in den Westhängen des Great Dividing Range, einem Gebirgszug an der australischen Westküste: der Murray südlich von Canberra in den Snowy Mountains, der Darling weiter nördlich auf der Höhe von Brisbane. Der Darling fließt träge durch das trockene Grasland nach Westen und Süden. Immer wieder trocknet er aus, sodass nur noch eine Folge von Tümpeln übrig bleibt. Bei Hochwasser überschwemmt der Fluss allerdings sofort weite Gebiete. Der Murray fließt in westliche Richtung. Er ist auf fast 2.000 Kilometern schiffbar, beliebt sind Fahrten in Hausbooten. Vier Stauseen, darunter Lake Hume, haben zur Folge, dass nur noch wenig Wasser das Meer erreicht, die Mündung droht zu versanden.

MURRUMBIDGEE

1.579 km

Der rechte Nebenfluss des Murray in New South Wales entspringt auf dem Nordosthang der Snowy Mountains in der Nähe des Mount Kosciuszko, des mit 2.228 Metern höchsten Bergs auf dem australischen Festland. Murrumbidgee bedeutet in der Sprache der Aborigines »großer Fluss«. Vom Quell-gebiet aus fließt der Fluss erst ein kurzes Stück nördlich, dann nach Westen durch Weideland und mündet schließlich nördlich von Swan Hill in den Murray. Die australische Hauptstadt Canberra liegt am Murrumbidgee.

COOPER CREEK

1.420 km

Der Cooper Creek entspringt in Australien südlich des Orts Killarney Park und westlich der Berge der Carnarvon Range, einer Berggruppe, die der Great Dividing Range im Westen vorgelagert ist. Im ersten Teilabschnitt wird er Barcoo River genannt. Er fließt zunächst nordwestlich, dann bei Blackall nach Südwesten, wo er sich mit dem Thomson Creek vereint. Nun Cooper Creek genannt, fließt er weiter durch die Wüste und mündet in den Nördlichen Lake Eyre, einen Salzsee. Nur zeitweilig führt der Fluss Wasser, dann gedeihen hier Seerosen und Eukalypten (oben).

Der langsam fließende Murray mit seinen baumbestandenen Ufern ist der längste Fluss auf dem australischen Festland (großes Bild).

Der Sepik ist der zweitlängste Fluss auf Neuguinea; er gehört zu den großen Flusssystemen unserer Erde (rechts).

MAMBERAMO MIT TARITATU UND SOBGER

1.175 km

In der zu Indonesien gehörenden Provinz Papua von Neuguinea, der nach Grönland zweitgrößten Insel der Erde, entspringt der Sobger. Dessen beiden Quellflüsse liegen im Sterren-Gebirge westlich des Antares-Gebirges. Nach etwa 130 Kilometern fließt der Sobger nordwestlich in den Taritatu/Idenburg, durchströmt ausgedehnte Mangrovensümpfe und fließt schließlich als Mamberamo scharf nördlich weiter, erst durch ein tiefes Tal, dann über ein großes Mündungsdelta in den Pazifik.

FLY

1.120 km

Nach dem Sepik, der im Norden entwässert, ist der Fly der drittgrößte Fluss der Insel Neuguinea. Er entspringt auf der Südseite der Victor-Emanuel-Kette, die zum Maoke-Gebirge gehört, und fließt nach Süden. Ein kleiner Abschnitt bildet die Westgrenze zu West-Papua, dem indonesischen Teil der Insel. Weiter in südöstlicher Richtung fließt der Fly durch ausgedehntes Sumpfland und mündet schließlich in einem 56 Kilometer breiten Ästuar in den Papua-Golf. Im Golf gibt es viele bewohnte Inseln mit sehr fruchtbaren Böden.

SEPIK

1.126 km

Der Sepik ist der zweitlängste Fluss der Insel Neuguinea, er befindet sich in dem unabhängigen Inselstaat Papua-Neuguinea, dem östlichen Teil von Neuguinea. Der Fluss entspringt im Victor-Emanuel-Gebirge in 2.170 Metern Höhe, fließt erst nach Nordwesten, verlässt dann in einem großen Bogen nordöstlich das Gebirge und mündet in die Bismarcksee. Das Einzugsgebiet ist sehr groß und von Sümpfen und tropischen Regenwäldern geprägt; nur ganz wenige Menschen leben dort, die für ihre rituellen Skarifizierungen bekannt sind.

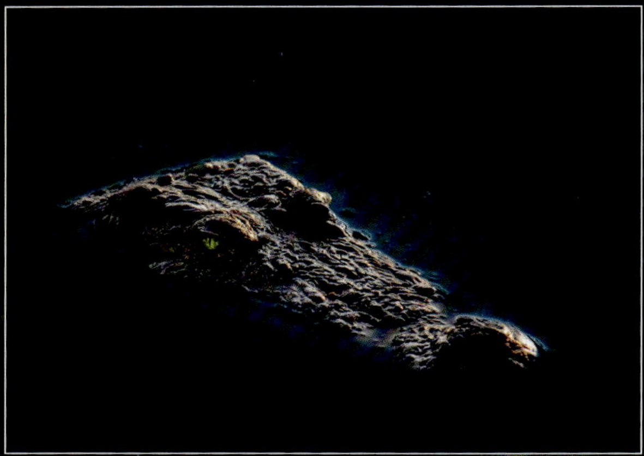

GEDULD DIE SICH LOHNT

Tagelang können Krokodile auf die richtige Gelegenheit warten, ruhig an einer Stelle schauen dann nur die Nasenlöcher und die großen Augen aus dem Wasser. Ihr Energieumsatz ist so perfektioniert, dass sie teilweise monatelang ohne Nahrung auskommen – und bis dahin tun sie, was sie am besten können: Lauern.

VIER ELEMENTE

WASSER

IM AUGE DES TYRANNOS

ZEUGEN DER URZEIT

Den Fossilien sei dank, weiß man heute: Bereits vor 320 Millionen Jahren schwirrten Libellen – oder besser gesagt Vorfahren unserer heutigen Libellen – durch Sumpfwälder. Über 150 Millionen Jahre vor den Dinosauriern also! Allerdings waren sie damlas noch deutlich größer. Flügelspannweiten von 60 bis 75 Zentimetern waren üblich – im Vergleich dazu sind die Libellen der Gegenwart nur zwischen zwei und 15 Zentimeter groß. Davon abgesehen sind sie sehr ursprünglich geblieben: Körperbau, Lebensweise und Aussehen entsprechen weitestgehend den vor 150 Millionen lebenden Arten. Und auch ein Mythos hält sich hartnäckig, nämlich dass Libellen stechen können. Ihre daher rührenden Bezeichnungen als »Pferdestecher« oder »Teufelsnadel« sind allerdings haltlos, denn Libellen haben keinen Stachel.

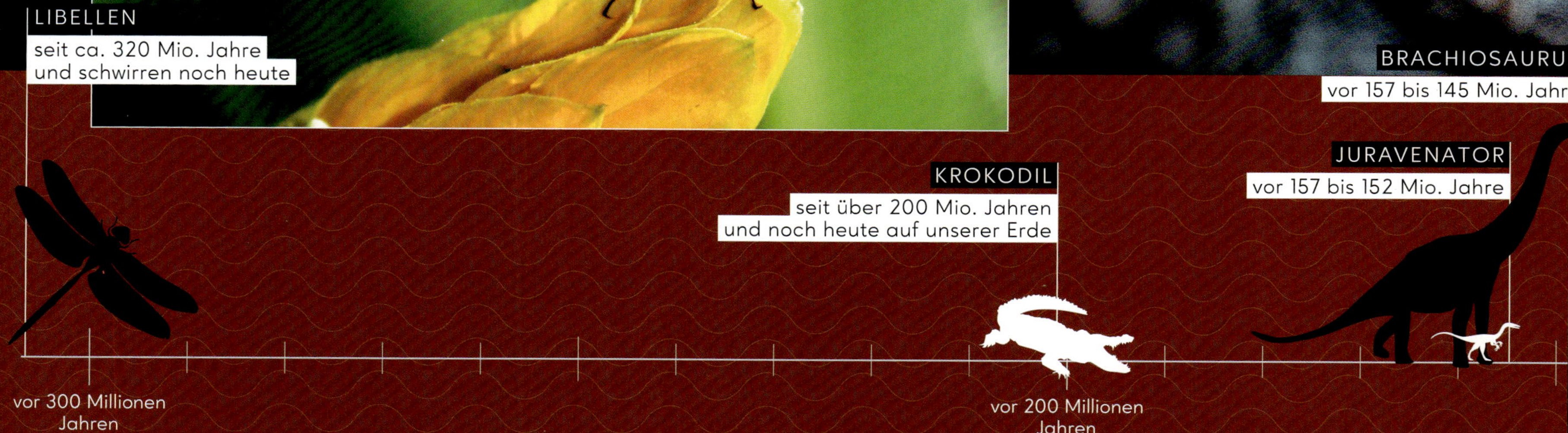

ALS DIE ERDE NUR EINEN KONTINENT HATTE

Vor rund 250 Millionen Jahren hätten Satelliten, wenn es sie gegeben hätte, noch ganz andere Bilder von oben geschossen. Denn damals waren alle Landmassen der Erde noch miteinander vereint und von einem einzigen Ozean umgeben. Pangaea nennt man diesen Superkontinent, dessen Dauer etwa die Zeit von vor 325 Millionen Jahren bis vor 150 Millionen Jahren umspannt – vom Späten Karbon bis in die Jurazeit. Vor etwa 200 Millionen begann der Zerfall des Kontinents, zunächst in die zwei Teile Laurasia und Gondwana. Erst später zerbrachen diese beiden noch in kleinere Teile, in denen die heutigen Formen von Nord- und Südamerika, Asien, Afrika und Europa bereits weitestgehend erkennbar waren – mit dem Unterschied allerdings, dass sie viel geringe Abstände zueinander hatten.

Und die Fauna? Die bestand zur damaligen Zeit unter anderem aus Dinosauriern, die allerdings auuch wieder ausstarben. Krokodile hingegen, die sich mit den Dinosauriern über lange Zeit hinweg einen Lebensraum teilten, findet man auch heute noch auf der Erde. Nur ihr Verbreitungsgebiet hat sich verändert, in Europa sind sie nämlich mittlerweile auch ausgestorben.

MUTTERLIEBE

Unwissende werden bei dem Anblick eines großen Krokodils, das zwischen den mehr als spitzen und zahlreichen Zähnen ein kleines, frisch geschlüpftes Krokodilbaby hält, vermutlich erst einmal erschrecken. Doch keine Sorge, die Krokodilmutter lässt dabei große Vorsicht walten und trägt ihren Schützling nur bis ans Wasser, nachdem er sich aus der Schale gepellt hat. Spezielle Nerven an den Zahnwurzeln sorgen dafür, dass die Mutter nicht zu fest zubeißt.

VIER ELEMENTE

WASSER

WASSERFÄLLE

An geologischen Bruchstellen oder entsprechend geformten Untergründen stürzt das Wasser eines Fließgewässers oft viele Dutzend oder gar Hundert Meter in die Tiefe. Das kann in einer Stufe erfolgen – der seltenere Fall – oder aber kaskadenartig über mehrere Etappen

Wenn sich durch Gefälle oder Verengung der Wasserabfluss beschleunigt und reißend wird, spricht man von Stromschnellen. Ist der Abfluss des aufgewirbelten Wassers durch Felsriegel gegliedert, so handelt es sich um einen Katarakt. Stromschnellen und Wasserfälle zählen mit zu den imposantesten Naturschauspielen unserer Erde.

Die gewaltigsten Stromschnellen und Wasserfälle

1. **Chutes Inga**
   Dem. Rep. Kongo, 42.500 m³/s
2. **Chutes de Livingstone**
   Dem. Rep. Kongo, 35.000 m³/s
3. **Boyoma Falls**
   Dem. Rep. Kongo, 17.000 m³/s
4. **Chutes de Khone**
   Laos, 11.600 m³/s
5. **Salto Pará**
   Venezuela, 3.500 m³/s
6. **Cachoeira de Paulo Afonso**
   Brasilien, 2.800 m³/s
7. **Niagara Falls**
   USA, 2.500 m³/s
8. **Saltos do Iguaçu**
   Argentinien/ Brasilien, 1.750 m³/s
9. **Saltos dos Patos e Maribondo**
   Brasilien, 1.500 m³/s
10. **Victoria Falls**
    Simbabwe/ Sambia, 1.100 m³/s
11. **Virginia Falls**
    Kanada, 1.000 m³/s
12. **Churchill Falls**
    Kanada, 990 m³/s

Die höchsten Wasserfälle

1. **Salto Angel**
   Venezuela, 979 m
2. **Tugela Falls**
   Südafrika, 948 m
3. **Cataratas las tres Hermanas**
   Peru, 914 m
4. **Olo'upena Falls**
   USA, 900 m
5. **Catarata Yumbilla**
   Peru, 896 m
6. **Vinnufossen**
   Norwegen, 860 m
7. **Baläifossen**
   Norwegen, 850 m
8. **Pu'uka'oku Falls**
   USA, 850 m
9. **James Bruce Falls**
   Kanada, 840 m
10. **Browne Falls**
    Neuseeland, 836 m
11. **Strupenfossen**
    Norwegen, 820 m
12. **Ramnefjellsfossen**
    Norwegen, 818 m

Die Wasserfälle von Iguaçu im Länderdreieck Brasilien-Argentinien-Paraguay gehören zu den größten und eindrucksvollsten der Erde. Sowohl auf der argentinischen als auch auf der brasilianischen Seite wurde das Gebiet als Nationalpark ausgewiesen. Seit Mitte der 1980er-Jahre stehen diese Parks und der Wasserfall auf der Liste des UNESCO-Naturerbes.

SALTO ANGEL

Der höchste Wasserfall
der Erde

Im zweitgrößten Nationalpark Ve-nezuelas, dem Canaima-Nationalpark im Südosten des Landes, nahe den Grenzen zu Guyana und zu Brasilien, befindet sich der mit 979 Metern höchste frei fallende Wasserfall der Erde – der Salto Angel. Benannt ist er nach dem amerikanischen Buschpiloten und Goldsucher Jimmie Angel (1899 – 1956), der ihn 1933 entdeckte – genauer gesagt: wiederentdeckte. Bereits 1910 hatte ein Venezolaner den Wasserfall gesichtet, erst Angel machte ihn jedoch bekannt. Die größte Einzelstufe des gewaltigen Naturschauspiels misst 805 Meter, eine zweite Stufe von etwa 200 Metern schließt sich daran an. Das Wasser stürzt von einem Vorsprung des Auyan-Tepui, einem 700 km² großen Tafelberg, in die Tiefe und bildet dort den Zufluss zum Rio Carrao. Gespeist wird der Salto Angel durch die Regenfälle auf dem Plateau, die dort oft als heftige Gewitter niedergehen.

Die große Höhe und starke Aufwinde bewirken, dass sich in der Trockenzeit, bei weniger Wasserführung, ein Großteil des Wassers des Salto Angel in kleinste Tröpfchen auflöst.

TIPP

FLUG MIT BUSCHPILOT ÜBER DEN DSCHUNGEL

Mitten im venezolanischen Urwald befindet sich der höchste Wasserfall der Erde: Salto Angel stürzt sich malerisch über den Tafelberg Auyan-Tepui 1200 Meter in die Tiefe. Nicht nur der Wasserfall ist sehenswert, sondern auch wie er sich in seine Umgebung einbettet. Am schönsten ist die Sicht aus einem Flugzeug, wie es einst der Buschpilot und Wiederentdecker der Wasserfälle Jimmie Angel getan hat, der 1933 dort landete. Nach ihm ist der Wasserfall auch benannt. Rundflüge starten heute am Flughafen der Ciudad Bolívar, wo auch das Flugzeug des Buschpiloten zu bewundern ist. Der Rundflug ist zwar nicht ganz billig, doch die Investition lohnt sich.Ein Blick auf die Welt durch Gottes Auge – einzigartig!

WASSER IM FREIEN FALL

Der höchste Wasserfall der Erde – der Salto Ángel in Venezuela – stürzt 978 Meter von einem Tafelberg in die Tiefe. Die Wassermassen zerstäuben dabei teilweise zu Wasserdampf, sammeln sich dann wieder zu einem Fluss und stürzen dann, nach einer weiteren Stufe, nochmals mehrere Hundert Meter in die Tiefe. An diesem Wasserfall fühlt, sieht und hört – es herrscht ein ohrenbetäubendes Getöse – man besonders gut, welch gewaltige Kraft das Wasser hat.

VIER ELEMENTE

WASSER

DAS ACHTE WELTWUNDER

SALTO ÁNGEL, VENEZUELA

Falltiefe: 979 m

Fallgeschwindigkeit: verdammt schnell

978 m

900 m

WISSENSWERT

Der Wasserfall wandert

Wasserfälle bilden sich meist an Stellen, an denen harte und weiche Gesteinsschichten übereinanderliegen. Wird das weichere Gestein unter der harten Gesteinsschicht nach und nach abgetragen, bildet sich ein Überhang. Das hohe Gewicht des Wasser führt dazu, dass der Überhang abbricht. Wieder wird weicheres Gestein abgetragen, und es entsteht erneut ein Überhang, der durch das Gewicht des Wassers abbrechen wird. Der Wasserfall zieht sich dadurch messbar stromaufwärts zurück in Richtung der Quelle. Die Niagara-Fälle an der Grenze zwischen den USA und Kanada beispielsweise weichen pro Jahr etwa um 70 Zentimeter zurück.

VIER ELEMENTE

WASSER

SÜDAMERIKA

Die wasserreichsten und höchsten Wasserfälle Südamerikas

Im zweitgrößten Nationalpark Venezuelas, dem Canaima-Nationalpark im Südosten des Landes, nahe den Grenzen zu Guyana und zu Brasilien, befindet sich der mit 979 Metern höchste frei fallende Wasserfall der Erde – der Salto Angel. Benannt ist er nach dem amerikanischen Buschpiloten und Goldsucher Jimmie Angel (1899 – 1956), der ihn 1933 entdeckte – genauer gesagt: wiederentdeckte. Bereits 1910 hatte ein Venezolaner den Wasserfall gesichtet, erst Angel machte ihn jedoch bekannt. Die größte Einzelstufe des gewaltigen Naturschauspiels misst 805 Meter, eine zweite Stufe von etwa 200 Metern schließt sich daran an. Das Wasser stürzt von einem Vorsprung des Auyan-Tepui, einem 700 km^2 großen Tafelberg, in die Tiefe und bildet dort den Zufluss zum Rio Carrao. Gespeist wird der Salto Angel durch die Regenfälle auf dem Plateau, die dort oft als heftige Gewitter niedergehen.

SALTO PARÁ
Venezuela, 3.500 m³/s

Was die Wassermenge angeht, so gilt der Salto Pará als der mächtigste Wasserfall Südamerikas. Mitten im Regenwald stürzt das Wasser des Caura- Flusses – ein großer Nebenfluss des Orinoco – etwa auf halber Strecke bis zur Mündung in den Orinoco 60 Meter in die Tiefe. Der Wasserfall hat die Form eines Halbmondes und erstreckt sich trichterförmig über sieben Kilometer bis zu einer großen Sandbank.

CACHOEIRA DE PAULO AFONSO
Brasilien, 2.800 m³/s

In zwei Stufen fällt das Wasser des Rio São Francisco über die Cachoeira de Paulo Afonso etwa 84 Meter in die Tiefe; die größte Stufe misst dabei 59 Meter. Der Wasserfall ist mit etwa 18 Metern Breite recht schmal, führt dafür aber sehr viel Wasser. Die Wasserfälle befinden sich im brasilianischen Bundesstaat Bahia, dort, wo der Rio São Francisco das Küstengebirge durchbricht.

KAIETEUR FALLS
Guyana, 660 m³/s

Die Kaieteur Falls befinden sich im gleichnamigen Nationalpark in Zentralguyana. Das Wasser stürzt auf einer Breite von etwa 113 Metern 251 Meter in die Tiefe, der Wasserfall ist damit rund fünfmal so hoch wie die Niagara-Fälle.

DIE HÖCHSTEN WASSERFÄLLE

1. **SALTO ANGEL** – Venezuela, 979 m
2. **CATARATAS LAS TRES HERMANAS** – Peru, 914 m
3. **CATARATA YUMBILLA** – Peru, 896 m
4. **CATARATA GOCTA** – Peru, 771 m
5. **SALTO KUKENAAM** – Venezuela, 674 m
6. **SALTO YUTAJÁ** – Venezuela, 671 m
7. **SALTO RORAIMA** – Venezuela, 610 m
8. **SALTO DEL IGUAPO** – Venezuela, 600 m
9. **CATARATAS LA CHINATA** – Peru, 580 m
10. **CACHOEIRA DO PILAO** – Brasilien, 524 m

SALTO HACHA/SALTO SAPO
Venezuela, k.A.

Der Canaima-Nationalpark wird nicht nur wegen des Salto Angel, des höchsten Wasserfalls der Erde, besucht. Mindestens ebenso beliebt sind der Salto Hacha und der kleinere Salto Sapo im Nordwesten des Parks. Man erreicht die beiden Fälle am besten mit Booten über die Lagune (Bild oben), deren Wasser wegen gelöster Gerbsäuren auffällig rot gefärbt ist. Der kleinere Salto Sapo hat eine Besonderheit: Besucher können zwischen rutschigen Felswänden unter dem Wasserfall durchlaufen – und werden dabei natürlich nass. In der Trockenperiode ist der Salto Sapo allerdings nur ein Rinnsal.

DIE WASSER-REICHSTEN WASSERFÄLLE

1. **SALTO PARÁ**
Venezuela, 3.500 m³/s

2. **CACHOEIRA DE PAULO AFONSO**
Brasilien, 2.800 m³/s

3. **SALTOS DO IGUAÇU**
Brasilien/Argentinien, 1.750 m³/s

4. **SALTOS DOS PATOS E MARIBONDO**
Brasilien, 1.500 m³/s

5. **KAIETEUR FALLS**
Guyana, 660 m³/s

6. **CASCADA DA SAN RAFAEL**
Ecuador, 400 m³/s

7. **SALTO HACHA/ SALTA SAPO**
Venezuela, k.A.

CASCADA DE SAN RAFAEL

Ecuador, 400 m³/s

Die Cascada de San Rafael – auch Cascada del Coca genannt – ist ein mehrstufiger, gewaltiger Wasserfall in der Provinz Napo von Ecuador (großes Bild). Geografisch liegt sie an der Ostseite der Anden im Naturreservat Cayambe-Coca, etwa 40 Kilometer südlich des Äquators. Der Rio Coca, ein Zufluss des Rio Napo (und damit letztlich des Amazonas), liefert das kristallklare Wasser, das dann über die engen Kaskaden etwa 131 Meter in die Tiefe stürzt. Wenige Kilometer nordwestlich befindet sich der Reventador (3.562 m), ein aktiver Vulkan.

VIER ELEMENTE

WASSER

SALTOS DO IGUAÇU

Die gewaltigsten
Wasserfälle Südamerikas

Sie sind zwar nur die drittgrößten Wasserfälle des südamerikanischen Kontinents, aber sicherlich die schönsten – das hat auch die UNESCO veranlasst, sie als schutzwürdig auf die Naturerbeliste zu setzen.

Im Dreiländereck Brasilien, Argentinien und Paraguay stürzt der Fluss Iguaçu (in Argentinien heißt er Iguazú) über eine Breite von 2.700 Metern durchschnittlich 62 Meter in die Tiefe. Der Wasserfall ist kein geschlossener Vorhang wie bei den afrikanischen Victoria Falls, es lassen sich auf der gesamten Breite über 270 einzelne Wasserfälle unterscheiden. Der größte einzelne Wasserfall ist der »Garganta do Diabo« (Spanisch »Garganta del Diablo«), der »Teufelsschlund«, eine 150 Meter breite und 82 Meter hohe u-förmige Schlucht, über die eine Wasserwand von etwa 400 Metern herabstürzt. Der »Teufelsschlund« befindet sich direkt an der Grenze zwischen Brasilien und Argentinien. Mit 1.750 Kubikmetern pro Sekunde nehmen die Saltos do Iguaçu weltweit den achten Rang ein auf der Liste der größten Wasserfälle. Zwei Drittel der Wasserfälle liegen auf argentinischem, ein Drittel auf brasilianischem Territorium. Das umgebende Areal ist in beiden Ländern als Nationalpark ausgewiesen und wird seit 1984/86 als UNESCO-Naturerbe geführt. Besucher können von den benachbarten Grenzstädten, Foz do Iguaçu in Brasilien und Puerto Iguazú in Argentinien, die Fälle erreichen. Auch von der Stadt Ciudad del Este in Paraguay aus gibt es Verbindungen. Auf brasilianischer Seite führt ein Fußweg über eine Erweiterung bis zum »Teufelsschlund«. Von Argentinien aus werden Besucher mit einer Schmalspurbahn zu den verschiedenen Wegen transportiert.

Oben: Die Iguaçu-Fälle, von der brasilianischen Seite aus gesehen – im Dunst hinten: der »Teufelsschlund«

An den Iguaçu-Fällen bricht sich im Sprühnebel der aufspritzenden Wassertropfen das Sonnenlicht in allen Regenbogenfarben. Bis knapp an die Kante des Wasserfalls gibt es im Iguaçu zahlreiche kleine Inseln (großes Bild).

TIPP

BOOTSTOUR, GARGANTA DEL DIABLO UND INSEL SAN MARTIN ZUM BADEN

Wie besichtigt man einen der mächtigsten Wasserfälle der Erde am besten? Immerhin gehören zu den sieben Weltwundern der Natur und natürliche Grenze zwischen Brasilien und Argentinien. Neben der Standardtour zu Fuß und mit der kleinen Bahn, bietet sich ein Trip mit dem Boot an. Die kleinen Boote fahren dabei sehr dicht an die Wasserfälle heran, so dass Besucher die Gischt auf der Haut spüren. Bootstouren passieren die verschiedenen Formationen der Wasserfälle am Teufelsschlund sowie an den Drei Musketieren. Die Felsformationen sind ebenso beeindruckend wie die sich bildenden Regenbögen. Und abschließend gibt es meistens noch einen Badeausflug zur Insel San Martin, um sich zu erfrischen.

VIER ELEMENTE

WASSER

AFRIKA

Die wasserreichsten und höchsten Wasserfälle Afrikas

In der Rangliste der höchsten Wasserfälle der Welt belegen die Tugela Falls in Südafrika nach dem Salto Angel in Venezuela mit 948 Metern Fallhöhe den zweiten Rang. Das Wasser fällt dabei in fünf Stufen nach unten. Die Tugela Falls befinden sich in den nördlichen Drakensbergen (zu Deutsch »Drachenberge«), einem Gebirge, das parallel zur Südostküste Südafrikas verläuft und Erhebungen von zum Teil über 3.000 Meter Höhe aufweist. Das Areal gehört zum Royal-Natal-Nationalpark. Gespeist wird der Wasserfall vom Tugela-Fluss – »Tugela« bedeutet »plötzlich« in der Sprache der Zulu –, der nur wenige Kilometer entfernt in den Mont-Aux-Sources-Bergen entspringt.

Die höchsten Wasserfälle

1. **Tugela Falls**
   Südafrika, 948 m
2. **Mutarazi Falls**
   Südafrika, 762 m
3. **Cascades de Trou de Fer**
   Réunion, 725 m
4. **Cascade Blanche**
   Réunion, 640 m
5. **Ndedema Falls**
   Südafrika, 460 m
6. **Vivienne Falls**
   Kenia, 460 m
7. **Gura Falls**
   Kenia, 305 m
8. **Cascade de Fleurs Jaunes**
   Réunion, 300 m
9. **Rianbavy**
   Madagaskar, 250 m
10. **Chutes de Kambadaga**
    Guinea, 249 m
11. **Pungwe Falls**
    Simbabwe, 243 m
12. **Elands River Falls**
    Südafrika, 228 m

Die wasserreichsten Wasserfälle

1. **Chutes Inga**
   Dem. Rep. Kongo, 42.500 m³/s
2. **Chutes de Livingstone**
   Dem. Rep. Kongo, 35.000 m³/s
3. **Boyoma Falls**
   Dem. Rep. Kongo, 17.000 m³/s
4. **Victoria Falls**
   Simbabwe/Sambia, 1.100 m³/s
5. **Kongou Falls**
   Gabun, 900 m³/s
6. **Epupa Falls**
   Namibia, 500 m³/s
7. **Augrabies Falls**
   Südafrika, 310 m³/s
8. **Murchison Falls**
   Uganda, 300 m³/s
9. **Ruacana Falls**
   Namibia/Angola, 280 m³/s

KONGOU FALLS

Gabun, 900 m³/s

Einer der Höhepunkte des Ivindo- Nationalparks sind die Kongou Falls mit einer Breitenausdehnung von über drei Kilometern. Rund 56 Meter tief stürzt das Wasser über mehrere Teilkatarakte hinunter, die durch Inseln mit tropischen Wäldern unterbrochen werden.

EPUPA FALLS

Namibia, 500 m³/s

Der Kunene-Fluss speist den Wasserfall an der Grenze zwischen Namibia und Angola. Der 500 Meter breite Fluss hat ein Gefälle von 60 Metern auf 1,5 Kilometer, die höchste einzelne Stufe misst etwa 20 Meter. Der Fluss und der Wasserfall führen ganzjährig Wasser (kleines Bild links oben).

AUGRABIES FALLS

Südafrika, 310 m³/s

Der Augrabies-Falls-Nationalpark ist nach seiner Hauptattraktion, dem Wasserfall benannt. Dieser ist etwa 60 Meter hoch. Die tief in die Felsen geschnittene Schlucht belegt eindrucksvoll, wie selbst Granit der erodierenden Kraft des Wassers nicht standhalten kann.

RUACANA FALLS

Namibia/Angola, 280 m³/s

Etwa 135 Kilometer stromaufwärts von den Epupa Falls stößt man weiter im Norden von Namibia an der Grenze zu Angola bei Ruacana auf die Ruacana Falls. Die Wasserfälle sind 120 Meter hoch und etwa 700 Meter breit, wenn sie viel Wasser führen (kleines Bild links unten).

Großes Bild: 411 Meter stürzt das Wasser über die höchste einzelne Stufe der fünfstufigen Tugela Falls die steilen Felsen der Drakensberge hinunter.

VIER ELEMENTE

WASSER

VICTORIA FALLS

Die gewaltigsten Wasserfälle Afrikas

Die spektakulären Victoria Falls liegen im Bereich mehrerer zum Teil grenzüberschreitender Schutzgebiete. Sie sind für Besucher gut erschlossen. Bei Hochwasser ist das Donnern des herabstürzenden Wassers kilometerweit zu hören.

Die Victoria Falls befinden sich im Grenzbereich zwischen Simbabwe und Sambia bei den Grenzstädten Victoria Falls und Livingstone. Seit 1989 werden sie in der Liste des UNESCO-Weltnaturerbes geführt. Auf 1.708 Metern Breite stürzt das Wasser des Sambesi über eine Felswand etwa 110 Meter in die Tiefe und bildet so den weltweit größten geschlossenen »Wasservorhang«. Die Wassermenge unterliegt starken Schwankungen. In Trockenperioden sind es nur 170 Kubikmeter pro Sekunde, während bei Hochwasser bis zu 10.000 Kubikmeter herunterdonnern. Als Durchschnitt ergibt sich ein Abfluss von etwa 1.100 Kubikmeter pro Sekunde und damit der zehnte Platz in der Liste der größten Wasserfälle der Erde. Vermutlich war der schottische Missionar und Afrikaforscher David Livingstone (1813–1873) der erste Europäer, der die Wasserfälle zu Gesicht bekam. Zu Ehren der damaligen englischen Königin taufte er sie »Victoria Falls«. Das ist heute auch der offizielle Name in Simbabwe. In Sambia wird noch der vorkoloniale Name Mosi-oa-Tunya verwendet, was übersetzt so viel wie »donnernder Rauch« bedeutet.

Das dramatische Farbenspiel bei Sonnenuntergang über den Victoria Falls, von Simbabwe aus gesehen (kleines Bild links oben). Im Luftbild ist gut zu erkennen, wie das Wasser als 1.708 Meter breiter geschlossener Wasservorhang herabstürzt; im feinen Sprühnebel bildet sich oftmals ein Regenbogen (kleines Bild links unten).

VIER ELEMENTE

WASSER

NORD- UND MITTELAMERIKA

Die wasserreichsten und höchsten Wasserfälle

Die Wasserfälle Nordamerikas sind wasserreicher und höher als die der mittelamerikanischen Staaten. Die höchsten Wasserfälle gibt es jedoch auf der Vulkaninsel Hawaii, dem 50. Staat der USA, der geologisch eigentlich nicht zum nordamerikanischen Kontinent gehört.

VIRGINIA FALLS

Kanada, 1.000 m³/s

In den Mackenzie Mountains der Northwest Territories, etwa 500 Kilometer westlich von Yellowknife, befindet sich der 1972 gegründete, bis heute schwer zugängliche Nahanni National Park, der sechs Jahre später auch von der UNESCO in das Weltnaturerbe aufgenommen wurde. An der Südspitze des Parks stößt man auf die Virginia Falls. Dort stürzt sich der wilde South Nahanni River auf einer Breite von 250 Metern etwa 96 Meter in die Tiefe. Benannt ist der Wasserfall nach der Tochter des Entdeckers Fenley Hunter, der 1928 den Auftrag hatte, den South Nahanni geologisch zu erkunden. Hunter war Mitglied der Royal Geographical Society of London und Mitglied des New Yorker Explorers Club. Er war ein Experte auf dem Gebiet der Kartografie und sehr versiert im Gebrauch des Sextanten für Vermessungen vor Ort. Die Virginia Falls entdeckte und vermaß er am 21. August 1928, dem Geburtstag seiner Tochter. Als er die Karten und Skizzen den kanadischen Behörden (»Geological Survey of Canada«) übergab, bat er darum, dass der Wasserfall den Namen seiner Tochter tragen möge. Wegen seiner zahlreichen Verdienste gewährte man ihm diesen Wunsch. Besondere Verdienste um das Areal hat sich auch der ehemalige Premierminster von Kanada, Pierre Trudeau (1919–2000), erworben, auf dessen Betreiben hin der Nationalpark gegründet wurde.

CHURCHILL FALLS

Kanada, 990 m³/s

Im McLean Canyon in Neufundland (der früher Bowdoin Canyon hieß) befinden sich die Churchill Falls, die auch unter den Namen Grand Falls oder Hamilton Falls bekannt sind. Seitdem ein Großteil des Wassers für ein Wasserkraftwerk abgeleitet wird, wirken sie heute meist nicht mehr ganz so »grand«, es sei denn bei Hochwasser. Das Wasser des Hamilton River fällt in zwei Stufen insgesamt etwa 92 Meter, über die größere Stufe allein sind es bereits 75 Meter. Der Wasserfall ist im Durchschnitt etwa 46 Meter breit.

WILLAMETTE FALLS

USA, 874 m³/s

Der Willamette River ist ein Nebenfluss des Columbia Rivers. Bei Oregon City im amerikanischen Bundesstaat Oregon, südlich von Portland, ergießt sich das Wasser des Flusses über einen hufeisenförmigen, etwa 460 Meter breiten Felssturz zwölf Meter in die Tiefe. Die Willamette Falls gelten als die größten Wasserfälle im amerikanischen Nordwesten. Heute halten allerdings Schleusenanlagen einen Großteil des Wassers zurück, sodass der Abfluss besonders im Spätsommer deutlich eingeschränkt ist.

YOSEMITE FALLS

USA, 739 m

Die Yosemite Falls im Yosemite-Nationalpark in den Sierra-Nevada-Bergen, Kalifornien, sind die höchsten gemessenen Wasserfälle der USA (zwei Wasserfälle im North-Cascades-Nationalpark in Washington State könnten höher sein, doch die Messungen sind nicht offiziell bestätigt). In drei Stufen stürzt das Wasser herab, die erste und höchste Stufe misst 436 Meter. Die indianischen Eingeborenen des Yosemite-Tals nannten den Wasserfall »Cholock«: Sie glaubten, dass im Fallkolk, dem Wasserbecken am Fuße des Wasserfalls, die Geister von Hexen wohnten.

DIE HÖCHSTEN WASSERFÄLLE NORDAMERIKAS

1. **OLO'UPENA FALLS**
   Hawaii, 900 m
2. **PU'UKA'OKU FALLS**
   Hawaii, 850 m
3. **JAMES BRUCE FALLS**
   Kanada, 840 m
4. **WAIHILAU FALLS**
   Hawaii, 792 m
5. **YOSEMITE FALLS**
   USA, 739 m
6. **MANA'WAI'NUI FALLS**
   Hawaii, 719 m
7. **AVALANCHE BASIN FALLS**
   USA, 707 m

Die Virginia Falls im Nordwesten Kanadas sind mit 96 Meter etwa doppelt so hoch wie die Niagara-Fälle; der Fels in der Mitte wird Mason's Rock genannt, nach Bill Mason, einem kanadischen Naturforscher, Umweltaktivisten, Filmemacher und Autor (großes Bild).

Basaseachic Falls (312 Meter), die höchsten, permanent wasserführenden Fälle Mexikos (kleines Bild links).

VIER ELEMENTE

WASSER

NIAGARA FALLS

Diie gewaltigsten Wasserfälle
Nordamerikas

Die gewaltigen Niagara Falls lassen sich von der amerikanischen und der kanadischen Seite aus erkunden. In wasserdichtes Ölzeug gehüllt, gelangt man im »Cave of the Winds« (»Windhöhle«) sogar direkt hinter die Wasserfälle.

Sie zählen zu den bekanntesten Wasserfällen weltweit, die Niagara Falls, die zu einem Drittel im amerikanischen Bundesstaat New York und zu zwei Dritteln in der kanadischen Provinz Ontario liegen. Etwa 2.500 Kubikmeter Wasser fließen hier pro Sekunde über die steilen Felswände, die Niagara Falls belegen damit den siebten Rang in der Liste der weltweit größten Wasserfälle. Der Niagara-Fluss, der den Ontariosee mit dem Eriesee verbindet, stürzt dabei auf der 792 Meter breiten kanadischen Seite (dem »Horseshoe«, deutsch »Hufeisen«) 52 Meter in die Tiefe; im amerikanischen Abschnitt, der 363 Meter misst, sind es dagegen wegen eines Felssturzes nur noch 21 Meter. Dazwischen liegt Goat Island (»Ziegeninsel«), eine unbewohnte Insel, die zu New York State gehört. Die Niagara Falls sind touristisch umfassend erschlossen. Frisch verheiratete Paare verbrachten hier früher häufig ihre Flitterwochen. Außerhalb der Saison und nachts fließt jedoch nur noch wenig Wasser; bis zu 90 % der Wassermenge werden über Stauwehre abgezweigt und in mehreren Kraftwerken zur Stromgewinnung genutzt.

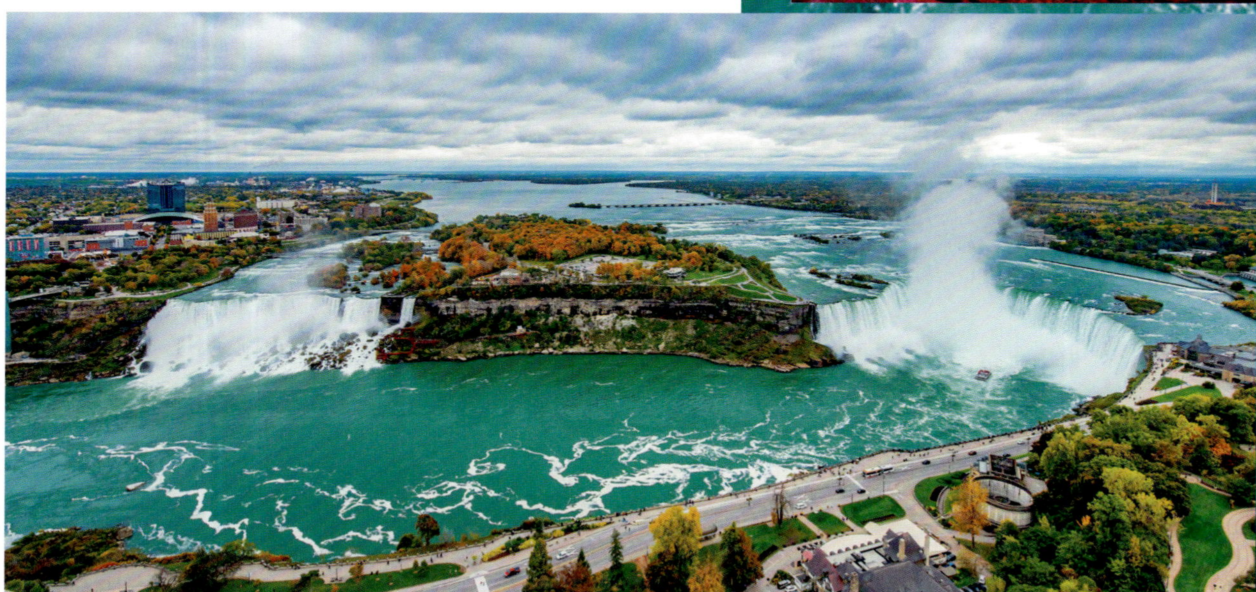

TIPP

AUSFLUG ZU CAVE OF THE WINDS, IN REGENKLEIDUNG HINTER DIE WASSERFÄLLE

Einmal hinter die Wasserfälle gucken und durch den Schleier der berühmtesten Kaskaden der Welt schauen? Wer möchte das nicht? Dafür bietet sich ein Besuch der »Cave oft he Winds« an. Ein Fahrstuhl bringt die Besucher zu einem Ort, an dem genau das möglich ist. Doch vorher gilt es, Regenponcho und Regenschuhe anziehen und dann los. Der Aufzug fährt seine Besucher 53 Meter tief in die Schlucht. Auf einer Holzkonstruktion wandern der Besucher bis hinter den Wasserfall. Die Attraktion ist nur im Frühjahr bis Herbst geöffnet, im Winter wird sie abgebaut, um Wetterschäden zu verhindern. Höhepunkt ist das »Hurricane Deck«, näher am rauschenden Wasserfall geht kaum.

VIER ELEMENTE

WASSER

EUROPA

Die wasserreichsten und höchsten Wasserfälle

Im Vergleich zu den Giganten in anderen Erdteilen nehmen sich die europäischen Wasserfälle meist eher bescheiden aus. Als größter gilt der Rheinfall, der in der Weltrangliste immerhin den 23. Platz belegt.

RHEINFALL

Schweiz, 370 m³/s

Knapp 23 Meter stürzt sich das Wasser der Rheins rund vier Kilometer westlich von Schaffhausen über felsigen Grund in die Tiefe. Durchschnittlich 370 Kubikmeter ergießen sich in der Sekunde über eine Breite von etwa 150 Meter, der Rheinfall gilt deshalb als größter Wasserfall Europas. In den regenreichen Sommermonaten erreicht die Wassermenge sogar Durchschnittswerte um 700 Kubikmeter pro Sekunde. Seit der Würmeiszeit fließt der Rhein in seinem heutigen Bett aus hartem Malmkalk. Der Rheinfall entstand vor rund 14.000 bis 17.000 Jahren im Übergangsbereich vom harten Kalkstein zur Schotterrinne, die auf die ältere Risseiszeit vor 200.000 Jahren zurückgeht. Die Rheinfallfelsen sind die Überreste der ursprünglich wesentlich steileren Kalksteinflanke – den großen Felsen können Besucher besteigen. Der Rheinfall ist ein Touristenmagnet. Von beiden Seiten aus ist er über gut ausgebaute Wege erreichbar.

DETTIFOSS

Island, 200 m³/s

Im Nordosten Islands im Süden des Jökulsárgljúfur-Nationalparks stürzt das graubraune Wasser des Gletscherflusses Jökulsá á Fjöllum am Dettifoss über eine Breite von rund 100 Metern rund 45 Meter in die Tiefe. Etwa 30 Kilometer weiter nördlich mündet der Fluss dann in die Norwegische See. Mit einem Durchfluss von durchschnittlich 200 Kubikmetern in der Sekunde ist er wegen der doppelten Fallhöhe energiereicher als der Rheinfall. Die Wassermenge schwankt jahreszeitlich allerdings erheblich.

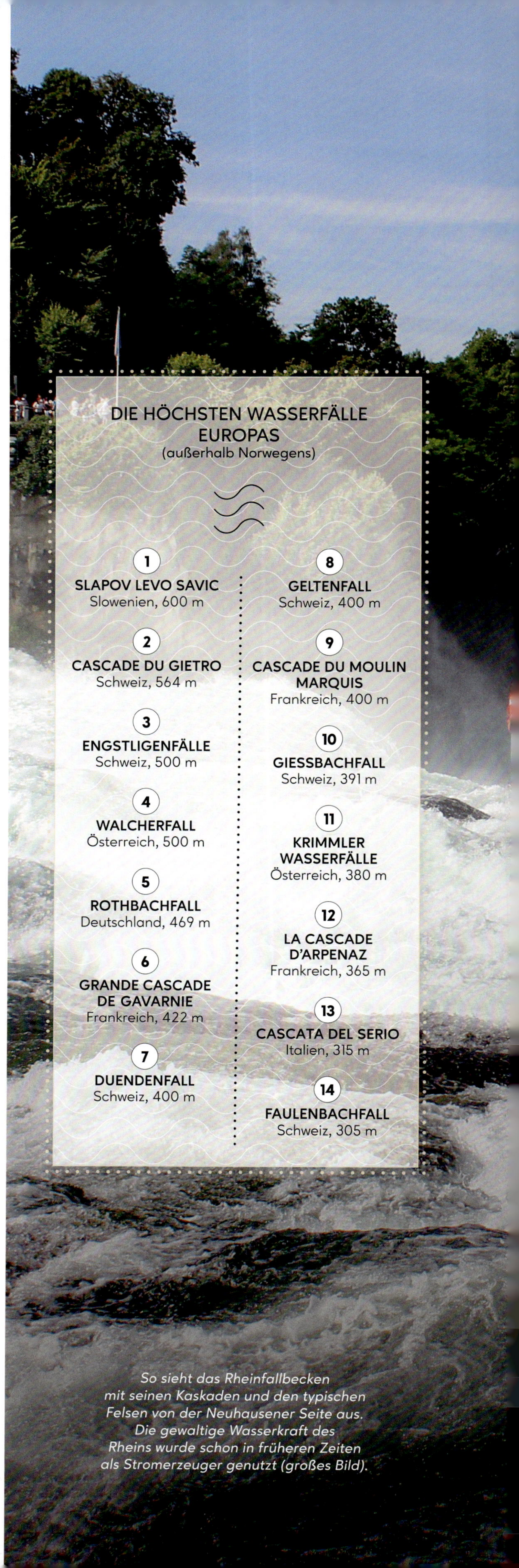

DIE HÖCHSTEN WASSERFÄLLE EUROPAS
(außerhalb Norwegens)

1. **SLAPOV LEVO SAVIC** – Slowenien, 600 m
2. **CASCADE DU GIETRO** – Schweiz, 564 m
3. **ENGSTLIGENFÄLLE** – Schweiz, 500 m
4. **WALCHERFALL** – Österreich, 500 m
5. **ROTHBACHFALL** – Deutschland, 469 m
6. **GRANDE CASCADE DE GAVARNIE** – Frankreich, 422 m
7. **DUENDENFALL** – Schweiz, 400 m
8. **GELTENFALL** – Schweiz, 400 m
9. **CASCADE DU MOULIN MARQUIS** – Frankreich, 400 m
10. **GIESSBACHFALL** – Schweiz, 391 m
11. **KRIMMLER WASSERFÄLLE** – Österreich, 380 m
12. **LA CASCADE D'ARPENAZ** – Frankreich, 365 m
13. **CASCATA DEL SERIO** – Italien, 315 m
14. **FAULENBACHFALL** – Schweiz, 305 m

So sieht das Rheinfallbecken mit seinen Kaskaden und den typischen Felsen von der Neuhausener Seite aus. Die gewaltige Wasserkraft des Rheins wurde schon in früheren Zeiten als Stromerzeuger genutzt (großes Bild).

Der Dettifoss bietet zweifellos nicht nur bei Sonnenuntergang eine fantastische Kulisse. So hat er auch schon Filmgeschichte geschrieben, im Film »Prometheus« des Starregisseurs Ridley Scott (oben).

Die Grande Cascade de Gavarnie im französischen Teil der Pyrenäen fällt in drei Stufen in den Talgrund des Gebirgskessels Cirque de Gavarnie (unten).

HAFRAGILSFOSS

Island, 200 m³/s

Nur etwa zwei Kilometer nördlich des Dettifoss überwindet der Jökulsá á Fjöllum eine weitere, etwa 91 Meter breite und 27 Meter tiefe Stufe, den Hafragilsfoss. Der Hafragilsfoss liegt an der südöstlichen Grenze des Jökulsárgljúfur-Nationalparks. Nach dem Dettifoss ist er der zweithöchste Wasserfall im Flussverlauf. Ein anspruchsvoller Rundweg – an einigen Stellen sind es nur durch Seile gesicherte schmale, steil abfallende Felsbänder – führt durch die Klamm am Hafragilsfoss vorbei. Im Winter sind die Straßen im Park nahezu unpassierbar.

STORFORSEN

Schweden, 186 m³/s

Storforsen bezeichnet eine gewaltige Stromschnelle in der nordschwedischen Provinz Noorbottens, etwa 38 Kilometer nordwestlich von Älvsbyn. Das Wasser fällt hier auf einer Länge von etwa fünf Kilometern um etwa 80 Meter, der steilste Abfall von etwa 60 Metern erfolgt auf den letzten zwei Kilometern. Im Juni führt der kleine Nebenfluss des Piteälven das meiste Wasser. Dann können bis zu 870 Kubikmeter pro Sekunde fließen. Das Areal um die Stromschnellen ist heute ein Naturreservat. Über Wege und Holzstege ist es Besuchern zugänglich.

SELFOSS

Island, 200 m³/s

Wenige Hundert Meter südlich des Dettifoss befindet sich der Selfoss. Hier verengt sich der Jökulsá á Fjöllum, dessen Name »Gletscherfluss aus den Bergen« bedeutet. Auf einer Breite von 183 Metern stürzt das graugrüne Wasser etwa 11 Meter in die Tiefe, ehe es kurz darauf den Dettifoss und dann den Hafragilsfoss erreicht. Der Jökulsá á Fjöllum ist mit 206 Kilometern der zweitlängste Fluss der Insel. Er entspringt am Vatnahökull, dem größten Gletscher Islands, der sich als bis zu 1.000 Meter dicke Eiskappe über den Südosten der Vulkaninsel legt.

VIER ELEMENTE

WASSER

NORWEGEN

Die höchsten Wasserfälle

In Norwegen befinden sich die meisten und höchsten Wasserfälle Europas. Die nachfolgende Liste basiert auf der World Waterfall Database. Die genannten Namen- und Höhenangaben sind allerdings durch andere Quellen in vielen Fällen nicht belegt.

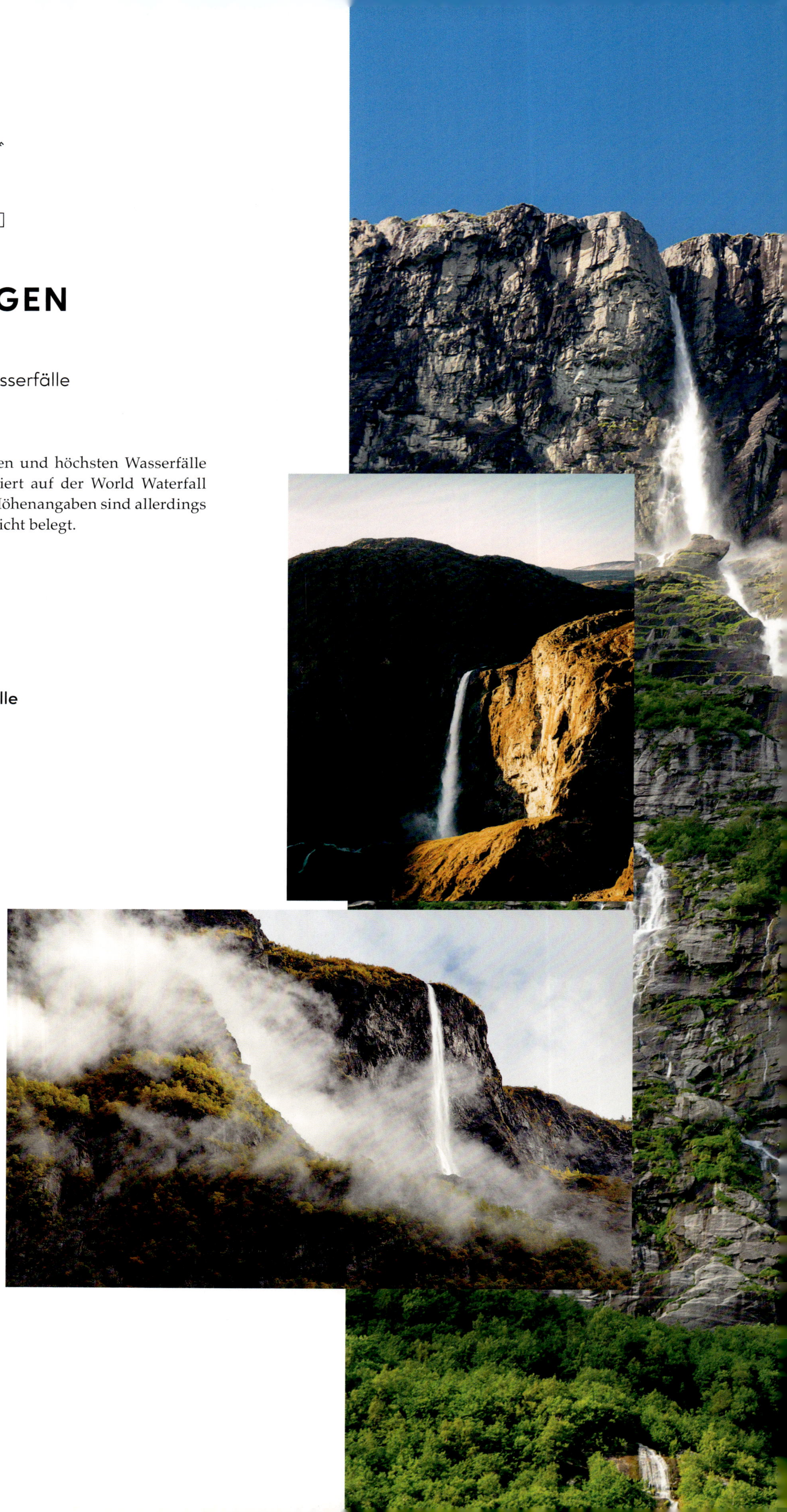

Die höchsten Wasserfälle

1. **Vinnufossen**
   860 m
2. **Baläifossen**
   850 m
3. **Strupenfossen**
   820 m
4. **Ramnefjellsfossen**
   818 m
5. **Mongefossen**
   773 m
6. **Kjelfossen**
   755 m
7. **Ølmäafossen**
   720 m
8. **Kjeragfossen**
   715 m
9. **Dantefossen**
   700 m
10. **Brufossen**
    698 m
11. **Spirefossen**
    690 m
12. **Krunefossen**
    660 m
13. **Mardalsfossen**
    657 m
14. **Tyssestrengene**
    646 m

Der Vinnufossen ist der höchste Wasserfall Europas und der fünftgrößte Wasserfall der Welt (großes Bild).

Das Zeitfenster ist kurz, um den Mardalsfossen bei einer Wanderung bewundern zu können: vom 20. Juni bis 20. August, die übrige Zeit des Jahres wird er zur Stromversorgung reguliert (kleines Bild links oben).

2005 wurden der Geirangerfjord und der Nærøyfjord in die UNESCO-Liste des Welterbes aufgenommen, der Kjellfossen liegt im Gebiet des Nærøyfjords (kleines Bild unten).

VIER ELEMENTE

WASSER

ASIEN

Die wasserreichsten und höchsten Wasserfälle

Asien verfügt über gigantische Flusssysteme, die häufig auch gewaltige Wasserfälle und Stromschnellen aufweisen. Mit großem Abstand führen hier die Chutes de Khone des Mekong die Liste der Wasserfälle an.

Der höchste Wasserfall Asiens befindet sich in Japan, es ist der Hanno-ki-no-taki in der Nähe der Stadt Tateyama. Allerdings führt der etwa 500 Meter hohe Wasserfall nur in der Zeit der Schneeschmelze zwischen April und Juli Wasser. Mit dem Shomyo-daki, der etwa 350 Meter hoch ist und ganzjährig Wasser führt, bildet er einen Zwillingswasserfall. Indien kann eine Reihe von hohen Wasserfällen aufweisen. Die Kunchikal Falls bei Agumbe gelten als die zweithöchsten Asiens. Weitere stattliche Fallhöhen weisen die Wasserfälle im Süden von Thailand auf, die ihr Wasser aus den Nakhon-Si-Thammarat-Bergen beziehen. Die Allwagwag Falls auf den Philippinen befinden sich auf der Insel Mindanao bei Davoa. Aus dem Berg Huangshan in China bezieht der Baizhang-Pu-Wasserfall sein Wasser.

CHUTES DE KHONE
Laos/Mekong, 11.600 m³/s

Die Chutes de Khone sind ein System von Stromschnellen des Mekong in der laotischen Provinz Champasak an der Grenze zu Kambodscha. Die Chutes bilden einen kaskadenartigen Wasserfall südlich des Binnendeltas Si Phan Don, was übersetzt die »4.000 Inseln« bedeutet. Die Chutes sind fast elf Kilometer breit, und das Wasser stürzt auf einer Strecke von etwa zehn Kilometern über 21 Meter in die Tiefe. Die Chutes de Khone sind die breitesten Wasserfälle der Erde, die größten Wasserfälle Asiens und die viertgrößten der Erde. Die durchschnittliche Abflussmenge von 11.600 Kubikmetern in der Sekunde kann sich in der Regenzeit bis auf fast 50.000 Kubikmeter steigern. Wegen der Chutes de Khone ist der Mekong nicht bis nach China schiffbar, im 19. Jahrhundert hatten französische Kolonisten vergeblich versucht, mit Schiffen durchzukommen. Erst eine Eisenbahnlinie, die die stärksten Stromschnellen umgeht, ermöglichte den Transport von Schiffen auf die andere Seite der Chutes.

HUKOU FALLS
China/Huang He, 1.000 m³/s

Die Hukou Falls, auch Hukou Pubu genannt, befinden sich im Mittellauf des Gelben Flusses (Huang He) zwischen den Provinzen Shaanx und Shanxi. Der Wasserfall ist je nach Jahreszeit 30 bis 50 Meter breit, die Fallhöhe beträgt 30 Meter. Bei Flut können bis zu 8.000 Kubikmeter pro Sekunde herunterstürzen. Der Wasserfall ist Namensgeber des Huang-He-Hukou-Wasserfall-Nationalparks.

Großes Bild: Die gewaltigen Stromschnellen der Chutes de Khone in Laos, vom Flugzeug aus gesehen; »Khong Phapheng« heißt eine der Hauptkaskaden: »Getöse des Mekong«.

Besser kann man wohl kaum Wasserfälle bestaunen, die Eisenbahnlinie Margao-Belagavi führt über eine Steinbrücke, an deren Haltestelle man spektakuläre Bilder des indischen Dudhsagar-Wasserfalls machen kann (kleines Bild oben).

Das Huang-he-Wasser ist gelb verfärbt durch den mitgeführten Löss (kleines Bild unten).

CAUVERY FALLS

Indien/Cauvery River, 940 m³/s

Die Cauvery Falls, die auch Shivanasamudra Wasserfälle genannt werden, sind die Wasserfälle des Cauvery-Flusses im Süden von Indien. Der Fluss gilt den Hindus als heilig. Östlich von Mysore teilt sich der Fluss um die Insel Shivanasamudra, zu deren beiden Seiten das Wasser über die Cauvery Falls 90 Meter in die Tiefe stürzt. Die Wasserfälle sind rund 850 Meter breit; der höchste jemals gemessene Durchfluss betrug 19.000 Kubikmete[illegible] Sekunde.

DIE HÖCHSTEN WASSERFÄLLE ASIENS

1 **HANNOKI-NO-TAKI** Japan, 500 m	6 **ALLWAGWAG FALLS** Philippinen, 338 m	11 **NOHSNGITHIANG FALLS** Indien, 315 m
2 **KUNCHIKAL FALLS** Indien, 455 m	7 **LANGSHIANG FALLS** Indien, 337 m	12 **DUDHSAGAR FALLS** Indien, 310 m
3 **BAREHIPANI FALLS** Indien, 399 m	8 **NOHKALIKAL FALLS** Indien, 335 m	13 **KYNREM FALLS** Indien, 305 m
4 **KAROM, NAM TOK** Thailand, 396 m	9 **BAIZHANG-PU-WASSERFALL** China, 330 m	14 **CHANGBANPO FALLS** China, 300 m
5 **SHOMYO-DAKI** Japan, 350 m	10 **TON TE, NAM TOK** Thailand, 320 m	15 **CHELIK, SUNGEI** Malaysia, 300 m

AUSTRALIEN/OZEANIEN

Die wasserreichsten und höchsten Wasserfälle

Australien ist zwar 29-mal größer als Neuseeland, doch in der Liste der höchsten Wasserfälle in dieser Weltregion dominiert ganz klar der kleine Inselstaat. Allein 16 Wasserfälle haben Fallhöhen von 300 Meter und mehr. Neuseeland bietet geografisch ideale Voraussetzungen: Der Inselstaat ist gebirgig, von zahlreichen Flüssen und Bächen durchzogen und verfügt über eine steile Fjordküste im Südwesten. Klimatisch liegt er zum größten Teil in der gemäßigten, regenreichen Zone. Dagegen sind weite Areale im Inneren von Australien Wüste, viele Flüsse führen hier nur zeitweilig überhaupt Wasser. Lediglich die Küsten im Süden und Südwesten zählen zur klimatisch gemäßigten Zone. Erst an 13. Stelle taucht ein Wasserfall auf einer der vielen Inseln Ozeaniens auf: Diesen Rang besetzt der Vaipo, ein Wasserfall mit 350 Metern Fallhöhe auf Nuku Hiva. Sie ist die größte Insel der Marquesas-Inselgruppe, die zu Französisch-Polynesien gehören.

Browne Falls
836 m hoch

Über die Felskaskaden Fiordlands im Südwesten der Südinsel von Neuseeland ergießt sich das Wasser der Browne Falls in den Doubtful Sound der Tasmanischen See.

Bluff Falls
600 m hoch

Auch die Bluff Falls befinden sich im Fiordland National Park. Dieser größte Park Neuseelands liegt im Südwesten und wird seit 1990 als UNESCO-Weltnaturerbe geführt.

Wollomombi Falls
424 m hoch

Der höchste Wasserfall Australiens führt nur zeitweise Wasser. Er liegt in New South Wales im Oxley Wild Rivers National Park, etwa 450 km nördlich von Sydney.

Die Sutherland Falls befinden sich auf der Südinsel Neuseelands im Fiordland National Park (großes Bild).

Wallaman Falls
268 m hoch

Der höchste einstufige Wasserfall Australiens bietet ein imposantes Schauspiel in den Feuchttropen von Queensland, die seit 1988 UNESCO-Weltnaturerbe sinc.

Vaipo Falls
350 m hoch

Auf der Vulkaninsel Nuku Hiva in Französisch-Polynesien kann man rund 15 Kilometer südwestlich der Stadt Taiohae die Vaipo Falls, auch Ahuii Falls genannt, entdecken.

DIE HÖCHSTEN WASSERFÄLLE AUSTRALIENS/OZEANIENS

1. **BROWNE FALLS** Neuseeland, 836 m
2. **LAKE CHAMBERLAIN FALLS** Neuseeland, 700 m
3. **LAKE UNKNOWN FALLS** Neuseeland, 680 m
4. **HIDDEN FALLS** Neuseeland, 660 m
5. **BLUFF FALLS** Neuseeland, 600 m
6. **WISHBONE FALLS** Neuseeland, 600 m
7. **SUTHERLAND FALLS** Neuseeland, 580 m
8. **DOUGLAS FALLS** Neuseeland, 540 m
9. **WOLLOMOMBI FALLS** Australien, 424 m
10. **TIN MINE FALLS** Australien, 421 m
11. **GERARD FALLS** Neuseeland, 420 m
12. **HIRERE FALLS** Frankreich, 365 m
13. **VAIPO (AHUII FALLS)** Französisch Polynesien, 350 m

VIER ELEMENTE

WASSER

SEEN

Als See wird ein größeres Stillgewässer bezeichnet, das vollständig von Land umgeben ist

Ob der See Zu- und Abflüsse hat, spielt dabei keine Rolle. In Abgrenzung vom Binnenmeer – zum Beispiel dem Mittelmeer – verfügt ein See in der Regel nicht über eine direkte Verbindung mit den Weltmeeren. Die meisten Seen enthalten Süßwasser, es gibt allerdings auch Salzwasserseen – der größte See der Erde, das Kaspische Meer, ist ein Salzwassersee. Um als See geführt zu werden – im Unterschied zu einem Weiher oder einem Teich –, muss ein Gewässer auch eine gewisse Größe aufweisen. Als Mindestmaß wird dabei meist ein Hektar angesetzt.

Die tiefsten Seen der Erde

1. **Baikalsee**
   Russland, 1.637 m
2. **Tanganjikasee**
   Dem. Rep. Kongo, Tansania, Sambia, Burundi, 1.470 m
3. **Kaspisches Meer**
   Russland, Kasachstan, Aserbaidschan, Iran, Turkmenistan, 995 m
4. **Malawisee**
   Malawi, Tansania, Mosambik, 706 m
5. **Wostoksee**
   Antarktis, 670 m
6. **Issyk-Kul**
   Kirgisistan, 668 m
7. **Großer Sklavensee**
   Kanada, 614 m
8. **Crater Lake**
   USA, 594 m
9. **Lago General Carrera**
   Chile, Argentinien, 590 m
10. **Hornindalsvatnet**
    Norwegen, 514 m
11. **Lake Tahoe**
    USA, 501 m
12. **Lago Argentino**
    Argentinien, 500 m

Die wasserreichsten Seen der Erde

1. **Kaspisches Meer**
   Russland, Kasachstan, Aserbaidschan, Iran, Turkmenistan, 78.200 km³
2. **Baikalsee**
   Russland, 23.000 km³
3. **Tanganjikasee**
   Dem. Rep. Kongo, Tansania, Sambia, Burundi, 18.900 km³
4. **Oberer See**
   USA, Kanada, 12.100 km³
5. **Malawisee**
   Malawi, Tansania, Mosambik, 8.400 km³
6. **Wostoksee**
   Antarktis, 5.400 km³
7. **Michigansee**
   USA, 4.918 km³
8. **Huronsee**
   USA, Kanada, 3.540 km³
9. **Victoriasee**
   Tansania, Kenia, Uganda, 2.750 km³
10. **Großer Bärensee**
    Kanada, 2.236 km³
11. **Großer Sklavensee**
    Kanada, 2.090 km³
12. **Issyk-Kul**
    Kirgisistan, 1.738 km³

Der Obere See, durch den die Grenze zwischen den USA und Kanada verläuft, ist der zweitgrößte See und – da das Kaspische Meer ein Salzwassersee ist – zugleich der größte Süßwassersee der Erde.

DIE GRÖSSTEN SEEN DER ERDE

1. **KASPISCHES MEER**
Russland, Kasachstan, Aserbaidschan, Iran, Turkmenistan, 371.000 km²

2. **OBERER SEE**
USA, Kanada, 82.414 km²

3. **VICTORIASEE**
Tansania, Kenia, Uganda, 68.870 km²

4. **HURONSEE**
USA, Kanada, 59.596 km²

5. **MICHIGANSEE**
USA, 58.016 km²

6. **TANGANJIKASEE**
Dem. Rep. Kongo, Tansania, Sambia, Burundi, 32.893 km²

7. **GROSSER BÄRENSEE**
Kanada, 31.328 km²

8. **BAIKALSEE**
Russland, 31.492 km²

9. **MALAWISEE**
Malawi, Tansania, Mosambik, 30.044 km²

10. **GROSSER SKLAVENSEE**
Kanada, 28.568 km²

11. **ERIESEE**
USA, Kanada, 25.745 km²

12. **WINNIPEGSEE**
Kanada, 24.341 km²

VIER ELEMENTE

WASSER

KASPISCHES MEER

Der größte See der Erde

Vor vielen Millionen Jahren war das Kaspische Meer tatsächlich Teil eines riesigen Ozeans. Als sich vor etwa 5,5 Millionen Jahren die Alpen, Pyrenäen und Karpaten auffalteten, wurde auch das gewaltige Becken vom Meer getrennt – und zählt limnologisch (Wissenschaft der Binnengewässer) nun zu den Seen.

Das Kaspische Meer nimmt eine Fläche von fast 371.000 km² ein. Die Größenangaben weichen in den Quellen zum Teil voneinander ab, aber es ist unstrittig das mit Abstand größte Binnengewässer der Erde. Der etwa 1.200 Kilometer lange und bis zu 435 Kilometer breite abflussfreie See liegt im Südwesten Asiens. Fünf Staaten säumen seine Küsten: im Süden Iran, im Osten Turkmenistan, im Norden und Nordosten Kasachstan, im Westen Aserbaidschan und Russland. Er fasst 78.200 km³ Wasser, das entspricht 40% der weltweit in Seen vorhandenen Wassermenge. Von Nord nach Süd lässt sich das Kaspische Meer in drei Zonen einteilen. Im Norden ist der See nur etwa sechs Meter tief. Die mittlere Zone, die auf der Höhe der Halbinsel Chechen beginnt, weist Tiefen von 190 Metern auf. Ungewöhnlich tief ist die dritte Zone südlich von Baku: bis zu 995 Meter. Das Wasser ist salzhaltig, im Mittel etwa 1% (Meerwasser: 3,5 %). Größter Zufluss ist die Wolga. Wirtschaftlich wichtig sind der Fischfang, besonders der Stör – aus ihm wird Kaviar gewonnen – und die Förderung von Erdöl und -gas.

Die Größe des Kaspischen Meers unterlag immer wieder erheblichen Schwankungen. Anfang der 1930er-Jahre soll die Seefläche sogar 420.000 km² betragen haben. Zur Bewässerung von Nutzflächen wurde bis in die 1970er-Jahre hinein mehr Wasser entnommen, als die größten Zuflüsse Wolga, Ural und Kura zuführten. Seit Ende der 1970er-Jahre steigt der Wasserspiegel wieder, jedoch nicht aufgrund menschlicher Einwirkung, sondern wegen verstärkter geologischer Aktivität auf dem Boden des Kaspischen Meers.

Spektakulärer Blick aus dem Weltall auf den Nordteil des Kaspischen Meers: Die Wolga bildet hier ein breites Delta.

Unter dem Kaspischen Meer befinden sich große Erdöl- und Erdgaslagerstätten. Deren Ausbeutung belastet die Umwelt und führt auch immer wieder zu Konflikten zwischen den Anrainerstaaten. Kleine Bilder von oben: die Flame Towers, drei Hochhäuser in Baku, die privaten Wohnungen und Büros dienen und eine Ölbohrinsel in der Nähe von Baku.

Großes Bild: Von den 5.970 Kilometern der gesamten Küstenlänge des Kaspischen Meeres entfallen fast die Hälfte, also rund 2.320 Kilometer auf Kasachstan. Das lockt zunehmend sonnenhungrige Strandurlauber in das Land.

VIER ELEMENTE

WASSER

BAIKALSEE

Der tiefste und wasserreichste
See der Erde

Der Baikalsee ist der See mit der größten Wassertiefe, unter den Süßwasserseen hat er das größte Wasservolumen. Zugleich gilt er mit einem Alter von über 25 Millionen Jahren als ältester See der Welt.

Der Baikalsee, 673 Kilometer lang und maximal 82 Kilometer breit, liegt im südlichen Sibirien nahe der Stadt Irkutsk. Seit 1996 wird die Baikalregion auf der UNESCO-Liste des Weltnaturerbes geführt. Der See, der sich auf 455 Meter über NN befindet, hat eine Ausdehnung von 31.492 km^2. An seiner tiefsten Stelle wurden 1.637 Meter gemessen, die größte Tiefe aller Seen der Erde. Der Baikalsee enthält etwa 23.000 km^3 Wasser. Der einzige Abfluss, die Angara, vereint sich mit dem Jenissej, der in die Karasee des Nordpolarmeers mündet. Das Gebiet um den See ist geologisch sehr aktiv, es kommt häufig zu Erdbeben. Am Ufer entspringen aus Erdspalten mineralische Quellen, um die herum sich Kurorte etabliert haben. »Reicher See« bedeutet der Name Baikalsee in der burjatischen Sprache. Und in der Tat ist die Pflanzen- und Tierwelt im und um den See außerordentlich vielfältig. Allein im See selbst sind mehr als 1.200 verschiedene Tierarten nachzuweisen. Der größte Teil der artenreichen Fauna ist endemisch, so etwa die Baikalrobbe und der Golomjanka, ein lebend gebärender Fisch.

Von den mehr als 1.800 Pflanzen- und Tierarten, die es um den und im Baikalsee gibt, sind etwa 1.500 endemisch, kommen also nur hier vor. Dazu gehört die Baikalrobbe – eine Robbenart, die ausschließlich im Süßwasser lebt (rechts). Die Robben sind meist Einzelgänger und ernähren sich überwiegend von Fisch. Sie werden bis zu 1,20 Meter groß und 72 Kilogramm schwer und gehören damit zu den kleineren Robbenarten. Etwa 60.000 Baikalrobben soll es in dem Gebiet geben, die Tiere dürfen nur eingeschränkt gejagt werden.

Die idyllische Aya-Bucht des Baikalsees ist von tief blauem Wasser geprägt.

ASIEN

Die größten Seen Asiens

Viele der großen Seen Asiens sind Endseen. Sie haben wenige Zuflüsse und liegen in sehr trockenen Gebieten. Endseen haben keinen Abfluss, nur Verdunstung reguliert die Wassermenge. Aufgrund menschlicher Eingriffe drohen manche der Seen zu verlanden.

Aralsee
Kasachstan, Usbekistan, 17.160–27.000 km²

Nach dem Kaspischen Meer und dem Baikalsee ist der Aralsee heute der drittgrößte See Asiens. Vor wenigen Jahrzehnten war er noch der viertgrößte See der Erde. Inzwischen ist er auf ein Zehntel seines ursprünglichen Volumens geschrumpft: von 708 auf 75 Kubikkilometer. Die intensive Landwirtschaft (Baumwolle und Reis) hat dazu geführt, dass den beiden Zuflüssen Amudarja und Syrdaja gewaltige Wassermengen entnommen wurden, die Schneeschmelze und Niederschläge nicht mehr ausgleichen konnten. Weite Areale verlandeten, der Salzgehalt stieg von 14 auf über 100 Gramm pro Liter, zu viel für Fische. Einstige Uferstädte befinden sich weit vom See entfernt.

Balchaschsee
Kasachstan, 18.428 km²

Wie der Aralsee ist der Balchaschsee (rechts) von der Austrocknung bedroht. Der in der kasachischen Steppe gelegene See besitzt zwei Hauptzuflüsse, die Ili und Karatal, und keinen Abfluss. Er ist 620 Kilometer lang, und bis zu 70 Kilometer breit. Etwa in der Mitte ist der See verengt. Östlich davon ist er stark salzhaltig, der Westteil ist es dagegen nur leicht.

Issyk-kul
Kirgisistan, 6.236 km²

Der größte See in Kirgisistan liegt auf einer Höhe von 1.609 Metern über NN und gilt – nach dem Titicacasee in Südamerika – als zweitgrößter Gebirgssee der Erde (rechts). Der 182 Kilometer lange, 60 Kilometer breite und bis zu 688 Meter tiefe Salzwassersee (Salzgehalt 6 g/kg) befindet sich im Tianshan-Gebirge. Trotz Temperaturen von bis zu -20 °C friert der See nie zu. 118 Flüsse und Ströme entwässern in den Issyk-Kul, darunter auch heiße Quellen. Der See hat keinen Abfluss.

Urmiasee
Iran, 5.470 km²

Der größte Binnensee des Iran ist ein Salzsee – mit 30 % erreicht er fast die Werte des Toten Meers. Der Urmiasee liegt etwa 60 Kilometer westlich von Täbris im Nordwesten des Iran auf einer Höhe von 1.280 Metern über NN. Er ist 140 Kilometer lang, bis zu 55 Kilometer breit und im Durchschnitt sieben Meter tief.

Taimyrsee
Russland, 4.560 km²

Der Taimyrsee befindet sich auf der nordsibirischen Tamyr-Halbinsel am Südrand des Byrranga-Gebirges (»Gory Byrranga«). Seine längste Ausdehnung in Ost-West-Richtung beträgt etwa 250 Kilometer; Hauptzufluss ist der Taimyr, der den See durchquert und in die Karasee des Nordpolarmeers mündet.

Koko-Nor (Qinghai HU)
China, 4.538 km²

Auf mongolisch heißt der Salzsee, einer der größten der Erde, Koko-nor, auf chinesisch Qinghai Hu (beides bedeutet »grünes, blaues Meer«). Nach dem See ist die Provinz Qinghai benannt. Der See, liegt auf 3.195 Metern Höhe und ist im Winter zugefroren. Trotz seines Salzgehalt hat er reiche Fischbestände.

Noch vor 30 Jahren war der gesamte durch Salzablagerungen milchig-weiße Bereich vom Wasser des Aralsees bedeckt. Auf der Insel, die sich im Zentrum abzeichnet und die einst viel kleiner war, haben die sowjetischen Militärs früher Versuche mit biologischen Kampfstoffen durchgeführt (großes Bild).

Chankasee

Russland, China, 4.380 km²

Im östlichen Sibirien an der Grenze zwischen Russland und China liegt der Chankasee. Auf russischem Gebiet befinden sich etwa drei Viertel, auf chinesischem ein Viertel des Sees. Das Areal um den See, der 68 Meter über NN liegt, ist ein Feuchtgebiet von internationaler Bedeutung und steht in beiden Ländern unter Naturschutz.

Vansee

Türkei, 3.740 km²

Der Vansee, auf türkisch Van Gölü, ist der größte See der Türkei. Er befindet sich in Ostanatolien in den Provinzen Bitlis und Van etwa 150 Kilometer südöstlich von Ankara. Der See hat eine maximale Ausdehnung von 120 Kilometern, ist 80 Kilometer breit und erreicht eine Tiefe von über 450 Metern. Er liegt 1.640 Meter über NN. Der See ist ein Endsee, verliert sein Wasser nur durch Verdunstung.

Poyang Hu

China, 3.585 km²

Der größte Süßwassersee Chinas, der Poyang Hu, befindet sich in der Provinz Jiangxi. Seine maximale Ausdehnung beträgt 170 Kilometer, die maximale Breite 17 Kilometer. Seine Ausdehnung unterliegt starken Schwankungen: In Regenperioden kann er sich auf bis zu 4.400 km² ausdehnen, während er in Trockenzeiten auf 1.000 schrumpft. Zahlreiche Kraniche brüten hier.

VIER ELEMENTE

WASSER

NORD- UND MITTEL-AMERIKA

Im Norden des amerikanischen Kontinents befinden sich die meisten der großen Seen, das hängt mit den Eiszeiten zusammen, einige der tiefen Einmuldungen beruhen jedoch auf noch älteren tektonischen Verwerfungen aus dem Tertiär

OBERER SEE

Kanada, USA, 82.414 km²

Der größte der fünf nordamerikanischen Großen Seen ist nach dem Kaspischen Meer der zweitgrößte See der Erde und zugleich der flächenmäßig größte Süßwassersee. Er liegt auf einer Seehöhe von 184 Metern, hat eine Länge von 563 Kilometer und eine Breite von 257 Kilometer. Er fasst 12.100 Kubikkilometer Wasser und ist im Mittel 149 Meter tief (Maximum: 405 Meter). Er verfügt auf einer Küstenlänge von fast 4.400 Kilometern über mehr als 200 Zuflüsse. Sein Abfluss erfolgt über den St. Mary's River in den Huronsee. Zwischen den beiden Seen wird die Höhendifferenz von acht Metern durch Schleusen überwunden. Es gibt fast keine Industrie und als Erster in der Kette der Großen Seen bekommt er kein Schmutzwasser der anderen Seen ab.

TIPP

ANGEL-RUNDREISE GREAT LAKES UND FLIEGENFISCHEN

Wer in der Seenlandschaft der Great Lakes unterwegs ist, sollte sich nicht nur auf einen Ort fokussieren. Wie wäre es mit einer Angelrundreise? Viele Anbieter haben Kurse für Newbies im Fliegenfischen im Programm. Immerhin sind die Great Lakes eine der größten Süßwasserflächen der Erde, da bietet es sich an, im Kanu durch das Wasser zu schippern und die Angelrute auszuwerfen. Dabei ist der Blick auf die dichten Wälder und die Einsamkeit unbeschreiblich. Wer nicht ins Boot steigen möchte, schlüpft in den Gummianzug, schnappt sich die lange Leine, um Fliegenfischen zu lernen. Seeforellen, Barsche und Barben lassen sich dort sehr schnell herausziehen, beliebte Köder sind Blutegel.

HURONSEE

Kanada, USA, 59.596 km²

Der Huronsee ist der zweite in der Kette der Großen Seen und weltweit der drittgrößte Süßwassersee. Er hat eine maximale Länge von 332 und eine Breite von bis zu 245 Kilometer. Im Mittel ist er 59 Meter tief (Maximum 230 Meter). Er fasst 3.540 km³ Wasser. Der Abfluss erfolgt über den Erie-See und die Niagara-Fälle. Im See befindet sich die Manitoulin-Insel, die größte Binneninsel der Welt.

WINNIPEGSEE

Kanada, 24.341 km²

Der Winnipegsee in der kanadischen Provinz Manitoba ist der drittgrößte vollständig in Kanada liegende See. Er befindet sich etwa 55 Kilometer nördlich der Stadt Winnipeg. Von Nord nach Süd ist er 416 Kilometer lang und bis zu 100 Kilometer breit. Er hat viele Zuflüsse, darunter den Winnipeg und den Saskatechewan River, und wird über den Nelson River entwässert.

GROSSER SKLAVENSEE

Kanada, 28.568 km²

Der Name des mit 614 Metern tiefsten Sees Nordamerikas leitet sich nicht von »Slave« wie Sklave ab, sondern von »Slavey«, dem Namen eines Indianervolks. Der fischreiche See im Nordwesten Kanadas liegt 156 über NN; er ist 480 Kilometer lang und 109 Kilometer breit. Seine Zuflüsse sind der Slave und der Hay River; über den Mackenzie River entwässert er in den Arktischen Ozean.

MICHIGANSEE

USA, 57.016 km²

Als einziger der Großen Seen liegt der Michigansee vollständig in den USA. Er ist 494 Kilometer lang und bis zu 190 Kilometer breit. Er fasst 4.918 Kubikkilometer Wasser und hat eine maximale Tiefe von 281 Metern (im Mittel: 85 Meter). Im Süden wird er von großen Industriestädten gesäumt. Vier amerikanische Bundesstaaten teilen sich das über 2.600 Kilometer lange Ufer.

GROSSER BÄRENSEE

Kanada, 31.328 km²

In den Nordwest-Territorien Kanadas auf der Höhe des Nördlichen Polarkreises befindet sich der Große Bärensee als der größte ganz auf kanadischem Gebiet liegende See. Seine Uferlinie ist über 2.700 Kilometer lang. Der See fasst 2.236 Kubikkilometer Wasser und erreicht eine maximale Tiefe von 446 Metern (im Durchschnitt: 72 Meter). Von November bis in Juli ist der See meist von Eis bedeckt.

ERIESEE

Kanada, USA, 25.745 km²

Der viertgrößte der Großen Seen nimmt den 11. Rang unter den größten Seen der Erde ein. Er ist der südlichste und flachste der Großen Seen. Im Mittel ist er lediglich 19 Meter tief, das Maximum sind 64 Meter. Der Eriesee fasst deshalb auch nur 480 Kubikkilometer Wasser. Er ist 388 Kilometer lang und bis zu 92 Kilometer breit. Benannt ist der See nach dem Stamm der Erie-Indianer.

ONTARIOSEE

Kanada, USA, 19.477 km²

Der kleinste der Großen Seen grenzt im Norden an die kanadische Provinz Ontario und im Süden an den US-Bundesstaat New York. Der Name »Ontario« bedeutet in der Sprache der kanadischen Ureinwohner »großer See«. 311 Kilometer ist der Ontariosee lang und bis zu 85 Kilometer breit. Er ist im Durchschnitt 86 Meter tief. Aufgrund der großen Tiefe friert der See im Winter nur selten zu.

NICARAGUASEE

Nicaragua, 8.264 km²

Der größte See Mittelamerikas hat eine Länge von 148 Kilometern, eine Breite von 55 Kilometern, und er ist maximal 45 Meter tief (im Mittel 13 Meter). Der wichtigste Abfluss ist der Río San Juan, der in das Karibische Meer mündet. Mehr als 400 Inseln hat der See, darunter Ometepe, eine Insel mit zwei Vulkanen, von denen einer, der Concepción, immer wieder aktiv ist. Im See leben Haie und Rochen.

ATHABASCASEE

Kanada, 7.920 km²

Der im Nordwesten von Saskatchewan gelegene See ist 283 Kilometer lang und bis zu 50 Kilometer breit. Der auf 281 Metern über NN gelegene See erreicht an seiner tiefsten Stelle 243 Meter. »Athabasca« bedeutet in der Sprache der Indianer »Wo es Schilf gibt«. Im Bereich des Nordufers stieß man auf Gold- und Uranvorkommen, die bis Anfang der 1980er-Jahre gefördert wurden.

Herbstlich eingefärbte Vegetation am Ufer der Grand Island, einer der kleinen Hafenstadt Munising vorgelagerten Insel im Oberen See. Die Insel gehört zum US-Bundesstaat Michigan und ist als nationales Erholungsgebiet ausgewiesen (großes Bild).

Abendliche Skyline von Chicago, der größten Stadt am Michigansee (kleines Bild oben).

Der Große Sklavensee ist im Winter zugefroren; in der Ferne ist ein Camp zu sehen (kleines Bild unten).

VIER ELEMENTE

WASSER

AFRIKA

Der größten Seen Afrikas

Die größten Seen des »Schwarzen Kontinents« befinden sich südlich des Äquators im Bereich des Ostafrikanischen Grabens. Hohe Gebirge säumen diesen Grabenbruch, weshalb einige der Seen zu den tiefsten der Erde gehören.

VICTORIASEE

Tansania, Uganda, Kenia, 68.870 km²

Der Victoriasee belegt in der Rangfolge der größten Seen der Erde den dritten Platz, unter den Süßwasserseen ist er nach dem Oberen See auf dem zweiten Rang. Der See liegt auf 1.134 Metern Höhe über NN auf der ostafrikanischen Hochebene. Er hat eine maximale Länge von 335 Kilometer und eine Breite von 250 Kilometer. Der Victoriasee fasst 2.750 Kubikkilometer Wasser und ist damit auf dem neunten Platz der weltweit wasserreichsten Seen. Die mittlere Tiefe beträgt 40 Meter, maximal werden über 80 Meter erreicht. Im Westen wird er vom Kagera-Nil gespeist, im Norden entwässert ihn der Victoria-Nil. Der größte Teil des Sees liegt auf dem Gebiet von Tansania, der zweitgrößte befindet sich in Uganda. Im See gibt es sehr viele Fische, besonders Buntbarsche. Die dichte Besiedelung um den See hat jedoch ihre Schattenseiten: Massive Umweltverschmutzung und damit Sauerstoffmangel bedrohen die Pflanzen- und Tierwelt, in der Folge auch den Menschen.

TANGANJIKASEE

Tansania, Sambia, Burundi, Dem. Rep. Kongo, 32.893 km²

Der zentralafrikanische Tanganjikasee belegt den sechsten Rang unter der größten und mit 1.470 Metern den zweiten unter den tiefsten Seen der Erde (im Mittel: 570 Meter). Mit 18.900 Kubikkilometern stellt er das größte Süßwasserreservoir Afrikas dar. Der See ist 673 Kilometer lang und 72 Kilometer breit; er befindet sich auf einer Höhe von 782 Metern über dem Meeresspiegel.

TURKANASEE

Kenia, Äthiopien, 6.405 km²

Der größte See Kenias (ein kleiner Teil im Norden gehört zu Äthiopien) hat eine Länge von 305 Kilometern und eine Breite von 32 Kilometern. Der See ist durchschnittlich 30 Meter tief (maximal 73 Meter) und fasst ein Volumen von 204 Kubikkilometer. Der Turkanasee hat zwar einen Zufluss, den Omo, aber keinen Abfluss, weshalb er immer mehr versalzt. Die Fauna in und um den See ist extrem artenreich. Es gibt drei Nationalparks um den Turkanasee, die seit 1997 auf der Liste des UNESCO-Weltnaturerbes stehen.

MALAWISEE

Tansania, Malawi, Mosambik, 30.044 km²

Der Malawisee in Ostafrika ist mit 560 Kilometern Länge und durchschnittlich 50 (maximal 80) Kilometern Breite der neuntgrößte See der Erde: Er erreicht eine maximale Tiefe von 706 Metern und belegt damit den vierten Rang unter den tiefsten Seen der Erde. Der Malawisee liegt 474 Meter über NN. Er gilt als der fischartenreichste See der Erde.

ALBERTSEE

Uganda, Dem. Rep. Kongo, 5.347 km²

Der Name geht zurück auf den britischen Afrikaforscher Samuel White Baker, der den See 1864 zu Ehren des damaligen Prinzgemahls von Königin Victoria Albertsee taufte. Im Kongo heißt er nach dem ehemaligen Diktator Mobuto Sese Seko. Der See hat eine Länge von 160 Kilometern, und er ist 30 Kilometer breit. Er ist maximal 48 Meter tief (im Mittel: 25 Meter) und fasst etwa 132 Kubikkilometer Wasser. Zwei große Zuflüsse speisen den See: der Viktoria-Nil von Nordosten und der Semliki vom südlich gelegenen Semlikisee. Sein Abfluss ist der Albert-Nil.

Großes Bild: Der Victoriasee ist eine wichtige Lebensquelle der Bewohner Ugandas. Fischfang dient dem Erwerb und der eigenen Versorgung mit Nahrung.

Ein Affenbrotbaum auf Likoma, einer Binneninsel des Malawisees (kleines Bild oben).

Kaffernbüffel im Queen-Elizabeth-Nationalpark am Edwardsee (kleines Bild unten).

TANASEE

Äthiopien, 3.000 km²

Im Hochland von Abessinien befindet sich auf 1.830 Metern Höhe über NN der höchstgelegene See Afrikas. Der 84 Kilometer lange und bis zu 66 Kilometer breite Tanasee schwankt in den Regenmonaten im Wasserspiegel um bis zu 1,6 Meter, weite Bereiche der Ufers stehen dann unter Wasser.

MWERUSEE

Dem. Rep. Kongo, Sambia, 5.120 km²

Etwa 150 Kilometer westlich des Tanganjikasees befindet sich der Mwerusee – »Mweru« bedeutet »See« in vielen Bantusprachen, er wird deshalb oft auch nur »Mweru« genannt. Der See liegt auf 931 Meter über NN. Er hat eine Länge von 131 Kilometer und eine Breite von 56 Kilometer.

KIVUSEE

Dem. Rep. Kongo, Ruanda, 2.650 km²

Der Grenzsee zwischen den beiden afrikanischen Ländern liegt auf 1.462 Metern über NN. Er ist 89 Kilometer lang und 48 Kilometer breit. Zufluss ist der Kalundura, Abfluss der Rusizi. Eine Anomalie des Sees beruht auf vulkanischen heißen Quellen auf dem Seegrund: Wassertemperatur und Salzgehalt nehmen mit der Tiefe zu.

EDWARDSEE

Uganda, Dem. Rep. Kongo, 2.325 km²

Der in Ostafrika auf 912 Meter über NN gelegene See befindet sich zum größten Teil im Kongo; nur der Nordostteil gehört zu Uganda. Benannt wurde er 1876 nach Albert Edward, dem damaligen Prince of Wales. Der See ist 77 Kilometer lang und 40 Kilometer breit; die mittlere Tiefe beträgt 17 Meter (Maximum: 117 Meter). Zu den Zuflüssen gehören der Rutshuru und der Rwindi, der wichtigste Abfluss ist der Semliki.

MANZALASEE

Ägypten, 1.710 km²

Im Nordosten des Nildeltas bei Port Said befindet sich der Manzalasee. Östlich verläuft der Suez-Kanal, im Norden trennt eine etwa 300 Meter breite Sandbank den 47 Kilometer langen und 30 Kilometer breiten See vom Mittelmeer. Er erreicht nur eine Tiefe von 1,3 Metern. Der Salzgehalt variiert stark, je nach Wasserstand. Der Grund besteht aus weichem Lehm.

VIER ELEMENTE

WASSER

EUROPA

Der größten Seen Europas

Die größten Binnenseen Europas befinden sich im Norden des Kontinents. Geologisch sind sie allesamt Überbleibsel der letzten Eiszeit, die in diesen Breiten ihre tiefsten Spuren hinterlassen hat.

LADOGASEE

Russland, 17.703 km²

Der Ladogasee, der größte See Europas, liegt in Nordwestrussland ca. 50 Kilometer östlich von St. Petersburg; mit einer Länge von 220 Kilometern und einer maximalen Breite von 120 Kilometern erstreckt er sich bis nahe an die Grenze zu Finnland und entwässert über die Newa in den Finnischen Meerbusen der Ostsee. Durchschnittlich ist der Ladogasee 52 Meter tief, die Maximaltiefe beträgt 225 Meter. Er liegt etwa vier Meter über NN und speichert knapp 840 Kubikkilometer Wasser. Mehr als 500 Inseln befinden sich im Ladogasee. Geologisch ist er als Ergebnis der letzten Eiszeit, der Weichseleiszeit, mit etwa 12.000 bis 15.000 Jahren noch verhältnismäßig jung. Der See hat sehr reiche Fischbestände, darunter auch einige endemische Arten. Einige Arten wie der Süßwasserstör sind inzwischen selten geworden.

ONEGASEE

Russland, 9.616 km²

Der Onegasee liegt etwa 160 Kilometer östlich des Ladogasees in Nordwestrussland. Er ist 248 Kilometer lang, bis zu 92 Kilometer breit und maximal 127 Meter tief. Das Wasser des zweitgrößten Sees Europas fließt über die Svir in den Ladogasee. Unter den zahlreichen Inseln ragt die kleine Insel Kischi mit ihren Holzkirchen aus dem 18. Jahrhundert heraus, die seit 1990 als UNESCO-Welterbe geführt werden.

VÄNERN

Schweden, 5.648 km²

Im Südwesten Schwedens befindet sich der Vänern, ein See, der in der Rangliste der europäischen Seen den dritten Platz belegt. Mit einer mittleren Tiefe von 27 Metern (das Maximum sind 106 Meter) fasst er über 150 Kubikkilometer Wasser. Etwa 22.000 Inseln hat man im See gezählt. Um die Inselgruppe Djurö mitten im Vänern wurde 1991 der Djurö-Nationalpark gegründet.

Großes Bild: Die pittoreske Insel Kischi inmitten des Onegasees in Russland ist berühmt für ihre Holzkirchen und das Freilichtmuseum, das zum UNESCO-Weltkulturerbe gehört.

SAIMAA

Finnland, 4.370 km²

Der im Südosten von Finnland gelegene Saimaasee entwässert nach Osten über den Vuoksa-Fluss in den russischen Ladogasee. Der See besteht aus eine Vielzahl von Teilseen mit einer gesamten Küstenlänge von fast 15.000 Kilometern. Der Saimaa ist im Mittel nur sieben Meter tief (Maximum 85 Meter). Eine Ringelrobbenart, die Saimaa-Ringelrobbe, lebt hier, ist aber akut vom Aussterben bedroht.

PEIPUSSEE

Estland/Russland, 3.555 km²

Durch den Peipussee verläuft die Grenze zwischen Estland und Russland. Etwa 143 Kilometer erstreckt sich der See in Nord-Süd-Richtung und erreicht eine maximale Breite von 50 Kilometer. 1.570 km² liegen auf estnischem, der Rest auf russischem Territorium. Der See ist recht flach, als maximale Tiefe wurden knapp 15 Meter gemessen, im Durchschnitt sind es etwa acht Meter. Mit der Narva hat er nur einen Abfluss in die Ostsee. Das Bild oben zeigt das estnische Ufer in der Nähe der Stadt Mustvee.

PÄIJÄNNE

Finnland, 1.081 km²

Der Päijänne ist der zweitgrößte See Finnlands und mit 120 Kilometern auch der längste. Im Durchschnitt ist er etwa 16 Meter tief, und mit maximalen 95 Metern ist er der tiefste See Finnlands. Er fasst 18 Kubikkilometer Wasser. Der Päijänne ist durch ein unterirdisches Äquadukt mit der Hauptstadt Helsinki und ihrem Umland verbunden, die so mit Wasser versorgt wird. Der See wird von vielen Ferienhäusern gesäumt und ist bei den Finnen als Naherholungsgebiet sehr beliebt.

VÄTTERN

Schweden, 1.912 km²

Vättern, der zweitgrößte See Schwedens, entwässert über den Motala-Fluss in die Ostsee. Im Norden ist der See im Durchschnitt nur 25 Meter tief, er erreicht aber im Süden Tiefen von über 110 Metern (mittlere Tiefe: 39 Meter). Von Nord nach Süd hat der lang gestreckte See eine Ausdehnung von etwa 140 Kilometern und – etwa auf der Höhe der Stadt Motala – eine maximale Breite von etwa 30 Kilometer. Das Wasser hat eine exzellente Qualität

INARIJÄRVI

Finnland, 1.040 km²

Etwa 1.100 Kilometer nördlich von Helsinki liegt mitten im finnischen Teil Lapplands der Inaraijärvi, auf Deutsch auch Inarisee genannt. Da sich der See bereits nördlich des Polarkreises befindet, ist er oft bis in den Juni hinein vereist. Seine maximale Tiefe beträgt 92 Meter. Über 3.300 Inseln befinden sich auf dem von Kiefernwäldern umgebenen See.

WEISSER SEE

Russland, 1.290 km²

Der Weiße See (russisch »ozero Beloe«) im Verwaltungsbezirk Wologda ist der neuntgrößte See Europas. Der See liegt etwa 110 Kilometer südöstlich des Ladogasees im Nordwesten von Russland. Er ist 46 Kilometer lang, 33 Kilometer breit und maximal 20 Meter tief (durchschnittlich 5,5 Meter). Er dient als Reservoir für den Wolga-Ostsee-Kanal, indem er über die Sheksna, einen Nebenfluss der Wolga, in den Rybinsker Stausee entwässert.

TOPOZERO

Russland, 986 km²

In der russischen Teilrepublik Karelien im Nordwesten Russlands liegt der See Topozero, knapp 90 Kilometer südlich des nördlichen Polarkreises. Er misst in der Länge 75 Kilometer, in der Breite sind es 30 Kilometer, die maximale Tiefe beträgt 50 Meter. Etwa 100 Inseln befinden sich im Topozero. Genutzt wird der See als Fischfangrevier und für den Holztransport. Der See entwässert nach Norden in den See Pjaozero; ihm entspringt der Fluss Kovda, der in den Kandalakšskaja-Golf des Weißen Meers mündet.

VIER ELEMENTE

WASSER

SÜDAMERIKA

Der größten Seen Südamerikas

Einige der südamerikanischen Seen liegen auf großen Höhen in den weiten Hochtälern der Anden. Manche der Seen haben fast mythischen Rang wie der Titicacasee. Andere sind abflusslose Salzseen

MARACAIBOSEE

Venezuela, 13.300 km²

Der Maracaibosee hat zwar einen schmalen Zugang, eine acht Kilometer breite Meerenge zum Karibischen Meer hin, wird aber allgemein als See klassifiziert. Auch die Geologie stützt diese Einordnung: Einst war der See noch deutlicher vom Meer getrennt, er zählt sogar zu den ältesten Seen der Erde. Den Zugang zum Meer überspannt eine der längsten Brücken der Welt, die 8,7 Kilometer lange, 1962 eröffnete General-Rafael-Urdaneta-Brücke. Die fast 87 Meter hohe Schrägseilbrücke ist benannt nach einem der Helden der venezolanischen Unabhängigkeitsbewegung. Im Norden, im Bereich der Mündung ins Meer, ist das Wasser meist brackig, doch ansonsten ist Süßwasser im See vorherrschend. Der Maracaibosee hat von Nord nach Süd eine Länge von 160 Kilometern und in West-Ost-Richtung eine Breite von etwa 120 Kilometern.

TITICACASEE

Peru, Bolivien, 8.135 km²

Auf einer Hochebene der Kordilleren, 3.810 Metern über Meereshöhe, befindet sich einer der höchstgelegenen Seen der Erde, der Titicacasee. 194 Kilometer ist der See lang und etwa 65 Kilometer breit. An seiner tiefsten Stelle wurden 281 Meter gemessen (im Mittel 107 Meter). Durch den See verläuft die Grenze zwischen Peru und Bolivien. Sein Wasser bezieht er über fünf Hauptzuflüsse, nur etwa 10 % fließen jedoch über den einzigen Abfluss, den Rio Desguadero, ab – der Rest verdunstet oder wird von den starken Winden davongetragen.

MAR CHIQUITA

Argentinien, 5.770 km²

Der drittgrößte See Südamerikas ist der abflusslose Salzsee im Nordosten der argentinischen Provinz Córdoba, die Laguna Mar Chiquita. Drei Zuflüsse speisen den See, der Río Dulce, Río Suquía und der Río Xanaes. Da der See keinen Abfluss hat und mit durchschnittlich 10 bis 16 Metern recht flach ist, variiert seine Ausdehnung in Abhängigkeit von den Niederschlägen ständig. Der Salzgehalt kann bei Niedrigwasser bis zu 25 % betragen (Totes Meer: 33 %), bei hohem Wasserstand vier Prozent.

Großes Bild: Die General-Rafael-Urdaneta-Brücke führt mit einer Länge von 8.679 Metern über den Maracaibosee. Sie gilt als erste Multi-Schrägseilbrücke der Welt. Spektakulär konkurrieren hier Blitze am abendlichen Himmel mit der bunten Beleuchtung der Pfeiler.

Die Isla del Sol im Titicacasee (kleines Bild).

POOPÓSEE

Bolivien, 2.530 km²

Die Quellen sind sich uneins über die wirkliche Größe des Salzsees, in den der aus dem Titicacasee entspringende Río Desaguadero mündet. Die Angaben schwanken zwischen 1.000 und 2.800 km². Der auf 3.686 Meter über NN gelegene See ist etwa 90 Kilometer lang und 32 Kilometer breit und im Durchschnitt nur drei Meter tief. Das schlammige Wasser des Sees bietet Lebensraum für Flamingos, ist aber zunehmend durch die Abwässer der Silber- und Zinnbergwerke in der Umgebung belastet.

LAGO BUENOS AIRES

Argentinien, Chile, 1.850 km²

Die Grenze zwischen Argentinien und Chile teilt den 217 Meter über NN gelegenen See in zwei nahezu gleichgroße Hälften. In Chile heißt er Lago General Carrera. Im chilenischen Teil befindet sich seine mit 586 Metern tiefste Stelle. Der See hat mehrere Zuflüsse. Der Abfluss erfolgt über den Fluss Baker in den Golfo de Peñas des pazifischen Ozeans. Gelegentlich entwässert er zusätzlich über den Fénix Chico und Deseado schließlich in den Atlantik.

LAGO ARGENTINO

Argentinien, 1.490 km²

Der größte ganz auf argentinischem Territorium gelegene Süßwassersee befindet sich im Los-Glaciares-Nationalpark in einer Gletscherlandschaft. Mehrere Flüsse speisen ihn mit dem Schmelzwasser der Gletscher, darunter der Upsala-Gletscher, der größte Gletscher Südamerikas. Der Abfluss erfolgt über den Fluss Santa Cruz in den Atlantik. Als maximale Tiefe wurden 500 Meter gemessen (im Mittel 150 Meter). Der See ist besonders fischreich.

VIER ELEMENTE

WASSER

SALZSEEN UND SALZ-PFANNEN

Salzseen sind meist abflusslose Stillgewässer in sehr trockenen und heißen Gebieten. Ihr Salzgehalt ist oft deutlich höher als der Salzgehalt des Meerwassers – bis zu 35 Prozent. Diesen Extremen sind nur wenige Lebensformen angepasst, darunter bestimmte Cyanobakterien und Salzkrebse. Durch Verdunstung erhöht sich der Gehalt an Mineralien und Salzen ständig, wenn der Wasserzufluss dies nicht mehr ausgleicht, kann ein Salzsee auch komplett austrocknen. Man spricht dann von Salzpfannen oder Salz-Ton-Ebenen. Diese Austrocknung kann periodisch erfolgen oder aber permanent sein.

LOP NUR – SEE OHNE WASSER

China, 21.000km²

Das Tarim-Becken, mit 530.000 km² die größte Beckenlandschaft Zentralasiens, ist eine abflusslose Senke im Nordwesten Chinas. Das Becken liegt in der Provinz Xinjiang im Durchschnitt etwa 1.000 Meter über NN und ist fast zu zwei Dritteln von den Sanddünen der Taklamakan-Wüste bedeckt. An der mit 780 Metern tiefsten Stelle im Osten der Senke befindet sich der seit 1971 ausgetrocknete See Lop Nur. Es wird im Norden begrenzt durch den Gebirgszug Kuruktag, einem südlichen Ausläufer der Tianchan-Berge, im Süden sind es die Altun-Shan-Berge. Lop Nur zählt zu den entlegensten und unwirtlichsten Regionen unserer Erde. Der Boden besteht aus braunem Salzton mit harten weißen Salzkrusten. Etwa eine halben Meter unter der Oberfläche befindet sich ein Salzsumpf. Lop Nur ist extrem trocken und staubig und wird von starken Nordwestwinden durchpeitscht. Typische Erosionsformen sind die Yardangs, auch Windhöcker genannt, vom Wind stromlinienförmig verschliffene Gebilde mit breiter, dem Wind zuwandter, und schmaler, vom Wind abgewandter Seite.

MAKGADIKGADI- SALZPFANNEN

Botsuana, 16.000 km²

Im Nordosten Botsuanas befand sich früher ein großer abflussloser See. Vor 10.000 Jahren trocknete dieser See aus und ließ die bis zu fünf Meter dicken Salzkrusten zurück, die heutigen Salzpfannen. Die wenigen Flüsse führen nur noch selten Wasser zu, die Salzpfannen liegen meist trocken. Die originellen Lappenchamäleons (Bild oben) gehören zu den wenigen Lebewesen hier.

SALAR DE UYUNI

Bolivien, 10.582 km²

Der im Südwesten von Bolivien auf einer Höhe von 3.653 Meter über NN gelegene Salzsee wirkt wie ein zugefrorener See. Von Ende Juni bis Anfang Dezember liegt er trocken, in der Regenzeit ist er mit einer Wasserschicht von wenigen Dezimetern bedeckt. In den Lagunen leben Flamingos. Der Salar liefert nicht nur Salz, er bildet eines der größten Lithiumvorkommen der Erde (kleines Bild oben).

LAKE EYRE

Australien, 9.500 km²

Der Lake Eyre liegt etwa 700 Kilometer nördlich von Adelaide in einer Senke, dem mit 15 Meter unter NN tiefsten Punkt Australiens. Der See ist meist trocken, etwa alle drei Jahre fällt genug Regen, sodass der Wasserpegel bei etwa 1,5 Meter leigt; einmal im Jahrzehnt können es sogar bis zu vier Meter sein. Der in der Wüste gelegene See hat keinen Abfluss und verliert sein Wasser über Verdunstung (Bild ganz oben).

Die größten Salzwasserseen
(kontinuierlich wasserführend)

1 **Kaspisches Meer**
Russland,Kasachstan, Aserbaidschan, Iran, Turkmenistan, 371.000 km²

2 **Aralsee**
Kasachstan, Usbekistan, 17.160–27.000 km²

3 **Balchaschsee (Ostteil)**
Kasachstan, 7.740 km²

4 **Turkanasee**
Kenia, Äthiopien, 6.405 km²

5 **Issyk-Kul**
Kirgisistan, 6.236 km²

6 **Mar Chiquita**
Argentinien, 5.770 km²

7 **Urmiasee**
Iran, 5.470 km²

8 **Koko Nor (Qinghai Hu)**
China, 4.538 km²

9 **Großer Salzsee**
USA, 4.400 km²

10 **Vansee**
Türkei, 3.740 km²

11 **Alakol**
Kasachstan, 2.650 km²

12 **Poopósee**
Bolivien, 2.530 km²

Die größten Salzwasserseen und Salzpfannen
(periodisch wasserführend)

1 **Lop Nur**
China, 21.000 km²

2 **Makgadikgadi-Salzpfannen**
Botsuana, 16.000 km²

3 **Salar de Uyuni**
Bolivien, 10.582 km²

4 **Lake Eyre**
Australien, 9.500 km²

5 **Chott el Djerid**
Tunesien, 7.700 km²

6 **Lake Torrens**
Australien, 5.700 km²

7 **Etosha-Pfanne**
Namibia, 5.000 km²

8 **Lake Gairdner**
Australien, 4.750 km²

9 **Qattara-Senke**
Ägypten, 4.680 km²

10 **Lake Mackay**
Australien, 3.500 km²

11 **Salar de Atacama**
Bolivien, 3.000 km²

12 **Lake Frome**
Australien, 2.600 km²

13 **Tuz Gölü**
Türkei, 1.500 km²

LAKE GAIRDNER
Australien, 4.750 km²

Lake Gairdner befindet sich in South Australia, etwa 150 Kilometer nordwestlich von Port Augusta. Er ist 160 Kilometer lang, maximal 48 Kilometer breit und von einer bis zu 1,2 Meter dicken Salzschicht bedeckt. Der See wird bisweilen dazu genutzt, um Geschwindigkeitsrekorde für Landfahrzeuge aufzustellen. Die Gawler Ranges im Süden des Sees sind mit 1,5 Milliarden Jahren eine der ältesten vulkanischen Landschaften der Erde.

CHOTT EL DJERID
Tunesien, 7.700 km²

Das größte Salzseengebiet der Sahara befindet sich in Tunesien und erstreckt sich von der algerischen Grenze bis fast zum Mittelmeer. Flüsse und Bäche aus den nördlichen Bergen speisen die Salzseen. Das Wasser verdunstet rasch durch die extreme Hitze und Trockenheit, zurück bleiben die mitgeführten Mineralsalze. Im Sommer ist der Chott völlig ausgetrocknet; die Frühjahrsniederschläge führen zu teilweisen Überflutungen und Verschlammungen.

ETOSHA-PFANNE
Namibia, 5.000 km²

Der ehemalige See im Norden Namibias füllt sich nur in extremen Regenzeiten mit einigen Zentimetern Wasser, zieht dann aber Tausende von Flamingos und andere Wasservögel an. Im Allgemeinen liegt die in der Kalahari-Senke gelegene 120 Kilometer lange und etwa 70 Kilometer breite Salzpfanne trocken. Der rissige, sehr salzhaltige Lehmboden ist mit einer grünlich weißen Schicht überzogen. »Etosha« bedeutet in der Sprache der Ovambo »großer weißer Platz«. (großes Bild).

QATTARA-SENKE
Ägypten, 4.680 km²

Die Qattara-Senke ist ein Wüstenbecken in der Libyschen Wüste im Nordwesten Ägyptens. Sie liegt bis 133 Meter unterhalb NN. Etwa ein Viertel des 18.000 km² großen Beckens besteht aus einer Salz-Ton-Ebene mit harter Kruste und zähem Schlamm, die bisweilen auch mit Wasser bedeckt ist. Im Norden und Nordwesten begrenzen Salzsümpfe das Gebiet. Die Senke ist weitgehend unbewohnt, einige Beduinen sind die Ausnahme. Geparden haben hier ihr Jagdrevier, zu ihren

LAKE TORRENS
Australien, 5.700 km²

In der Wüste Australiens, etwa 430 Kilometer nordöstlich von Adelaide, befindet sich der Lake Torrens, eine meist trockene riesige Salzpfanne im Lake- Torrens-Nationalpark. Nur einmal in den letzten 150 Jahren führte der Salzsee Wasser. Die im Bundesstaat South Australia gelegene Salzpfanne erstreckt sich in Nord-Süd-Richtung parallel zu den Bergen der Flinders Range, sie ist etwa 200 Kilometer lang und 50 Kilometer breit. Nur eine etwa 30 Kilometer lange Landenge trennt den Salzsee vom Spencer Gulf des Indischen Ozeans.

LAKE MACKAY
Australien, 3.500 km²

Der Lake Mackay hat etwa einen Durchmesser von 100 Kilometern. Der See ist der größte von einigen Hundert Salzpfannen im Westen Australiens, und er befindet sich auf dem Gebiet der Aborigines. Eine gewisse Restfeuchtigkeit scheint der See aufzuweisen, so sieht man im Satellitenbild dunklere Bereiche, die auf eine einfache Wüstenvegetation und Cyanobakterien schließen lassen. Der See spielt in den Mythen der Aborigines eine wichtige Rolle, sie nennen den See »Wilkinkarra«, er soll nach einem verheerenden Buschfeuer entstanden sein.

VIER ELEMENTE

WASSER

KEIN LEBEN OHNE SALZ

HITLISTE DER SALZHALTIGSTEN MEERE UND LEBENSMITTEL

1. **ASSALSEE** ca. 35 %
2. **TOTES MEER** ca. 30 %
3. **SALZHERING** ca. 15 %
4. **CHIPS** ca. 10 %
5. **MITTELMEER** ca. 3,8 %
6. **ATLANTIK** ca. 3,5 %

DER ASSALSEE (LAC ASSAL)

Westlich des Golfs von Aden befindet sich im Zentrum von Dschibuti, Ostafrika mit 34,8% Salzgehalt der See mit dem höchsten Salzgehalt der Erde – zehn Mal mehr als der Salzgehalt der Weltmeere und sogar um 10 bis 15% über dem maximalen Salzgehalt des Toten Meers. Der 54 Quadratkilometer große See liegt deutlich über 150 Meter unter NN – die Angaben sind hier uneinheitlich, sie gehen bis 173 Meter. Einigkeit besteht allerdings darin, dass der See den tiefsten Punkt, beziehungsweise die tiefste Depression des afrikanischen Kontinents darstellt. An den Ufern des Assalsees stößt man bisweilen auf bizarre Gips- und Salzformationen. Sein Wasser bezieht der See aus unterirdischen Quellen, zum Teil ist es Meerwasser aus dem Golf von Aden. Der extrem hohe Salzgehalt beruht auf Verdunstung.

Bizarre Gips- und Salzformationen.

Die Salzernte erfolgt am Assalsee größtenteils händisch, die Ernter waten dafür durch das Wasser und sammeln das Salz.

Unsere salzigsten Speisen sind noch nicht einmal halb so salzig wie der salzhaltigste See unserer Erde.

SALZERNTE FAST WIE VOR JAHRHUNDERTEN

Ist von salzhaltigen Gewässern die Rede, wird vermutlich den meisten das Tote Meer in Israel in den Sinn kommen. Und tatsächlich ist es noch tiefer unter dem Meeresspiegel gelegen und fast zehnmal so groß wie der Assalsee. Letzterer ist allerdings salzhaltiger. Und weniger touristisch: Während das Tote Meer unzählige Besucher anzieht, haben vermutlich einige noch nicht einmal den Namen des Landes gehört. Dschibuti hätte zwar durchaus weitere eindrucksvolle Natur zu bieten, doch zum einen erschwert die schlecht ausgebaute Infrastruktur das Reisen, zum anderen ist das Land umgeben von den instabilen Ländern Eritrea, Äthiopien und Somalia. Der niedrige Entwicklungsstand des kleinen Landes zeigt sich auch am Assalsee, wo traditionelle Methoden keine seltene Beobachtung sind. Zum Beispiel der Transport des abgebauten Salzes: Wie aus dem Nichts taucht früh am Morgen eine Karawane aus mehreren Kamelen auf. Zügig laden ihre Begleiter, Afar aus Äthiopien, die Salzsäcke auf und bevor man sich versieht, sind Tiere und Menschen wieder verschwunden, auf dem Weg zu den mehrere Tage entfernten Märkten, auf denen das Salz getauscht wird gegen Fleisch oder Mais.
Bei der Ernte selbst sind oft ganze Familien – nicht selten Ureinwohner – beschäftigt. Die Männer waten durch den See und sammeln das kristallisierte Salz in Körbe, die Frauen sortieren es anschließend per Hand nach Größe, bevor es getrocknet wird.

WISSENSWERT

Don-Juan-See

Ein See inmitten der Antarktis, der nie zufriert? Klingt unwahrscheinlich, ist aber tatsächlich wahr. Denn der Salzgehalt im Don-Juan-See in Viktorialand beträgt rund 40% und verhindert, dass das Gewässer zufriert – obwohl es von frostigen Temperaturen bis -40°C umgeben ist. Und der See gibt der Forschung bis heute Rätsel auf. Zum Beispiel ist nach wie vor nicht abschließend geklärt, woher er überhaupt sein Wasser bekommt – in der Region hat es seit Millionen von Jahren weder geschneit, noch geregnet. Man vermutete lange eine unterirdische Quelle, doch diese Theorie ist nach neuerer Forschung nicht mehr haltbar. Plausibel erscheint hingegen ein Zufluss, der Luftfeuchtigkeit anzieht.

VIER ELEMENTE

WASSER

SÜMPFE

Die größten Sumpfgebiete
der Erde

In Flussniederungen und im Bereich von flachen Seeufern bilden sich sehr oft Bereiche heraus, die ständig unter Wasser stehen; meist ist es Süßwasser, es kann aber auch Salzwasser sein. Der Wasserspiegel ist nicht sehr hoch, die Wasserfläche wird oftmals unterbrochen durch kleinere mit Bäumen oder Sträuchern bewachsene Inseln. Der Untergrund ist in der Regel schlammig. Im Unterschied zu Mooren kommt es noch zu keiner Torfbildung. Meist entstehen Sümpfe dort, wo eine Ebene nur ein geringes Gefälle aufweist oder ein natürlicher Abfluss fehlt. Sümpfe bilden den Lebensraum zahlreicher Tiere und Pflanzen; typisch sind Sauergrasgewächse und – in nördlichen Breiten – Weiden. Durch exzessive Wasserentnahme für die Landwirtschaft oder für die Trinkwasserversorgung drohen viele Sumpfgebiete auszutrocknen. Wertvolle Biotope gehen so verloren.

Blick von oben auf die Mangrovensümpfe in Florida (kleines Bild).

Großes Bild: Im Sumpfgebiet des Pantanal gedeihen die größten Seerosen der Gattung Victoria, benannt zu Ehren der englischen Königin Victoria (1819–1901), mit ihren bis zu drei Meter großen runden Blättern. Die Blätter besitzen sehr feine Poren und eine Kerbe am Blattrand, sodass Regenwasser abfließen kann. Die Blattteile unter Wasser sind durch spitze Stacheln vor Fischfraß geschützt.

DIE GRÖSSTEN SUMPFGEBIETE DER ERDE

(ohne Flussdeltas ins Meer entwässernder Flüsse)

1. **PANTANALL**
Brasilien, Paraguay, Bolivien, 140.000–195.000 km²

2. **SUDD**
Sudan, 30.000–100.000 km²

3. **PRYPJATSÜMPFE**
Weißrussland, Ukraine, Polen, 90.000 km

4. **VASYUGANSÜMPFE**
Russland, 53.000 km²

5. **SHATT-EL-ARAB**
Irak, 35.600 km²

6. **ASMATSÜMPFE**
Indonesien, Neuguinea, 30.000 km²

7. **BANGWEULUSÜMPFE**
Sambia, 15.000 km²

8. **OKAWANGOSÜMPFE**
Botswana, 15.000 km²

9. **EVERGLADES**
USA, Florida, 6.000 km²

10. **BIG-CYPRESS-SÜMPFE**
USA, Florida, 2.900 km²

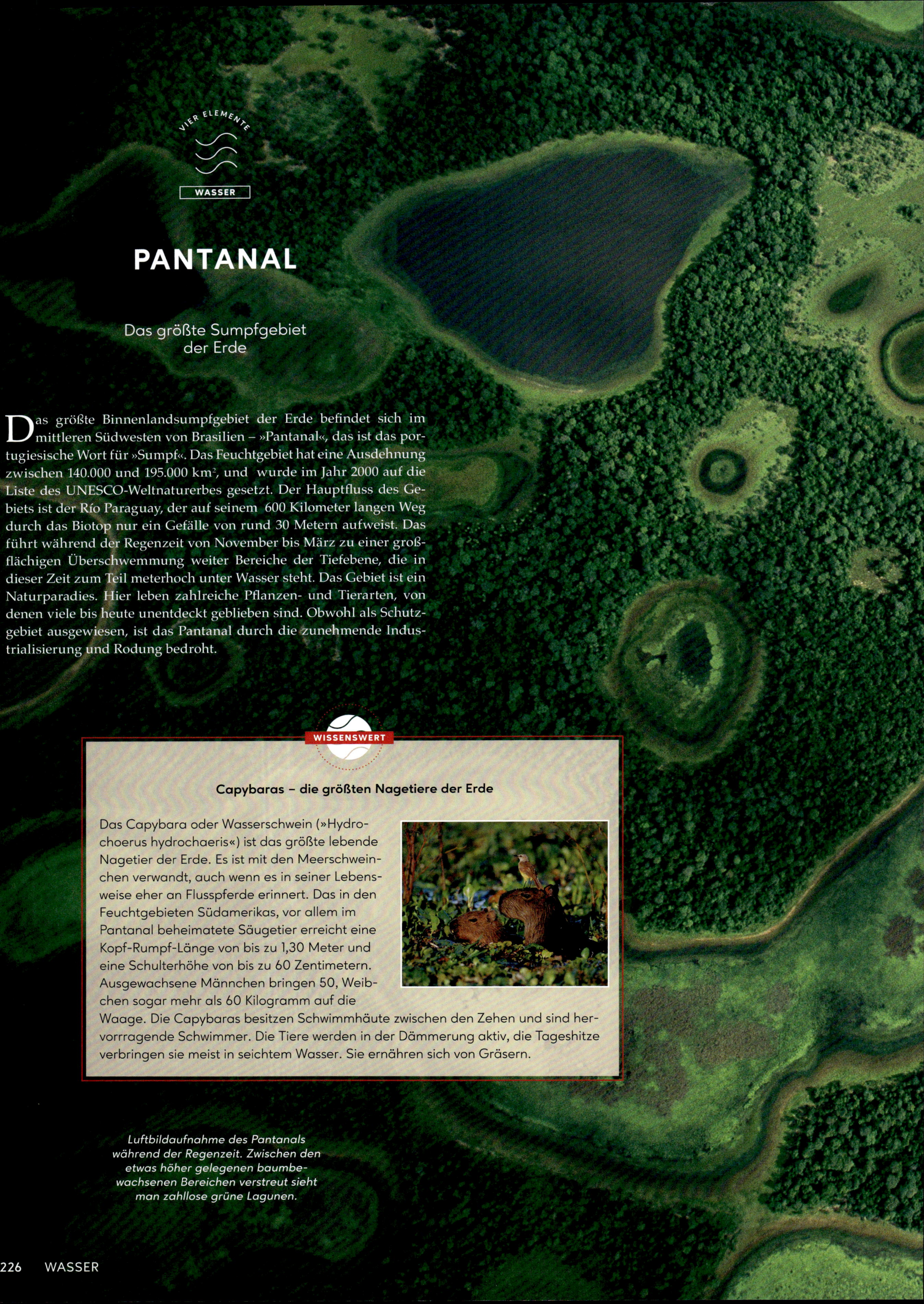

VIER ELEMENTE

WASSER

PANTANAL

Das größte Sumpfgebiet der Erde

Das größte Binnenlandsumpfgebiet der Erde befindet sich im mittleren Südwesten von Brasilien – »Pantanal«, das ist das portugiesische Wort für »Sumpf«. Das Feuchtgebiet hat eine Ausdehnung zwischen 140.000 und 195.000 km², und wurde im Jahr 2000 auf die Liste des UNESCO-Weltnaturerbes gesetzt. Der Hauptfluss des Gebiets ist der Río Paraguay, der auf seinem 600 Kilometer langen Weg durch das Biotop nur ein Gefälle von rund 30 Metern aufweist. Das führt während der Regenzeit von November bis März zu einer großflächigen Überschwemmung weiter Bereiche der Tiefebene, die in dieser Zeit zum Teil meterhoch unter Wasser steht. Das Gebiet ist ein Naturparadies. Hier leben zahlreiche Pflanzen- und Tierarten, von denen viele bis heute unentdeckt geblieben sind. Obwohl als Schutzgebiet ausgewiesen, ist das Pantanal durch die zunehmende Industrialisierung und Rodung bedroht.

WISSENSWERT

Capybaras – die größten Nagetiere der Erde

Das Capybara oder Wasserschwein (»Hydrochoerus hydrochaeris«) ist das größte lebende Nagetier der Erde. Es ist mit den Meerschweinchen verwandt, auch wenn es in seiner Lebensweise eher an Flusspferde erinnert. Das in den Feuchtgebieten Südamerikas, vor allem im Pantanal beheimatete Säugetier erreicht eine Kopf-Rumpf-Länge von bis zu 1,30 Meter und eine Schulterhöhe von bis zu 60 Zentimetern. Ausgewachsene Männchen bringen 50, Weibchen sogar mehr als 60 Kilogramm auf die Waage. Die Capybaras besitzen Schwimmhäute zwischen den Zehen und sind hervorragende Schwimmer. Die Tiere werden in der Dämmerung aktiv, die Tageshitze verbringen sie meist in seichtem Wasser. Sie ernähren sich von Gräsern.

Luftbildaufnahme des Pantanals während der Regenzeit. Zwischen den etwas höher gelegenen baumbewachsenen Bereichen verstreut sieht man zahllose grüne Lagunen.

Bäume spiegeln sich im ruhigen Mutum-Fluss, der im Norden des Pantanal liegt (links oben).

Auch der Krokodilkaiman (»Caiman crocodilus«) lebt in den Sümpfen (links unten).

Mato Grosso, der am dünnsten besiedelte Bundesstaat Brasiliens, grenzt an das südliche Pantanal (oben).

VIER ELEMENTE

WASSER

OKAVANGO

Das größte Binnendelta der Erde

Mit über 20.000 km^2 ist das Okavango-Delta das größte Binnendelta der Welt und bildet zugleich eines der größten Sumpfgebiete der Erde. Der Okavango, einer der längsten Flüsse Afrikas, fächert sich im Nordwesten Botsuanas zu diesem Delta auf, ein Teil des Wassers verdunstet dabei, der Rest versickert in der Kalahari-Wüste. Vier Zonen werden unterschieden: Der sogenannte Pfannenstiel, der stetig wasserführende Unterlauf des Flusses in der Nähe der Einmündung; die dauerhaft sumpfigen Bereiche am Ende des Pfannenstiels; die Randzonen, die nur zeitweilig überschwemmt sind, sowie die Inseln im Inneren und im Süden des Deltas. Der Höhenunterschied ist vom Beginn bis zum 250 Kilometer entfernten Fuß des Deltas mit 60 Metern recht gering. Entsprechend langsam verteilt sich das Wasser, zusätzlich bedingt durch die hohe Vegetationsdichte. Wenn der Wasserpegel in der Regenzeit zwischen Oktober und April im Frühjahr am Pfannenstiel seinen Höchststand erreicht, dauert es vier Monate, bis das Wasser zum Südrand geflossen ist – gerade rechtzeitig zum Höhepunkt der Trockenzeit. Flora und Fauna können hier deshalb ganzjährig gedeihen. Außerdem hat das Wasser, trotz der hohen Verdunstung, Trinkwasserqualität.

Großes Bild: Mokoros nennen sich die traditionellen Einbaumboote, mit denen ursprünglich die Bewohner auf dem Okavango zum Fischen gefahren sind. Zur Fortbewegung dient eine lange Stange.

Für Tiere ist das Wasser lebenswichtig: Elefanten stapfen durch das flache Wasser der Sümpfe (kleines Bild links).

VIER ELEMENTE

WASSER

EISFELDER UND GLETSCHER

Während der letzten Eiszeit, der Würm- oder Weichsel-Eiszeit, waren weite Teile Nordeuropas vom fennoskandischen Eisfeld überzogen, über den Alpen lag eine gewaltige Eiskappe. Aber seit 10.000 Jahren ziehen sich die Eisfelder oder Eisschilde zurück. Im Gegensatz zu Gletschern, deren Fließrichtung von der umliegenden Tektonik bestimmt wird, überformen Eisfelder das darunterliegende Relief. Unter den beiden mächtigsten Eisdecken liegen die größte Insel der Welt (Grönland) und sogar ein ganzer Kontinent (Antarktis). Man unterscheidet die Eisfelder in Eisschilde, wenn sie mächtiger sind als 50.000 km², und die kleineren Eiskappen.

Die längsten Gletscher der Erde

1. **Lambertgletscher**
   Antarktis, 400 km
2. **Beardmoregletscher**
   Antarktis, 160 km
3. **Lilliegletscher**
   Antarktis, 160 km
4. **Byrdgletscher**
   Antarktis, 135 km
5. **Nimrodgletscher**
   Antarktis, 135 km
6. **Hubbardgletscher**
   Alaska/Kanada, 122 km
7. **Vatnajökull**
   Island, 100 km
8. **Nabesnagletscher**
   Alaska, 80 km
9. **Beringgletscher**
   Alaska, 76 km

Die größten Eisfelder der Erde

1. **Antarktischer Eisschild**
   ca. 12 Mio. km²
2. **Grönländischer Eisschild**
   ca. 1,7 Mio km²
3. **Kluane Icefield**
   18.000 km²
4. **Südpatagonisches Eisfeld**
   16.800 km²
5. **Devon Ice Cap**
   12.000 km²
6. **Barnes Ice Cap**
   6.000 km²
7. **Penny Ice Cap**
   4.400 km²
8. **Nordpatagonisches Eisfeld**
   4.100 km²

Großes Bild: Luftaufnahme des mit einer Fläche von 8.100 km² größten isländischen Gletschers Vatnajökull. Mit bis zu 900 Meter Dicke ist er vom Volumen auch der größte Gletscher Europas.

VIER ELEMENTE

WASSER

ANTARKTISCHER EISSCHILD

Das größte zusammenhängende Eisfeld der Erde

Der Antarktische Eisschild ist mit seinen ca. 12 Millionen km^2 Fläche und 26 Millionen km^3 Volumen das größte zusammenhängende Eisfeld der Erde. Würde diese gewaltige Menge Eis schmelzen, stiegen die Meeresspiegel weltweit um über 61 Meter an. Insgesamt enthält diese Eismasse etwa 90 % des Süßwassers auf der Erdoberfläche. Den Antarktischen Eisschild umgeben wiederum riesige Schelfeisflächen – im Meer schwimmende Eisplatten, die jedoch über Gletscher mit dem Festland verbunden sind – von denen die größten das Ross-, das Filchner-Ronne- und Amery-Schelfeis sind.

Großes Bild: Der McMurdo-Sund gilt als Inbegriff der Antarktis, die Bucht liegt im Rossmeer und erstreckt sich über 450 Kilometer Küstenlänge.

Das Ross-Schelfeis ist das größte Schelfeisgebiet der Antarktis (kleines Bild oben).

Weddellrobben sind nach ihrem Entdecker James Weddell benannt. Für die versierten Schwimmer sind Eislöcher überlebenswichtig, um unter dem Eis nach Fischen zu tauchen (kleines Bild links).

WISSENSWERT

Durchquerung der Antarktis

Nur auf Skiern und eigener Kraft heraus haben sie die Antarktis überquert und etwas geschafft, was noch keinem Menschen vor ihnen gelungen ist: Arved Fuchs und Reinhold Messner kamen 1990 ohne technische Hilfsmittel in der McMurdo-Bucht an. Sie haben sich auf Sextanten aus der Seefahrt verlassen, weil GFS damals noch in den Kinderschuhen steckte. Lastenschlitten und Zelt waren ihre Hilfsmittel, doch die größte Herausforderung war nicht die fehlende Technik, sondern das mentale Durchhaltevermögen. Sie sind insgesamt 92 Tage und 2.800 Kilometer gelaufen. Immerhin 100 Kilogramm hatte der Schlitten geladen und die Kälte zählte konstante Minuswerte bei rund 40 Grad Celsius.

VIER ELEMENTE

WASSER

GRÖNLÄNDISCHER EISSCHILD

Das zweitgrößte Eisfeld der Erde

Die mit 2.166.086 km² größte Insel der Erde ist zu etwa fünf Sechsteln von Eis, dem 1,71 Millionen km² großen Grönländischen Eisschild, bedeckt. Von Norden nach Süden ist es etwa 2.400 Kilometer lang, an der breitesten Stelle misst es etwa 1.100 Kilometer. Im Durchschnitt ist diese Eisdecke über zwei Kilometer dick. Das Inlandeis steigt auf Höhen von bis zu 3.400 Meter an und hat ein Volumen von 2,5 Millionen km³. Lediglich die aus dem Eis ragenden Berggipfel unterbrechen das eintönige weiße Landschaftsbild. Mächtige Gletscher schieben sich durch die Randgebirge bis zum Meer vor, wo sie oft steil abbrechen und Eisberge kalben. Besonders beeindruckend sind der rund 100 Kilometer breite Humboldt-Gletscher und das 300 Kilometer breite steile Kliff an der Melville-Bucht. Die große Bedrohung für die Gletscher ist der Klimawandel und die zunehmend steigenden Temperaturen in den Sommermonaten. Das Abschmelzen des Grönländischen Eisschildes begann um das Jahr 1990, was sich ab dem Jahr 2000 weiter intensivierte. Im direkten Zusammenhang stehen dabei die steigenden Meerwasserspiegel. 2019 wurden wieder erhöhte Werte gemessen, die aber 2021 noch nicht erneut erreicht wurden.

Dass Gletscher kalben ist ein natürlicher Vorgang, der jedoch in Zeiten der Klimaerwärmung ein zunehmend ernstes Thema darstellt (großes Bild).

Auch wenn die Diskobucht in der Dämmerung stilvoll beleuchtet ist, hat sie ihren Namen von der runden Form (kleines Bild).

VIER ELEMENTE

WASSER

LAMBERTGLETSCHER

Der größte und längste Gletscher der Erde

Der Lambertgletscher bildet den Hauptzustrom des Amery-Schelfeises an der Küste von Ingrid-Christensen-Land. Das Inlandeis gleitet durch Trogtäler in verschiedenen Gletscherströmen über den ostantarktischen Kontinentrand. Mit einer Geschwindigkeit von rund 2,50 Metern pro Tag schiebt sich das Eis in Richtung Schelfeistafel. Das flach einfallende Sonnenlicht offenbart selbst kleinste Rinnen und Spalten. Manche Strukturen gehen auf starke Windverwehungen zurück. Einzelne Felsen, die von den Wissenschaftlern »Nunataker« (ein Begriff aus der Sprache der Inuit) genannt werden, ragen aus dem Eis heraus und steuern die Fließrichtung des Eises.

DIE LÄNGSTEN GLETSCHER DER ANTARKTIS

1. LAMBERTGLETSCHER 400 km
2. BEARDMOREGLETSCHER 160 km
3. LILLIEGLETSCHER 160 km
4. BYRDGLETSCHER 135 km
5. NIMRODGLETSCHER 135 km
6. SHACKLETON-GLETSCHER 100 km
7. LEVERETTGLETSCHER 80 km
8. MINNESOTAGLETSCHER 65 km

Vielleicht erzeugt der Blick von oben auf unsere Welt stets das größte Staunen über die Schönheit unserer Erde. Hier sind die Bewegungen der Eisfelder des Lambertgletschers eindrucksvoll zu bewundern (großes Bild).

Der Gipfel des Mount Shackleton ragt 1465 Meter in die Höhe. Er ist benannt zu Ehren des Polarforschers Ernest Shackleton (kleines Bild).

VIER ELEMENTE

WASSER

EUROPA

Die größten Gletscher Europas

Der Lambertgletscher bildet den Hauptzustrom des Amery-Schelfeises an der Küste von Ingrid-Christensen-Land. Das Inlandeis gleitet durch Trogtäler in verschiedenen Gletscherströmen über den ostantarktischen Kontinentrand. Mit einer Geschwindigkeit von rund 2,50 Metern pro Tag schiebt sich das Eis in Richtung Schelfeistafel. Das flach einfallende Sonnenlicht offenbart selbst kleinste Rinnen und Spalten. Manche Strukturen gehen auf starke Windverwehungen zurück. Einzelne Felsen, die von den Wissenschaftlern »Nunataker« (ein Begriff aus der Sprache der Inuit) genannt werden, ragen aus dem Eis heraus und steuern die Fließrichtung des Eises. Sorgenvoller blicken die Wissenschaftler hingegen auf das rasche Abschmelzen von Gletschern. 2019 fiel beispielsweise der Okjökull auf Island dem Klimawandel zum Opfer – unwiederbringlich ist er abgeschmolzen.

Austfonna
Spitzbergen, 8.492 km²

Mehr als 2.600 Quadratkilometer von Norwegens Festlandterrain sind von ausgedehnten Eisfeldern bedeckt, die Inselgruppe Svalbard gar zu 60 %. Der Austfonnagletscher (zu deutsch »Ostferner« oder Ost-Gletscher) auf der Insel Nordostland, die zu Spitzbergen und somit zu Norwegen gehört, ist das flächenmäßig größte Eisfeld Europas und – nach der Antarktis und Grönland – die drittgrößte Eiskappe der Welt. Der Austfonna hat eine 200 Kilometer lange Gletscherfront, die nur an wenigen Stellen von zum Vorschein kommenden Felsen unterbrochen wird. Sein Eis ist etwa 230 bis 560 Meter dick und an der höchsten Stelle 783 Meter hoch. Der Glacier bildet mit dem Vegafonna eine zusammenhängende Eisfläche, dieser hat jedoch eine eigene Kuppe und ist vom eigentlichen Austfonna durch eine lang gezogene, mit Eis angefüllte Vertiefung getrennt. Der Vestfonna (»Westferner«) hingegen erstreckt sich ein paar Kilometer nordöstlich des Austfonna. Er ist mit 2.445 Quadratkilometern drittgrößter Gletscher Norwegens.

Vatnajökull
Island, 8.100 km²

Der größte Gletscher Islands ist der Vatnajökull (»Wassergletscher«) im Südosten der Insel. Mit 3.000 Kubikkilometern Volumen übertrifft er den Austfonna, der nur 1.900 Kubikkilometer bieten kann, und ist somit der voluminöseste Gletscher Europas. Mit rund 8.100 Quadratkilometern ist er flächenmäßig jedoch nur der zweitgrößte Gletscher des Kontinents. Seine Eisschicht ist bis zu 900 Meter dick, sein höchster Punkt ist der Öræfajökull. Seit einigen Jahren verliert der Vatnajökull jedoch an Größe. Ursachen sind die menschenverursachte globale Klimaerwärmung sowie die tätigen Vulkane unterhalb der massiven Eisschicht. Vulkanausbrüche können auch Gletscherläufe (Schmelzwasserfluten) hervorrufen.

DIE GRÖSSTEN GLETSCHER KONTINENTAL-EUROPAS

1
JOSTEDALSBREEN
Norwegen, 487 km²

2
VESTRE SVARTISEN
Norwegen, 221 km²

3
FOLGEFONNA
Norwegen, 207 km²

4
ØSTRE SVARTISEN
Norwegen, 148 km²

5
BLÅMANNSISEN
Norwegen, 87 km²

6
GROSSER ALETSCHGLETSCHER
Schweiz, 78,5 km²

7
HARDANGERJØKUL
Norwegen, 73 km²

Großer Aletschgletscher – der größte Gletscher der Alpen, Schweiz, 78,5 km²

Rund 23 Kilometer lang ist der Aletschgletscher in den Berner Alpen, seine Fläche beträgt knapp 80 Quadratkilometer. Er entspringt in der Jungfrau-Region am Konkordiaplatz, einer fast ebenen, bis zu 900 Meter dicken Eisfläche, wo sich vier Tributärgletscher – Großer Aletschfirn, Jungfraufirn, Ewigschneefeld, Grüneggfirn – zum Großen Aletschgletscher vereinen. Vom mit der Jungfraubahn erreichbaren Jungfraujoch bietet sich ein großartiger Blick auf den oberen Teil des Eismeers. Im Süden endet der riesige Eisfluss in der Massaschlucht

Am südlichen Rand des Gletschers Vatnajökull auf Island liegt der Jökulsárlónsee (»Gletscherflusslagune«), der größte Gletschersee und zugleich tiefste See des Landes (großes Bild)

VIER ELEMENTE

WASSER

ASIEN

Die längsten Gletscher Asiens

Der Hispar- und der Biafogletscher im Karakorumgebirge bilden zusammen das längste Gletschersystem des asiatischen Kontinents. Der Biafo im Norden Pakistans ist etwa 67 Kilometer lang – damit ist er nach dem Fedtschnko- und dem Siachengletscher das drittlängste Eisfeld außerhalb der Polarregionen. Mit dem 49 Kilometer langen Hispargletscher ist er über den Hispar-La-Pass, der 5.128 Meter über dem Meeresspiegel liegt, verbunden. Der 524 Quadratkilometer große Baltorogletscher, ebenfalls in Nordpakistan gelegen, hat zahlreiche Seitenglaciers. Der Siachengletscher wiederum ist mit seinen 70 Kilometern der längste Eisstrom Indiens. Er befindet sich im südöstlichen Teil des Karakorumgebirges.

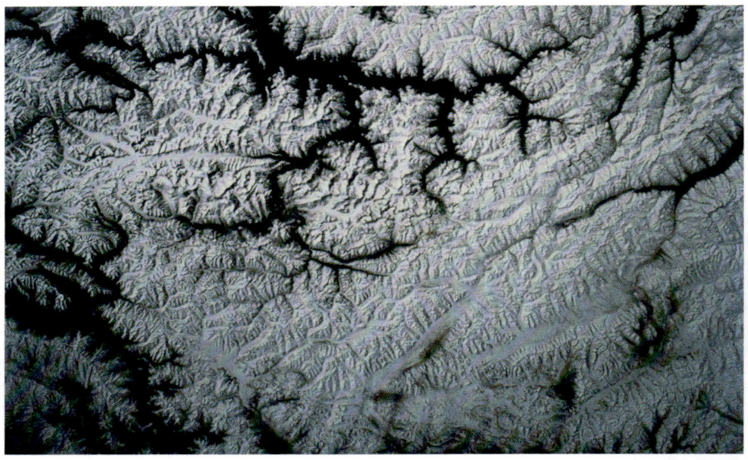

»DER DRITTE POL« – DIE GLETSCHER DES KARAKORUM

Im zentralasiatischen Karakorumgebirgszug, der sich nördlich der Hauptkette des Himalaya erstreckt, erheben sich vier Achttausender, darunter der nach dem Mount Everest zweithöchste Berg der Erde: der K2 (8.611 Meter). Außerdem präsentiert der Karakorum auch einige der größten und längsten Eisströme der Erde außerhalb der Polargebiete. Mehr als ein Drittel der Gebirgsfläche sind von Gletschern bedeckt (Bild oben). Zu nennen sind hier insbesondere der Biafo-, der Baltoro- und der Hispargletscher auf pakistanischem Staatsgebiet sowie der Siachengletscher auf indischem Terrain.

DIE LÄNGSTEN GLETSCHER ASIENS

1. **FEDTSCHENKO-GLETSCHER**
   Tadschikistan, 77 km
2. **SIACHENGLETSCHER**
   Indien, 70 km
3. **BIAFOGLETSCHER**
   Pakistan, 67 km
4. **BALTOROGLETSCHER**
   Pakistan, 63 km
5. **BATURAGLETSCHER**
   Pakistan, 57 km
6. **HISPARGLETSCHER**
   Pakistan, 49 km

Großes Bild: Im wahrsten Sinne des Wortes eisblau zeigt sich der Ablauf des Hispargletschers.

Asiens längster Gletscner ist der Fedtschenkogletscher im Pamir (kleines Bild oben rechts).

Außerhalb der Polarregionen zählt der Baltorogletscher zu den größten der Welt (kleines Foto unten).

VIER ELEMENTE

WASSER

EISBRECHER

Die größten und stärksten Eisbrecher der Welt

Schiffe, die oft mehrere Meter dickes Eis durchbrechen können, werden für ganz verschiedene Zwecke benötigt. In den Polarregionen halten sie die Fahrrinnen für Handelsschiffe frei. Wenn in sehr harten Wintern auch Gewässer, die normalerweise eisfrei sind, zufrieren, schneiden sie Schneisen in das Eis und bahnen so nachfolgenden Schiffen den Weg. Einige sind als Forschungsschiffe im Einsatz, andere wurden zu Kreuzfahrtschiffen umgebaut und bieten Abenteuerreisen in die Arktis oder die Antarktis an. Der Eisbrecher »Arctic Sunrise« wird von Greenpeace bei Protestaktionen eingesetzt. Damit sie ihre Aufgabe erfüllen können, sind Eisbrecher mit extra leistungsstarken Motoren und einer weit stabileren Außenhaut als andere Schiffe ausgestattet. Ihr Bug ist so geformt, dass er sich über das Eis schiebt und es unter sich zerdrückt. Moderne Eisbrecher verfügen über diesen Effekt verstärkende Vorrichtungen und sind in der Lage, auch dickes Packeis zu zerstampfen. So können einige Schiffe dadurch, dass große Wassermengen zwischen Bug und Heck hin und her bewegt werden, ins Schaukeln gebracht und dadurch der Druck auf das Eis verstärkt werden. Verschiedene nuklearbetriebene, russische Eisbrecher verfügen über eine Anlage zur Erzeugung von Wasserdampf, mit dem sich das Eis vor dem Bug »antauen« lässt. Diese Methode ist zwar effizient, aber alles andere als umweltverträglich.

50 LET POBEDY – DER LEISTUNGSFÄHIGSTE EISBRECHER DER WELT

Die nuklearbetriebenen Giganten der russischen Arktika-Klasse sind die einzigen Eisbrecher, die auch mehrere Meter dickes Eis zerstampfen können. Das mit einer Verdrängungsleistung von 25.840 Tonnen größte Schiff dieser Klasse, die »50 Let Pobedy«, wurde am 7. April 2007 in Dienst gestellt. Sie operiert im Nordpolarmeer und bietet auch Kreuzfahrten in dem Gebiet an. Ausgestattet mit zwei Kernreaktoren und zwei Dampfturbinen, bringt es der Koloss auf eine Geschwindigkeit von bis zu 21,4 Knoten pro Stunde. Wie alle Eisbrecher ist er unverhältnismäßig breit gebaut.

DIE GRÖSSTEN EISBRECHER DER WELT

(Verdrängungsleistung in Tonnen, t)

1 **ROSSIYA**
Russland, 23.000 t

2 **SOVETSKY SOYUZ**
Russland, 22.120 t

3 **VIKTOR CHERNOMYRDIN**
Russland, 22.000 t

4 **WAIGATSCH**
Russland, 21.100t

Ein atomgetriebener Eisbrecher der russischen Arktika-Klasse durchpflügt auf dem Weg zum Nordpol das ewige Eis. Die Kolosse werden auch auf Kreuzfahrten in der Nordpolarregion eingesetzt. (großes Bild). Die »50 Let Pobedy« am Hafenkai von Murmansk (kleines Bild).

SS MANHATTAN – ÖLTANKER UND EISBRECHER

Mit einer Länge von 307 Metern und einer Breite von 40 Metern ist die »SS Manhattan« bis heute der größte je gebaute Eisbrecher. Der 1962 in den USA gebaute Öltanker wurde einige Jahre später umgerüstet und mit einem löffelartigen Eisbrecherbug ausgestattet. Mit einer Fahrt durch die Nordwestpassage, die das Schiff als erster Tanker 1969 unternahm, wollten die Verantwortlichen testen, ob ein Transport von Öl aus Nordalaska über diesen Seeweg möglich ist. Zwar konnte die »SS Manhattan« die Passage auf ihrer ersten Fahrt bezwingen, bei ihrer zweiten Reise im April 1970 scheiterte sie jedoch. Das Projekt wurde im wahrsten Sinn des Wortes auf Eis gelegt. Die »SS Manhattan« war noch bis 1987 als Tanker unterwegs und wurde dann verschrottet.

VIER ELEMENTE

WASSER

OZEANIEN

Die längsten Gletscher Ozeaniens

FRANZ-JOSEF-GLETSCHER

Neuseeland, 10,25 km²

Der Franz-Josef-Gletscher auf Neuseelands Südinsel ist nach Kaiser Franz Josef I. von Österreich benannt. Gespeist wird der Eisstrom aus den Neuseeländischen Alpen, sein Schmelzwasser wiederum ergießt sich in den Fluss Waiho, der in die Tasmanische See mündet. Einst war er allerdings so groß, dass er direkt ins Meer kalbte. Im Unterschied zu anderen Gletschern der Welt wächst der Franz-Josef-Gletscher zur Zeit wieder – etwa 80 Meter im Jahr .

TASMAN-GLETSCHER

Neuseeland, 23 km

Er ist der größte einer Gruppe von mehreren Gletschern in den Neuseeländischen Alpen. Anders als Franz-Josef- und Foxgletscher ist beim Tasmangletscher ein massiver Rückzug des Eises zu beobachten. In den letzten 30 Jahren schrumpfte der drei Kilometer breite Gletscher von 27 auf inzwischen nur noch 23 Kilometer Länge.

FOXGLETSCHER

Neuseeland, 13 km

Der steil abfallende Abflussgletscher wächst heute – wie auch sein Nachbar auf Neuseelands Südinsel, der Franz-Josef-Gletscher – nach mehr als 100 Jahren des massiven Rückzugs wieder. Und zwar seit dem Jahr 1985 mit einer Geschwindigkeit von bis zu 40 Zentimetern am Tag – seine Größe lässt sich entsprechend nur ungefähr anzugeben. Der Abfluss des Foxgletschers, der wie der Franz-Josef-Gletscher aus den Neuseeländischen Alpen genährt wird, erfolgt über den Fox River, der sein Wasser schließlich in die Tasmanische See ergießt. Der Glacier, in dessen Nähe die Ortschaft Fox Glacier Village liegt, ist gut erschlossen und gehört zum Westland-Nationalpark.

HOOKERGLETSCHER

Neuseeland, 11 km

Der Hookergletscher befindet sich wie der Tasmangletscher an den Hängen des Mount Cook auf Neuseelands Südinsel. Er ist die Quelle des Flusses Hooker, der in den Tasman River fließt und schließlich in den Lake Pukaki mündet. Der Hookergletscher gilt als der am leichtesten zugängliche Gletscher Neuseelands.

Schäfchenwolken ziehen über das Grau-weiß des Franz-Josef-Gletschers hinweg (großes Bild).

Foxgletscher bei Sonnenuntergang (kleines Bild oben).

Felsspitzen des Hookergletschers (kleines Bild unten).

VIER ELEMENTE

WASSER

AFRIKA

Der größte Gletscher Afrikas

Der vulkanische Gebirgsstock Kilimandscharo (Suaheli für »Berg der bösen Geister«) in Tansania ist der höchste Berg Afrikas. Er ist aus den drei Vulkanen Schira (3.962 Meter), Mawensi (5.148 Meter) und Kibo (5.895 Meter) zusammengewachsen. Von der Firnkappe des Kibo reichen steile Hängegletscher bis auf Höhen von etwa 4.300 Meter hinab. Doch die jahrtausendealten Gletscher werden wohl aufgrund der globalen Erwärmung bis zum Jahr 2023 geschmolzen sein. Das sagen jedenfalls Geologen voraus, die die Gletscher des Kilimandscharo untersucht und errechnet haben, dass sie pro Jahr um mindestens 0,50 Meter schrumpfen werden.

Noch ist die Gipfelregion des Kilimandscharo mit ihrer kreisrunden Caldera von Schnee und Eis bedeckt. Doch die Gletscher ziehen sich allmählich zurück (großes Bild).

Einst war auch der Rebmann-Gletscher ein Teil der Eiskappe, mit der sich der Kilimandscharo bedeckte, bevor die Schmelzungen das Eis in immer kleiner werdende Eisflächen brach (kleines Bild).

VIER ELEMENTE

WASSER

NORDAMERIKA

Die größten Eisfelder und Gletscher in Kanada und Alaska

Einige der größten Eisfelder und Gletscher Nordamerikas erstrecken sich an der Westküste des Halbkontinents von der Kenai-Halbinsel Alaskas (Harding Icefield) entlang der Grenze des »Panhandle« (Kluane und Juneau Icefield) bis zu den Coast Mountains im kanadischen British Columbia (Homathko Icefield). In Alaska sind allein 5 % der Landfläche von Eis bedeckt. Hier und im nördlichen Westkanada speisen die Eisfelder auch zahlreiche Gletscher, wie etwa Columbia-, Exit- oder Hubbard-Gletscher.

Ebenso finden sich im Kanadisch-Arktischen Archipel, der dem amerikanischen Festland im Norden vorgelagert ist, ausgedehnte Eisfelder. Während der südliche Teil der Inseln von meist vegetationslosen Ebenen oder leicht gewellten Plateaulandschaften geprägt ist, die selten über 400 Meter Meereshöhe liegen, sind die nördlichen Regionen von Gebirgen bestimmt. Die Innuitians sind ein durch zahlreiche Gletscher gekennzeichnetes Hochgebirge, das auf Ellesmere Island im Mount Challenger eine Höhe von 3.048 Meter erreicht und auf Baffin Island bis auf 2.600 Meter ansteigt. Auf Baffin Island befinden sich die Penny und die Barnes Ice Cap. Das größte Eisfeld der Region ist die Devon Ice Cap auf Devon Island.

Die größten Eisfelder des kanadischen Festlands und Alaskas

1 **Kluane Icefield**
Kanada, 18.000 km²

2 **Stikine Icefield**
Kanada, 7.510 km²

3 **Juneau Icefield**
Alaska, 3.900 km²

4 **Ha-Iltzuk Icefield**
Kanada, 3.610 km²

5 **Homathko Icefield**
Kanada, 2.000 km²

6 **Harding Icefield**
Alaska, 1.770 km²

Die größten Eisfelder des kanadisch-arktischen Archipels

1 **Devon Ice Cap**
Devon Island, 12.000 km²

2 **Barnes Ice Cap**
Baffin Island, 6.000 km²

2 **Penny Ice Cap**
Baffin Island, 6.000 km²

Großes Bild: Bei strahlendem Sonnenschein präsentiert sich auf der kanadischen Baffin Island eine Traumkulisse.

Eindrucksvoll ist der Hubbard-Gletscher an der Disenchantment Bay mit den St. Elias Mountains im Hintergrund (kleines Bild unten).

GLETSCHERÄNDERUNGEN

Einer der am schnellsten schrumpfende Gletscher liegt in Alaska: Am Columbia-Getscher konnte in den letzten 60-70 Jahren eine Halbierung seines Volumens beobachtet werden. Innerhalb von 30 Jahren verlor er 20 Kilometer an Länge. Leider ist dieses Schicksal kein Einzelfall: Überall in Nordamerika – und auch weltweit – verlieren Gletscher an Größe, einige sind in den letzten Jahrzehnten für tot erklärt worden, und das unumkehrbar. Zwischen 1995 und 2000 verloren die Eiskappen der kanadischen Arktis rund 125 Kubikkilometer Eis – damit könnte man fast dreimal den Bodensee komplett füllen. Den Grund für diese enormen Veränderungen von Gletschern sieht die Wissenschaft in der weltweiten Erderwärmung, die von den Menschen verursacht und immer weiter vorangetrieben wird.

VIER ELEMENTE

WASSER

SÜDPATAGONISCHES EISFELD

Das größte Eisfeld Südamerikas – Campo de Hielo Patagónico Sur

Der Campo de Hielo Patagónico Sur, das Südpatagonische Eisfeld, liegt in den Anden auf dem Terrain von Chile und Argentinien. Das gewaltige Gletschergebiet ist etwa 350 Kilometer lang und hat eine Fläche von rund 16.800 Quadratkilometer – 14.200 Quadratkilometer auf chilenischem, 2.600 Quadratkilometer auf argentinischem Territorium. Es ist das größte Süßwasserreservoir Südamerikas und gehört zu den größten weltweit. Das Eisfeld speist zahlreiche ausgedehnte Inlandgletscher, die jedoch immer weiter schrumpfen. Die größten sind der Pio-XI- und der Viedma-Gletscher.

Am berühmtesten ist jedoch der 30 Kilometer lange Perito-Moreno-Gletscher, dessen fünf Kilometer breite Gletscherzunge spektakulär in den Lago Argentino kalbt. Als einer der wenigen heute noch kontinuierlich wachsenden Gletscher schiebt er seine Zunge langsam auf eine Halbinsel zu, bis er alle drei bis vier Jahre einen Seitenarm des Argentino-Sees abschnürt. Der Wasserspiegel steigt dann auf bis zu 30 Meter an, und hält die Eismauer dem enormen Druck nicht mehr stand, folgt ein eindrucksvolles Naturschauspiel: Die aufgestauten Wassermassen sprengen einen Teil der Gletscherfront und bahnen sich ihren Weg in den restlichen Teil des Sees.

In der Natur wirken Farbkontraste stets als besonderer Blickfang. Rot und orange leuchten die Laubbäume im Herbst mit den eisblauen Gletscherwänden des Perito-Moren-Gletschers um die Wette (großes Bild).

Wenn sich die alte Eisdecke löst, zeigen sich darunter knallblaue Schichten im Viedma-Gletscher (kleines Bild).

DIE GRÖSSTEN GLETSCHER DES SÜDPATAGONISCHEN EISFELDES

1. **PIO-XI-GLETSCHER**
   1.265 km²
2. **VIEDMA-GLETSCHER**
   978 km²
3. **UPSALA-GLETSCHER**
   902 km²
4. **PERITO-MORENO-GLETSCHER**
   258 km²

Vulkane offenbaren besonders deutlich das, was sich unter unserer Erdoberfläche befindet. Hier zu sehen ist der Cotopaxi in Ecuador.

VIER ELEMENTE

ERDE

ERDE

Die Erde als Element gilt gemeinhin als Basis aller Dinge, ihre Existenz scheint so selbstverständlich, dass man sie im Alltag fast vergisst bewusst wahrzunehmen. Dabei besteht die Erde physikalisch gesehen nicht nur aus Stein und Fels, sie wandelt sich im Reigen der Jahreszeiten und klimatischen Gegebenheiten. Mal zeigt sie sich lindgrün und wild bewachsen, mal braun und ungeschmückt. Doch stets bildet sie den ruhenden Grund allen Lebens.

VIER ELEMENTE

ERDE

KONTINENTE

Fünf, sechs oder sieben? – Die Frage nach der Zahl der Kontinente ist nicht so einfach wie sie scheint

Die Festlandmasse der Erde – die 30% der Erdoberfläche ausmacht – wird in Erdteile oder Kontinente eingeteilt, die durch Meere mehr oder weniger vollständig voneinander getrennt sind. Es gibt keinen grundsätzlichen Unterschied zwischen einer Insel und einem Kontinent, beide sind als Landmassen definiert, die aus dem Wasser ragen. Doch die Geowissenschaftler haben sich darauf geeinigt, ab einer bestimmten Größe von einem Erdteil zu sprechen. Kein Konsens besteht bisher hinsichtlich der Frage nach der Anzahl der Kontinente. Wer Europa und Asien, deren Trennung ja rein historisch-kulturelle Gründe hat, sowie Nord- und Südamerika jeweils als geografische Einheit betrachtet, kommt auf fünf Kontinente: Eurasien, Afrika, Amerika, Australien und Antarktika. Andere sprechen von sechs beziehungsweise sieben Kontinenten: Europa, Asien, Afrika, Nordamerika, Südamerika, Australien und Antarktika. Der Begriff »Kontinent« bedeutet »zusammenhängendes Land« (lateinisch »terra continens«). Heute erscheint die Verteilung der Meere und Landmassen relativ stabil, doch erdgeschichtlich stellt sie nur eine Momentaufnahme dar, da sich die Kontinentalplatten in ständiger Bewegung befinden.

Fläche der Kontinente

1 **Asien**
44,4 Mio. km²

2 **Afrika**
30,3 Mio. km²

3 **Nordamerika**
24,9 Mio. km²

4 **Südamerika**
17,8 Mio. km²

5 **Antarktika**
13,2 Mio. km²

6 **Europa**
10,5 Mio. km²

7 **Australien/Ozeanien**
8,5 Mio. km²

Küstenlänge der Kontinente

1 **Nordamerika**
75.600 km

2 **Asien**
69.000 km

3 **Europa**
37.900 km

4 **Afrika**
30.500 km

5 **Südamerika**
28.700 km

6 **Australien/Ozeanien**
25.000 km

7 **Antarktika**
18.000 km

Einer der vielen natürlichen Steinbögen, die durch Erosion entstanden sind: der Mesa Arch im Canyonlands-Nationalpark im Südosten Utahs (großes Bild). Der Nationalpark umfasst eine riesige Fläche Wüstenhochebene, die überwiegend aus 150 bis 300 Millionen Jahre alten horizontalen Sandsteinschichten besteht. Der Sandstein ist unterschiedlich hart und verwittert deshalb unterschiedlich schnell, was zu den eindrucksvollen Gesteinsformationen wie Steinbögen, -säulen und -nadeln führte.

Nicht nur farblich bildet die tropische Landschaft in Costa Rica einen Kontrast zum Canyonlands-Nationalpark (kleines Bild).

VIER ELEMENTE

ERDE

ASIEN

Asien als größter Kontinent der Erde vereint zahlreiche Extreme und vielfältige Landschaftsformen

Asien ist mit einer Fläche von 44,4 Millionen Quadratkilometer, was fast einem Drittel der Landoberfläche der Erde entspricht, der größte der Kontinente. Mit rund 4,6 Milliarden Einwohnern – etwa drei Fünftel der Erdbevölkerung – ist Asien auch am dichtesten besiedelt. Zum größten Teil erstreckt sich Asien auf der nördlichen Halbkugel, nur die südostasiatische Inselwelt reicht über den Äquator hinaus. Begrenzt wird Asien im Norden durch das Nordpolarmeer, im Westen durch den Pazifischen Ozean, im Südosten gegen Australien, durch die Molukken- und Bandasee, im Süden durch den Indischen Ozean.

Große Gebiete im Südwesten Chinas bestehen aus eindrucksvollen Karstlandschaften (verwitterten Kalksteinformationen). Der Fluss Li Jiang, hier bei Xingping (großes Bild), schlängelt sich zwischen den Städten Guilin und Yangshuo durch bis zu 300 Meter steil aufragende Karsttürme.

Die Inselgruppe Koh Phi Phi in der Andamanensee vor der Westküste Thailands besteht überwiegend aus steilen Kalksteinfelsen (kleines Bild).

Gegen Amerika ist Asien durch die flache Beringstraße, die Verbindung zwischen Nordpolarmeer und Pazifik, getrennt, mit Afrika durch die Landenge von Suez verbunden.

Asiens ist ein Kontinent der Superlative und Gegensätze, so findet sich auf asiatischem Boden sowohl der höchste Berg als auch die tiefste Senke der Erde: der Mount Everest und das Tote Meer. Da sich der Erdteil von den Polargebieten im Norden bis zu den inneren Tropen im Süden erstreckt, sind die Großlandschaften sowie die sie prägenden Vegetations- und Klimazonen entsprechend vielfältig. Der Norden ist vor allem von den Tiefländern West- und Nordsibirischens geprägt sowie dem Mittelsibirischen Bergland. Im Südwesten ist ein Faltengebirgssystem vorherrschend, das von den Inseln im Mittelmeer bis zum Himalaya reicht, mit den Achttausendern als höchsten Gipfeln. Südlich davon erstrecken sich Hoch- und Tiefländer (Hochland von Dekkan und Tibet, Tiefland von Turan), die sich mit Becken (Tarim-Becken) und weiten Ebenen abwechseln. Von Nord nach Süd sind Tundra und Taiga (größtes Waldgebiet der Erde), borealer Nadelwald, Waldsteppe, Steppe, Wüsten (Gobi, Rub al-Khali), Trockensavanne, tropischer Regen- und Monsunwald zu finden.

ASIENS GEOGRAFISCHE SUPERLATIVE

1 AUSDEHNUNG
Nord-Süd 8.500 km
West-Ost 11.000 km

2 NÖRDLICHSTER PUNKT
Kap Tscheljuskin, Russland, 77°43' N

3 SÜDLICHSTER PUNKT
Südwestpazifik
Kap Buru, Malaysia, 1°25' N

4 WESTLICHSTER PUNKT
Kap Baba, Türkei
26°03' östliche Länge

5 ÖSTLICHSTER PUNKT
Kap Deschnjow, Russland
169°4' westliche Länge

6 HÖCHSTES GEBIRGE
Himalaya
Mount Everest, 8.850 m

7 TIEFSTER PUNKT
Totes Meer, -400 m

8 LÄNGSTER FLUSS
Jangtsekiang, 6.380 km

9 GRÖSSTER SEE
Kaspisches Meer, 371.000 km²

10 TIEFSTER SEE
Baikalsee, Russland, 1.637 m

11 GRÖSSTE INSEL
Borneo, 748.168 km²

VIER ELEMENTE

ERDE

AFRIKA

Als »Wiege der Menschheit« wird der zweitgrößte Kontinent der Erde oft bezeichnet

Zwischen Indischem und Atlantischem Ozean liegt die Landmasse des afrikanischen Kontinents. Mit 30,3 Millionen km² (20 % der Landoberfläche der Erde) ist er sowohl der Fläche als auch der Bevölkerung (rund 2,3 Milliarden, 30,6% der Weltbevölkerung) nach der zweitgrößte Kontinent der Erde.

AFRIKAS GEOGRAFISCHE SUPERLATIVE

1 **AUSDEHNUNG**
Nord-Süd 7.500 km
West-Ost 6.000 km

2 **NÖRDLICHSTER PUNKT**
Bizerta, Tunesien
37°16' S, 9°52' O

3 **SÜDLICHSTER PUNKT**
Cape Agulhas, Südafrika
34°49' S, 20°0' O

4 **WESTLICHSTER PUNKT**
Cabo Verde, Senegal
14°44' N, 17°31' W

5 **ÖSTLICHSTER PUNKT**
Ras Hafun, Somalia
10°25' N, 51°16' O

6 **HÖCHSTES GEBIRGE**
Kilimandscharo, Tansania
Kibo, 5.895 m

7 **TIEFSTER PUNKT**
Assalsee, Dschibuti,
−153 m

8 **LÄNGSTER FLUSS**
Nil, 6.671 km

9 **GRÖSSTER SEE**
Victoriasee, Ostafrika,
68.870 km²

10 **TIEFSTER SEE**
Tanganjikasee, Ostafrika,
1.470 m

11 **GRÖSSTE INSEL**
Madagaskar,
587.042 km²

Afrika erstreckt sich beiderseits des Äquators und erreicht mit dem Kap der Guten Hoffnung seinen südlichen Abschluss. Das Europäische Mittelmeer bildet die nördliche Grenze. An der Straße von Gibraltar rückt der Kontinent auf vierzehn Kilometer an Europa heran. Das Rote Meer bildet die natürliche Grenze zu Asien, der Suezkanal seit 1869 eine künstliche.

Seine geografische Lage quer zum Äquator bestimmt auch Afrikas klimatische Verhältnisse: 75% der Fläche liegen innerhalb der Wendekreise und sind damit die größte zusammenhängende tropische Landmasse der Erde. Nördlich und südlich schließen sich subtropische Savannen- und Halbwüstenzonen an (Sahelzone). Während die Namib im Süden zu den kleineren Exemplaren zählt, prägt die Sahara, die größte Wüstenregion der Welt, fast das gesamte nördliche Drittel des Kontinents.

Das Relief Afrikas bestimmen flache Bergschwellen und ausgedehnte Becken. Den Maghreb formen das Saharabecken und die Bergmassive des Al-Hajjar- und des Atlasgebirges. Niger und Tschad bilden im Norden große Becken, in Zentral- beziehungsweise Südafrika sind es Kongo und Okavango.

Neben Madagaskar im Osten finden sich nur im Golf von Guinea einige wenige vorgelagerte Inseln – die Küste des afrikanischen Kontinents ist sonst kaum gegliedert.

Vom Amboseli-Nationalpark im Südwesten Kenias bietet sich ein schöner Blick auf das Kilimandscharomassiv. Im Vordergrund entfaltet eine Schirmakazie ihre weiten Äste (großes Bild).

Pittoresk muten die Granitblöcke am Strand von Anse Source d'Argent auf der Seychelleninsel La Digue an (kleines Bild).

GREAT RIFT VALLEY

Der größte Grabenbruch der Erde

Das Great Rift Valley bzw. der Große Afrikanische Grabenbruch zieht sich von Syrien insgesamt rund 6.000 Kilometer gen Süden bis Mosambik. Verursacht wurde der Grabenbruch durch die Dehnung des Erdmantels, vulkanische Aktivitäten und die Bewegungen der Afrikanischen und Arabischen Kontinentalplatten im Lauf der letzten 35 Millionen Jahre. In weiteren Jahrmillionen wird der Grabenbruch wohl das östliche Afrika vom Rest des Kontinents abgespalten haben. Entlang dem Rift Valley entstanden durch die tektonischen Aktivitäten zahlreiche Vulkane: etwa das Mount-Kenya-Massiv, der Kilimandscharo und der Mount Meru. Der nach wie vor aktive Ol Doinyo Lengai in Tansania ist der einzige Karbonatit-Vulkan der Erde.

Beinahe mystisch wirkt der Lavafluss am Vulkan Ol Doinyo Lengai in Kenia (kleines Bild ganz oben).

Am Abbe-See, Dschibuti, formten heiße Quellen Travertinschlote (kleines Bild oben).

Großes Bild: Auch Tansania wird vom Great Rift Valley durchzogen.

Im dortigen Natronsee gelangt durch die Bewegungen der Erdkruste das Natron an die Oberfläche und bildet die Nahrungsgrundlage für die Rotalge, die dem See seine charakteristische Farbe gibt (kleines Bild links oben).

Eine ganz andere Farbe bilden hingegen die Salzablagerungen am Dallol-Vulkan in Äthiopien (kleines Bild links unten).

VIER ELEMENTE

ERDE

NORD- UND MITTEL-AMERIKA

Von Kanada bis Panama – Nord- und Mittelamerika erstreckt sich vom kalten Norden bis in die Karibik

Nordamerika ist der drittgrößte Kontinent und der größte Erdteil auf der westlichen Halbkugel. Er erstreckt sich von der Gletscherwelt Alaskas bis zur Karibik und umfasst einschließlich Grönlands, Mexikos, der Staaten der mittelamerikanischen Landbrücke und der Karibikinseln knapp 25 Millionen Quadratkilometer – damit nimmt er über 16% des Festlandes auf der Erde ein. Über drei Viertel der Landmasse entfallen dabei allein auf die beiden Länder USA und Kanada. Begrenzt wird Nordamerika im Norden vom Nordpolarmeer, im Osten vom Atlantischen Ozean und im Westen vom Pazifik.

Nordamerika reicht vom Nordpolarmeer bis zum Karibischen Meer. Es ist durch die an den schmalsten Stellen nur 50 Kilometer breite Landbrücke Mittelamerikas mit Südamerika verbunden, wobei Ersteres physisch-geografisch ebenso zur nordamerikanischen Landmasse zählt wie die Inseln des Amerikanischen Mittelmeers (Karibisches Meer und Golf von Mexiko) sowie Grönland. Von Alaska bis Neuschottland beträgt die West-Ost-Ausdehnung etwa 6.000 Kilometer.

Die Landschaften Amerikas sind mit der Gletscherwelt Alaskas, den Gebirgen sowie den Weiten der Prärie oder Wüsten sehr vielseitig. Dabei sind drei von Nord nach Süd verlaufende Großlandschaften zu unterscheiden: zum einen im Westen die sich über den ganzen Doppelkontinent erstreckenden und mehrere Gebirgsketten umfassenden Kordilleren, die von Alaska bis Feuerland mit einer Länge von 15.000 Kilometern das längste Faltengebirge der Welt darstellen. Die geologisch jungen Rocky Mountains sind der Hauptgebirgszug der Nordamerikanischen Kordilleren. Als zweite Großlandschaft erhebt sich in Gestalt der Appalachen ein bewaldetes Mittelgebirge im Osten, gesäumt von breitem Küstentiefland. Die Appalachen sind ca. 400 Millionen Jahre alt und gehören damit zu den älteren Gebirgen der Erde. Zwischen den Höhenzügen befinden sich drittens die Inneren Ebenen mit weitläufigen, offenen Landschaften (Great Plains) und den fünf Großen Seen, die mit insgesamt 244.000 Quadratkilometer die größte Binnensüßwasserfläche der Erde bilden.

Tiefe Buchten prägen die nordamerikanische Küstenlinie. Der Kontinent ist durch das Zusammentreffen der Nordamerikanischen mit der Pazifischen Platte tektonisch sehr aktiv, Vulkanausbrüche und Erdbeben sind häufig.

Die durchschnittliche Bevölkerungsdichte ist im Vergleich mit europäischen Industriestaaten gering, nur an der Ostküste der USA gibt es bevölkerungsreiche Ballungsgebiete.

NORD- UND MITTELAMERIKAS GEOGRAFISCHE SUPERLATIVE

1 **AUSDEHNUNG**
Nord-Süd 7.000 km
West-Ost 6.000 km

2 **NÖRDLICHSTER PUNKT**
Cape Murchison, Kanada
71°59' N, 94°32' W

3 **SÜDLICHSTER PUNKT**
Punta Mariato, Panama
07°12' N, 80°53' W

4 **WESTLICHSTER PUNKT**
Cape Prince of Wales, Alaska
65°35' N, 168°05' W

5 **ÖSTLICHSTER PUNKT**
Cape St. Charles
Neufundland und Labrador
52°13' N, 55°37' W

6 **HÖCHSTE BERGE**
Mount McKinley (USA) 6.194 m
Mount Logan (Kanada) 5.959 m

7 **TIEFSTER PUNKT**
Death Valley, Kalifornien
−85,5 m

8 **LÄNGSTER FLUSS**
Mississippi
(mit Missouri) 6.051 km

9 **GRÖSSTER SEE**
Oberer See, Kanada, 82.414 km²

10 **TIEFSTER SEE**
Großer Sklavensee, Kanada, 614 m

11 **GRÖSSTE INSELN**
Grönland, 2.166.086 km²
Kuba, 105.806 km²

Großes Bild: Im Abendlicht leuchten die roten Felsen im Arches National Park so intensiv, dass sie zu brennen scheinen. Frost und Wüstenwind schufen bizarre Formationen wie hier die Courthouse Towers.

Hinaus in das kristallklare Wasser des Lake Atitlan in Guatemala führt dieser hölzerne Steg (kleines Bild).

WER BAUT DIE SCHÖNEREN BÖGEN – DER MENSCH ODER DIE NATUR?

VIER ELEMENTE

ERDE

GRANDE ARCHE
Bogenhöhe: ca. 88 m
Bauzeit: ca. 5 Jahre
Besucher/Jahr: ca. 1,8 mio

GRAND ARCHE

Der Grande Arche wurde in den 1980er-Jahren als moderne Form eines Triumphbogens im Hochhausviertel La Défense westlich von Paris erbaut. In dem annähernd würfelförmigen Baukörper sind auf 35 Geschossen Büro- und Konferenzräume untergebracht. Die strenge Gebäudekonstruktion erhält durch ein im Torbogen gespanntes weißes Segel Leichtigkeit und Transparenz.

KAESÖNMUN (PJÖNGJANG)
Bogenhöhe: ca. 27 m
Bauzeit: ca. 1 Jahr
Besucher/Jahr: ca. 240.000

ARC DE TRIOMPHE
Bogenhöhe: ca. 29 m
Bauzeit: ca. 30 Jahre
Besucher/Jahr: ca. 1,8 mio

DELICATE ARCH
Bogenhöhe: ca. 20 m
Entstehungszeit: ca. 100 Mio. Jahre
Besucher/Jahr: ca. 1,5 Mio.

BRANDENBURGER TOR
Bogenhöhe: ca. 13,5 m
Entstehungszeit: ca. 3 Jahre
Besucher/Jahr: ca. 6 Mio.

DELICATE ARCH

Der Arches National Park im Südwesten der USA ist für seine mehr als 2000 natürlichen Sandsteinbögen bekannt. Der berühmteste von ihnen und mit eines der beliebtesten Fotomotive besonders bei Sonnenuntergang ist der Delicate Arch.

Das extreme Wüstenklima im Norden von Utah, tiefliegende poröse Salzschichten und darüber härtere Sandsteinschichten sind die Ursache für diese besonderen Bauwerke der Natur. Wind, Hitze, Wasser, Fröste und anschließende Tauperioden führten in Jahrmillionen dazu, dass im Gestein Risse entstanden, die Salzschichten langsam ausgewaschen wurden und schließlich die Bögen entstanden. Eine Wanderung auf dem Delicate Arch Trail zu diesem faszinierenden, frei stehenden Steinbogen gehört mit zu den Hauptattraktionen beim Besuch des Arches National Parks. Über ziemlich glatten Fels geht es etwa 150 Höhenmeter hinauf – das kann bei Temperaturen über 30 °C ohne Schatten schnell recht anstrengend und bei Regen auch rutschig sein. Zwei bis drei Stunden dauert die Wanderung, deren grandiose Ausblicke jede Anstrengung vergessen lässt

ARC DE TRIOMPHE DE L'ÉTOILE

Der Triumphbogen zählt zu den bekanntesten Wahrzeichen von Paris. Napoléon I., Ludwig XVII. und Louis-Philippe I. ließen von ihren Architekten das Bauwerk zwischen 1806 und 1836 im Stil der antiken römischen Architektur errichten. Mit 49,54 m Höhe, 44,82 m Breite und 22 m Tiefe überragte der Triumphbogen lange Zeit die Bebauung um den Place de l'Étoile – heute den Place Charles de Gaulle.

Der große Gewölbebogen in der Mitte ist 29,19 m hoch und 14,62 m breit, der kleine Bogen 18,68 m hoch und 8,44 m breit. An der Basis des Bogens stehen vier Figurengruppen: »Der Triumph von 1810«, »Widerstand«, »Frieden« und »La Marseillaise« oder »Auszug der Freiwilligen von 1792«. Über den Bogen sind auf den Flächen wichtige napoleonische und revolutionäre Siege als Flachreliefs eingelassen

VIER ELEMENTE

ERDE

SÜDAMERIKA

Die Bevölkerungsdichte Südamerikas ist vergleichsweise gering – die klimatische Vielfalt dafür umso größer

Südamerika ist nach Asien, Afrika und Nordamerika der viertgrößte Kontinent auf unserem Planeten. Mit einer Gesamtfläche von 17,8 Millionen km² macht er rund 12% der Landfläche der Erde aus. Im Norden ist Südamerika durch die mittelamerikanische Landzunge mit Nordamerika verbunden, im Süden reicht es näher als jeder andere Erdteil an die Antarktis heran.

Im Vergleich mit anderen Kontinenten wirkt Südamerika kompakt, die Küste ist weniger stark durch Buchten gegliedert, das Relief ist relativ einheitlich, sieht man von den Gebirgsregionen der Anden ab. Drei Großräume bestimmen die Oberflächengestalt des Erdteils: Die Anden als Hochgebirge im Westen, drei Flussebenen und drei Bergländer östlich der Anden.

Auch im südlichen Teil des amerikanischen Doppelkontinents setzt sich an der Pazifikküste die steil aufragende Kordillerenkette fort. Mit den Anden, nach dem Himalaya das zweithöchste Gebirgssystem der Welt, erreicht sie ihre größte Ausdehnung: rund 700 Kilometer in west-östlicher Richtung auf der Höhe des südlichen Wendekreises. Die Anden durchlaufen in Nord-Süd-Richtung den gesamten südamerikanischen Kontinent und sind das längste Kettengebirge der Welt. Zwischen den Höhenzügen der Kordilleren erstrecken sich Hochebenen. Nach Osten schließen sich Tiefländer an. Zwischen dem Bergland von Guayana im Norden und dem Brasilianischen Bergland erstreckt sich das vom Amazonas durchzogene Amazonasbecken. Das Tiefland um-fasst vier Millionen km² und ist das größte tropische Regenwaldgebiet der Erde. Daran schließen sich die Schwemmlandebenen des Gran Chaco und die Pampas an, die nach Patagonien, der dritten Bergregion, überleiten. Im äußersten Norden des Kontinents befindet sich das Tiefland des Orinoco, und im Süden des Kontinents findet sich die Stromebene des Flusssystems von Rio Paraguay und Rio Paraná, die in eine subtropische Schwemmlandschaft übergeht.

Die große Nord-Süd-Ausdehnung des Erdteils bedingt extreme klimatische Unterschiede. So folgen im Süden auf die feucht-heißen Regenwaldgebiete Amazoniens die kühl-gemäßigte Region Patagoniens und die polar beeinflussten Breiten Feuerlands. In den zwölf südamerikanischen Staaten, die Galápagos-Inseln sowie die englischen und französischen Überseegebiete der Falkland-Inseln und Französisch-Guyanas eingeschlossen, leben über 370 Millionen Menschen, was gut fünf Prozent der Weltbevölkerung entspricht.

Die Torres del Paine (großes Bild) sind das Wahrzeichen des gleichnamigen Nationalparks im Süden Chiles.

Der tropische Regenwald – hier am Amazonas in Brasilien – ist Südamerikas vorherrschende Vegetationsform (kleines Bild).

SÜDAMERIKAS GEOGRAFISCHE SUPERLATIVE

1 **AUSDEHNUNG**
Nord-Süd 7.500 km
West-Ost 6.000 km

2 **NÖRDLICHSTER PUNKT**
Punta Gallinas, Kolumbien 12°28' N

3 **SÜDLICHSTER PUNKT**
Cabo Froward, Chile
55°59' S

4 **WESTLICHSTER PUNKT**
Punta Pariñas, Peru
04°40' S, 81°19' W

5 **ÖSTLICHSTER PUNKT**
Ponta do Seixas, Brasilien
7°08' S, 34°47' W

6 **HÖCHSTES GEBIRGE**
Anden
Aconcagua, 6.963 m

7 **TIEFSTER PUNKT**
Laguna del Carbón, Argentinien, −105 m

8 **LÄNGSTER FLUSS**
Amazonas, 6.488 km

9 **GRÖSSTER SEE**
Maracaibosee, Venezuela, 13.300 km²

10 **TIEFSTER SEE**
Lago General Carrera, Chile, Argentinien, 590 m

11 **GRÖSSTE INSEL**
Isla Grande de Tierra del Fuego, Chile, Argentinien, 48.185 km²

VIER ELEMENTE

ERDE

POLARE ZONEN

Die Antarktis ist das größte noch vollständig intakte Ökosystem unserer Erde, und auch die Arktis ist noch in weiten Teilen unberührt

In der Nähe des 66. nördlichen Breitengrades sowie des südlichen 66. Breitengrades liegen der nördliche beziehungsweise der südliche Polarkreis. Jenseits davon erstrecken sich im Norden die Arktis und im Süden die Antarktis. In diesen polaren Gebieten, bei Temperaturen bis zu -70 °C in den Eis-, Schnee- und Geröllllandschaften, wo monatelang Dunkelheit herrscht, scheint Leben unmöglich zu sein. Doch auch in dieser unwirtlichen Umgebung schaffen es Menschen, Tiere und verschiedene Pflanzen, zu überleben. Die nördlichste größere Siedlung mit knapp 2.000 permanenten Einwohnern ist Longyearbyen auf Spitzbergen (Svalbard).

ANTARKTIS

Antarktika ist der einzige Kontinent mit einer jahreszeitlich wechselnden Größe. Die Fläche der tatsächlichen Landmasse ist etwa 30% größer als Europa und von einem durchschnittlich 2.000 Meter mächtigen Eispanzer bedeckt, der bis zu 4.000 Meter dick sein kann. Inmitten des Hochplateaus befindet sich der Südpol. Unter dem mächtigen Eispanzer liegen bedeutende Bodenschätze. Der Antarktisvertrag von 1959 untersagt jedoch Gebietsansprüche einzelner Staaten und sichert eine rein friedliche Nutzung für Forschungszwecke. Das Polargebiet gliedert sich in verschiedene Großregionen: die subantarktischen Inseln, die Schelfeisgebiete, das Transantarktische Gebirge, die Antarktischen Gebirge und die Kerguelen. Das 3.500 Kilometer lange Transantarktische Gebirge teilt den Kontinent in Ost- und Westantarktika. Das 5.140 Meter (mit Eisbedeckung) hohe Vinsonmassiv im Sentinel Range ist die höchste Erhebung des Kontinents.

Als einen »schrecklichen Ort« beschrieb der Antarktisforscher Robert F. Scott (1868–1912) einst die Antarktis und ihr Klima. Hier herrscht das ganze Jahr hindurch eine negative Wärmebilanz, im Jahr 1983 wurden auf der russischen Forschungsstation -89,2°C gemessen. Im Inneren des Kontinents steigen die sommerlichen Temperaturen selten auf über -20°C, an der Küste können sie die Null-Grad-Grenze erreichen. Durch die extreme Kälte ist die Luft äußerst trocken, insgesamt fällt nur sehr wenig Schnee. Die Antarktisstürme (bis zu 300 Stundenkilometer) sind bei allen Forschern gefürchtet. Kälte, Sturm, Trockenheit, Höhe sowie die winterliche Dunkelheit machen die Antarktis zum lebensfeindlichsten Ort unseres Planeten. Nur Forscher leben in den zahlreichen Forschungsstationen. Flora und Fauna konzentrieren sich auf die Antarktische Halbinsel. Zu den berühmtesten Bewohnern zählen der Kaiserpinguin und der kleinere Adeliepinguin. Große Eisströme entwässern das Innere des Kontinents und bilden die Schelfeistafeln, die 40% der über 18.000 Kilometer langen Küste ausmachen. Die größten sind das Ross-Schelfeis und das Filchner-Ronne-Schelfeis, insgesamt wird die Größe aller Schelfeisgebiete auf rund 1,5 Millionen km² geschätzt. Die schwimmenden Eisplatten werden vom Inlandeis, von Gletschern oder Eisströmen gespeist. Ein Teil liegt auf dem Wasser, ein anderer Teil schiebt sich auf das Land, wo es festgehalten wird. Wenn das Schelfeis den Kontakt mit dem Meeresboden verliert, bricht es ab, und es bilden sich Tafeleisberge. Diesem Schwund stehen in den vergangenen Jahren spektakuläre Abbrüche von einigen Hundert Quadratkilometern wie die vom Larsen-B-Schelfeis gegenüber, die verstärkte Rückzugsraten der Gletscher markieren. Forscher führen diesen dramatischen Rückgang auf einen regionalen Erwärmungstrend zurück.

Großes Bild: Treibeis vor der Küste der Westantarktis – es besteht aus Eisschollen und kleineren Eisbergen, die sich von Gletschern und Inlandeismassen gelöst haben und im offenen Meer treiben.

Ein Walross hat es sich auf Treibeis bei Spitzbergen gemütlich gemacht (kleines Bild oben).

In der unendlich einsamen Weite aus Kälte und Eis leben die Eisbären und sehen sich mit einer zunehmenden Verkleinerung ihres Lebensraumes konfrontiert (kleines Bild unten).

ARKTIS

Etwa 30% der 26,4 Millionen Quadratkilometer großen Arktis sind Festland. Ihr Zentrum ist jedoch keine Landmasse, sondern das 14 Millionen Quadratkilometer große Nordpolarmeer, ein Nebenmeer des Atlantiks. Größte arktische und weltgrößte Insel zugleich ist Grönland. Kalte, strenge Winter und kühle Sommer sind für die gesamte Arktis typisch, sodass die Böden dauerhaft gefroren sind und nur an der Oberfläche auftauen. Die Fauna der Arktis ist artenreicher als die der Antarktis: Moschusochsen, Rentiere, Karibus, Eisfüchse, Eisbären, Schneehasen, Lemminge, Walrosse, Wale, Vögel und sogar Insekten beleben den hohen Norden. Durch den Einfluss des Nordpolarmeeres ist das Klima weniger rau als in der Antarktis; so ist auch zu erklären, dass sich der »Kältepol« der Arktis nicht etwa in Nordpolnähe, sondern in Ostsibirien befindet. Dort misst man bis zu -77,8°C. Grönland weist mit etwa 3.400 Meter die größte Eismächtigkeit der Arktis auf. Bei Qaanaaq befindet sich der sogenannte »geomagnetische Nordpol«, der errechnete Lagepunkt der geomagnetischen Achse.

VIER ELEMENTE

ERDE

ANTARKTIS

Es kann von Glück gesprochen werden, dass die friedliche Nutzung der Antarktis vertraglich festgehalten ist

Der antarktische Kontinent umfasst eine Fläche von 12,4 Millionen Quadratkilometern, nur 200.000 Quadratkilometer davon sind eisfreier Fels. Die Landmasse von der Größe Europas wird von einer rund zwei Kilometer dicken Eisschicht überzogen. Zur Mitte des Kontinents hin kann diese Schicht sogar über 4,5 Kilometer mächtig werden, damit ist die Antarktis auch der höchste Erdteil.

Das Gebiet der Antarktis reicht bis zum südlichen Polarkreis bei 66°33′ südlicher Breite. Als Grenze gilt die antarktische Konvergenz bei etwa 50° südlicher Breite. Die Größe des Kontinents schwankt je nach Jahreszeit: Im Winterhalbjahr wächst er durch die Zunahme der Eismassen auf rund das Doppelte an.

Die Antarktis, auch als Südpolargebiet bezeichnet, ist der südlichste Teil der Erde und erstreckt sich fast vollständig jenseits des südlichen Polarkreises. Die Festlegung der antarktischen Grenzen erfolgt nicht durch die Küstenlinie des Festlandes, sondern durch die Antarktische Konvergenz, eine scharf umrissene Zone an den südlichen Rändern des Atlantischen, Indischen und Pazifischen Ozeans. Die Konvergenz liegt zwischen 48 und 60° südlicher Breite. An dieser Stelle trifft kälteres Wasser, das von der Antarktis nach Norden strömt, auf wärmeres Wasser, das in südliche Richtung fließt. Zählt man bei den Flächenberechnungen auch die den Landgebieten vorgelagerten Schelfeistafeln, das Meer und die Inseln hinzu, so kommt man auf eine Gesamtfläche von 53 Millionen Quadratkilometern. Die Weddellsee auf der atlantischen Seite und das Rossmeer auf der pazifischen Seite greifen tief in das Festland von Antarktika ein. Durch diese Einschnitte wird die Kontinentmasse in die mehr als 10 Millionen Quadratkilometer große Ostantarktis und die 2,3 Millionen Quadratkilometer große Westantarktis geteilt. Auf dem kältesten Kontinent konzentrieren sich rund um den Südpol mehr als 90% der Eismasse der Erde. Das Volumen des Inlandeises wird auf 24 Millionen Kubikkilometer geschätzt und ist damit die größte zusammenhängende Eismasse der Welt. Die mächtige Eisschicht, die die Antarktis bedeckt, verschiebt sich an den Rändern als Schelfeis oder fließt in Eisbergen und als Treibeis ab (»kalben«).

Zwischen Ost- und Westantarktis verläuft auf einer Länge von 3.500 Kilometern das Transantarktische Gebirge (fünftlängster Gebirgszug der Erde), das Höhen bis über 4.500 Meter erreicht. Teil des Gebirges sind die antarktischen Trockentäler: ein Gebiet von knapp 5.000 Quadratkilometern in der Ostantarktis, das seit Millionen von Jahren eisfrei ist und trockener als die Sahara oder die Atacamawüste ist. So lebensfeindlich die Trockentäler auch sind, selbst findet sich Leben, wenn auch nur mikroskopisch kleines.

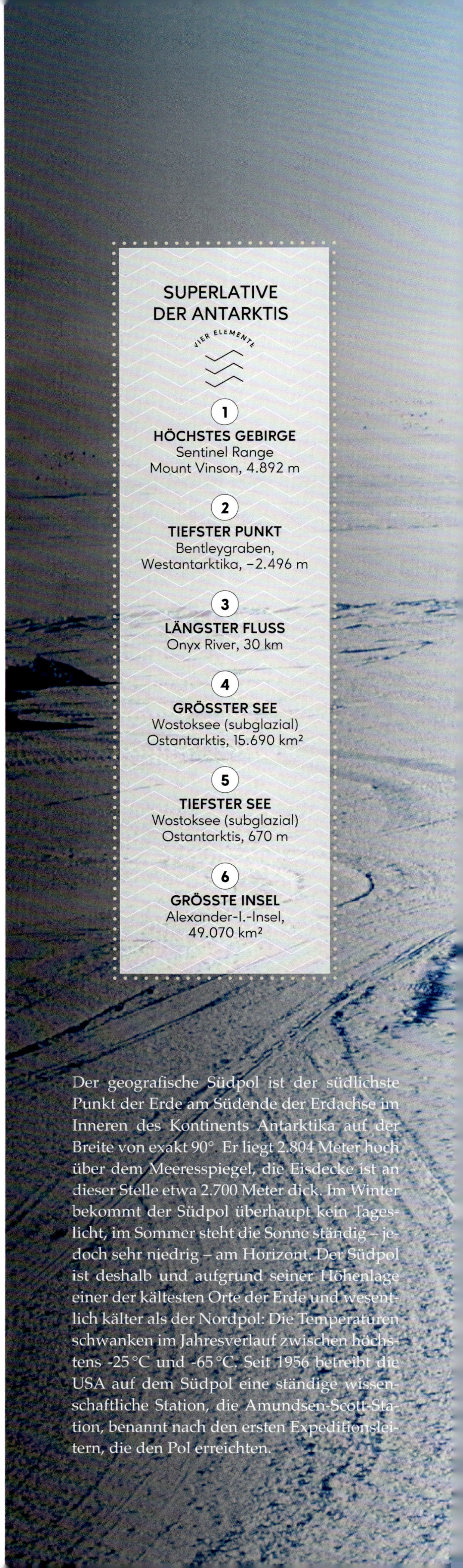

SUPERLATIVE DER ANTARKTIS

VIER ELEMENTE

1
HÖCHSTES GEBIRGE
Sentinel Range
Mount Vinson, 4.892 m

2
TIEFSTER PUNKT
Bentleygraben,
Westantarktika, −2.496 m

3
LÄNGSTER FLUSS
Onyx River, 30 km

4
GRÖSSTER SEE
Wostoksee (subglazial)
Ostantarktis, 15.690 km²

5
TIEFSTER SEE
Wostoksee (subglazial)
Ostantarktis, 670 m

6
GRÖSSTE INSEL
Alexander-I.-Insel,
49.070 km²

Der geografische Südpol ist der südlichste Punkt der Erde am Südende der Erdachse im Inneren des Kontinents Antarktika auf der Breite von exakt 90°. Er liegt 2.804 Meter hoch über dem Meeresspiegel, die Eisdecke ist an dieser Stelle etwa 2.700 Meter dick. Im Winter bekommt der Südpol überhaupt kein Tageslicht, im Sommer steht die Sonne ständig – jedoch sehr niedrig – am Horizont. Der Südpol ist deshalb und aufgrund seiner Höhenlage einer der kältesten Orte der Erde und wesentlich kälter als der Nordpol: Die Temperaturen schwanken im Jahresverlauf zwischen höchstens -25 °C und -65 °C. Seit 1956 betreibt die USA auf dem Südpol eine ständige wissenschaftliche Station, die Amundsen-Scott-Station, benannt nach den ersten Expeditionsleitern, die den Pol erreichten.

Die amerikanische Amundsen-Scott-Station (großes Bild) liegt in 2.85 Metern Höhe auf dem Inlandeis.

Heute wehen am Südpol die Flaggen verschiedener Nationen (kleines Bild).

WISSENSWERT

Wettlauf Roald Amundsen und Robert Scott

Der Engländer Robert Falcon Scott (1868–1912) und der Norweger Roald Amundsen (1872–1928) lieferten sich zusammen mit ihren jeweiligen Expeditionsteams im Jahr 1911 einen Wettlauf zum Südpol. Der Gewinner dieses spannenden, aber auch tragischen Konkurrenzkampfs war Amundsen, der mit seinen vier Begleitern am 14. Dezember 1911 den Südpol erreichte und sein Lager dort Polheim nannte. Als Scott am 17. Januar 1912 ebenfalls dort ankam, fand er ein Zelt vor, auf dem die norwegische Flagge wehte – er war zu spät dran und nur Zweiter. Auf dem Rückweg starben alle Teilnehmer der britischen Expedition, auch Scott selbst, an Unterernährung und Erfrierungen. Erst 45 Jahre nach Amundsen und Scott setzte der nächste Mensch seinen Fuß auf den Südpol: 1956 kam Admiral George Dufek mit dem Flugzeug hierher, um die Konstruktion der amerikanischen Amundsen-Scott-Forschungsstation vorzubereiten.

14. Dezember 1911: Das Ziel ist erreicht.

Scott findet am Pol Amundsens Zelt.

VIER ELEMENTE

ERDE

EUROPA

Kein anderer Kontinent der Erde ist so zergliedert wie Europa

Mit einer Gesamtfläche von etwa 10,5 Millionen Quadratkilometern nimmt Europa, der zweitkleinste Kontinent, 7% des Festlandes auf der Erde ein. In den Staaten Europas leben rund 12% der Erdbevölkerung, also ungefähr 700 Millionen Menschen. Europa liegt auf der nördlichen Erdhalbkugel. Der Kontinent wird im Norden vom Europäischen Nordmeer, im Westen vom Atlantik und im Süden vom Mittelmeer begrenzt. Die Küstenlinien messen insgesamt rund 37.900 Kilometer.

Während die übrigen Kontinente marine Grenzen haben, ist eine Grenzziehung im Osten Europas historisch und völkerrechtlich nicht definiert und somit eine Frage der Konvention. Der europäische Kontinent gehört zur Eurasischen Landmasse und nimmt in deren Westen ein Fünftel der Fläche ein. Dass Europa dennoch als eigenständiger Kontinent wahrgenommen wird, ist historisch und kulturell bedingt. Geografisch wird entweder die 300 Kilometer nördlich des Kaukasusgebirges gelegene Manytsch-Niederung oder der Kaukasus selbst als Grenze zu Asien betrachtet.

Wegen seiner markanten Form ist das Matterhorn – das Schweizer Wahrzeichen – einer der bekanntesten Berge der Welt (großes Bild).

Und auch die Cliffs of Moher in Irland genießen einige Berühmtheit (kleines Bild).

Das Relief des europäischen Kontinents – des am stärksten zergliederten Erdteils – ist so heterogen, dass sich der relativ kleine Kontinent in viele verschiedene Naturlandschaften unterteilen lässt: Höhenzüge und Becken, Tiefländer und Mittelgebirge sowie stark zerklüftete Küstenlinien mit zahlreichen Inseln – Europa ist der Kontinent mit den meisten Halbinseln – wechseln sich ab.

Die Landschaften Nordeuropas wurden vor allem während der Eiszeiten geformt und sind geprägt von den zerklüfteten Küsten im Nordwesten, kargen Hochebenen, Gebirgsketten und seenreichen flachen Gegenden.

Daran schließt sich die Mitteleuropäische Schwelle mit waldreichen Mittelgebirgen, Hügelländern und Talsenken in West- und Mitteleuropa an. Die hohen Faltengebirge der Pyrenäen, der Alpen und der Karpaten setzen sich in den Gebirgen der südeuropäischen Halbinseln – Peloponnes, Iberische und Apennin-Halbinsel – fort. Im Süden finden sich außerdem Hochgebirge und Hochebenen. Die Landschaft Osteuropas ist von der Osteuropäischen Ebene geprägt, die sich bis zum Ural-Gebirge und -Fluss erstreckt und bis an das Nordpolarmeer reicht. Europa ist der Erdteil mit dem größten Formenreichtum auf kleinstem Raum.

EUROPAS GEOGRAFISCHE SUPERLATIVE

1 **AUSDEHNUNG**
Nord-Süd 3.800 km
West-Ost 6.000 km

2 **NÖRDLICHSTER PUNKT**
Kap Kinnaroden, Norwegen
71°08' N, 27°39' O

3 **SÜDLICHSTER PUNKT**
Punta de Tarifa, Spanien
36°0' N, 5°36' W

4 **WESTLICHSTER PUNKT**
Cabo da Roca, Portugal
38°46' N, 9°30' W

5 **ÖSTLICHSTER PUNKT**
Uralgebirge, Russland
67° östliche Länge

6 **HÖCHSTES GEBIRGE**
Kaukasus,
Elbrus 5.642 m

7 **TIEFSTER PUNKT**
Kaspisches Meer, –28 m

8 **LÄNGSTER FLUSS**
Wolga, 3.534 km

9 **GRÖSSTER SEE**
Ladogasee, 17.703 km²

10 **TIEFSTER SEE**
Hornindalsvatnet, Norwegen, 514 m

11 **GRÖSSTE INSEL**
Großbritannien, 229.883 km²

VIER ELEMENTE

ERDE

AUSTRALIEN/OZEANIEN

Roter Kontinent, grüne Insel – die Länder von Australien und Ozeanien machen in Farben von sich reden

Der mit insgesamt 8,5 Millionen Quadratkilometern kleinste der Kontinente der Erde umfasst außer der Hauptlandmasse Australiens die der Nordostküste vorgelagerte Insel Tasmanien und einige kleinere Inseln sowie das Great Barrier Reef, das größte Korallenriff der Welt. Der Name des Kontinents stammt aus dem Lateinischen (»terra australis«) und bedeutet »Südland«, gemäß der Lage des Kontinents auf der Südhalbkugel beiderseits des südlichen Wendekreises, an der Grenze zwischen Indischem und Pazifischem Ozean.

Der australische Kontinent wird im Norden von Timorsee, Arafurasee und Torresstraße, im Osten durch Korallen- und Tasmansee begrenzt. Im Süden befindet sich die Bass-Straße und im Westen der Indische Ozean. Im Vergleich zu anderen Erdteilen ist die Küste Australiens, bis auf den Golf von Carpentaria im Norden, wenig gegliedert. Der australische Kontinent lässt sich in drei Großräume unterteilen: das westaustralische Tafelland, das von bizarren Felslandschaften wie der Kimberley-Region und ausgedehnten Wüsten wie der Großen Sandwüste geprägt ist. Die gesamte Ostküste entlang verläuft die Great Dividing Range, und als Bindeglied liegt zwischen West- und Ostaustralien die Mittelaustralische Senke, die auch als Outback bekannte Tieflandzone mit weitläufigen Wüsten wie der Großen Victoria-Wüste. Die markanteste Erhebung im Landeszentrum sind der Uluru und die Olgas.

Neuseeland besteht aus zwei Inseln. Die Südinsel entstand vor etwa 100 Millionen Jahren beim Zusammenstoß zweier Kontinentalplatten. Hügel und Ebenen, Seen und Fjorde sind das Ergebnis eiszeitlicher Gletscherarbeit. Auf der Nordinsel gibt es eine Vielzahl von Vulkanen, die sich auf der Nahtstelle von australischer und pazifischer Platte befinden, was auch die zahlreichen Thermalquellen und Geysire erklärt. Neuseeland wird wegen der dünnen Besiedelung und der einzigartigen, meist unberührten Natur oft als »grüne Insel« bezeichnet.

Unter der Bezeichnung »Ozeanien« fasst man kulturell und wirtschaftlich die Inselwelt des Pazifiks mit den Inseln Melanesiens, Mikronesiens und Polynesiens sowie Neuguinea und Neuseeland zu einem Teilkontinent zusammen. Tektonisch und geografisch ist dies nicht korrekt, da die Regionen jeweils auf verschiedenen Platten (der australischen, pazifischen und einigen kleineren) liegen. Auf den mehr als 7.000 Inseln mit einer Landfläche von rund 1,3 Millionen Quadratkilometern, leben etwa 15 Millionen Menschen.

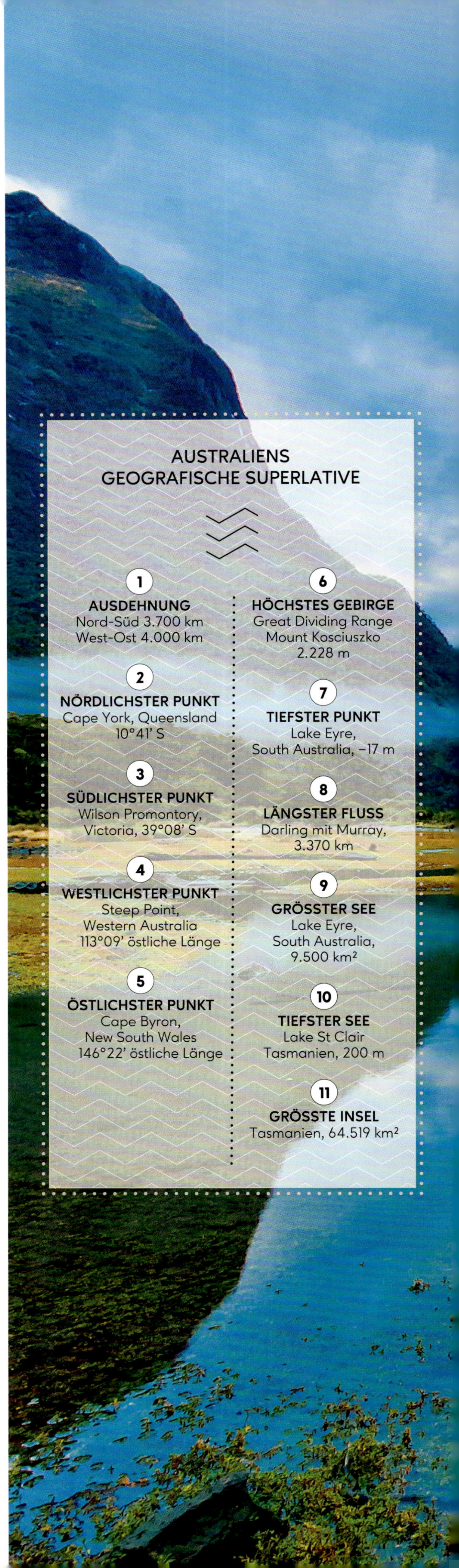

AUSTRALIENS GEOGRAFISCHE SUPERLATIVE

1 **AUSTRALIENS AUSDEHNUNG**
Nord-Süd 3.700 km
West-Ost 4.000 km

2 **NÖRDLICHSTER PUNKT**
Cape York, Queensland
10°41' S

3 **SÜDLICHSTER PUNKT**
Wilson Promontory, Victoria, 39°08' S

4 **WESTLICHSTER PUNKT**
Steep Point, Western Australia
113°09' östliche Länge

5 **ÖSTLICHSTER PUNKT**
Cape Byron, New South Wales
146°22' östliche Länge

6 **HÖCHSTES GEBIRGE**
Great Dividing Range
Mount Kosciuszko
2.228 m

7 **TIEFSTER PUNKT**
Lake Eyre, South Australia, –17 m

8 **LÄNGSTER FLUSS**
Darling mit Murray, 3.370 km

9 **GRÖSSTER SEE**
Lake Eyre, South Australia, 9.500 km²

10 **TIEFSTER SEE**
Lake St Clair
Tasmanien, 200 m

11 **GRÖSSTE INSEL**
Tasmanien, 64.519 km²

Der 1.692 Meter hohe Mitre Peak (großes Bild) ist das Wahrzeichen am Fjord Milford Sound auf der Südinsel Neuseelands.

Einige der 36 Felskuppen der Kata Tjuta (»Viele Köpfe«), früher als »The Olgas« bekannt, im Herzen Australiens (kleines Bild).

VIER ELEMENTE

ERDE

ERDBEBEN

Die gewaltigsten Erschütterungen der Erde

Als Erdbeben werden natürliche Erschütterungen von Erdkruste und -mantel bezeichnet. Besonders an den Grenzen zwischen den Kontinentalplatten, wo sich diese voneinander weg oder aber aufeinander zu bewegen, entstehen Spannungen, die sich schließlich durch ruckartige Bewegungen der Erdkruste entladen – es kommt zu tektonischen Beben. An der San-Andreas-Verwerfung in Kalifornien etwa, wo die Pazifische an der Nordamerikanischen Platte vorbeidriftet, kommt es immer wieder zu Erdbeben. Mit der Richter-Skala misst man die Stärke von Erdbeben, dabei wird mithilfe von Seismografen die bei einem Beben ausgelöste Energie aufgezeichnet.

HISTORISCHE ERDBEBEN

Am 1. November 1755 zerstörten ein Erdbeben und nachfolgende Brände Portugals Hauptstadt Lissabon (oben). Das Beben, das 30.000 bis 100.000 Menschenleben forderte, hatte vermutlich eine Stärke von 8,5 bis 9 auf der Richter-Skala. Die Katastrophe gilt als Impulsgeber der mordernen Seismologie.

Eine der schlimmsten Naturkatastrophen der USA war das San-Francisco-Erdbeben vom 18. April 1906 mit etwa 3.000 Todesopfern (rechts). Seine Stärke lag zwischen 7,8 und 8,8 auf der Richter-Skala, und es erschütterte die Gegend entlang der San-Andreas-Verwerfung über Hunderte von Kilometer hinweg.

Die San-Andreas-Verwerfung erstreckt sich über 1.100 Kilometer von Mexiko bis nach San Francisco (großes Bild und kleines Bild oben).

DIE STÄRKSTEN ERDBEBEN DER ERDE

Stärke auf der Richter-Skala

1. **CHILE** (Valdivia), 1960, 9,5
2. **ALASKA** (»Karfreitagsbeben«) 1964, 9,2
3. **SEEBEBEN VOR SUMATRA** 2004, 9,1
4. **RUSSLAND (KAMTSCHATKA)** 1952, 9,0
5. **ERDBEBEN VOR CHILE** 2010, 8,8
6. **ERDBEBEN VOR ECUADOR** 1906, 8,8
7. **ALASKA (ANDREANOF ISLANDS)** 1965, 8,7
8. **ALASKA (RAT ISLAND)** 1965, 8,7
9. **ERDBEBEN VOR NORD-SUMATRA** 2005, 8,6
10. **INDIEN (ASSAM)** 1950, 8,6

ERDBEBEN IM 20. UND 21. JAHRHUNDERT

Mexiko-Stadt liegt in einer tektonisch aktiven Region, in der es immer wieder zu Erdbeben kommt. 1985 suchte ein Beben der Stärke 8,1 die Millionenstadt heim. Über 10.000 Menschen starben. 1994 forderte ein Erdbeben der Stärke 6,7 in Kalifornien 60 Menschenleben (oben), 1995 bebte im japanischen Kobe die Erde mit der Stärke 7,3 (unten). Eines der katastrophalsten Erdbeben war das Seebeben im Indischen Ozean vor der Insel Sumatra am 26. Dezember 2004, an dessen Folgen 230.000 Menschen starben. Am 12. Mai 2008 erschütterte das »Große Erdbeben von Wenchuan« die chinesische Provinz Sichuan mit der Stärke 8,0 und forderte 86.000 Todesopfer (rechts). Nicht selten lösen Erdbeben eine zweite Naturkatastrophe aus, so beispielsweise beim Erdbeben von Sulawesi 2018, das mit dem ihm folgenden Tsunami über 4.000 Menschenleben kostete.

VIER ELEMENTE

ERDE

INSELN

Mit über 230.000 Inseln ist Norwegen wohl das Land mit den meisten Inseln, gefolgt von Schweden und Kanada

Sie übertreffen mit ihrer Größe die Fläche der Benelux-Staaten um ein Vielfaches und kommen in allen Klimaregionen vor. Die größten Inseln der Erde liegen wie Grönland unter einem dicken Eispanzer oder sind wie Neuguinea mit dichtem tropischen Regenwald bedeckt. Zwischen diesen Extremen gibt es je nach Klimazone zahlreiche Mischformen. Das gemeinsame Merkmal ist, dass sie vollständig von Wasser umgeben sind und häufig durch ihre Größe die Ozeane von Nebenmeeren und Meeresteilen trennen.

Großes Bild: Das Cape Reinga Lighthouse wacht seit 1941 über das Kap der Nordinsel von Neuseeland. Für Besucher ist es ein fantastischer Aussichtspunkt.

Oben: Der Sermiligaq-Fjord auf Grönland.

DIE GRÖSSTEN INSELN DER WELT

1. **GRÖNLAND**
Dänemark, 2.166.086 km²

2. **NEUGUINEA**
Indonesien/
Papua-Neuguinea,
785.753 km²

3. **BORNEO**
Indonesien/Malaysia/
Brunei, 748.168 km²

4. **MADAGASKAR**
Madagaskar,
587.042 km²

5. **BAFFIN ISLAND**
Kanada, 507.451 km²

6. **SUMATRA**
Indonesien, 443.066 km²

7. **HONSHU**
Japan, 230.316 km²

8. **GROSSBRITANNIEN**
Vereinigtes Königreich,
229.883 km²

9. **VICTORIA ISLAND**
Kanada, 217.291 km²

10. **ELLESMERE ISLAND**
Kanada, 196.236 km²

VIER ELEMENTE

ERDE

GRÖNLAND

Die größte Insel der Erde

Grönland ist die größte Insel der Erde. Sie ist ungefähr 2.650 Kilometer lang, hat eine maximale Breite von etwa 1.000 Kilometer und eine Fläche von 2.166.086 Quadratkilometer. Der dicke Eispanzer mit einer maximalen Mächtigkeit von bis zu 3.000 Meter Höhe, der rund 80% der Fläche Grönlands bedeckt, ist ein Relikt der letzten Eiszeit. Die Küsten im Süden und Südwesten sind weitgehend eisfrei. In dem vorherrschenden subpolaren bis polaren Klima leben Eisbären, Rentiere, Moschusochsen und über 200 Vogelarten. Bäume gibt es nur in einem sehr kleinen Randgebiet im äußersten Süden. Tundrenvegetation bedeckt ansonsten die nicht vereisten Küstenabschnitte.

Gewaltige Gletscher, die bis zum Meer reichen und an der Küste mit großen Bruchstücken kalben, sind in Grönland vielerorts zu beobachten. Als Eisberge driften diese Bruchstücke der Gletscher durch die Buchten auf das offene Meer hinaus. Auf dem kleinen Bild oben sieht man Gletscher, die sich zwischen Felsen bis an die Küste vorschieben. Das kleine Bild unten zeigt einen Ausschnitt der mit Eisbergen gefüllten Disko-Bucht im Westen Grönlands.

Großes Bild: Wolken umrauschen die Ostküste Grönlands mit dem Scoresbysund, dem längsten Fjord der Erde.

VIER ELEMENTE ERDE

ARKTISCHER OZEAN

Der kleinste Ozean, Arktischer Ozean oder auch Nordpolarmeer genannt, grenzt nördlich an eine Vielzahl von Inseln, die auf Festlandsockeln sitzen

Baffin Island

Kanada, 507.451, km²

Die fünftgrößte Insel der Erde ist die größte im Archipel des inselreichen Nordens Kanadas. Ein stark vergletscherter Gebirgszug durchzieht die Insel fast der gesamten Länge nach. Zahlreiche vegetationsarme Fjorde kennzeichnen die Küste entlang der Baffin Bay. Etwa 11.000 Menschen, überwiegend Inuit, leben in den wenigen Siedlungen auf der Insel. Mehr als die Hälfte davon in Iqaluit, der Hauptstadt des im Jahr 1999 neu geschaffenen Territoriums Nunavut.

Victoria Island

Kanada, 217.291 km²

Die zweitgrößte Insel Kanadas liegt im Kanadisch-Arktischen Archipel. Der westliche Teil gehört zu den Nordwest-Territorien, der östliche zum Territorium Nunavut. Sie wird durch Dolphin- und Union-, Prince- of-Wales-, Dease- und Victoria-Straße sowie Coronation- und Queen-Maud-Golf vom Festland getrennt. Die Topografie der Victoria Island ist von Gletschertätigkeit geprägt, die höchste Erhebung sind mit 665 Metern die Shaler Mountains. Benannt ist die Insel nach der britischen Königin Victoria.

Banks Island

Kanada, 70.028 km²

Die westlichste Insel des Kanadisch-Arktischen Archipels ist nach dem englischen Naturforscher Sir Joseph Banks benannt und gehört zu den Nordwest-Territorien. Prince-of-Wales-Straße, McClure-Straße und Amundsen-Golf trennen die Insel von der umliegenden Victoria Island, der Prince-Patrick-Insel und von Melville Island. Die von der Tundra dominierte Landschaft besteht überwiegend aus Tiefland, und nur im Osten erheben sich die Durham Heights, ein bis zu 730 Meter hohes Bergland.

Ellesmere Island

Kanada, 196.236 km²

Vor der Nordküste Grönlands liegt Ellesmere Island, deren Nordspitze, Kap Columbia, der nördlichste Punkt Nordamerikas ist. Sie gehört zu den Königin-Elisabeth-Inseln Kanadas, Ost- und Westküste sind durch eine Vielzahl an Fjorden stark zerklüftet. Über ein Drittel der Fläche ist vergletschert. Flechten, Moose und arktische Pflanzen gedeihen in der baumlosen Tundra. Die Durchschnittstemperatur beträgt 12 °C. Ein Fünftel der Insel gehört zum Quittinirpaaq-Nationalpark.

Axel Heiberg Island
Kanada, 43.178 km²

Die Insel ist die siebtgrößte Kanadas, gehört zu den Königin-Elisabeth-Inseln und ist stark von Fjorden zerklüftet. Gletscher und Eis bedecken ein Drittel des unbewohnten Eilands. 1985 fand man im Osten einen mumifizierten Wald aus dem Eozän, 40–50 Millionen Jahre alte Fossilien, mit Wasserfichten und Mammutbäumen, die bis zu 50 Meter hoch und 1.000 Jahre alt wurden.

Melville Island
Kanada, 42.149 km²

Die hügelige, unbewohnte Insel ist die viertgrößte der Königin-Elisabeth-Inseln im Kanadisch-Arktischen Archipel und ragt an ihrer höchsten Stelle 776 Meter auf. Im Norden grenzt sie an die Hazen-Straße, im Nordosten an den Byam-Martin-Kanal und im Süden an Viscount Melville Sound und McClure-Straße. Mit dem Westteil liegt die Melville Island in den Nordwest-Territorien, mit dem Ostteil zum Territorium Nunavut. Das Zentrum ist kaum von Vegetation und teilweise mit Eis bedeckt.

Southampton Island
Kanada, 41.214 km²

Am Nordrand der Hudson Bay liegt, umgeben von Roes Welcome Sound, Frozen-, Evans- und Fisher-Straße, Southampton Island. Die Topografie ist überwiegend flach, nur im Nordosten erheben sich die Porsild Mountains bis über 600 Meter, der Mathiasen Mountain ist mit 625 Metern der höchste Gipfel. Viele Säugetiere wie Eisbären, Karibus, Lemminge und Polarhasen leben in der Tundravegetation. Größte Siedlung ist Coral Harbour mit knapp 800 Einwohnern.

Devon Island
Kanada, 55.247 km²

Mit ihrer Fläche von 55.247 Quadratkilometern ist sie die größte unbewohnte Insel der Welt. Ein Drittel der Fläche ist von einer Eiskappe bedeckt, dem 1.920 Meter hohen Devon Ice Cap in den Treuter Mountains. Bekannt ist Devon Island auch aufgrund des Haughton-Kraters mit einem Durchmesser von circa 20 Kilometern.

Spitzbergen
Norwegen, 37.673 km²

Spitzbergen ist die größte Insel des Svalbard-Archipels und gehört zu Norwegen. Im deutschen Sprachgebrauch hat es sich eingebürgert, dass alle Inseln dieses Archipels mit Spitzbergen bezeichnet werden. Die arktische Flora besteht fast ausschließlich aus Moosen, Flechten und Farnen, weite Flächen sind vegetationslos. An der Westküste hat sich in Ny-Ålesund ein internationales Zentrum der Arktisforschung entwickelt, mit dem nördlichsten Meeresforschungslabor und einem Observatorium zur Erforschung von Polarlichtern.

Nowaja Semlja Nordinsel
Russland, 48.904 km²

Die Nordinsel Sewery Ostrow ist Europas viertgrößte Insel und bildet mit der Südinsel und mehreren kleineren Eilanden die Inselgruppe Nowaja Semlja, die die Barentssee von der Kara-See trennt. Während auf der Südinsel Tundra dominiert, ist die Nordinsel stark vergletschert. Auf den Inseln gibt es mehrere Forschungsstationen für Geophysik und Meteorologie.

VIER ELEMENTE

ERDE

ATLANTISCHER OZEAN

Von den subpolaren Regionen über die gemäßigten Breiten bis zu den mediterranen und tropischen Gebieten sind alle Klimazonen vertreten

Als nördlicher Ausläufer der Appalachen ist Neufundland sehr gebirgig (großes Bild).

Mit ihren fossilen Zeugnissen bietet die britische Felsküste in Dorset und Devon, auch »Jurassic Coast« genannt, eine einzigartige Gesamtschau durch 185 Millionen Jahre Erdgeschichte (kleines Bild oben).

Stürmisch ist es am Leuchtturm am Fanad Head im Nordwesten Irlands (kleines Bild Mitte).

Palmenstrände laden in der Dominikanischen Republik zum Baden ein (kleines Bild unten).

Gewaltige Wassermassen stürzen auf breiter Front am Godafoss herab (kleines Bild rechts).

GROSSBRITANNIEN

Vereinigtes Königreich, 229.883 km²

Die größte Insel Europas ist die achtgrößte Insel der Erde. Trotz ihrer Ausmaße ist die Landschaft äußerst abwechslungsreich. Großbritannien lässt sich geografisch in zwei Hauptregionen, das Hoch- und das Tiefland, gliedern. Schottland und Wales sowie Norden, Nordwesten und Südwesten Englands liegen im Hochlandbereich. In Schottland befinden sich in den Highlands die gebirgigsten Gebiete des Vereinigten Königreichs, darauf folgen das schottische Tiefland und die Southern Uplands. An den zerklüfteten Küsten wechseln sich majestätisch aufragende Steilklippen mit Sandstränden ab.

NEUFUNDLAND

Kanada, 108.860 km²

Neufundland liegt vor dem weiten Mündungstrichter des Sankt-Lorenz-Golfs im Osten Kanadas. Die felsige Insel mit Mittelgebirgscharakter ist geologisch betrachtet eine Fortsetzung der Appalachen, weist eine stark gegliederte Fjordküste und eine Höhe von 814 Meter auf. Wälder und Moore kennzeichnen das Innere der Insel, das in der Morphologie ein flachhügeliges, eiszeitlich geformtes Relief zeigt.

KUBA

Kuba, 105.806 km²

Das zu den Großen Antillen gehörende Kuba ist die größte Insel der Karibik und trennt den Golf von Mexiko vom Karibischen Meer. Auf circa 1.200 Kilometern Länge und 120 Kilometern Breite werden die drei Gebirgsformationen im Westen, in der Mitte und im Osten von weiten Tiefebenen unterbrochen. Der höchste Punkt (1974 Meter) liegt in der Sierra Maestra.

ISLAND

Island, 103.000 km²

Die Insel aus Feuer und Eis liegt auf einem Hot Spot des Mittelatlantischen Rückens. Hier gibt es rund 130 aktive Vulkane sowie Geysire, Dampf- und Schwefelquellen. 11 % der Insel sind außerdem von Gletschern bedeckt. Den Hauptteil nimmt jedoch ein 300 bis 1.000 Meter hohes Plateau aus vegetationsloser Fels- und Geröllwüste ein.

IRLAND

Irland/Vereinigtes Königreich, 81.638 km²

Die sogenannte grüne Insel ist geteilt in die Republik Irland und das britische Nordirland. Der zentrale Teil der Insel ist ein moor- und seenreiches Tiefland, das mit seinen kleinen Buchen- und Eichenhainen einen parkähnlichen Charakter zeigt. Die Tiefebene ist von Bergländern umgeben, höchster Punkt ist der Carrauntohill mit 1.038 m. Die Westküste ist im Gegensatz zur Ostküste sehr buchtenreich und weist einige steile Klippen auf.

TIPP

BESTE REISEZEIT NACH ISLAND FÜR POLARLICHTER

Die Zeitspanne ist lang: September bis April wird von Reiseveranstaltern immer als beste Zeit angegeben, um in Island Polarlichter zu sehen. Doch das ist nur die halbe Wahrheit, denn für das Naturphänomen braucht man vor allem ein wenig Glück und die Wetterbedingungen müssen stimmen. Die Nächte müssen sternenklar sein, der Mond am besten schwach anstatt voll, also eher Neumond als Vollmond und die Sonnenaktivität muss hoch sein. Es gibt inzwischen Apps, die die Polarlichter voraussagen, auch beim Wetteramt läuft zu den Hauptzeiten eine Vorhersage, wann die Aktivitäten zu sehen sind. Und dann nichts wie raus, am besten weit weg von der Stadt, so dass der Himmel wenig vom Licht verschmutzt ist.

HISPANIOLA

Dominikan. Rep./Haiti, 73.929 km²

Hispaniola ist die zweitgrößte Insel der Großen Antillen. Den westlichen, kleineren Teil nimmt die Republik Haiti ein, den östlichen, größeren die Dominikanische Republik. Fünf Bergketten durchziehen die gebirgige Insel, auf der sich die fünf höchsten Berge der Karibik befinden, so der 3.175 Meter hohe Pico Duarte. Das Klima ist subtropisch bis tropisch feucht. Die natürliche Vegetation bilden Regen- und Nebelwälder.

FEUERLAND

Argentinien/Chile, 47.404 km²

Feuerland (Tierra del Fuego) ist durch die Magellanstraße vom südamerikanischen Festland getrennt. Die Gebirgsketten der Anden finden hier mit der Cordillera Darwin ihr Ende. Das Klima in dieser Region ist subpolar, es ist maritim-feucht und oft stürmisch. Die Vegetation geht auf Feuerland von Wäldern im Inneren der Insel zu einer Tundrenvegetation mit Sträuchern, Moosen und Flechten über.

SARDINIEN

Italien, 23.949 km²

Sardinien ist nach Sizilien die zweitgrößte Insel des Mittelmeeres. Sein Relief ist sehr abwechslungsreich. Der zentrale Teil wird von einem Bergland eingenommen, mit dem 1834 Meter hohen Punta la Marmora als höchstem Punkt. Wild zerklüftete Strukturen hat das Gebirgsland im Nordosten. Das Bergland der ehemaligen Bergbauregion Iglesiente wird durch die Tiefebene Campidano abgetrennt.

JAMAIKA

Jamaika, 10.991 km²

Die drittgrößte Insel der Großen Antillen ist überwiegend gebirgig, die Blue Mountains durchziehen es von West nach Ost, im Süden befindet sich ein ausgedehntes sumpfiges Küstengebiet, 60 % der Inseloberfläche bestehen aus bis zu 900 Meter hohen Kalksteinplateaus. Bis auf wenige Gebiete mit Regen- und Nebelwäldern wurde die ursprüngliche Vegetation auf der Insel von den Menschen zerstört.

VIER ELEMENTE

ERDE

INDISCHER OZEAN

An den Rändern der fünf tektonischen Platten unter dem Indischen Ozean spalten sich Plattenteile ab, die dann zu Inseln, Inselketten und -bögen aufsteigen

MADAGASKAR

Madagaskar, 587.042 km²

Die breite Straße von Mosambik trennt die viertgrößte Insel der Erde vom afrikanischen Kontinent. Die Ostküste der etwa 1.600 Kilometer langen und maximal 580 Kilometer breiten Insel hat nur wenige Buchten. Die Küste verläuft überwiegend geradlinig, wirkt fast wie mit dem Lineal gezogen. Die Westküste ist dagegen mit Buchten und Trichtermündungen, die in die Schwemmlandebenen hineinreichen, sehr viel stärker gegliedert. Das Rückgrat der Insel bildet ein bis zu 2.876 Meter hoher Gebirgszug, der nach Osten in Bruchstufen steil abfällt. Die relativ große Entfernung Madagaskars vom afrikanischen Kontinent hat in der Fauna und Flora zu einem hohen Anteil endemischer Arten geführt. Lemuren, eine Affenart, die es in den unterschiedlichsten Formen und Größen gibt, sind sicher die bekanntesten unter ihnen. Die vielen anderen Arten sind teilweise kaum erforscht. Ihr Lebensraum ist durch Abholzung der Wälder und Umwandlung in landwirtschaftliche Nutzflächen stark gefährdet.

SUMATRA

Indonesien, 443.066 km²

Die sechstgrößte Insel der Erde erstreckt sich über eine Länge von 1.700 Kilometern. Parallel zum Westufer verläuft das Barisan-Gebirge, das aus einer Kette erloschener und aktiver Vulkane besteht. Höchster Punkt ist der Kerinci mit 3.805 Metern. Nach Osten geht der Höhenzug in eine breite, von Sümpfen durchzogene Schwemmlandebene über. Im Nordwesten liegt der Toba-See, mit 1.103 Quadratkilometern der größte Vulkansee der Erde. Entstanden ist er vor etwa 74.000 Jahren durch die Eruption eines Supervulkans.

JAVA

Indonesien, 138.794 km²

Östlich von Sumatra folgt Java, die dichtbesiedeltste Insel Indonesiens. Auf der äußerst fruchtbaren Insel gibt es zahlreiche erloschene und aktive Vulkane, darunter auch der Merapi, einer der gefährlichsten der Erde. Südlich der Insel befindet sich mit dem Sundagraben die Subduktionszone der Australischen Platte. Diese schiebt sich an dieser Stelle unter die Eurasische Platte, was den Vulkanismus in dieser Region und die häufig auftretenden Erdbeben erklärt. Das Wetter wird größtenteils vom Monsun bestimmt.

SRI LANKA

Sri Lanka, 65.268 km²

Der tropische Inselstaat liegt nur wenige Breitengrade nördlich des Äquators an der Südspitze Indiens, mit der er über die Adam's Bridge vor 6.000 Jahren vermutlich noch verbunden war. Das zentrale Hochland mit Bergen über 2.500 Meter Höhe, bekannt für den Teeanbau als Relikt aus britischer Kolonialzeit, teilt die Insel auch klimatisch.

TASMANIEN

Australien, 64.519 km²

Die Bass-Straße trennt Tasmanien vom Festland im Süden Australiens. Große Gebiete im Westen der Insel sind reine Wildnis, bestehend aus Regenwäldern und Moorlandschaften mit einer großen Zahl endemischer Arten. In der Tierwelt sind ebenso endemische Arten zu verzeichnen, wie zum Beispiel der bekannte Beutelteufel.

Als »Baobaballee« zieht diese auffällige Ansammlung von Affenbrotbäumen (Baobabs) im Westen Madagaskars die Besucher an (großes Bild).

Palmenstrände sowie tropischer Regen- und Bergwald prägen die sonnige Südwestküste Sri Lankas (kleines Bild links).

Bis an den Strand zieht sich die Busch- und Regenwaldvegetation an der regenreichen Westküste Tasmaniens (kleines Bild rechts).

FLORES

Indonesien, 13.540 km²

Die etwa 400 Kilometer lange und maximal 70 Kilometer breite Insel besteht aus einem Bergland mit kleinen Tiefländern entlang der Küste. Besonders ist der Vulkan Kelimutu mit drei dicht beieinanderliegenden farbigen – einer rot, einer blau, einer weiß-türkis – Kraterseen.

TIMOR

Indonesien/Osttimor, 28.418 km²

Die etwa 500 Kilometer lange und 80 Kilometer breite Insel ist politisch geteilt. Der Westteil gehört bis auf eine Enklave zu Indonesien, der Ostteil ist seit 2002 ein unabhängiger Staat. Höchster Punkt ist der erloschene Vulkan Tatamailau (2.963 Meter). Von der ursprünglichen Vegetation des tropischen Regenwaldes und den großen Sandelholzbeständen ist nicht mehr viel vorhanden. Sekundärwald und Grasland herrschen heute dort vor, wo keine Landwirtschaft betrieben wird. Das feucht-tropische Klima wechselt mit Trockenzeit.

SUMBAWA

Indonesien, 14.386 km²

Sumbawa liegt zwischen den Inseln Lombok und Flores. Die Insel ist von mehreren Bergketten durchzogen, an deren Hängen Reste von tropischem Regenwald gedeihen. Im Norden der Insel befindet sich der Vulkan Tambora, der 1815 nach einem gewaltigen Ausbruch das Land verwüstete. Dieser Ausstoß von etwa 100 Kubikkilometern Magma und 400 Millionen Tonnen Schwefelgasen hatte große Auswirkungen auf das globale Klima und führte zu einer vorübergehenden Abkühlung der Erde.

SUMBA

Indonesien, 10.711 km²

Ein wenig abseits von der Kette der Kleinen Sunda-Inseln findet sich die Insel Sumba. Der bergige Westen ist feucht und erhält genug Niederschläge für den Nassreisanbau. Der Osten dagegen ist trocken und hat mit Hochgräsern und Restbaumbestand eher den Charakter einer Savannenlandschaft. Aktive Vulkane gibt es auf Sumba nicht. Der ehemalige Reichtum an Sandelholz ist durch Abholzung drastisch reduziert worden. Durch die isolierte Lage sind traditionelle Riten und Gebräuche lebendig geblieben.

VIER ELEMENTE

ERDE

PAZIFISCHER OZEAN

Die Inseln des Pazifischen Ozeans befinden sich größtenteils in der tropischen und suptropischen Klimazone. Eine oft idealiserte Inselwelt stellt die Südsee dar

NEUGUINEA

Indonesien/Papua-Neuguinea, 785.753 km²

Die zweitgrößte Insel der Erde liegt nördlich von Australien in unmittelbarer Nähe des Äquators. Die Insel ist politisch geteilt, der Westen gehört zur Republik Indonesien, der Osten zu dem seit 1975 unabhängigen Staat Papua-Neuguina. Tropischer Regenwald dominiert die Insel – rund 75 % der Insel sind bewaldet. Floristisch betrachtet gehört Neuguinea zu den zehn artenreichsten Regionen der Erde. Die Tierwelt weist sowohl eine hohe Vielfalt wie auch einige endemische Arten auf. Darunter ist auch der Paradiesvogel, das Wappentier Papua-Neuguineas.

BORNEO

Indonesien/Malaysia/Brunei, 748.168 km²

Die drittgrößte Insel der Erde liegt beiderseits des Äquators in den immerfeuchten Tropen. Regenwald bedeckt das ausgedehnte Tief- und Hügelland, das den gebirgigen Kern der Insel fast vollständig umgibt. Die Insel ist relativ unzugänglich und deshalb auch wenig besiedelt. Höchster Punkt ist mit 4.095 Metern der Kinabalu im Norden der Insel. Die Artenvielfalt der Tier- und Pflanzenwelt ist sehr hoch. Die Heimat des Orang-Utans ist aber durch massive Abholzung stark gefährdet.

SULAWESI

Indonesien, 189.216 km²

Die unregelmäßige Form dieser Insel vulkanischen Ursprungs, die vor der Unabhängigkeit Indonesiens noch Celebes hieß, ist besonders wegen ihrer sehr unregelmäßigen Form auffällig. Vegetation und Klima entsprechen ihrer westlichen Nachbarinsel Borneo – üppige, dichte Regen- und Bergwälder bei tropischen Temperaturen –, von der sie durch die Makassarstraße getrennt ist. Das Relief der Insel ist komplex strukturiert, höchster Berg ist der Rantemario mit 3.440 Metern.

HONSHU

Japan, 230.316 km²

Honshu, durch die Tsugarustraße von Hokkaido getrennt, ist die größte Insel Japans und Teil des zirkumpazifischen Feuerrings. Zahlreiche Vulkane sind hier sehr aktiv. Sie gleichen den Druck aus, den die Pazifische Platte durch ihr Abtauchen unter die Eurasische aufbaut. Erbeben mit verheerenden Folgen sind für die dicht besiedelte Insel keine Seltenheit. Der Fujisan ist mit 3.776 Metern der höchste Vulkan Japans. Die Ausbruchswahrscheinlichkeit ist jedoch gering.

NEUSEELAND SÜDINSEL

Neuseeland, 145.836 km²

Die Südlichen Alpen (Southern Alps) durchziehen mit ihren Ausläufern den Westen der Insel. Nach Osten und Süden gehen sie in Bergland und Tiefebenen über. Höchster Punkt ist der Aoraki (Mount Cook) in der Mitte der Insel. Im Süden weisen zahlreiche Gletscherseen und die charakteristische Fjordküste auf die eiszeitliche Formung der Landschaft hin. Das kühl-gemäßigte Klima geht mit einer hohen Niederschlagsmenge einher.

TIPP

HOT SPOTS WHALE WATCHING

Es ist die Begeisterung für das Un-Wale beobachten – dafür ist die kleine Siedlung Kaikoura bekannt. Der Ort an der Ostküste der Südinsel Neuseelands gilt als Wal-Hotspot des Landes. Einst war das Dörfchen ein beschaulicher Fischerort, der vom Walfang lebte. Doch Mitte der 1960er Jahre hatte der Walfang dort ein Ende und war spätestens in den 1970er Jahren gänzlich verboten. Dass man dennoch heute von den Walen lebt, zeigt die es gelingen kann, mit Ökotourismus erfolgreich das lebend zu vermarkten, was einst als Fleisch über die Ladentresen ging. Heute ist Kaikoura eine der wichtigsten Orte, um Wale, Seebären oder Seeelefanten zu beobachten oder mit Delfinen zu schwimmen.

NEUSEELAND NORDINSEL

Neuseeland, 111.583 km²

Die 35 Kilometer breite Cookstraße trennt die Nord- von der Südinsel. Ein vulkanisches Hochland bildet den Kern der subtropischen Nordinsel rund um den Lake Taupo, an dessen Rändern Thermalquellen, heiße Dämpfe, Fumarolen, Schlammpfuhle und Geysire aus dem Erdinneren emporsteigen. Gebirgszüge mittlerer Höhe begleiten die Ostküste der Insel. Der lang gestreckte Norden zeigt im Osten zahlreiche Buchten mit vielen Inseln, im Westen dagegen schier endlos wirkende buchtenfreie Sandstrände.

Großes Bild: Das rote Torii stellt den Eingang zum Shintō-Schrein von Itsukushima auf der Insel Miyajima dar. Die Insel, die vor der Küste von Honshu in der Seto-Inlandsee liegt, zählt zu den schönsten Landschaften Japans.

Von der Südinsel Neuseelands blickt der Leuchtturm von Nugget Point unter dichten Wolken auf das Meer hinaus (kleines Bild).

LUZON

Philippinen, 109.965 km²

Die größte Insel der Philippinen zählt zu den am dichtesten besiedelten der Erde. Luzin ist sehr gebirgig, Kordilleren verlaufen in Nord-Süd-Richtung und begrenzen breite Tiefebenen im Inneren. Es gibt viele aktive Vulkane, darunter der Pinatubo und der wegen seiner idealtypischen Form eines Stratovulkans bekannte Mayon. Mit der Laguna de Bay befindet sich der zweitgrößte Süßwassersee Südostasiens.

MINDANAO

Philippinen, 97.530 km²

Neben vielen anderen Bergen befindet sich auf Mindanao auch der höchste Berg der Philippinen, der erloschene Vulkan Mount Apo (2.954 Meter). Der tropische Regenwald dieser Insel weist eine hohe Zahl endemischer Arten und auch seltene Tiere wie den Philippinenadler mit einer Flügelspannweite von bis zu 2,20 Metern auf.

HOKKAIDO

Japan, 78.719 km²

Kühle Sommer und schneereiche Winter kennzeichnen das Klima der nördlichsten und zweitgrößten Insel Japans. Die aufgrund vulkanischer Tätigkeit entstandenen Plateaus im Zentrum der Insel sind umringt von Tieflandebenen, die bis an die Küste reichen. Die seismische Aktivität auf der Insel ist sehr hoch. Neben einigen noch aktiven Vulkanen sind heftige Erdstöße und -beben auf Hokkaido häufig.

SACHALIN

Russland, 72.493 km²

Diese lang gestreckte Insel im Osten ist Russlands größte Insel. Sie misst fast 1.000 Kilometer in der Länge, ist aber nur zwischen 24 und 160 Kilometer breit. Schmale Bergketten mit Mittelgebirgscharakter durchziehen sie der Länge nach. Unberührte Taiga kennzeichnet die Vegetation im größten Teil der Insel.

VIER ELEMENTE

ERDE

ANTARKTISCHER OZEAN

Eisblau ragen die Berge und Schollen aus dem Wasser des auch als Südpolarmeer bezeichneten Ozeans

Im zweitkleinsten Ozean der Erde vereinigen sich im Norden die Wassermassen von Atlantik, Indik und Pazifik. Zu den Inseln des Südpolarmeers gehören die Inseln, die sich an der Küste des antarktischen Festlands und damit südlicher als 49° südlicher Breite befinden. Auch die sogenannten »Streuinseln« finden sich hier: die nicht küstennahen und im Antarktischen Ozean verstreuten Inseln, die meist vulkanischen Ursprungs sind wie zum Beispiel South Orkney, Heard Island, South Georgia und South Sandwich. Aufgrund des extremen Klimas im antarktischen Polargebiet sind die meisten der Inseln vergletschert und unbewohnt. Außerdem befindet sich im Antarktischen Ozean die Antarktische Halbinsel, zu der auch die ihr vorgelagerten kleineren Inseln (wie Elephant Island und King George Island) der Südlichen Shetland-Inseln gehören.

Großes Bild: Die Oberflächenstruktur der Antarktischen Halbinsel ist sehr gebirgig und steigt bis auf 2.800 Meter an. Unter dem Schnee schimmert auch immer wieder Fels durch.

Die Eisberge vor der Antarktischen Halbinsel nehmen nicht selten ganz bizarre Formen an (kleines Bild).

VIER ELEMENTE

ERDE

HALBINSELN

Seerosen wachsen auf einem Billabong, einem temporären Wasserloch, in Arnhemland, Australien (links).

Der Stratovulkan Kronotsky auf Kamtschatka zeigt sich oft von Wolken umhüllt (rechts).

Länger als breiter, von Wasser umgeben, aber mit Festlandverbindung: So kann man Halbinseln definieren

Halbinseln sind Landmassen, die fast vollständig von Wasser umgeben sind, aber eine natürliche Verbindung mit dem Festland haben. Viele Halbinseln sind lediglich höher gelegene Abschnitte der Erdkruste, die über das Meer hinausragen, während die Umgebung vom Wasser überflutet ist. Sofern die Breite deutlich größer ist als die Länge, wie etwa bei Wales der Fall, spricht man nicht mehr von einer Halbinsel. Am Beispiel Großbritanniens und Irlands kann man sehen, dass es auch auf Inseln Halbinseln gibt.

Die größten Halbinseln Europas

1. **Skandinavien** 770.000 km²
2. **Iberische Halbinsel** 580.000 km²
3. **Balkanhalbinsel** 560.000 km²
4. **Apenninhalbinsel** 301.000 km²

Die größten Halbinseln Asiens

1. **Arabische Halbinsel** 3.000.000 km²
2. **Indochinesische Halbinsel** 1.011.000 km²
3. **Kleinasien** 757.000 km²
4. **Tschuktschen-Halbinsel** 721.000 km²
5. **Kamtschatka** 370.000 km²

Die größten Halbinseln Australiens

1. **Kap-York-Halbinsel** 137.000 km²
2. **Arnhemland** 97.000 km²

Die größte Halbinsel Afrikas

1. **Horn von Afrika** 2.000.000 km²

Die größten Halbinseln Nord- und Mittelamerikas

1. **Labrador-Halbinsel** 275.000 km²
2. **Yucatan** 180.000 km²
3. **Florida** 170.000 km²
4. **Niederkalifornien** 143.000 km²
5. **Melville-Halbinsel** 65.000 km²
6. **Alaska-Halbinsel** ca. 60.000 km²
7. **Neuschottland** 55.200 km²
8. **Kenai-Halbinsel** 23.000 km²

Die größte Halbinsel Südamerikas

1. **Valdés-Halbinsel** 3.625 km²

Die größte Halbinsel Antarktikas

1. **Antarktische Halbinsel** ca. 340.000 km²

ARABISCHE HALBINSEL

Die größte Halbinsel
der Erde

Die Arabische Halbinsel im äußersten Südwesten des asiatischen Kontinents ist mit knapp drei Millionen Quadratkilometern die größte Halbinsel unserer Erde. Sie grenzt im Norden an Jordanien und den Irak, im Osten an den Persischen Golf sowie an den Golf von Oman, im Süden ans Arabische Meer und an den Golf von Aden, und im Westen stößt sie an das Rote Meer. Mit etwa 70 Millionen Einwohnern (Schätzung von 2008) auf diesem riesigen Terrain ist die Arabische Halbinsel auch eine der am dünnsten besiedelten Regionen der Welt. Diese Einwohner teilen sich auf die Staaten Saudi-Arabien, Vereinigte Arabische Emirate, Bahrain, Jemen, Katar, Kuwait sowie Oman auf. Saudi-Arabien ist von diesen Ländern das mit Abstand größte: Seine Staatsfläche umfasst 2,24 Millionen Quadratkilometer. Im Westen und im Süden ist die Arabische Halbinsel von hohen, unzugänglichen Bergländern geprägt, die in Richtung Osten allmählich zum Persischen Golf hin abfallen. Auf der Halbinsel mit ihrem extrem trockenen und heißen Klima – nur sehr wenige Gebiete können mehr als 178 Millimeter Jahresniederschläge verzeichnen, und im Sommer steigen die Temperaturen bis auf 55°C an – erstrecken sich außerdem die größten Sandwüsten der Erde: die Rub al-Khali und die Große Nefud-Wüste. Tektonisch bildet die Halbinsel die Arabische Platte. Aus geologischer Sicht gehört sie zur alten afrikanischen Kontinentalmasse, obgleich sie durch das Rote Meer davon getrennt ist.

DIE BERGLÄNDER DER ARABISCHEN HALBINSEL

Im Landesinneren Jemens verläuft das zerklüftete, 1.500 bis 2.500 Meter hohe jemenitische Bergland, das mehr als ein Drittel des Landes einnimmt. Der höchste Berg ist der Dschabal an-Nabi Schu'aib (3.760 Meter). Der Hauptgebirgszug Al-Sarat hat ein für die Halbinsel recht mildes Klima, weshalb man auch in bis zu 2.500 Metern Höhe noch zahlreiche Dörfer findet. Im Sultanat Oman erstreckt sich von der Grenze zu den Vereinigten Arabischen Emiraten in Richtung Indischer Ozean auf etwa 450 Kilometern das großteils sehr schroffe Hadschar- oder Omangebirge, das die Küsten am Golf von Oman einrahmt. Der höchste Gipfel ist der Dschabal Schams (3.020 Meter).

Großes Bild: Meist werden die enormen Ausmaße von Halbinseln und den sie umgebenden Gewässern erst auf Satellitenaufnahmen wirklich deutlich.

Die Rub al-Khali (»Leeres Viertel«), die mit rund 780.000 km² größte Sandwüste der Welt, nimmt ein Drittel der Arabischen Halbinsel ein. Die einsamen Straßen der Wüste sind von Sanddünen gesäumt (kleines Bild unten).

Im jemenitischen Bergland finden sich Dörfer wie Al-Karn (kleines Bild oben).

VIER ELEMENTE

ERDE

TUNDRA UND TAIGA

Pflanzen, Tiere und auch Menschen haben sich über die Jahre mit dem besonderen Klima in Tundra und Taiga arrangiert

Als Tundra werden die Steppen nördlich des borealen Nadelwaldgürtels Eurasiens und Nordamerikas bezeichnet, die von langen, kalten Wintern und kurzen Sommern mit geringen Niederschlägen geprägt sind. Durch den Permafrostboden, der auch im Sommer nie vollständig taut, sind in dieser Region nur solche Pflanzen und Tiere angesiedelt, die mit den kargen Böden und niedrigen Temperaturen zurechtkommen. Im Sommer bevölkern zahlreiche Vogelarten die Steppenlandschaft. Das weltweit größte zusammenhängende und teilweise noch völlig unerschlossene Nadelwaldgebiet südlich der Tundra, das nur ab und zu von riesigen Sumpfgebieten unterbrochen wird, ist die Taiga. Auch dieser Landschaftstyp ist durch lange, kalte Winter und kurze, kühle Sommer mit Permafrostboden geprägt, sodass in der Taiga ebenfalls nur besonders kälteresistente Tiere und Pflanzen leben.

Farbenprächtig zeigt sich die Fauna der herbstlichen Tundra im kanadischen Tombstone National Park (großes Bild).

Silberwurzen gehören zu den Pflanzen, die sich an die klimatischen Gegebenheiten der Tundra angepasst haben (kleines Bild oben).

Den Denali National Park in Alaska durchstreifen unter anderem Rentiere, die in Nordamerika Karibus genannt werden (kleines Bild unten).

VIER ELEMENTE

ERDE

NORDASIEN

Der gesamte Norden Asiens ist vom polaren Klima und der dort vorherrschenden Tundrenlandschaft geprägt

Jenseits des nördlichen Polarkreises erstreckt sich Nordasien etwa von der Insel Nowaja Semlja im Westen über das nordsibirische Byrrangagebirge bis zum Anadyrgebirge im äußersten Osten Asiens. Entlang der gesamten sibirischen Küste des Polarmeeres verläuft auf einem mehr oder weniger schmalen Streifen die Tundra, eine fast baumlose, steppenartige Landschaft, die im Süden über die Waldtundra, in der nur wenige kleinwüchsige Bäume gedeihen, in den borealen Nadelwald der Taiga übergeht. Dem Klima der Tundra (lange, sehr kalte Winter und kurze, kühle Sommer, in denen die Sonne nie ganz untergeht und der Permafrostboden nur an der Oberfläche auftaut) entsprechend ist das Futterangebot für die hier lebenden Tiere gering: Im Sommer wachsen Gräser, Beerensträucher, Moose und Flechten. Moschusochse, Rentier, Rothirsch, Polarhase und Lemming kommen damit jedoch zurecht. Im Winter scharren die Rentiere mit Hufen und Geweih den gefrorenen Boden auf, um Flechten zu finden. Zu den gefiederten Bewohnern der Tundra gehören Schneeeule, Rothalsgans und Trottellumme.

Nur im Sommer vermag der Permafrostboden in Sibirien für einige Zeit aufzutauen (großes Bild).

Im russischen Providenija zeigt sich die Tundra baumlos und herbstlich bunt (kleines Bild oben).

Schneefelder und Wasserläufe prägen die Tundra- und Gebirgslandschaft der russischen Wrangel-Insel (kleines Bild unten).

NORDAMERIKA

Jenseits der arktischen Baumgrenze bestimmen ausgedehnte Tundragebiete mit extremen Lebensbedingungen das Landschaftsbild Nordamerikas

Auch die Tundra in den nordamerikanischen subpolaren Gebieten zeichnet sich durch Dauerfrostböden und spärliche Vegetation aus. Den arktischen Winter überleben die Pflanzen, weil sie von einer Schneedecke geschützt sind. Im Mai aber beginnt die Schneeschmelze längs der arktischen Küste. Schon ab null Grad setzt die Entwicklung der Vegetation explosionsartig ein, weil die Pflanzen in ihren Schneetunneln aktiv bleiben und dort bereits Knospen und Blätter anlegen. In den feuchten Gebieten spielen Torfmoose eine große Rolle, an trockenen Stellen gedeihen Flechten und Sträucher, die im Herbst Beeren tragen. An steinigen Südhängen, die von der tief stehenden Sonne erwärmt werden, breiten sich regelrechte Blumengärten aus. Über hundert Vogelarten brüten im Sommer im nördlichen Polarkreis, zum Beispiel Ringelgans, Eisente und Küstenseeschwalbe. Ab April ziehen Karibuherden aus den Wäldern Kanadas in die Tundra. Kleine Säugetiere wie Lemminge, Wühlmäuse oder Schneehasen vermehren sich stark, was Raubmöwen und Polarfüchse anlockt. Im Herbst ziehen die meisten Tiere wieder nach Süden.

Auf den gleichnamigen Nationalpark blickt der höchste Berg Nordamerikas, der Denali in Alaska, herab. Um das Flussbrett breitet sich die herbstliche Tundra aus (großes Bild).

Auf Baffin Island hinterlassen Karibus ihre Spuren (kleines Bild oben).

Der Sommer verwandelt die Tundra um die Ogilvie Mountains am Yukon Plateau in ein Blütenmeer (kleines Bild unten).

VIER ELEMENTE

ERDE

KANADISCHE TUNDRA

Eindrucksvoll und in vielen Teilen ursprünglich zieht sich die Tundrenlandschaft über Kanadas Norden.

Die kanadische Tundra nördlich der Baumgrenze dehnt sich bis zur arktischen Kältewüste ganz im Norden des Landes aus, dazu gehören auch noch einige Inseln des Kanadisch-Arktischen Archipels. Der Permafrostboden reicht hier bis zu 500 Meter in die Tiefe – in den kurzen Sommermonaten bildet hier das an der Oberfläche tauende Eis zahlreiche Seen und Sümpfe, da das Wasser nicht versickern kann. Der bitterkalte und dunkle Winter dauert hier mindestens acht Monate. In den zerklüfteten Mackenzie Mountains, die im Nordwesten Kanadas die natürliche Grenze zwischen Yukon und den Nordwest-Territorien bilden, leben robuste Tiere wie Schneeeulen, Nordamerikanische Elche, Wapitis, Moschusochsen und Polarfüchse. Die eindrucksvollsten Säugetiere dieser Region sind jedoch die Großbären – hierzu zählen Grizzly-, Kodiak-, Schwarz- und Eisbär.

Großes Bild: Blau spannt sich der Himmel über niedrige Wolken und den Tombstone Territorial Park.

In der kanadischen Tundra fühlen sich einige Tierarten wohl, darunter beispielsweise die grazile Schneeeule (kleines Bild oben) und der dominante Grizzly (kleines Bild unten).

TIER-WANDERUNGEN

Viele Lebewesen auf der Erde, in der Luft und unter Wasser sind ständig in Bewegung. Sie begeben sich auf Wanderschaft, um Nahrung, Wasser, einen Partner für die Fortpflanzung oder gute Bedingungen zur Aufzucht ihrer Jungen zu finden.

Welche Landsäugetiere die längsten Wanderungen zurücklegen, wurde nun von einem Team um den amerikanischen Zoologen Kyle Joly erforscht. Dazu wurde bekanntes Zahlenmaterial zu diesem auffälligen Naturphänomen ausgewertet und um eigene Untersuchungsdaten ergänzt. Die fünf wanderfreudigsten Landsäuger sind:

Die Tibetantilope (Tschiru, Pantholops hodgsonii) belegt mit einer Strecke von 700 Kilometern den Rang 5. Die Weibchen wandern jedes Jahr nach der Paarung zwischen Mai und Juni aus den Naturschutzgebieten Tibets nach China in die Provinzen Xinjiang und Qinghai. Ihr Ziel ist die Region um den Zhuo-Nai-See, wo sie ihre Jungen zur Welt bringen.

Der Maultierhirsch (Odocoileus hemionus) kommt mit etwa 772 Kilometer Wegstrecke auf den vierten Platz. Die Tiere sind von den Bergregionen der Rocky Mountains bis in den Nordwesten von Mexiko verbreitet. Ein Rudel von ihnen wandert jeden Sommer von Wyoming nach Idaho. Die ansonsten menschenscheuen Tiere lassen sich auf ihrem Weg auch nicht davon abhalten, zwei Highways zu überqueren.

Ein Rudel Wölfe – die einzigen Raubtiere in dieser Liste – aus den kanadischen Nordwest-Territorien belegen den dritten Platz. Auf Beutesuche legen sie jedes Jahr durchschnittlich 1016 Kilometer zurück. Bei ihrer Auswertung stießen die Wissenschaftler auch auf einen einzelnen Wolf aus der Mongolei, der innerhalb eines Jahres 7247 Kilometer gewandert sein soll.

Rentiere (Rangifer tarandus) von der russischen Taimyrhalbinsel– dem nördlichsten kontinentalen Festlandteil der Erde – haben den zweiten Platz erreicht. Sie wandern mit ihren neugeborenen Kälbern im arktischen Frühjahr jedes Jahr aus den Wäldern der Taiga 1200 Kilometer nach Norden in die offene Tundra. Ein beschwerlicher Weg, vor allem für die Jungtiere. Bevor sich das Weltklima veränderte, waren die Flüsse auf der Strecke zugefroren und die Rentiere konnten über das Eis gehen. Mittlerweile müssen die Tiere die Flüsse aber oftmals durchschwimmen. Viele der Kälber sind dafür jedoch zu schwach und überleben die Reise nicht. Im Jahr 2000 gab es noch etwa 500.000 wilde Rentiere auf der Taimyrhalbinsel, heute sind es noch an die 380.000.

Der starke Rückgang der Rentierpopulation ist aber vor allem auf Wilderer zurückzuführen, die die Rentiere wegen ihrer Geweihe jagen.

Spitzenreiter der wanderfreudigsten Landsäuger sind Karibus. Die nordamerikanischen Vertreter der Rentiere sind etwas größer und langbeiniger als ihre Verwandten. Mit jährlich 1350 Kilometern sind die Karibus in den Nordwest-Territorien und in Alaska die absoluten Langstreckenläufer.

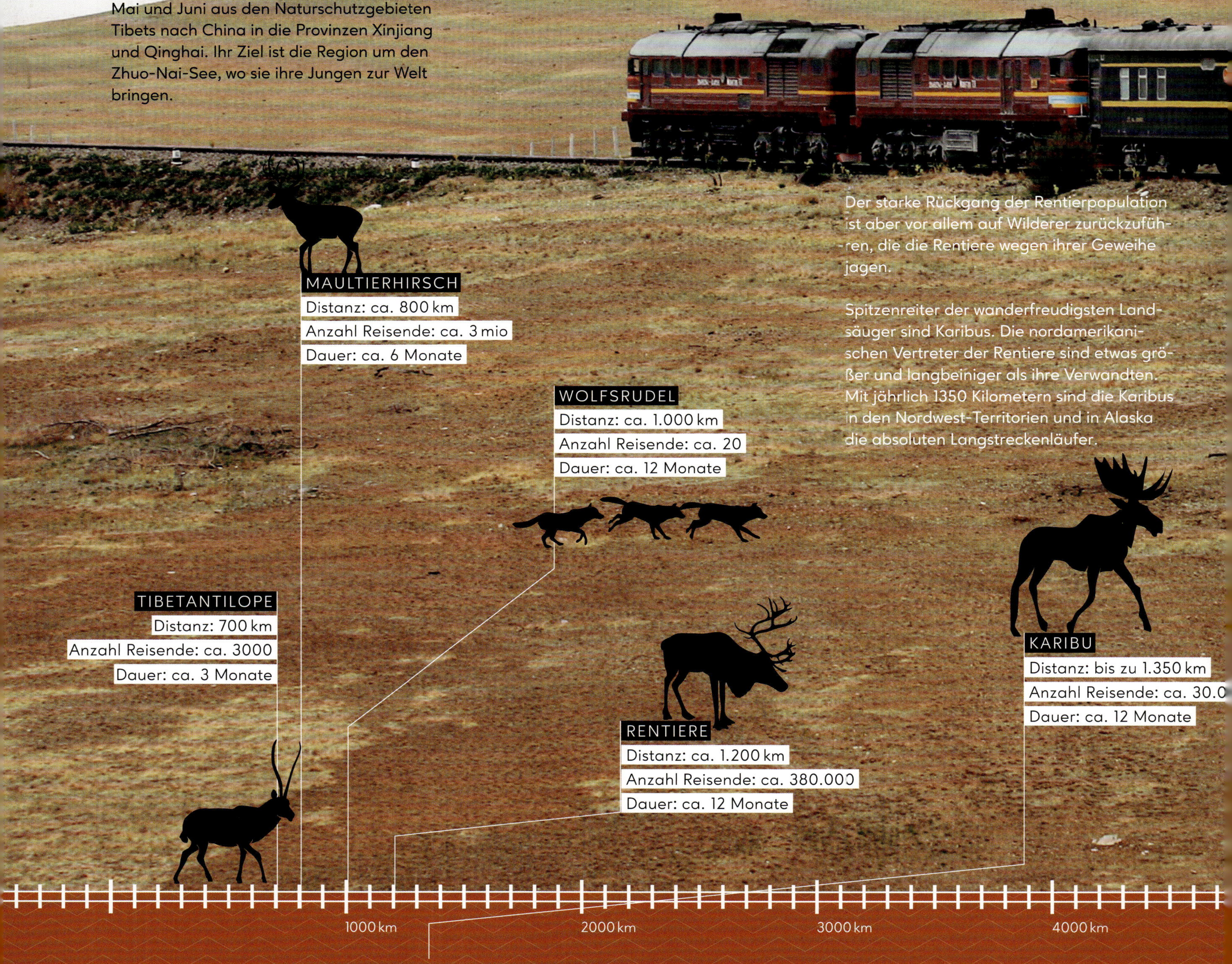

LÄNGSTE BAHNSTRECKE DER WELT

Die Transsibirische Eisenbahn, kurz Transsib, ist die längste durchgehende Bahnstrecke der Welt – exakt 9.288,2 Kilometer. Sie verbindet das europäischen Moskau mit dem asiatischen Wladiwostok.

Schon seit ihrem Baubeginn im Jahre 1891 ist die Transsib eine echte Legende. 25 Jahre lang schufteten teilweise über 90.000 Arbeiter bei extremen Minusgraden im Winter und brütender Hitze mit Mückenplagen im Sommer. Tausende von ihnen überlebten die Bauarbeiten nicht. Endgültig fertiggestellt war die Strecke 1916, mit der Einweihung der Amurbrücke bei Chabarowsk.

Mit der Transsibirischen Eisenbahn gelang es, die fernöstlichen Regionen Russlands zu erschließen und die wertvollen Rohstoffe Sibiriens konnten abgebaut werden. Entlang der Strecke wurden zahlreiche neue Siedlungen gegründet. während des Baus einer Eisenbahnbrücke über den Fluss Ob entstand 1893 Nowosibirsk in Westsibirien, das heute mit etwa 1,5 Millionen Einwohnern die drittgrößte Stadt Russlands ist.

Seit 2002 ist die Transsibirische Eisenbahn durchgehend elektrifiziert. An der Strecke, die wie fast alle Eisenbahnstrecken in Russland eine Spurweite von 1.520 Millimetern aufweist, liegen 396 Bahnhöfe und 89 Städte, etwa Jekaterinburg, Novosibirsk, Krasnojarsk und Irkutsk am Baikalsee.

Bei der fast sieben Tage dauernden Fahrt mit der Transsibirischen Eisenbahn von Moskau in Richtung Osten bis zum Pazifik werden auch sieben Zeitzonen durchfahren.

VIER ELEMENTE

ERDE

UND DANN GEHT DAS GANZE WIEDER ZURÜCK

ENDSTATION DER TRANSSIB

Die Hafenstadt Wladiwostok ist eines der bedeutenden Wirtschaftszentren im ostasiatischen Raum. Es liegt am Japanischen Meer, nahe der Grenzen zu China und Nordkorea. Im 20. Jahrhundert blühte nach der Fertigstellung der Endstation der Transsibirischen Eisenbahn der Handel auf. Noch heute sind herrliche Kaufmannshäuser aus dieser Zeit zu sehen.

TRANSSIB

Distanz: 9.288,2 km

Anzahl Reisende: fast 200

Dauer: sieben Tage

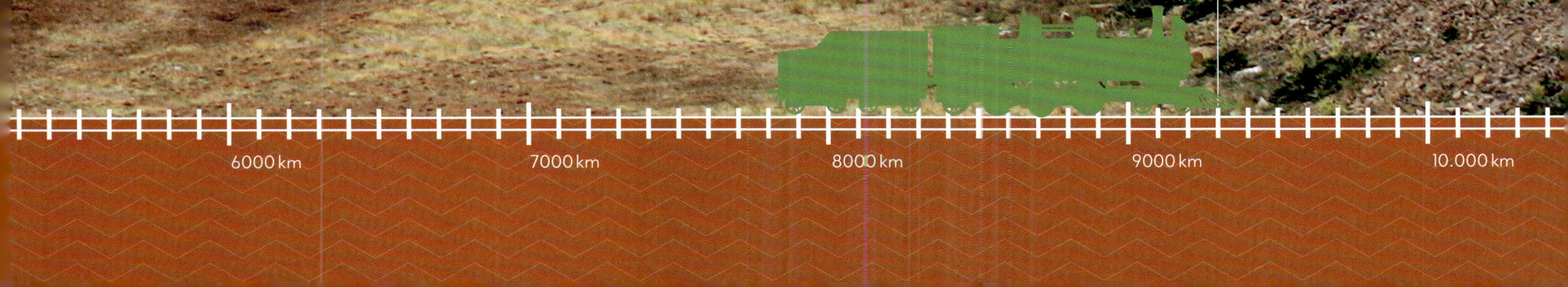

VIER ELEMENTE

ERDE

PANAMERICANA

Die Panamericana erstreckt sich von Alaska bis nach Feuerland und besteht aus einer Vielzahl miteinander verbundener Fernstraßen – mit einer Lücke in Panama

Das Schnellstraßensystem der Panamericana umfasst insgesamt fast 48.000 Kilometer, wobei der längste Nord-Süd-Abschnitt etwa 27.750 Kilometer misst. Historisch entstanden ist die Panamericana auf einer internationalen Konferenz in Buenos Aires. Offiziell beginnt sie in Laredo (Texas) an der Grenze der USA zu Mexiko und verläuft von dort Richtung Mexiko-Stadt. Eigentlich gehören Kanada und die USA nicht zum Straßennetz der Panamericana. Aus touristischen Gründen wurden jedoch verschiedene Routen in den USA und Kanada in das System der Panamericana einbezogen. Man kann sowohl die Route über Minneapolis oder Denver als auch die entlang der Westküste über Los Angeles befahren. Endstation ist dabei immer Prudhoe Bay in Alaska. Das vor allem bei nordamerikanischen Touristen beliebte Teilstück durch Mittelamerika von Laredo/Texas über Mexiko-Stadt bis zum Panamakanal wird auch Inter-American Highway genannt.

Zwischen Yaviza im Südosten Panamas und dem Nordwesten von Kolumbien gibt es eine etwa 100 Kilometer lange Lücke im Straßennetz der Panamericana (»Darien Gap«). Hier erstreckt sich ein bergiges, unwegsames Sumpf- und Dschungelgebiet, wo bisher noch keine Straße gebaut wurde. In Südamerika fächert sich die Panamericana wieder in unterschiedliche Routen auf. Die südlichste verläuft über Buenos Aires bis nach Ushuaia in Feuerland ganz im Süden des Kontinents.

Auch die peruanische Wüste bei Nazca, die vor allem für ihre Geoglyphen, Bodenzeichnungen, bekannt ist, passiert die Panamericana (großes Bild).

Nicht weniger spektakulär verläuft sie an der kalifornischen Pazifikküste bei Big Sur, wo die Bixby Bridge ein Bestandteil von ihr ist (kleines Bild).

UNTERWEGS MIT SOZIALEN RAUFBOLDEN

DER EIGENE KOPF ALS WAFFE

Besonders im August ist im Norden Kanadas oft ein markerschütterndes Geräusch zu hören. Es stammt von männlichen Moschusochsen, die mit Vollgas aufeinander zurasen und ihre Köpfe gegeneinander prallen lassen. Immer wieder holen sie Anlauf und kollidieren miteinander – solange bis einer von ihnen sich geschlagen gibt und die Flucht ergreift. Der Grund, warum die zottigen Riesen ein derartiges Kräftemessen austragen, sind die Kühe, denn August ist Brunftzeit.

Zu finden sind die Raufbolde nicht nur in Kanada, auch in Grönland, Sibirien, Alaska und Skandinavien sind sie (wieder) angesiedelt. Sie fühlen sich in Tundren wohl, in denen nur selten Niederschlag fällt. Denn während selbst extreme Kälte kein Problem für die Tiere ist, können sie in anhaltender Feuchtigkeit nicht gut leben. In den langen Wintern, wenn Moschusochsen kaum Nahrung – die normalerweise aus Flechten, Moosen, Blättern, Gräsern und ähnlichem bestehen – finden können, zehren sie von ihren Fettreserven und nehmen dadurch über rund sieben Monate lang ab.

AUCH EINE ART AIRBAG

Die Aufpralldynamik entspricht in etwa der eines Frontalzusammenstoßes mit 60 Kilometern pro Stunde. Moschusochsen überleben diese Zusammenstöße auch weil sie eine Art Airbag haben: ein Luftpolster zwischen Hornplatte und Gehirn.

So groß und prächtig wie die Moschusochsen sind, glaubt man es erst einmal nicht, dass sie reine Veganer sind und sich nur von Blättern, Moosen und ähnlichem ernähren. Sieht man einmal von den internen Machtkämpfen ab, könnte man sie also durchaus als friedliebende Wesen bezeichnen.

WISSENSWERT

7 großartige Fakten über Moschusochsen

1. Während der Paarungssaison sondern Männchen einen strengen Geruch ab, der den Tieren auch ihren Namen gab.
2. Die Wolle der Moschusochsen, die in ihrem Verbreitungsgebiet überall auf dem Boden liegt, nutzen Vögel als Polsterungen für ihre Nester.
3. Sowohl die Männchen, als auch die Weibchen besitzen kräftige Hörner. Nur auf die verdickten Hornbasen müssen die Kühe verzichten.
4. Gemeinsam mit den Karibus sind Moschusochsen die einzigen arktischen Huftiere, die die letzte Eiszeit überlebten.
5. Moschusochsenbabys fangen bereits nach etwa einer Woche an, zu grasen. Trotzdem werden sie noch zusätzlich mit Muttermilch versorgt.
6. Auch wenn die Moschusochsen auf den ersten Blick unbezwingbar wirken, haben sie doch auch natürliche Feinde. Dazu zählt vor allem der Polarwolf, aber auch – je nach Region – Eis-, Grizzly- oder Braunbären.
7. Die nächsten Verwandten der Moschusochsen sind Ziegen und Schafe.

Sie wissen sich zu unterstützen: Wenn eine Gefahr – zum Beispiel ein sich nährender Polarwolf – droht, stellen sich die Moschusochsen dicht aneinander gedrängt zu einer »Festung« auf. Werden sie von mehreren Feinden umkreist, ist auch diese Mauer ringförmig, im Inneren des Kreises werden die Jungtiere geschützt.

VIER ELEMENTE

ERDE

TAIGA NORDEUROPAS, NORDASIENS UND NORDAMERIKAS

Der boreale Nadelwald, die Taiga, zieht sich von Skandinavien über Russland bis nach Nordamerika und ist das größte zusammenhängende Nadelwaldgebiet der Erde

EUROPA

Die boreale Nadelwaldzone, auch Taiga genannt, beginnt dort, wo das Klima für Laubwälder zu ungünstig wird – im Jahresdurchschnitt liegen die Tagestemperaturen in der Taiga bei lediglich +5 °C, und die länger als sechs Monate dauernden Winter sind besonders kalt. Skandinavien – von Norwegen über Schweden bis Finnland – und Nordrussland gehören fast vollständig dieser borealen Zone an. Das raue Klima und die nährstoffarmen Böden bedingen hier eine Artenarmut, denn der Boden des borealen Nadelwaldes ist von einer dicken Nadel- und Zweigschicht bedeckt, die sich wegen der Kälte nur sehr langsam zersetzt. Die Fichten-, Kiefern-, Tannen- und Lärchenbestände in diesen Wäldern werden nur gelegentlich durch kleinblättrige Laubbäume wie etwa Birken durchbrochen. Nadelbäume haben den Vorteil, besser an Kälte angepasst zu sein. Zu den Tieren der europäischen Taiga gehören Elche, Wölfe, Luchse, Bären, Riesenmarder und eine Vielzahl von Vögeln wie die Haubenmeise, die ausschließlich in Nadelwäldern lebt.

NORDASIEN

Die Taiga im Norden Asiens erstreckt sich von Sibirien bis nach China. Der Name »Taiga« stammt aus dem Russischen und steht für einen dichten Wald. Große Teile dieser Landschaften sind bis heute auch tatsächlich noch völlig unerforscht. Das Terrain der Taiga ist weitgehend flach und wird von Nadelwäldern dominiert, daneben findet man aber auch zahlreiche Sümpfe und Torfmoore. Da auch die Taiga durch lange, kalte Winter und kurze, kühle Sommer geprägt ist, können hier wie in der Tundra nur besonders kälteresistente Tiere und Pflanzen überleben. Neben den Nadelbäumen wie Lärchen, Zirbelkiefern, Tannen und Fichten wächst hier das für die asiatische Taiga typische Moosglöckchen (das allerdings inzwischen auch in Skandinavien verbreitet ist), und in den Sumpfgebieten blüht die Sibirische Iris oder Schwertlilie. Die Fauna ist wesentlich artenreicher als die der Tundra weiter nördlich – in der Taiga Nordasiens leben Braun- und Schwarzbär, Otter, Luchs, Zobel, Hermelin, Wolf, Elch, Wildschwein, Vielfraß, Sibirisches Feuerwiesel, Eichhörnchen und unzählige Vogelarten. Relativ häufig kommt auch der Sibirische Winkelzahnmolch vor, dessen Verbreitungsgebiet vom Ural bis in die Mongolei und nach Hokkaido reicht. Leoparden und der Sibirische Tiger sind vor allem in Gebieten entlang des Flusses Amur anzutreffen.

Großes Bild: Taiga und Sumpfgebiet fügen sich auf der nur wenig besiedelten kanadischen Labrador-Halbinsel zu einem ursprünglichen Bild.

Nadelbäume spiegeln sich im Saimaasee, dem größten See Finnlands (kleines Bild).

NORDAMERIKA

Nördlich des 50. Breitengrades erstreckt sich quer über die riesige Landmasse des nordamerikanischen Kontinents ein ausgedehnter Nadelwaldgürtel, an den sich im Norden die waldlose Tundra anschließt, im Süden folgen Misch- und Laubwälder. Die winterkalten Nadelwaldgebiete werden auch hier mit dem russischen Wort Taiga bezeichnet. Kalt-humides Klima mit extrem langen und extrem kalten Wintern und kurzen Sommern sind kennzeichnend für diese Zone, durch deren Mitte der Polarkreis verläuft und die einen relativ einheitlichen Lebensraum für Tiere und Pflanzen darstellt. Viele Tiere überstehen den harten, schneereichen Winter aber nur durch Winterschlaf, Winterstarre oder aber weite Wanderungen in wärmere Gefilde. Verglichen mit Europa sind die Wälder Nordamerikas sehr artenreich – einschließlich der Laubbäume gibt es auf diesem Kontinent rund 130 Baumarten, zum Beispiel Ahorn, Eschen, Ulmen, Eichen, Hickorys, Buchen, Kastanien, Kiefern, Douglasien, Fichten und Zedern. Und auch die Fauna der Taiga ist vielfältiger. Ein Bewohner der Nadelwälder ist der Waldbison, der lange Zeit als ausgestorben galt, bis er dann 1957 wiederentdeckt wurde. Inzwischen hat er im Wood-Buffalo-Nationalpark, mit 45.000 Quadratkilometern Kanadas größtes Naturschutzgebiet, wieder eine Heimat gefunden. Weitere Tiere der Taiga im äußersten Norden der USA und in Kanada sind. der Wapiti (nach dem Elch der zweitgrößte Hirsch Nordamerikas), der Nordluchs (vor allem in Alaska und Kanada), der Schneeschuhhase, das Rot- und das Grauhörnchen sowie Grizzly-, Kodiak- und Schwarzbären. Beachtlich ist auch der Bestand von ungefähr 6.000 Bisons.

VIER ELEMENTE

ERDE

SIBIRISCHE TAIGA

Die größte Waldregion der Erde

Im Norden Russlands erstreckt sich der größte geschlossene Nadelwaldgürtel der Welt: fast 1.000 Kilometer breit und 4.800 Kilometer lang. Ein Charakteristikum dieser Taigagebiete sind ihre sumpfigen oder dauerhaft gefrorenen Böden, die oft nur von einer kargen Schicht aus Krautgewächsen, Zwergsträuchern und Moosen bedeckt sind. Die Taigalandschaften liegen meist fernab der Ozeane und sind daher von kontinentalem Klima geprägt. Strenge und vor allem schneereiche Winter, aber auch trocken-warme, in Teilen Sibiriens sogar extrem heiße Sommer sind die Regel. Der Temperaturunterschied zwischen Sommer und Winter kann bis zu 100 °C betragen. Nur zwei bis drei Monate mit mehr als 10 °C beträgt die Vegetationsperiode in der südlichen Taiga, in den nördlicheren Breiten ist sie noch mal kürzer. Fauna und Flora sind artenarm, das Aufkommen von Tieren und Pflanzen aber sehr hoch. Den Baumbestand bilden unter anderem Fichten, Kiefern, Tannen und Lärchen. In der Taiga leben vor allem kälteresistente Säugetiere. Viele Vogelarten überwintern in wärmeren Gefilden, andere Tiere halten Winterschlaf oder fallen in Winterstarre. Weite Teile der Taiga liegen im Bereich des Permafrostes: in einer Zone, die etwa ein Fünftel der Erde umfasst und in der der Boden in bis zu 1.000 Meter Tiefe ganzjährig gefroren ist. Die oberen Bodenmeter tauen im Sommer zwar auf, doch das dabei entstehende Schmelzwasser kann nicht abfließen. Die Folge sind kilometerweite sumpfige Flächen.

Rund siebenmal so groß wie Deutschland ist die Fläche des Westsibirischen Tieflands, das von der sumpfigen Taiga dominiert wird (großes Bild).

Im langen russischen Winter hat der Schnee die Nadelwälder auf der Halbinsel Jamal fest im Griff (kleines Bild oben).

Nahtlos geht das russische Altai-Gebirge in seinem Norden in die Nadelwaldlandschaft der Taiga über (kleines Bild unten links).

In der Westsibirischen Taiga leuchten reife Preiselbeeren aus dem Grün hervor (kleines Bild unten rechts).

VIER ELEMENTE

ERDE

TIGER, ELCHE, BÄREN

Die größten in der Taiga lebenden Tiere

SIBIRISCHE TIGER – DIE GRÖSSTEN RAUBKATZEN DER ERDE

In den Wäldern am Amur und an seinen Nebenflüssen im fernen Osten Russlands und in den angrenzenden Gebieten Chinas und Nordkoreas leben weit verstreut noch etwa 450 Sibirische Tiger oder Amurtiger in freier Wildbahn. Obwohl der Tiger unter Artenschutz steht, ist er durch Jagd akut von der Ausrottung bedroht. Dies liegt vor allem daran, dass der Sibirische Tiger von großem Interesse für die ostasiatische Medizin ist. Er stellt für den Jäger eine lukrative Beute dar, denn es gibt fast keinen Körperteil des erlegten Tieres, der nicht von medizinischem Nutzen wäre. Die Haut, die Knochen, die Zähne, die Krallen, das Blut, ja sogar Gallensteine und Genitalien gelten als wertvolle Medikamente gegen Krankheiten wie Rheuma, Epilepsie oder unreine Haut und schwache Augen. Bestimmte Stoffe sollen die Intelligenz stärken und zu allgemeinem Wohlbefinden führen. Doch nicht nur in China, sondern auch in den USA und in Europa wird Tigermedizin zu hohen Preisen verkauft. Darüber hinaus entstehen aus seinem Fell kostbare Mäntel, die mit großem Gewinn exportiert werden. Der bis zu drei Meter lange und 300 Kilogramm schwere Tiger herrscht als nachtaktiver Einzelgänger über ein riesiges Revier. Hier macht er Jagd auf Wild wie Goral, Wildschwein und Rothirsch, wofür er täglich 15 bis 20 Kilometer zurücklegt. Um in dem kalten Klima zu überleben, muss er täglich etwa zehn Kilogramm Fleisch zu sich nehmen.

ELCHE – DIE GRÖSSTEN HIRSCHE DER ERDE

Die Lebensräume der Hirschart Elch sind die borealen Nadelwaldgebiete von Europa, Asien und Nordamerika. Der größte Hirsch der Erde ist der Nordamerikanische Elch. Er kommt in Alaska, aber auch in Kanada und im Gebiet der Großen Seen Nordamerikas vor. Ein männliches Tier, Elchhirsch oder Schaufler genannt, kann bis zu 2,30 Meter Schulterhöhe erreichen und bis zu 500 Kilogramm wiegen. Auffallend groß sind seine mächtigen Schaufeln: ein bis zu 1,60 Meter breites, vielendiges Geweih, das im Winter abgeworfen wird. Die Elchkuh, das weibliche Tier, ist kleiner und besitzt kein Geweih.

Zur Brunftzeit im Herbst treffen sich die Elche an bestimmten Orten. Nach der Paarung gehen die Kühe wieder ihrer Wege. Wenn schließlich alle Weibchen gedeckt sind, verlassen auch die Männchen den Brunftplatz. Nach etwa acht Monaten Tragzeit werden ein bis zwei Kälber geboren, die dann bei der Mutter bleiben, bis diese sie kurz vor der nächsten Niederkunft vertreibt. Die Tiere sind tagaktive Einzelgänger. Die maximale Lebensdauer der Elche liegt bei etwa 27 Jahren, in freier Wildbahn werden sie jedoch selten älter als 15 Jahre.

Leider ist der sibirische Tiger nach wie vor stark durch den Menschen bedroht (großes Bild).

Braunbären findet man unter anderem in der Taiga (kleines Bild oben).

Aus bis zu vier Jungen kann ein Wurf der Kamtschatkabärin bestehen (kleines Bild Mitte).

Kräftemessen unter Elchbullen ist keine Seltenheit (kleines Bild unten).

BRAUNBÄREN – DIE GRÖSSTEN BÄREN DER NÖRDLICHEN WÄLDER

Die Großbären Nordamerikas sind allesamt Braunbären der Gattung »Ursus«. Zu ihnen gehören der Grizzly-, der Kodiak-, der Schwarz- und sogar der Eisbär. Der bis zu 3,80 Meter große Kodiak- oder Alaskabär ist die größte Unterart der Braunbären und kommt in Alaska und im nordwestlichen Kanada vor, der Grizzly- oder Graubär lebt heute nur noch in Kanada und in den Bergen Montanas. Der mit etwa zwei Metern Länge eher kleine Schwarzbär oder Baribal ist heute in Nordamerika am weitesten verbreitet. Er ernährt sich, wie übrigens Kodiak- und Grizzlybär auch, vorwiegend vegetarisch.

KAMTSCHATKABÄREN

Eine weitere Unterart des Braunbären ist der Kamtschatkabär, der auch Sibirischer Braunbär genannt wird und dessen Heimat die Halbinsel Kamtschatka im ostasiatischen Teil Russlands ist. Er kann eine Kopf-Rumpf-Länge von bis zu 2,70 Meter und ein Gewicht von bis zu 600 Kilogramm erreichen und ist damit fast so groß wie der Kodiakbär. Die Fellfarbe des Kamtschatkabären variiert zwischen dunklem Braun und Schwarz. Sein Revier, in dem der Allesfresser nach Beeren, Wurzeln sowie nach Beutetieren wie Insekten, Vögeln und Fischen sucht, kann bis zu 2.000 Quadratkilometer umfassen. An den Küsten erbeutet er auch Robben und andere Meeressäugetiere.

VIER ELEMENTE

ERDE

LAUB- UND MISCH-WALDZONEN

Rund 6000 Tierarten nennen die gemäßigten Laub- und Mischwaldzonen ihr Zuhause

Die Vegetationsform der sommergrünen Laub- und Mischwälder ist fast ausschließlich auf die nördliche Erdhalbkugel beschränkt: In Europa erstrecken sich Mischwälder von Großbritannien über Frankreich, Mittel- und Osteuropa bis zum Ural. In Ostasien findet man sie im Nordosten Chinas, in Korea und Japan. In Nordamerika gibt es diese Vegetationsform südlich der Großen Seen bis hin zum Atlantik beziehungsweise bis zum Golf von Mexiko. Das typische Merkmal sommergrüner Laub- und Mischwälder ist der Laubfall im Herbst, der vornehmlich dem Schutz vor Austrocknung der Laubbäume in der kalten Jahreszeit dient. Durch die letzte Eiszeit sind die Laub- und Mischwälder im Gegensatz zu den tropischen Regenwäldern eher artenarm.

Besonders, wenn die Sonne tief steht, sorgt sie in Wäldern für eine mystische Lichtstimmung, wie hier im Sauerland (großes Bild).

Bereits seit dem 19. Jahrhundert gibt es im Bayerischen Wald keine freilebenden Braunbären mehr, sodass man sie heute nur in Wildgehegen antrifft (kleines Bild).

WISSENSWERT

Ahorne – die verbreitetste Laubbaumgattung der sommergrünen Wälder der Erde

Die etwa 150 Arten der Gattung Ahorn, eines sommergrünen Laubbaums, sind in ganz Europa, in Nordamerika sowie in Ostasien heimisch, vor allem in den Mittelgebirgen. Eine der größten Ahornarten ist der Bergahorn, der bis zu 30 Meter hoch wachsen kann. Daneben gibt es zum Beispiel in Europa noch Blut-, Spitz- und Feldahorn. Das fünfzackige Ahornblatt – das Nationalsymbol Kanadas – erinnert an die menschliche Hand. Von der gezackten Form der Blätter hat der Baum auch seinen Namen: nach dem lateinischen Wort »acer« für »spitz« oder »scharf«. Die Früchte des Ahorns besitzen Flügel, mit deren Hilfe die Standorterweiterung der Bäume gesichert wird.
Die besondere, aerodynamische Form der Samen führt beim Herabfallen vom Baum zu einem langsameren Absinken, sodass die Samen durch den Wind großflächig verteilt werden. Das Holz des Ahornbaumes wird vor allem als Möbel- und Bauholz genutzt, eher selten als Brennstoff. Das Holz des Bergahorns gilt als eines der wertvollsten Edellaubhölzer. Der Zuckerahorn im Osten der USA und Kanadas liefert Zucker und Sirup. Der Bergahorn wurde zum »Baum des Jahres 2009« gewählt.

EICHEN UND BUCHEN

Die ältesten Laubbaumgattungen
Europas

Mischwaldzonen, die kühl temperierten Übergangsgebiete zwischen borealem Nadelwald und sommergrünem Laubwald, findet man von Mittelskandinavien bis Osteuropa sowie auf den Britischen Inseln.

EICHEN

Von den weltweit 200 Arten des Laubbaums Eiche sind in Mitteleuropa vor allem die Zerreiche, die Stieleiche und die Traubeneiche in großer Zahl heimisch. Die Stieleiche, die 20 bis 40 Meter hoch wird und einen Stammdurchmesser von bis zu drei Metern erreicht, ist am weitesten verbreitet und kommt in fast ganz Europa vor. Stieleichen erreichen ein Alter von 500 bis 1.000 Jahren, in Einzelfällen werden sie noch älter. Bei vielen Waldbewohnern ist die zylindrische, nussartige Frucht, die Eichel, sehr begehrt: Sie dient wegen ihres Reichtums an Stärke, Zucker und Eiweiß zahlreichen Nagetieren, Wildschweinen und anderen Wildarten als bevorzugtes Nahrungsmittel.

BUCHEN

Buchen – sommergrüne, bis zu 40 Meter hohe Laubbäume mit einer glatten grauen Rinde – sind in ganz Mitteleuropa verbreitet. Ursprünglich waren 40 % der Wälder in Europa Buchenwälder. Aber in der langen Zeit der menschlichen Besiedelung wurden die einheimischen Buchenwälder durch selektiven Holzeinschlag stark verändert. Deswegen gibt es heute in Europa kaum mehr unberührte Buchenwälder. Richtige Urwälder findet man nur noch in den Waldkarpaten. An der Grenze zwischen Slowakei und Ukraine bilden zehn Schutzgebiete entlang einer Achse von rund 180 Kilometern ein seit 1992 als solches anerkanntes Weltnaturerbe. Buchen wachsen hauptsächlich in Gebieten mit eher milden Wintern und kühlen Sommern, Regionen mit strengem Frost und starker Trockenheit meiden sie dagegen. Die Frucht der Buche, die Buchecker, steht auf dem Ernährungsplan vieler Waldtiere.

Im Reinhardswald im Weserbergland (Landkreis Kassel, Hessen) befindet sich das Naturschutzgebiet »Urwald Sababurg«, in dem 200 bis 600 Jahre alte dickstämmige Eichen und Rotbuchen stehen (großes Bild).

Frühlingsteppich aus Glockenblumen im Buchenwald (kleines Bild oben).

Winterwald in den slowakischen Waldkarpaten (kleines Bild unten).

WISENTE, LUCHSE

Die größten Waldtiere Europas

WISENTE – DIE GRÖSSTEN WALDTIERE EUROPAS

Der Wisent war zusammen mit dem Auerochsen das europäische Wildrind der Laub- und Mischwälder. Noch im frühen Mittelalter gab es in mitteleuropäischen Forsten also zwei verschiedene Arten von »Büffeln«. Der Wisent ist mit dem steppenbewohnenden Amerikanischen Bison nahe verwandt, unterscheidet sich aber von ihm durch eine weniger ausgeprägte Vorderfront, die nicht farblich abgesetzt ist. Die langen, wolligen Haare an Kopf und Vorderkörper bieten einen guten Schutz gegen Kälte. Wisente ernähren sich von Gräsern, Flechten, Moosen, Blättern und der Rinde an Bäumen. Zu Beginn des 20. Jahrhunderts war der Wisent nahezu ausgerottet. Heute leben wieder rund 300 Wisente freilebend im Białowieża-Nationalpark.

LUCHS – DIE GRÖSSTEN RAUBKATZEN EUROPAS

Der Eurasische Luchs ist mit einer Kopf-Rumpf-Länge von 80 Zentimetern bis 1,20 Meter und einer Schulterhöhe von 50 bis 70 Zentimetern die größte europäische Raubkatze. Nach Bär und Wolf ist er das drittgrößte in Europa heimische Raubtier. Nachdem der Luchs in Westeuropa schon als ausgerottet galt, siedelte man ihn um 1950 wieder an, und heute findet man die Tiere in europäischen Mittelgebirgen und in den Alpen. Typisch für Luchse sind die Pinselohren wie auch der sehr kurze Schwanz und der ausgeprägte Backenbart. Sie leben als Einzelgänger und finden nur zur Paarungszeit zwischen Februar und April zusammen. Nach etwa 70 Tagen kommen dann zwei bis fünf Jungen zur Welt, die bis zum nächsten Frühjahr bei der Mutter aufwachsen.

Der Wisent erreicht eine Kopf-Rumpf-Länge von bis zu 3,3 Metern, eine Schulterhöhe von bis zu 2 Metern und wird bis zu einer Tonne schwer. Damit ist er heute das größte und schwerste Landsäugetier Europas (kleines Bild).

Luchsmutter mit ihren zwei Jungtieren (großes Bild). Bis diese im Alter von knapp einem Jahr ihrer eigenen Wege gehen, werden sie ausschließlich von der Luchsin versorgt.

VIER ELEMENTE

ERDE

LAUBWÄLDER ASIEN

Im Osten Asiens herrscht die Vegetationsform der Waldsteppe vor, also Übergangsbereiche zwischen Mischwaldzone und baumfreier Steppe

OSTCHINA

Im Osten Asiens finden sich große Mischwälder mit zahlreichen endemischen Arten wie etwa dem Sibirischen Tiger (der größten Raubkatze der Welt) und dem Chinesischen Schuppentier. Viele der hier lebenden Tiere kamen erst gegen Ende der letzten Eiszeit in diese Region. In Ostchina erstrecken sich weitläufige Waldflächen, zum Beispiel über das Meili-Gebirge an der Grenze zu Tibet. In diesen Mischwäldern leben seltene Vögel und andere Tiere, die andernorts nicht zu finden sind, und auf den Wiesen in den Lichtungen blühen im Frühjahr und Sommer unzählige Blumen. Miyaluo in der Präfektur Abi ist berühmt für seine Farbenpracht im Oktober, wenn die Laubbäume goldgelb bis tiefrot leuchten. Zur reichen Fauna dieses Waldes gehört beispielsweise der seltene Gemeine Flugdrache. Einer der bekanntesten Bergzüge Chinas ist das Laoshan-Gebirge, das im Osten an das Gelbe Meer grenzt. Im Sommer lassen die Fluten die Wasserfälle und Bäche sprudeln, im Herbst färben sich auch hier die Laubgehölze rot und braun.

JAPAN – HOKKAIDO

Wer Japan wegen seiner berühmten Industriezentren und Großstädte besucht, weiß wahrscheinlich nicht, dass zwei Drittel des Landes mit Bergen, Hügeln und Wäldern bedeckt sind und eine sehr üppige und vielfältige Flora und Fauna präsentieren. Hokkaido, Japans zweitgrößte Insel, ist sehr dünn besiedelt und wird wegen seiner weiten natürlichen Landschaften – mit ursprünglichen Wäldern, imposanten schneebedeckten Berggipfeln, zahlreichen Bergketten und Vulkanmassiven, klaren Seen und heißen Quellen sowie zahlreichen, zum Teil sehr seltenen Tier- und Pflanzenarten – mit Alaska verglichen. In den Wäldern Hokkaidos leben zum Beispiel Braunbären, Rotfüchse, Marderhunde und Sikahirsche, in den Sumpfgebieten sieht man häufig die anmutigen Mandschurenkraniche. Der Winter auf Hokkaido ist lang (von Anfang Dezember bis Ende März) und hart (nicht selten bis zu -40 °C), darauf folgt ein recht kurzer Frühling, in dem Kirsch- und Pflaumenbäume sowie Fliederbüsche gleichzeitig in voller Blüte stehen. Der Sommer ist ebenfalls kurz und warm (im Durchschnitt etwa 30 °C bei 60 bis 70 % Luftfeuchtigkeit), der Herbst, der dann ungefähr eineinhalb Monate dauert, taucht die Mischwälder in ein intensives Farbenmeer. Das kühle Klima ohne die für Japan sonst übliche Regenzeit im Sommer ist mit dafür verantwortlich, dass Hokkaido auch »Hanataikriku« (Blumenkontinent) genannt wird. Zur Blütezeit kommen viele Naturliebhaber, um die Farbenpracht zu bewundern.

Laubwälder bieten vor allem im Herbst ein grandioses Farbspektakel, hier in der Präfektur Fukushima (großes Bild).

Als das Alaska Asiens wird Hokkaido treffenderweise bezeichnet (kleines Bild links).

Die Provinz Jilin (dt. »Glückverheißender Wald«) trägt ihren Namen nicht ohne Grund (kleines Bild rechts).

JAPAN – HONSHU

Honshu, die größte Insel Japans und siebtgrößte Insel der Welt, ist in mehrere Vegetationszonen gegliedert: Im Norden herrschen Reisanbaugebiete, Wälder und Berge vor, in Zentralhonshu erheben sich die höchsten Berge des Landes wie zum Beispiel der Fuji, Japans Wahrzeichen. Die dicht besiedelten Küstenregionen und der Großraum von Tokio sind von Industrie und eingestreuten landwirtschaftlichen Flächen geprägt. Im Inselinneren findet man zahlreiche malerische Seen sowie Laub- und Mischwälder mit Kiefern, Eichen, Eichenkastanien, Weiden, Birken, Buchen, Ahorn und Japanischen Zypressen – die Baumvegetation entspricht damit derjenigen der gemäßigten Zone. Zur Seidenraupenzucht werden Maulbeerbäume in großem Umfang angebaut und der japanische Lackbaum, der den Grundstoff für die japanischen und chinesischen Lackkunstarbeiten liefert.

VIER ELEMENTE

ERDE

SO GEHT INNERER FRIEDE

WISSENSWERT

Die Könige des Winters

Die am weitesten im Norden beheimatete Affenart der Welt ist der 45 bis 75 Zentimeter große Rotgesichtsmakak. Er wird auch Japanmakak genannt, da sich sein Verbreitungsgebiet auf Japan und dort auf die Inseln Honshu, Shikoku und Kyushu beschränkt. Die Tiere leben in Wäldern unterschiedlicher Art: im Norden in den gebirgigen, im Süden in den subtropischen Waldgebieten. Auffälligstes Merkmal dieser Primatenart ist das unbehaarte Gesicht mit rosaroter bis tiefroter Färbung. Die Japanmakaken gehören zu den Allesfressern, nehmen aber hauptsächlich pflanzliche Nahrung zu sich. Diese variiert je nach Jahreszeit: Im Winter, wenn bis zu 1,50 Meter Schnee liegen, ernähren sie sich von Wurzeln und Rinde, im Sommer auch von Beeren, Nüssen und Früchten. Der Rotgesichtsmakak lebt in größeren Gruppen von 30 bis 60 Tieren mit eigenem Territorium.

DIE SCHÖNSTEN THERMALBÄDER FÜR MENSCHEN

HEISSE QUELLEN IM DSCHUNGEL

Am Fuß des Vulkanes El Tatio in Chile liegt das größte Geysirfeld der Südhalbkugel. Mehr als 80 Geysire sind dort vor allem in den Morgenstunden aktiv. Etwas entfernt befindet sich ein Thermalbadebecken, in dem man in die unterirdisch aufgeheizten Quellen eintauchen kann.

DIE BLAUE LAGUNE

Die Bláa Lónið in Island ist eher zufällig entstanden anstatt natürlich: Das Meer-Süßwassergemisch, das zur Stromerzeugung im nahegelegenden Geothermalkraftwerk genutzt wird, wird in die Lagune abgeleitet. Das mineralstoffreiche Wasser hat angenehme 38–39°C.

AIR PANAS BANJAR

Die heißen Quellen im Norden von Bali werden inmitten des Dschungels in drei Schwimmbecken mit nacheinander abnehmender Wassertemperatur geleitet. Der hohe Schwefelgehalt des Wassers wirkt entspannend und ist gesundheitsfördernd.

DIE POOLS VON PAMUKKALE

Hauchdünne Wasserschichten auf weißem Gestein, terrassenförmig angelegt: die Thermalquellen von Pamukkale in der Türkei. Durch die Wärme im Wasser entweicht das Calciumcarbonat und setzt sich als Travertin an den Felsen ab.

IST DAS SCHÖN WARM!

Die in sozial strukturierten Gruppen lebenden Japanmakaken sind für ihre ausgiebigen Sitzbäder in heißen Thermalquellen berühmt, mit denen sie im Winter ihre Körpertemperatur regeln. Da stört auch die Schneeschicht auf dem Pelz nicht.

VIER ELEMENTE

ERDE

NORDAMERIKA

Nordamerikas Laubwälder aus Hickory-Baum, Tulpenbaum, Ahorn, Rosskastanie, Magnolie und mehr bieten vielen Tieren wertvollen Lebensraum

APPALACHEN – DIE GRÖSSTE LAUB- UND MISCH-WALDREGION NORDAMERIKAS

Die Appalachen, ein bewaldetes Mittelgebirge an der Atlantikküste im Osten Nordamerikas, verlaufen über 2.400 Kilometer von der kanadischen Provinz Québec bis in den US-Bundesstaat Alabama. Das Gebirge bildet den westlicheren Teil einer Bergkette, die einst, vor Entstehung des Atlantischen Ozeans, im nördlichen Skandinavien ihre Fortsetzung fand. Die Appalachen sind mit etwa 400 Millionen Jahren tatsächlich um vieles älter als etwa der Himalaya, die Alpen oder auch die Rocky Mountains. Zu den bedeutendsten Gebirgszügen der Appalachen gehören die Green und die White Mountains, die Catskill Mountains, die Blue Ridge Mountains und die Cumberland Mountains. All diese Bergketten sowie auch die Täler zwischen den Gipfeln sind zumeist dicht von Misch- und Laubwäldern bedeckt. Die Wälder der Appalachen sind nicht nur ihrer Größe wegen beeindruckend, auch ihre Pflanzenvielfalt – im südlichen Teil gedeihen mehr Baumarten als in ganz Europa – und die zahlreichen Tiergattungen faszinieren.

Nicht weniger beeindruckend sind die weitläufigen, dichten Laub- und Mischwälder, die ihre Bergrücken und Täler überziehen. Sie zählen zu den in Flora wie Fauna artenreichsten der Welt. So finden sich beispielsweise im Great-Smoky-Mountains-Nationalpark mehr unterschiedliche Baumarten als auf dem gesamten europäischen Kontinent. Hinzu kommt ein enormer Artenreichtum bei den Blumen, die die Waldböden im Frühling in einen bunten Flickenteppich aus Azaleen, Hartriegel und Berglorbeer verwandeln. Im Herbst hingegen färbt das sehr intensive Laub die Wälder ein – die wohl spektakulärste Zeit des Jahres in diesen Gegenden. Hier fühlen sich auch 10 % aller weltweit lebenden Salamanderarten äußerst wohl und kommen im regenreichen Frühjahr aus ihren Verstecken heraus. Zahlreich sind in den Appalachen auch Schwarzbären und andere Großtiere wie zum Beispiel die Weißwedelhirsche. Vom Südosten in Georgia bis hinauf nach Maine zieht sich der etwa 3.440 Kilometer lange Appalachian Trail, einer der längsten Wanderwege der Erde. Er geht auch auf alte Pfade der hier bis zu ihrer Zwangsumsiedlung 1838 lebenden Cherokee zurück.

Die Blue Ridge Mountains sind ein Teil der Appalachen (großes Bild).

Die aufgehende Sonne bringt die Herbstfarben in New Hampshire zum Leuchten (kleines Bild).

ROCKY MOUNTAINS

Die Rocky Mountains erstrecken sich über 4.300 Kilometer weit entlang der Westküste Nordamerikas – von der Brooks Range in Alaska bis zur östlichen Sierra Madre in Mexiko. Vulkane und Gletscher haben das riesige Felsengebirge geformt. Es weist 74 Gipfel mit mehr als 3.500 Meter Höhe auf. Schluchten, Bergseen, Kare und Moränen, aber auch Hochbecken wie das Colorado-Plateau mit dem Grand Canyon bilden eine sehr vielfältige, oft gegensätzliche Landschaft, denn im Norden dieses Gebirges wächst Nadelwald, an der Küste der nordamerikanische gemäßigte Regenwald und im Süden üppige tropische Vegetation. Die Rocky Mountains bilden eine markante Wasser- und Klimascheide: An den Westhängen regnen Wolken vom Pazifik ab, im Osten gibt es dagegen kaum Niederschläge. Die Sierra Nevada zieht sich 650 Kilometer weit von Britisch-Kolumbien bis nach Südkalifornien. Die nördlicheren Rocky Mountains sind viel dichter bewaldet als die südlichen. Hier findet man Douglasien, Colorado-Tannen und Amerikanische Zitterpappeln. In den höheren Lagen wachsen fast ausschließlich Nadelbäume wie Fichten, Tannen und Kiefern. Zu den Bewohnern der Rocky Mountains gehören Puma, Nordluchs, Rotfuchs, Weißwedelhirsch, Waschbär und das seltene Dickhornschaf, das in den Rocky Mountains ein letztes Refugium hat.

NEW ENGLAND

Zur Region Neuengland im Nordosten der USA gehören die Bundesstaaten Connecticut, New Hampshire, Maine, Massachusetts, Rhode Island und Vermont. Dies ist der europäischste Teil Amerikas: Landschaften, Klima und Vegetation Neuenglands sind ähnlich wie in Nord- und Mitteleuropa, und neben geschichtsträchtigen Orten aus der Gründungszeit der USA findet man hier Küsten, Strände und weitläufige Wälder. Der Acadia National Park in Maine – dem größten und waldreichsten und zugleich am wenigsten besiedelten Neuenglandstaat – mit seinen Mischwaldgebieten, Flüssen, Bächen und Seen, Klippen und Bergen ist eines der meistbesuchten Naturschutzgebiete der USA. Besonders zur Zeit des »Indian Summer«, wenn sich die Laubbäume gelb, rot oder braun färben, lockt der Park viele Naturliebhaber an. Auch New Hampshire, das nur eine knapp 20 Kilometer lange Meeresküste hat, lockt mit mehr als 1.300 Seen, und Wasserfällen inmitten von Wäldern. Und auch Connecticut mit seiner großen Dichte an historischen Stätten und Kulturschätzen ist von einer landschaftlichen Vielfalt mit Seen, Flüssen, Berggipfeln und Wäldern geprägt. Insgesamt präsentieren die Neuenglandstaaten kein homogenes Bild, sondern abwechslungsreiche Ansichten mit Meer und Bergen, Wäldern und Wiesen.

VIER ELEMENTE

ERDE

REGENWÄLDER DER GEMÄSSIGTEN BREITEN

Regenwälder gibt es nicht nur entlang des Äquators, auch in gemäßigten Zonen sind sie zu finden

In den gemäßigten Klimazonen werden die für die Klassifikation als Regenwald erforderlichen 2.000 Millimeter Niederschlag nur an den Hängen von Küstengebirgen erreicht. Größere Bestände von gemäßigten Regenwäldern gibt es in Nord- und Südamerika, Australien und Tasmanien, Neuseeland, Anatolien und Georgien. Von größeren »Temperate Rainforests« bewachsene Gebiete finden sich an der Pazifikküste Nordamerikas. Sie reichen von der Küste Alaskas über Kanada bis ins nördliche Kalifornien. Kleinere gemäßigte Regenwälder gibt es noch in Norwegen, Südafrika und Ostasien. In vielen dieser Gebiete ist der Bestand durch die kommerzielle Forstwirtschaft bedroht, denn das Interesse an den häufig besonders ausgeprägten Exemplaren wertvoller Baumarten ist groß.

Riesige Eukalyptusbäume und nicht minder beeindruckende Farne findet man in den gemäßigten Regenwäldern Australiens (großes Bild).

Zur Fauna, die man dort antrifft, gehört unter anderem der prächtig leuchtende Königssittich (kleines Bild oben).

Idyllisch sprudeln die Horseshoe Falls im tasmanischen Nationalpark Mt. Field (kleines Foto unten).

WISSENSWERT

Königseukalyptus

Nicht zu Unrecht nennt man den in Australien vorkommenden Baum »Königseukalyptus« oder auch »Rieseneukalyptus«, denn immerhin ist er der größte Laubbaum der Welt – manche gehen sogar davon aus, dass er der höchste Baum überhaupt ist. Er erreicht eine Höhe von bis zu 80 Metern, einzelne Exemplare werden sogar über 100 Meter hoch. Auch wächst er besonders schnell, und kann dann bis zu 400 Jahre alt werden. Beheimatet ist er vor allem im australischen Bundesstaat Victoria, wo sich sich gemäßigte Regenwälder ausbreiten, darunter besonders die Eukalyptuswälder. Auch auf Tasmanien kann man die Baumgiganten finden.

VIER ELEMENTE
ERDE

ASIEN

China, Korea, Japan – auch in diesen Ländern findet man in gemäßigten Zonen Regenwälder

CHINA

Im Süden des Reichs der Mitte finden sich Bestände gemäßigter Regenwälder, die dort bereits in tropische Regenwälder übergehen. Eine besondere Ausprägung des gemäßigten Regenwalds sind Bambuswälder, deren weltweit größter der Shunan-Wald im Westen des Landes ist. Hier leben die vom Aussterben bedrohten Pandas sowie Katzenbären und Glanzfasane. Neben den Bambusgewächsen hat die Pflanzenwelt Azaleen, Orchideen und Pfirsichbäume zu bieten.

KOREA

Die Halbinsel Korea hat – außer in den bergigen Regionen – ein gemäßigtes Klima. In den üppigen koreanischen Regenwäldern gedeihen zahlreiche endemische Tier- und Pflanzenarten. Die ursprünglich nur in Korea vorkommende Tanne »Abies koreana« hat sogar den Weg in europäische Gärten gefunden. An der Südküste und auf den vorgelagerten Inseln Jejudo und Ulleungdo gedeihen auch Bambus, Lorbeer und immergrüne Eichen. Einstmals verbreitete Raubtiere wie Bären, Tiger und Leoparden sind infolge der Holzgewinnung und illegalen Jagd praktisch verschwunden.

JAPAN

Im Südwesten Japans, auf der Pazifikseite der Inseln Shikoku, Kyushu und Honshu erstrecken sich Restbestände gemäßigter Regenwälder: die Taiheiyo-(Pazifik-)Wälder. In den niedrigeren Lagen bestehen sie aus immergrünen Bäumen, in höheren wachsen laubabwerfende Arten. Am weitesten verbreitet sind immergrüne Eichen und japanische Chinquapin-Bäume sowie Kerbbuchen.

TIPP

GRÖSSTER BAMBUSWALD DER ERDE

In der westchinesischen Provinz S-chuan an den östlichen Ausläufem des Himalaya liegt auf Höhen zw-schen 600 und 1.000 Metern der etwa 120 Quadratkilometer große hügelige Shunan-Bambuswald, in dem mehr als 60 Bambusarten wachsen. Der Wald wirkt wie ein riesiger grüner See, weshalb er auch »Bambussee« genannt wird. Dies ist die Heimat des seit Langem vom Aussterben bedrohten Großen Pandas, der sich ausschließlich von Bambuspflanzen ernährt. Zu den wohl schönsten Möglichkeiten diese heiligen Wälder zu entdecken, gehöt mit Sicherheit die Fahrt mit einer der beiden Seilbahnen. Man schwebt förmlich über das »grüne Meer« und erfasst damit die Ausmaße.

Auf Yakushima vor der Südspitze von Kyushu wächst ein unwegsamer Primärwald mit uralten Japanischen Zedern oder Sicheltannen (»Cryptomeria japonica«). Der zu den Zypressengewächsen gehörende Nadelbaum wird bis zu 40 Meter hoch und sendet Wurzeln von seinen Blättern und Stielen aus (großes Bild). Das berühmteste Exemplar, die Jomon-Zeder, wird auf 3.000 Jahre geschätzt, ihr Stamm hat einen Umfang von 16 Metern.

Auch Zedernwälder findet man auf Yakushima (kleines Bild).

AUSTRALIEN/OZEANIEN

Jeder denkt bei Australien sofort an die einzigartigen Eukalyptusbäume, es gibt aber noch andere Baumarten, die in diesem Klima wachsen

TASMANIEN

Auf Tasmanien herrscht gemäßigtes Klima, in dem Regenwälder gedeihen. Im Styx Valley sind einige Eukalyptusbäume über 95 Meter hoch und teilweise älter als 400 Jahre. Von den ursprünglichen Wäldern existieren jedoch nur noch rund ein Viertel – und davon ist ein Drittel von der Rodung bedroht. Im tasmanischen Regenwald leben unter anderem Zwergopossum, Beutelmarder und das Nationaltier: der Tasmanische Teufel.

NEUSEELAND

Mehr als 2 % der Fläche Neuseelands nehmen Nationalparks, Urwälder und Schutzgebiete mit einer Vielfalt an unberührter Vegetation ein. Die Küste der Südinsel etwa ist von dichtem Regenwald mit vielen heimischen Pflanzenarten bewachsen. Allein im Fiordland-Nationalpark gibt es über 700 endemische Arten, darunter die berühmten Baumfarne. Auf dem Wanderweg Tuatapere Hump Ridge Track im Park passiert man Regenwald- sowie subalpine Vegetation.

SÜDAUSTRALIEN

Im Süden Australiens konnte sich dank des gemäßigten Klimas eine einzigartige Tier- und Pflanzenwelt entwickeln. Im Yarra Ranges National Park im Bundesstaat Victoria mit seinem alten Baumbestand, darunter Baumfarne und mächtige Rieseneukalypten, die zu den höchsten Laubbäumen der Erde gehren und bis zu 400 Jahre alt werden können, leben über 40 Säugetier- und 120 Vogelarten. Und im Great Otway National Park, ebenfalls in Victoria, fühlen sich in den lichten Eukalyptuswäldern die Koalas wohl.

WISSENSWERT

Baumfarne

Die Baumfarne (»Cyatheales«) gehören zu den »Dinosauriern« unter den Pflanzen und haben schon vor Jahrmillionen das Bild der Erde geprägt. Sie wachsen zwar vorwiegend in tropischen und subtropischen Regionen, einige Arten, etwa die der Gattung »Dicksonia«, gedeihen jedoch im gemäßigten Klima der Regenwälder von Australien, Tasmanien und Neuseeland. Der Stamm der Baumfarne ist eigentlich keiner, denn er besteht nicht aus Holz, sondern aus Blattbasen und Wurzeln. Meist hat der Stamm nur seine Wedelkrone, aber keine weiteren Verzweigungen. Dicksonien werden bis zu fünf Meter hoch – einzelne Exemplare auch noch höher – und bis zu 200 Jahre alt. Die bis zu einen Meter langen Farnwedel, die aus dem Herz gebildet werden, rollen sich aus, wie bei den Farnen üblich .

Weit hinauf in den Himmel reichen die Bäume im Great Otway Nationalpark an der Südküste von Australien (großes Bild).

Dort leben unter anderem auch Koalas (kleines Bild links).

Wolkenumfangen ragt der Mount Anne aus dem UNESCO-Welterbe Tasmanische Wildnis hervor (kleines Bild rechts).

WISSENSWERT

Termiten als Klimaschützer

Ihre Nester in Form von Hügeln bauen die Termiten, indem sie Erde und Holz zerkauen und das Gemisch mit ihrem Speichel aneinanderkleben. Dieser Abbau von organischem Material ist ein sehr wichtiger Bestandteil eines funktionierenden Ökosystems. Die emsigen Insekten helfen mit ihrer Arbeit, den Waldboden in ihrem Lebensraum feucht zu halten.

Bricht eine Dürrezeit an, gibt es in den Wäldern sogar noch mehr Termiten, da sie dann noch mehr zu tun haben. Damit können viel mehr Pflanzensetzlinge die Dürre im feuchten Boden überleben. In Regenwäldern werden damit die Folgen des Klimawandels reduziert. Das hilft langfristig nicht nur den Termiten, sondern auch uns Menschen.

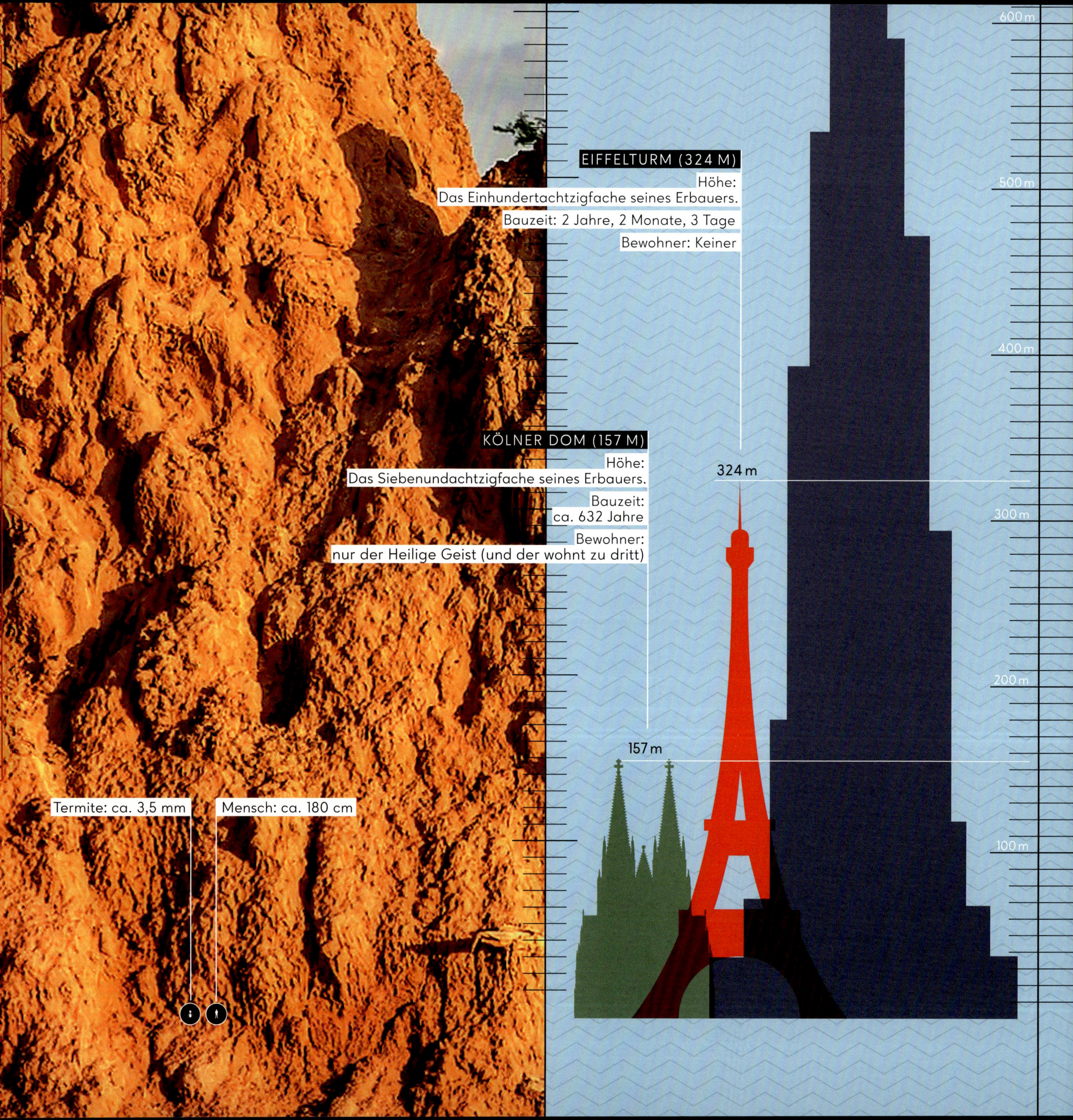

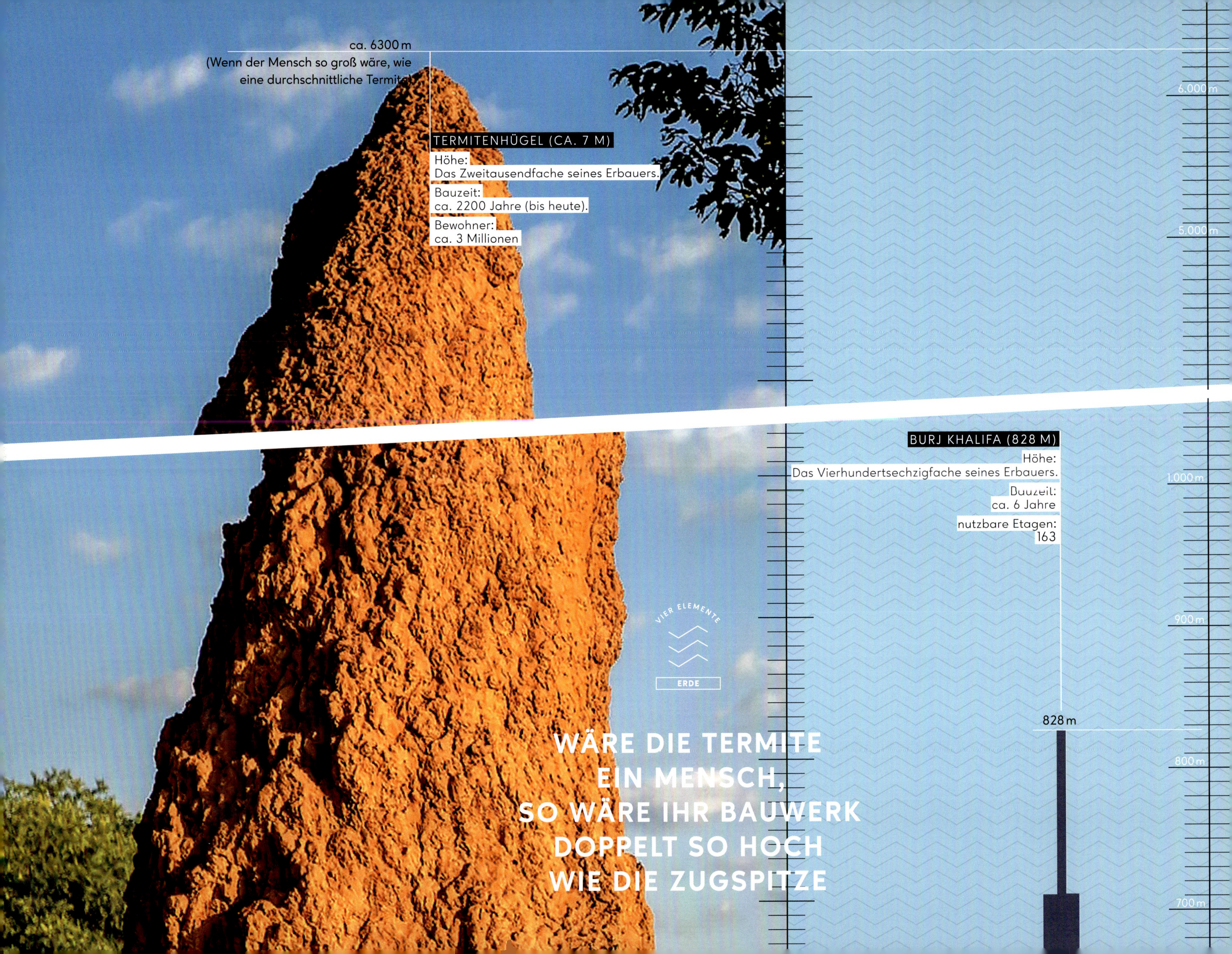
ca. 6300 m
(Wenn der Mensch so groß wäre, wie eine durchschnittliche Termite)
TERMITENHÜGEL (CA. 7 M)
Höhe:
Das Zweitausendfache seines Erbauers.
Bauzeit:
ca. 2200 Jahre (bis heute).
Bewohner:
ca. 3 Millionen
BURJ KHALIFA (828 M)
Höhe:
Das Vierhundertsechzigfache seines Erbauers.
Bauzeit:
ca. 6 Jahre
nutzbare Etagen:
163
828 m
6.000 m
5.000 m
1.000 m
900 m
800 m
700 m
VIER ELEMENTE
ERDE
WÄRE DIE TERMITE
EIN MENSCH,
SO WÄRE IHR BAUWERK
DOPPELT SO HOCH
WIE DIE ZUGSPITZE

NORD- UND MITTELAMERIKA SÜDAMERIKA

Die Größe des Doppelkontinents, der eigentlich sogar drei Erdteile eint, beherbergt entsprechende Superlative im gemäßigten Regenwald

NORDAMERIKANISCHE PAZIFIKKÜSTE

An der nordamerikanischen Pazifikküste zwischen Kalifornien und Alaska dominieren Nadelbäume die gemäßigten Regenwälder. In Kalifornien ist außerdem der Küstenmammutbaum, der höchste Baum der Erde, beheimatet. Viele Exemplare dieser Giganten kann man im kalifornischen Redwood National Park bestaunen. Der Big Basin Redwoods State Park in den Santa Cruz Mountains, ebenfalls in Kalifornien, hat den größten Bestand an solchen Mammutbäumen südlich von San Francisco. Auch im Olympic National Park im US-Bundesstaat Washington sorgen milde Temperaturen und reichlich Niederschläge für einen dichten, üppig grünen Regenwald mit Hemlocktannen und Riesen-Lebensbäumen sowie Farnen, Flechten und Moosen. Im Regenwald leben unter anderem Pumas, Maultierhirsche, Schwarzbären, Rotluchse, Kojoten und etwa 300 Vogelarten.

WISSENSWERT

Küstenmammuts – die größten Bäume der Erde

Die immergrünen Sequoias oder Riesenmammutbäume sind bezüglich des Volumens die mächtigsten Bäume der Erde: Die 90 Meter und noch höher aufragenden Bäume erreichen einen Stammdurchmesser von über zwölf Meter an der Basis. Bei alten Exemplaren – die ältesten von ihnen sind über 2.500 Jahre alt – sind die Stämme bis zu 50 Meter über dem Boden astfrei. Die Heimat des Riesenmammutbaums sind die Westhänge der kalifornischen Sierra Nevada in Höhen von 1.350 bis 2.500 Meter. Inzwischen ist er jedoch weltweit verbreitet, auch in Europa. Die urspünglichen Bestände in den USA sind bis auf etwa 10 % abgerodet.

SÜDAMERIKANISCHE PAZIFIKKÜSTE

Der gemäßigte Nebelregenwald im Süden Chiles und Argentiniens gilt heute als der artenreichste Wald der Erde. In dem einzigen noch verbliebenen gemäßigten Regenwald der südlichen Hemisphäre gedeiht eine Vielzahl an Bäumen, darunter uralte, mit dem kalifornischen Küstenmammutbaum verwandte Alercebäume. Die Alerce oder Patagonische Zypresse (»Fitzroya cupressoides«) ist ein immergrüner pyramidal wachsender Baum, der bis zu 50 Meter hoch werden und einen Stammdurchmesser von bis zu fünf Meter erreichen kann. Die Alerce wächst nur langsam und kann sehr alt werden. Im argentinischen Nationalpark Los Alerces bei Esquel und im Parque Nacional Alerce Andino bei Puerto Varas im Süden Chiles finden sich Bäume, die angeblich 3.500 Jahre alt sind.

Inmitten uralter Küstenmammutbäume im Big Basin Redwoods State Park, Kaliforniens ältestem Staatspark, stürzt der Berry-Creek-Wasserfall in die Tiefe (großes Bild).

Die Patagonische Zypresse (span. »alerces«) gab dem Nationalpark in Argentinien seinen Namen: Los Alerces (kleines Bild).

VIER ELEMENTE

ERDE

REGEN- UND MONSUNWÄLDER DER TROPISCHEN BREITEN

Wie ein grünes Meer breiten sich die tropischen Regenwälder aus und bieten zahlreichen Arten ein Zuhause

Die nur in den immerfeuchten tropischen Klimazonen anzutreffende Vegetationsform des tropischen Regenwaldes findet man in Süd- und Mittelamerika, Afrika, Südasien und Australien. Die Niederschlagsmenge liegt jährlich bei 2.000 bis 4.000 Millimetern, die Temperaturen verändern sich im Jahresverlauf nur geringfügig: Die Tageshöchsttemperaturen variieren zwischen 24 und 31 °C. Charakteristisch für den tropischen Regenwald ist der sogenannte Stockwerkbau vom Wurzelwerk über die bis zu fünf Meter hohe Etage des Buschwerks bis hinauf zum dichten Baumkronendach in 40 Meter Höhe und einzelnen darüber hinausragenden Baumriesen. Im Gegensatz dazu schießen die Monsunwälder weniger in die Höhe, ihr Unterholz ist stärker ausgeprägt und die Anzahl der dort beheimateten Arten ist spürbar geringer als im tropischen Regenwald.

Neben den Korallenriffen weisen die tropischen Regenwälder die höchste Artendichte sowohl in der Flora als auch in der Fauna auf. Die meisten tierischen Arten sind Gliederfüßer, daneben leben hier Säugetiere wie Elefanten oder Tiger, große Reptilien wie Krokodile, kleine Reptilien und Amphibien, Primaten wie Orang-Utans oder Gorillas sowie unzählige farbenfrohe Vögel. Die Flüsse der Regenwälder sind zudem sehr fischreich.

WISSENSWERT

Rotaugenlaubfrosch

Der rund 6 bis 7 Zentimeter große Rotaugenlaubfrosch lebt in den Regenwäldern Mittelamerikas. Tagsüber wird man sie jedoch selten antreffen: Die nachtaktiven Tiere verstecken sich gerne zum Schlafen an der Unterseite von Blättern. Dann sind auch ihre leuchtenden roten Augen nicht mehr zu sehen.

»Jangala« bedeutet auf Hindi Wildnis, über das englische »Jungle« kam das Wort als »Dschungel« zu uns, womit meist ein wild wuchernder tropischer Urwald oder ein asiatischer Regenwald gemeint ist, wie hier in Borneo (großes Bild). Voraussetzung dafür ist ein dauerhaft heißes Klima bei regelmäßigen ergiebigen Regenfällen.

VIER ELEMENTE

ERDE

AMAZONASBECKEN

Das größte Regenwaldgebiet der Erde

Zum Amazonasbecken gehören Gebiete in Brasilien, Französisch-Guyana, Suriname, Venezuela, Guayana, Kolumbien, Peru, Ecuador und Bolivien. Mit ungefähr sieben Millionen Quadratkilometern sind die Regenwälder Amazoniens das größte zusammenhängende Waldgebiet der Erde.

Das Becken ist durch das riesige Flusssystem des Amazonas und seiner zahlreichen Nebenflüsse geprägt, von denen zehn (wie natürlich der Amazonas selbst) zu den 25 wasserreichsten Flüssen der Erde gehören. Die tropischen Regenwälder der Region zeichnen sich unter anderem durch ihre große Artenvielfalt aus, doch die Anzahl der Tierspezies ist schwer zu schätzen, da vermutlich erst ein Bruchteil von ihnen entdeckt wurde – man geht von einer Zahl zwischen fünf und zehn Millionen Arten insgesamt aus.

Auf der Luftaufnahme ist gut zu erkennen, wie sich der Amazonas durch den dichten tropischen Regenwald Brasiliens schlängelt (großes Bild).

Am Lago Sandoval in Peru reichen die hohen Bäume ebenfalls bis an das Wasser heran (kleines Bild).

VIER ELEMENTE

ERDE

SÜD- UND SÜDOSTASIEN

Im Gegensatz zu anderen Regionen gibt es in den Regenwäldern Asiens auch längere Trockenzeiten

Besonders viele und ausgeprägte Regen- und Monsunwälder gibt es in Südasien. Charakteristisch für die Klimaverhältnisse in dieser Region ist die vier bis fünf Monate dauernde Trockenzeit.

Aufgrund des dauer- und wechselfeuchten Klimas finden sich in Südostasien Nebel- und tropische Gebirgsregenwälder, subtropische Regenwälder, Monsunwälder sowie tropischer Tieflandregenwald.

WESTLICHES INDIEN

Westghats

Das Gebirge der Westghats verläuft auf einer Länge von etwa 1.600 Kilometer am Rande des Dekkan-Plateaus und trennt es von der Küstenebene am Arabischen Meer. Die Bergketten fangen die Regenfälle des jährlichen Monsuns auf und dienen so als Wasserscheide. Ursprünglich war das Gebiet fast komplett von Regenwald bedeckt. Inzwischen ist nur noch ein kleiner Teil in unberührtem Zustand erhalten. Die Tier- und Pflanzenwelt der Westghats gilt als eine der vielfältigsten der Welt. Viele Spezies sind nur hier verbreitet. Die Ökologie des Gebietes ist unterschiedlich. Allgemein ist der Norden wesentlich trockener als der Süden, insgesamt wird das Gebirge in vier Ökoregionen eingeteilt: Im Norden und Süden sind dies jeweils die niedriger gelegene Region laubabwerfender Regenwälder und die kühl-feuchtere Region der Berg-Regenwälder. Das artenreichste Gebiet ganz Indiens sind die Berg-Regenwälder im Süden.

SRI LANKA

Die Insel Sri Lanka vor Indiens Südspitze ist für ihre große Pflanzen- und Tierartenanzahl auf einer relativ geringen Fläche bekannt. Doch dieser Reichtum ist bedroht: Schätzungen einer Umweltschutzorganisation zufolge gibt es heute nur noch etwa 1,5 % der ursprünglichen Waldbestände, der Rest wurde gerodet. Das wichtigste Naturschutzgebiet Sri Lankas und eines der ältesten Reservate Südasiens ist der 1978 zum Nationalpark ernannte Sinharaja-Wald im Südwesten der Insel, der zum UNESCO-Weltnaturerbe erklärt wurde. In dem 765 Quadratkilometer großen Schutzgebiet mit bis zu 5000 Millimeter Jahresniederschlag existieren über 200 Gehölzarten und eine hohe Zahl endemischer Tiere. Von den Vögeln etwa sind ganze 95 % nur auf Sri Lanka heimisch, und unter den Säugetieren und Schmetterlingen beträgt der Anteil der Endemiten weit über 50 %.

SÜDWESTLICHES INDIEN

Malabarküste

Die Malabarküste, die auch als Pfefferküste bezeichnet wird, ist ein Küstenabschnitt am Arabischen Meer, der sich rund 650 Kilometer von Mangalore im Bundesstaat Karnataka bis zur Südspitze des Indischen Subkontinents erstreckt. Parallel zur Küste findet man viele Lagunen und Kanäle, die sogenannten »Backwaters«. Begünstigt vom feuchten Klima wachsen Bambus, Kapokbäume und wertvolle Edelholzarten (etwa Teak und Sandelholz) ebenso wie eine Vielzahl an Palmenarten wie Kokos-, Betel- und Ölpalmen, die gezielt zur wirtschaftlichen Nutzung kultiviert werden. Außerdem begünstigt das Klima dieser Region den Anbau von Tee, Kaffee und verschiedenen Gewürzen, darunter Zimt, Tamarinde, Ingwer und Pfeffer. Große Teile der natürlichen Vegetation mussten der hohen Bevölkerungsdichte weichen.

ANDAMANEN-ARCHIPEL

Die zu Indien gehörenden 204 Andamanen-Inseln im Golf von Bengalen sind noch immer hauptsächlich mit ursprünglichen tropischen Regenwäldern bedeckt. Auf den Inseln herrscht feucht-heißes Klima mit Temperaturen zwischen 18 und 34 °C und bis zu 150 Regentagen im Jahr. Ein leichter Wind macht die hohe Luftfeuchtigkeit (66 bis 85 %) erträglich. An den Küsten gedeihen Mangroven, die jedoch von dem verheerenden Tsunami im Dezember 2004 teilweise zerstört wurden.

MALAIISCHE HALBINSEL

Die Malaiische Halbinsel, auch als Malaien-Halbinsel oder Goldene Halbinsel bezeichnet, ist eine schmale, lang gezogene Fortsetzung des südostasiatischen Festlands. Das Terrain der Halbinsel teilen sich die Staaten Myanmar, Thailand und Malaysia. Die Landschaften und Ökosysteme sind vielgestaltig und abwechslungsreich: Neben Bergregionen gibt es Tiefebenen, Seen und Strände und Regenwaldflächen, die typisch sind für die äquatornahen Gebiete. Im Taman Negara, dem Nationalpark im Norden des malaysischen Teils der Halbinsel, erstreckt sich ein ausgedehnter urwüchsiger tropischer Regenwald, der mit 130 Millionen Jahren das älteste Waldgebiet der Erde ist.

Die »Backwaters« sind ein verzweigtes Netz von Wasserstraßen an der mittleren Malabarküste, die schon seit Jahrhunderten als Verkehrs- und Handelswege dienen, hier in der Nähe von Mobor im indischen Bundesstaat Goa (großes Bild).

Kleine Bilder von oben: Wolkenverhangen zeigt sich das Forstreservat Danum Valley auf Borneo.

Blick auf die Philippinen-Insel Palawan.

Ein Kuriosum der Philippinen-Insel Bohol sind die sogenannten Chocolate Hills.

SUMATRA

Die tropischen Regenwälder auf der indonesischen Insel Sumatra sind in der ganzen Welt berühmt, denn hier existieren einige der am meisten gefährdeten und seltensten Arten. In den zu Nationalparks erklärten letzten verbliebenen Urwaldbeständen leben Sumatra-Tiger, Schabrackentapir, Nashornvogel, Großaugenfasan, Sumatra-Elefant, Weißhandgibbon, Javaneraffe und Sumatra-Orang-Utan. Mit 176 Säugetier-, 194 Reptilien-, 62 Amphibien- sowie 320 Vogelarten hat Sumatra eine größere tierische Vielfalt zu bieten als jede andere indonesische Insel.

BORNEO

Uralte Regenwälder, Mangroven, Orang-Utans, zahlreiche endemische Pflanzen – die indonesische Insel Borneo, die drittgrößte Insel der Welt, ist noch an vielen Stellen ein urwüchsiger Flecken Natur. Zu den mehr als 220 Säugetierarten gehören Gibbons, Sumatra-Nashörner, Malaienbären, Nebelparder und Nasenaffe. Der Nashornvogel ist eine der 622 hier lebenden Vogelarten, daneben gibt es 400 Reptilien- und Amphibienarten – darunter die Kapuas-Wassertrugnatter, die einzige Schlange, die ihre Farbe ändern kann.

KLEINE SUNDA-INSELN

Die Gruppe der Kleinen Sunda-Inseln aus sechs größeren – Bali, Lombok, Sumbawa, Flores, Timor und Sumba – und zahlreichen kleineren Inseln liegt östlich von Java im Indonesischen Archipel. Zwischen Bali und Lombok verläuft die Wallace-Linie, die biogeografische Grenze zwischen asiatischer und australischer Flora und Fauna. Einst waren weite Teile der Kleinen Sunda-Inseln von Monsunwäldern bedeckt, die jedoch durch die Kultivierung der Landschaften stark zurückgedrängt wurden. Im Westen und Süden Balis blieben die Wälder teilweise erhalten, und seit 1984 durch den Bali Barat National Park geschützt.

PHILIPPINEN

Die mehr als 7.000 Philippinen-Inseln im westlichen Pazifischen Ozean bilden zusammen eines der artenreichsten Ökosysteme der Welt. Hier gibt es über 5.000 Tierarten sowie 14.000 Pflanzenarten. Attraktion der Insel Bohol sind die Chocolate Hills (»Schokoladenhügel«), ein Gebiet aus 1.268 natürlichen kegelförmigen Kalksteinhügeln. Durch die Abholzung in den letzten Jahrhunderten kam es auf den Hügeln zur Ausbreitung einer sehr widerstandsfähigen Grasvegetation, die in der Trockenzeit verdörrt und die Hügel schokoladenbraun färbt.

GANGESBECKEN/ INDOCHINESISCHE HALBINSEL

Der größte Monsunwaldgürtel der Erde

Das Gangesbecken in Indien sowie Waldbestände in Thailand und Laos gehören zum größten Monsunwaldgürtel der Welt. Das Gangesdelta besteht aus einem Labyrinth aus Wasserstraßen, Sümpfen, Seen und Schwemmlandinseln. Das Gebiet der Sundarbans, des weltweit größten Mangrovenwaldes, ist ein Teil davon. Typischerweise treten Monsunwälder in Regionen auf, die besonders stark vom Wechsel zwischen Trocken- und Regenzeit geprägt sind. Meist gibt es zwei Baumschichten, von denen die obere Laub abwirft, zum Beispiel Teak- und Ebenholzbäume, die untere hingegen immergün bleibt, dort wachsen Pflanzen wie der Bambus. Da die Kronen der Bäume in den Monsunwäldern nicht so dicht sind wie die der tropischen Regenwälder, kann durch den stärkeren Lichteinfall ein üppiges und artenreiches Unterholz gedeihen. Monsunwaldbestände gibt es noch in Hinterindien, Nordaustralien, Ostbrasilien, Ostafrika und am Malaiischen Archipel, die jedoch heute vielerorts durch den Bedarf an Brennholz und landwirtschaftlichen Nutzflächen gefährdet sind.

Der thailändische Nationalpark Khao Sok in der Provinz Surat Thani ist im nördlichen Teil von immergrünen Monsunwäldern (großes Bild) und im südlichen Teil von tropischen Regenwäldern geprägt.

Klima und Fauna ideal finden beispielsweise Doppelhornvögel, wie hier im Kaziranga-Nationalpark (kleines Bild oben).

In Laos rauscht das Wasser über das Tat-Kuang-Si-Wasserfallsystem bei Luang Prabang (kleines Bild unten).

VIER ELEMENTE

ERDE

SUNDARBANS

Der größte Mangrovenwald der Erde

Mit 6.000 Quadratkilometern sind die Sundarbans (»Schöne Wälder«) im Mündungsgebiet von vier großen Flüssen der größte Mangrovenwald der Erde. Große Teile der Sundarbans, die zum UNESCO-Weltnaturerbe zählen, gehören heute zu einem Nationalpark an der Grenze zwischen Indien und Bangladesch. In den Mangrovenwäldern leben unzählige Vögel, Fische, Hirsche, Krokodile, Pythons und Wildschweine. Die Sundarbans sind außerdem das Rückzugsgebiet des Bengalischen Tigers, der zum Symbol für das Artensterben in dieser Region wurde. Charakteristisch für die Mangrovensümpfe sind die Wurzelgeflechte, die den Pflanzen auf hartem, feinem und lockerem Untergrund Halt geben. Dazwischen ragen spezielle Triebe zum Atmen, Pneumatophoren, auf, ohne die die Wurzeln absterben würden, da der schlammige Boden schon in wenigen Millimetern Tiefe sauerstofffrei ist.

MANGROVEN – EINZIGARTIGE BAUMGATTUNG ZWISCHEN LAND UND MEER

Die im Gezeitengebiet tropischer Küsten anzutreffenden Mangrovenwälder bestehen aus salztoleranten Bäumen und Sträuchern verschiedener Pflanzenfamilien, die sich an die Lebensbedingungen der Meeresküsten und brackigen Flussmündungen angepasst haben: Sie lagern beispielsweise in ihren Zellen Salz ein, einige können auch wie Kakteen Wasser speichern, um die Salzkonzentration zu verdünnen. Über Drüsen scheiden sie das überschüssige Salz aus, und die mit Salz angereicherten Blätter werfen sie ab. Neben Korallenriffen und tropischen Regenwäldern gehören Mangroven zu den produktivsten Ökosystemen der Erde. In den Kronen des Mangrovenwaldes leben Reptilien, Säugetiere und Vögel. Im Wasser dagegen findet man bei den Wurzeln zahllose Fische, Muscheln und Krabben.

Auf dieser Satellitenaufnaheme erscheinen die Sundarbans dunkelgrün, die helleren Flächen sind landwirtschaftlich genutzte Areale und Wälder, die Flüsse sind hellblau (großes Bild).

Auf den ersten Blick das typischste Merkmal der Mangroven sind die hohen Wurzeln, die aus dem Wasser herausragen (kleines Bild oben).

In der thailändischen Provinz Phang Nga werden die Mangrovenwälder von riesigen Kalksteinfelsen durchbrochen (kleines Bild unten).

VIER ELEMENTE

ERDE

ELEFANTEN, ORANG-UTANS, ECHSEN, TIGER

Die größten Tiere in den Sundarbans

INDISCHE ELEFANTEN – DIE GRÖSSTEN TIERE DER ASIATISCHEN WÄLDER

Der Asiatische oder Indische Elefant (»Elephas maximus«) ist nach dem Afrikanischen Elefanten das zweitgrößte auf dem Land lebende Tier. Von seinem afrikanischen Vetter unterscheidet er sich unter anderem durch kleinere Ohren und nur eine statt zwei Rüsselspitzen.

Die Kühe und Jungtiere leben in Familienherden, die Bullen bleiben alleine oder bilden, wenn sie noch jung sind, eigene Verbände und schließen sich zur Paarung vorübergehend einer Herde an. Der Lebensraum des Asiatischen Elefanten umfasste einst den tropischen Regenwald ebenso wie offenes Grasland. Heute sind wilde Asiatische Elefanten, die als stark gefährdet gelten, nur noch in dichten Wäldern zu finden, ihre Zahl dürfte zwischen 35.000 und 55.000 liegen. Von diesen leben etwa 40 % auf dem Indischen Subkontinent, weitere 40 % auf dem Festland Südostasiens und der Rest auf Sri Lanka und den süostasiatischen Inseln.

BENGALISCHE TIGER – DIE GRÖSSTEN RAUBTIERE DER ASIATISCHEN REGENWÄLDER

Der bedrohte Bengalische oder Indische Tiger, nach dem Sibirischen Tiger die zweitgrößte Art, kam früher in ganz Asien vor. Heute ist er nur noch in Indien, Bangladesch, Bhutan, Nepal und Myanmar verbreitet. Die größte Population lebt in den Sundarbans-Mangrovenwäldern.

Der majestätische Bengalische Tiger (Panthera tigris tigris) mit seinem rot-gelb-braun gestreiften Fell, der kräftigen Gestalt und dem geschmeidigen Gang wird 1,90 bis 2,80 Meter lang und 180 bis 260 Kilogramm schwer. Die Eckzähne dieses Raubtiers messen bis zu sechs Zentimeter, die Krallen werden bis zu zehn Zentimeter lang. Er ernährt sich von etwa neun Kilogramm Fleisch am Tag.

Die Bestände der Tiger sind stark gefährdet, da der Lebensraum immer weiter eingeschränkt wird. Dennoch gibt es vom Bengalischen Tiger noch die meisten Exemplare – etwa 4.000 bis 5.000.

Asiatische Elefanten sind kleiner als ihre Verwandten in Afrika: Die maximale Schulterhöhe beträgt 3 Meter (großes Bild und Bildleiste oben).

In einem indischen Nationalpark schleichen sich Tiger an die Beute (Bildleiste Mitte und unten).

Orang-Utans kann man nur noch an wenigen Orten finden, hier zum Beispiel auf Borneo (kleines Bild links).

Komodowarane sind tagaktive Tiere und trotz ihrer Größe sehr schnell. Sie schwimmen gut und klettern auch auf Bäume (kleines Bild rechts).

KOMODOWARANE – DIE GRÖSSTEN ECHSEN DER ERDE

Der Komodowaran, die größte lebende Echsenart, kommt nur auf den zu Indonesien gehörenden Inseln Komodo, Rinca, Gili Motang und Flores vor, wo er im Wald- und Buschland lebt. Er kann zwar bis zu drei Meter lang werden, die meisten wild lebenden Exemplare sind jedoch wesentlich kleiner – im Durchschnitt erreichen sie eine Länge von etwa 1,80 Meter. Mit leerem Magen wird der Komodowaran zwar selten schwerer als 50 Kilogramm, in vollgefressenem Zustand sind allerdings bis zu 100 Kilogramm möglich, da er innerhalb kurzer Zeit unfassbar große Mengen zu sich nehmen kann. Der Komodowaran ist zudem sehr wendig, er besitzt ausgezeichnete Sinnesorgane und gilt als eines der intelligentesten Reptilien. Auf dem Speiseplan des Komodowarans steht vor allem Aas, aber er mag auch lebende Beute: von kleinen Reptilien, Vögeln und Säugern bis hin zu ausgewachsenen Hirschen und Wildschweinen. Kleinere Beutetiere verschlingt der Komodowaran gleich auf einmal.

ORANG-UTANS – DIE GRÖSSTEN PRIMATEN ASIENS

Die rotbraunen Primaten gehören zur Familie der Menschenaffen. Orang-Utans kommen heute nur noch in zwei Arten in den tropischen Regenwäldern auf den südostasiatischen Inseln Sumatra und Borneo vor. Früher waren sie, wie Fossilienfunde belegen, auch in Südchina, Vietnam und auf Java verbreitet. Orang-Utans sind besonders gut an das Leben auf den Bäumen angepasst. Bei der Nahrungsaufnahme etwa – hauptsächlich ernähren sie sich von Früchten und Blättern – sitzen oder hängen sie in den Bäumen, und mit ihren kräftigen Armen biegen oder brechen sie selbst dickere Äste, um an die Früchte heranzukommen.

VIER ELEMENTE

ERDE

DIE KLEINSTEN UND DIE GRÖSSTEN

WISSENSWERT

Kleinste Blütenpflanze der Welt

Nur rund 0,5 bis 1,5 Millimeter sind die Sprossglieder der Zwergwasserlinse groß. Ellipsenförmig treiben sie an der Wasseroberfläche, eine Wurzel haben sie nicht. In Deutschland gelten sie als stark gefährdet, allerdings findet man die an grobes grünes Granulat erinnernden Pflanzen auch noch andernorts, vor allem auf stehenden Gewässern, die reich an Nährstoffen und viel von der Sonne beschienen sind. Mit den grünen Winzlingen wurden sogar schon Experimente durchgefüht, um sie als Nahrung auf Weltraumflügen zu nutzen. Einiges würde dafür sprechen: Sie sind reich an Proteinen, in etwa so reich wie Sojabohnen, und auch extrem schnellwachsend. Unter Idealbedingungen verdoppelt sich ihre Biomasse in nur etwa 48 Stunden. Allerdings hat das ganze auch einen Haken, denn obwohl sie so klein sind, sind Wasserlinsen recht zäh und müssen lange gegart und püriert werden.

RAFFLESIE

‹‹‹ Durchmesser bis zu einem Meter ›››

Blütenentwicklung bis zu einem Jahr

Blütenzeit ca. 5 Tage

PLATZ FÜR ALLE

mehr als 1.250 Zwergwasserlinsen hätten Platz in einer Rafflesie

ZWERGWASSERLINSE

Durchmesser ca. 0,7 mm

RAFFLESIE – DIE GRÖSSTE BLÜTE DER WELT

Die »Rafflesia arnoldii« bildet mit bis zu einem Meter Durchmesser und einem Gewicht von bis zu elf Kilogramm die größten Einzelblüten im Pflanzenreich aus. Rafflesien sind Vollschmarotzer, die mit Ausnahme der Blüten – die meist auf dem Boden liegen – vollständig innerhalb ihrer Wirtspflanze leben. Wie die Titanenwurz ahmen sie die Farbe und den Geruch von Aas nach, um Insekten zur Bestäubung anzulocken. Die »Rafflesia arnoldii« ist im malaysischen Sarawak und im indonesischen Kalimantan Barat auf Borneo sowie auch auf Sumatra verbreitet.

LEBEN ALS SCHMAROTZER

Man könnte fast annehmen, die Rafflesie würde mit ihrer enormen Blüte den Umstand überdecken wollen, dass sie außer dieser nichts besitzt: Weder einen Stiel, noch Blätter, noch Wurzeln. Um zu überleben, wird sie daher zum Schmarotzer. Sie ankert sich an einer anderen Pflanze fest und zieht diesem Wirt die Nährstoffe – denn ohne Blätter kann die Rafflesie auch keine Photosynthese betreiben.

BETÖREND FÜR FLIEGEN

So eindrucksvoll das Aussehen der Rafflesien-Blüte auch ist, so intensiv ist auch ihr übler Geruch nach verwesendem Fleisch. Gemeinsam mit der Wärme, die sie ausstrahlt und der rötlichen Farbe lockt sie damit Fliegen und bestimmte Käfer an, die die Blüte tatsächlich für Aas halten könnten. Benötigt werden die Insekten zur Bestäubung.

DIE HÖCHSTE BLÜTE DER WELT

Das Aronstabgewächs Titanenwurz (»Amorphophallus titanum«) kommt außerhalb botanischer Gärten ausschließlich auf Sumatra vor. Sein Blütenstand ist aus botanischer Sicht die größte Blume der Welt – den Rekord hält derzeit die Titanenwurz der Wilhelma, des Zoologisch-Botanischen Gartens in Stuttgart, deren Blütenstand 2005 eine Höhe von 2,94 Meter und einen Umfang von 1,50 Meter erreichte. Allerdings blüht die Titanenwurz nur sehr selten und unregelmäßig alle neun bis zwölf Jahre. Wegen ihres üblen Geruchs heißt die Pflanze in Indonesien auch »Aasblume«.

VIER ELEMENTE

ERDE

AUSTRALIEN/OZEANIEN

Von wegen »Roter Kontinent«: Australien und umliegende Inseln können auch mit grünen Wäldern aufwarten

In Australien, Neuseeland und anderen Inselstaaten Ozeaniens existieren noch ausgehnte Gebiete mit tropischen Regen- und Monsunwäldern.

NEUGUINEA

Die von tropischen Regenwäldern dominierte Insel Neuguinea, nach Grönland die zweitgrößte Insel der Erde, gehört mit etwa 20.000 Pflanzenarten zu den weltweit zehn artenreichsten Regionen. Besonders auffällig ist der hohe Anteil (rund 55 %) von endemischen Arten, also solchen, die an keinem anderen Ort der Welt vorkommen. Begünstigt wird diese hohe Artenanzahl durch die geografische Vielfältigkeit der Insel und ihren von menschlichen Eingriffen weitgehend unberührten geschlossenen Bewuchs – rund 75 % der Fläche Neuguineas sind allein mit Wäldern bedeckt. Auch die Fauna ist beeindruckend: Auf Neuguinea leben 400 bis 600 Vogel-, über 400 Amphibien- und Schmetterlings- sowie 180 Säugetierarten, außerdem viele Spinnen, Reptilien und Insekten. In den Lagunen, Seen und Flüssen schwimmen mehr als 1.000 verschiedene Fischarten.

Der Regenwald von Papua-Neuguinea im Osten der Insel gilt noch als der drittgrößte der Welt, ist jedoch durch Rodungen bereits beträchtlich reduziert worden. Im westlichen Teil der Insel liegt der 23.555 Quadratkilometer große Lorentz National Park, der weitläufigste Nationalpark ganz Südostasiens. Dies ist der einzige Park, der sich von äquatornahen Gletschern bis hin zum tropischen Meer erstreckt, und er umfasst Tiefland- und Bergregenwälder, subalpine Vegetationszonen, Sumpfwälder und Mangroven.

NÖRDLICHE PAZIFIKKÜSTE AUSTRALIENS

Die Atherton Tablelands in Queensland bilden mit 800 Quadratkilometern die größte zusammenhängende Regenwaldfläche an der nördlichen Pazifikküste. Hier kann man elf Waldtypen unterscheiden, vorherrschend sind aber Lianenwälder mit vielen Baumfarnen und Epiphyten. Im Daintree-Nationalpark, der sich im selben Bundesstaat bis ans Great Barrier Reef erstreckt, werden allein 13 verschiedene Sorten von Regenwäldern unterschieden. In diesem Gebiet, das 0,2% der Landmasse Australiens ausmacht, finden sich 30% der Säugetiere, 65% aller australischen Fledermaus- und Schmetterlingsarten und 20% aller Vogelgattungen. Auch in Queensland liegt die Landzunge Cape Tribulation, wo tropischer Regenwald und Great Barrier Reef aufeinandertreffen. Das tropische Klima und die unberührte Natur bieten beste Bedingungen für eine vielseitige Tier- und Pflanzenwelt.

In vielen verschiedenen Grüntönen leuchtet der Regenwald im australischen Queensland (großes Bild).

Im Norden der Provinz wird dieses Grün durch die Millaa Millaa Falls durchbrochen (kleines Bild).

WISSENSWERT

Helmkasuare – die größten Regenwaldvögel der Erde

Nach dem afrikanischen Strauß und dem Großen Emu ist der flugunfähige Helmkasuar weltweit der drittgrößte Vogel. Er wird etwa 1,50 Meter lang, hat eine Schulterhöhe von rund 90 Zentimeter und wiegt bis zu 70 Kilogramm. Auf dem Kopf trägt dieser Laufvogel, der versteckt in Wäldern Neuguineas und Australiens lebt, ein helmartiges Horngebilde, das das Tier im Dickicht schützt. Der Helmkasuar gilt als gefährdete Art, bedroht vom Schwund seines Lebensraums, von der Jagd auf die schmückenden Federn und vom Straßenverkehr. Helmkasuare leben einzeln und in einem festen Revier – bis zur Brutzeit. Nachdem die Henne drei bis acht große hellgrüne Eier ins Nest gelegt hat, zieht sie weiter. Das Männchen brütet die Eier aus und kümmert sich danach noch etwa neun Monate um die hellbraun gestreiften Küken. Auf dem Speiseplan der Helmkasuare stehen vorwiegend Früchte, Pilze, Insekten, kleine Säugetiere und Vögel sowie deren Eier.

VIER ELEMENTE

ERDE

AFRIKA

Viele bedrohte Tierarten finden in den afrikanischen Regenwäldern ein Zuhause

Nicht einmal mehr 10 % des afrikanischen Kontinents zu beiden Seiten des Äquators sind noch von immergrünem Regenwald bedeckt – der ehemals geschlossene Grüngürtel ist heute mehrfach von Savannen unterbrochen.

WESTAFRIKA

Im tropisch-wechselfeuchten Klima im Westen des Kontinents gedeihen noch Regenwälder. Die Elfenbeinküste etwa ist geprägt von Wäldern mit Affenbrotbäumen, Orchideen und Epiphyten. Der Afrikanische Elefant ist heute nur noch in Reservaten zu sehen, da Jagd und Wilderei nach den begehrten Tierzähnen den Bestand erheblich reduziert haben. In den Wäldern der Elfenbeinküste leben Flusspferde, Primaten, Nage- und Schuppentiere, Raubkatzen, Krokodile und Schlangen sowie unzählige Vögel. Auch in Ghana liegen große Waldgebiete mit einer reichen Pflanzen- und Tierwelt, deren Bestände jedoch drastisch schrumpfen – vor allem wegen der Rodung von für den Export bestimmten Edelgehölzen wie Mahagoni- und Walnussbäumen.

KONGO-BECKEN

Den größten Anteil an tropischem Regenwald in Afrika stellt das Kongo-Becken – nach dem Amazonas-Becken das zweitgrößte zusammenhängende Regenwaldgebiet der Erde – das sich über ganz Zentralafrika erstreckt. Die Regenwälder hier sind noch intakt und trotz der Nähe zur dicht besiedelten Westküste kaum erschlossen. Das Kongo-Becken ist deshalb ein »Reservat ursprünglichen Lebens«: Hier haben sich Arten erhalten, die anderswo längst ausgestorben sind. Auch die Gorillas und die noch selteneren Berggorillas sind in dieser Region zu Hause. Außerdem Schimpansen und Bonobos, Waldelefanten und Waldbüffel, Bongoantilopen und Waldgiraffen. Viele Bewohner des Regenwaldes haben sich in den höheren »Etagen« eingerichtet, wo sie auf den Ästen der Bäume regelrechte »Trampelpfade« haben. Viele dieser Arten sind bis heute unerforscht oder völlig unbekannt. Auch manche Bodentiere wurde erst vor kurzer Zeit entdeckt.

MADAGASKAR

In etwa 400 Kilometer Entfernung von der ostafrikanischen Küste konnte sich in dieser Isolation wie auf einer Arche Noah eine sehr urtümliche Tier- und Pflanzenwelt erhalten, die auf dem afrikanischen Festland längst ausgestorben ist. Doch Brandrodung bedroht heute das einzigartige Paradies. Rund 80 % der Flora (davon allein 86 % der Blütenpflanzen) und zahlreiche Tierarten sind endemisch. Etwa zwei Drittel aller Chamäleonarten der Erde sind nur hier heimisch.

Seit 2000 besteht der Nationalpark Marojejy auf Madagaskar. Doch illegale Rodungen gefährden das Gebiet (großes Bild).

Aus der Vogelperspektive ist die sumpfige Waldlichtung Mbeli Bai im Nouabalé-Ndoki-Nationalpark gut erkennbar (kleines Bild).

WISSENSWERT

Gorillas – die größten Primaten der Erde

Berggorillas

Von der Küste Äquatorialguineas bis Ostafrika reichte einst der Lebensraum des Gorillas. Heute existieren zwei getrennte Populationen: die Flachlandgorillas und die ausschließlich auf die Virunga-Vulkane im Grenzgebiet zwischen Uganda, Ruanda und der Demokratischen Republik Kongo beschränkten Berggorillas. Von dieser Art gibt es vermutlich nur noch etwa 400 bis 700 Tiere. Die Pflanzen fressenden Primaten leben in familienähnlichen Verbänden aus einem ausgewachsenen Silberrücken-Männchen, etwa vier fortpflanzungsfähigen Weibchen und dem gemeinsamen Nachwuchs. Berggorillas verbringen den größeren Teil ihres Lebens auf dem Boden und klettern nur selten auf Bäume.

Flachlandgorillas

Flachlandgorillas werden in eine Östliche und eine Westliche Unterart eingeteilt. Östliche Flachlandgorillas sind mit bis zu 1,75 Metern die größten Primaten. Sie bewohnen das Tief- und Hügelland am östlichen Rand des Kongo-Beckens. Die Westlichen Flachlandgorillas sind dafür die am weitesten verbreitete Gorillaart. Sie leben in der Küstenregion am Golf von Guinea zwischen den Mündungen des Niger und des Kongo. Wie die Berggorillas sind ihre Verwandten im Flachland tagsüber aktiv und bauen sich für die Nacht Blätternester in den Bäumen oder am Boden. Die friedfertigen Nomaden müssen aufgrund ihrer Größe und Intelligenz keine natürlichen Feinde fürchten. Doch inzwischen bedroht der Mensch die Gorillas: Obwohl ihre letzten Lebensräume als Schutzgebiete ausgewiesen sind, werden sie zur Gewinnung von Bau- und Brennholz sowie für die landwirtschaftliche Nutzung gerodet.

VIER ELEMENTE

ERDE

PALMEN

Die größten Blätter, Blütenstände und Samen der Erde

Der Name der Palmen kommt aus dem Lateinischen: »palma« bedeutet so viel wie »flache Hand« und bezieht sich auf die Ähnlichkeit der Blätter der Pflanzen mit einer gespreizten Hand. Die Stämme, meist unverzweigt, werden zwischen 0,25 und 60 Meter hoch. Darauf sitzt ein Bündel fächer- oder federartiger Blätter, dazwischen befinden sich die Blüten in dichten Blütenständen. Verbreitet sind die etwa 2.600 Arten in tropischen und subtropischen Gebieten sowie auf ozeanischen Inseln. Die Palmengewächse sind Nutzpflanzen: die Früchte von rund 100 Arten sind essbar (zum Beispiel der Dattelpalme), von anderen die Samen (wie die Kokosnuss), aus dem Stamm mancher Palmen lässt sich Sago gewinnen, aus dem Palmensaft können verschiedene Getränke, Zucker, Palmwein und -honig extrahiert werden. Das Holz der Stämme wird vielerorts als Baumaterial für Häuser und Möbel benutzt.

RAPHIA – DIE PALMEN MIT DEN LÄNGSTEN BLÄTTERN

Diese Gattung ist vor allem in Afrika und auf Madagaskar verbreitet, eine weitere Art in Mittel- und Südamerika (rechts). Die Blätter werden bis zu 25 Meter lang, die Stämme erreichen eine Höhe von 16 Meter.

LODOICEA MALDIVICA – DIE PALMEN MIT DEN GRÖSSTEN SAMEN

Die Seychellenpalme (rechts), auch als »Coco de mer« bezeichnet, entwickelt innerhalb von sechs bis sieben Jahren nach Befruchtung eine grüne, herzförmige Frucht, die einen bis zu 25 Kilogramm schweren Samen enthält.

CORYPHA – DIE PALMEN MIT DEN GRÖSSTEN BLÜTEN

Die Schopf- oder Schirmpalme ist eine in Südostasien bis Nordaustralien verbreitete, bis 50 Meter hohe Fächerpalme. Diese Gattung entwickelt den größten Blütenstand aller Pflanzen der Welt mit etwa zehn Millionen Blüten pro Infloreszenz (Blütenstand). Aus der Palme lässt sich Sago, ein Verdickungsmittel, gewinnen.

Auffällig ist der Blütenstand der Talipotpalme, eine von sechs Unterarten der »Corypha«.

Einen regelrechten Teppich aus Grün bilden die großen Palmblätter aus der Luft betrachtet (großes Bild).

»Lodoicea maldivica« haben den größten Samen aller Pflanzen auf den Seychellen, mit etwas Glück fängt dieser dann auch zu treiben an (kleines Bild oben).

Der männliche Blütenstand der Lodoicea Maldivica wirkt dazu im Vergleich nahezu filigran (Bild unten rechts).

VIER ELEMENTE

ERDE

BAOBABS

Die größten Sukkulenten der Erde

Einer der charakteristischsten Bäume des tropischen Afrikas ist der Baobab oder Affenbrotbaum mit seinem eher kurzen, aber sehr kräftigen Stamm und seiner ausladenden Krone. Wenn sie keine Blätter trägt, ähnelt die Baumkrone einer Wurzel – eine Legende besagt, die Götter hätten im Ärger über die Sünden der Menschen den Baobab ausgerissen und verkehrt herum wieder eingepflanzt. Der Baobab, ein periodisch laubabwerfender Baum, dessen Blätter kurz vor der Regenzeit austreiben, kommt südlich der Sahara in ganz Afrika vor, in Madagaskar gibt es endemische Arten. Während der Regenzeit kann der Baum bis zu 140.000 Liter Wasser speichern und dient in den trockenen Monaten als wertvolles Wasserreservoir für die Menschen und Tiere. Sein robuster Stamm übersteht Feuer nahezu unbeschadet.

DER GRÖSSTE BAOBAB DER ERDE

Der »Big Baobab« bei Tzaneen in Südafrika gilt mit 22 Metern Höhe und rund 47 Metern Umfang als größter Affenbrotbaum der Welt. 1993 höhlten die Grundstückseigner den Stamm aus und richteten darin eine Bar ein. Doch noch immer trägt der mächtige Baum jedes Frühjahr Blüten.

Großes Bild: Eine Art der Affenbrotbäume, der »Adansonia grandidieri«, bildet bei Morondava an der Westküste Madagaskars eine ganze Allee.

PARSONS-CHAMÄLEONS/ RIESENCHAMÄLEONS

Die größten Chamäleons der Erde

Rund zwei Drittel aller Chamäleonarten sind ausschließlich in den Wäldern und Savannen auf Madagaskar heimisch, darunter das Parsons- Chamäleon und das Riesen- oder Madagaskar-Riesenchamäleon, das eine Länge von bis zu 68 Zentimetern erreicht. Beide Arten haben einen kräftigen Kopf mit einem stark ausgebildeten »Helm«. Das Parsons-Chamäleon-Männchen hat darüber hinaus zwei schaufelförmige, beschuppte Hornfortsätze an der Spitze der Schnauze. Die männlichen Parsons-Chamäleons sind meist türkisblau, die Weibchen eher grün. Manche Exemplare haben einen gelben Fleck in der Rumpfmitte. Das männliche Riesenchamäleon zeichnet sich durch eine etwas schmutzig wirkende braun-graue Tarnfarbe aus. Das Weibchen ist bunter gefärbt mit hauptsächlich Grüntönen und weißen Flecken an den Seiten. Da sich Chamäleons überwiegend von Insekten ernähren, sind sie von den Madagassen als Fliegenfänger gerne gesehen.

Das Parsons-Chamäleon kann bis zu 60 Zentimeter lang werden. Es jagt auf Bäumen nach Insekten, aber auch nach kleinen Vögeln oder Säugetieren (großes Bild).

Weibchen und Männchen der Parsons-Chamäleons unterscheiden sich deutlich in ihrer Farbe (kleines Bild oben).

Winzig klein hingegen ist die Chamäleonart Brookesia minima (kleines Bild oben rechts und großes Bild rechts).

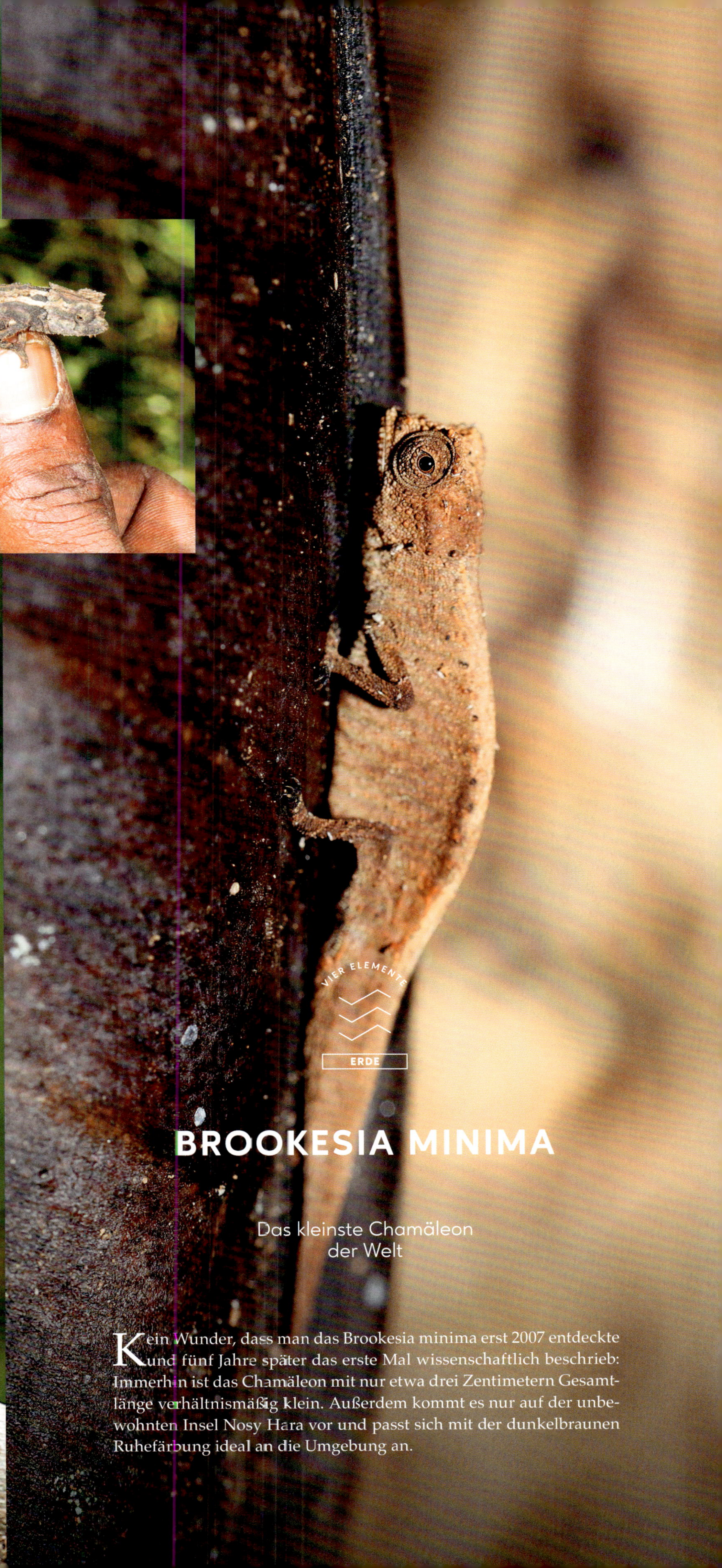

VIER ELEMENTE

ERDE

BROOKESIA MINIMA

Das kleinste Chamäleon der Welt

Kein Wunder, dass man das Brookesia minima erst 2007 entdeckte und fünf Jahre später das erste Mal wissenschaftlich beschrieb: Immerhin ist das Chamäleon mit nur etwa drei Zentimetern Gesamtlänge verhältnismäßig klein. Außerdem kommt es nur auf der unbewohnten Insel Nosy Hara vor und passt sich mit der dunkelbraunen Ruhefärbung ideal an die Umgebung an.

VIER ELEMENTE

ERDE

NORD-UND MITTELAMERIKA

Tropische Regenwälder finden sich vor allem in Mittelamerika, das Klima Nordamerikas begünstigt Regenwälder der gemäßigten Breiten

MITTELAMERIKA

In mehreren Ländern Mittelamerikas, darunter Costa Rica, Honduras, Panama und Nicaragua, gibt es noch größere Regenwaldflächen. Panamas Provinz Darién etwa ist eine Hügellandschaft mit dichten Wäldern, deren Artenvielfalt jedoch nach wie vor von der Brandrodung bedroht ist. Costa Rica, südlich von Panama, bekam seinen Namen (»Reiche Küste«) einst wegen der atemberaubenden natürlichen Schätze, die das Land zu bieten hat. Und noch immer leben an der Grenze zwischen Nord- und Südamerika einige Tiere aus beiden Kontinenten, auch seltene Arten wie Kapuzineraffe oder Jaguar. In Costa Rica werden inzwischen erste Erfolge der Wiederherstellung des natürlichen Waldes vermeldet, der vor etwa 50 Jahren fast vollständig abgeholzt worden war. In Nicaragua findet man sowohl besonders artenreiche tropische Regenwälder als auch Mangrovensümpfe, und in Honduras gibt es noch einige Bestände an bislang unerforschtem Urwald, der ungezählten Pflanzen- und Tierarten ein Refugium bietet.

KARIBISCHE INSELN

In Kuba wurden zum Schutz der Ökosysteme Nationalparks eingerichtet, unter anderem der Parque Nacional Alejandro de Humboldt mit Trocken- und Regenwäldern und Mangroven. Auch Jamaikas Cockpit Country ist eine üppig grüne Waldlandschaft mit einer besonderes hohen biologischen Vielfalt. Hier finden einige Arten, die der Mensch im Rest der Insel bereits vertrieben hat, ein letztes Rückzugsgebiet. Die Insel Hispaniola, die sich die Staaten Haiti und Dominikanische Republik teilen, ist noch zu etwa 50 % von Regenwäldern bedeckt. Puerto Rico hat den herrlichen Regenwald El Yunque zu bieten, der von Wasserfällen, Tropenvegetation sowie zahllosen Vogelarten geprägt ist. Dies ist die Heimat der farbenfrohen puerto-ricanischen Papageien und des Baumfrosches »El Coqui«. Dominica mit seiner tropischen Flora und Fauna gilt als die ursprünglichste Insel der Kleinen Antillen. Besonders das Kerngebiet der Insel ist von dichten Regenwäldern geprägt. Auf der Insel Guadeloupe liegt der gleichnamige Nationalpark, in dessen tropischen Regenwäldern auch Mahagonibäume wachsen. In diesem Park leben Papageien, Sittiche, Fledermäuse, Guadeloupe-Waschbären, Mungos und die vom Aussterben bedrohten Agutis. Auch auf Trinidad und Tobago findet man noch Regenwälder mit Wasserfällen und einer artenreichen Tier- und Pflanzenwelt sowie riesige Sumpfgebiete. Das von Flüssen durchzogene vulkanische Hügelland von St. Lucia ist von Regenwaldvegetation mit Bougainvillea, Hibiskus, wilden Orchideen und Rosen bedeckt.

Von dichtem Regenwald umgeben ist der Vulkan Arenal auf Costa Rica, der als einer der aktivsten Vulkane weltweit gilt (großes Bild).

Inmitten dieses tiefgrünen Dickichts findet man jedoch auch Farbtupfer wie diese leuchtend rote Bromelie (kleines Bild oben).

Auf St. Lucia, einer Insel der Kleinen Antillen, sind zahlreiche Berge – hier die knapp 800 Meter hohen Twin Pitons – mit dichtem Regenwald bedeckt (unten).

VIER ELEMENTE

ERDE

SÜDAMERIKA

Die Regenwaldgebiete in Südamerika weisen eine hohe Biodiversität auf

Die Mehrheit der tropischen Regenwälder befindet sich in Südamerika. Das größte Regenwaldgebiet der Erde erstreckt sich im südamerikanischen Amazonas-Becken.

ORINOCO-TIEFLAND

Venezuela lässt sich in drei größere Landschaftsräume einteilen: das Gebirgsland der Anden, das Guayana-Hochland und das Orinoco-Tiefland. Zu den schönsten Gegenden Venezuelas gehören die Llanos del Orinoco, eine weite Ebene mit unglaublich vielen Tierarten und einer üppigen, fruchtbaren Vegetation. Zahlreiche Flüsse und Kanäle schlängeln sich durch verschiedene Landschaftsformen in Richtung Atlantik. Den Großteil dieser Region machen jedoch tropische Regenwälder mit Palmen, Fruchtbäumen, Orchideen, Bromelien und Baumfarnen aus, die Flüsse sind voller Mangroven. Im Orinoco-Tiefland leben unter anderem Jaguar, Puma, Ozelot, Waschbär, Riesenotter, Brüll- und Kapuzineraffe und Wasserschwein. Außerdem gibt es viele Amphibien, Reptilien und Fische, und nicht zuletzt ist diese Region ein Vogelparadies: Zu den gefiederten Bewohnern gehören Papageien, Kormorane, Tukane, Eisvögel, Kolibris und Paradiesvögel.

BERGLAND VON GUAYANA

Das stark zerklüftete Bergland von Guayana erstreckt sich über eine riesige Fläche von 1,5 Millionen Quadratkilometern – vom Osten Kolumbiens durch Südvenezuela, Nordbrasilien, Guyana und Suriname bis nach Französisch-Guayana – und wird durch den Atlantischen Ozean sowie das Amazonas- und das Orinoco-Tiefland begrenzt. Gekennzeichnet wird das Hochland, eine sehr alte geologische Formation aus vorwiegend Granitgestein, unter anderem von mächtigen Tafelbergen, den sogenannten Tepuis. Diese Berge, auf deren Hochplateaus sich aufgrund ihrer vom Regenwald isolierten Lage eine endemische Flora und Fauna entwickelt hat, überragen die über 1.000 Meter dicke, flache Sandsteintafel namens Gran Sabana. Von einigen dieser Tafelberge stürzen gewaltige Wasserfälle – darunter der Salto Angel, der mit annähernd 1.000 Metern Fallhöhe als der höchste Wasserfall der Welt gilt – in den tropischen Regenwald hinab. Die höchste Erhebung der Region, die auch Guayana-Schild oder Guayana-Massiv genannt wird, ist mit 2.994 Metern der Pico da Neblina. Den niedrigeren Teil des Berglands im Osten bedecken tropische Regenwälder, die über eine eindrucksvolle Vielfalt an Pflanzen- und Tierarten verfügen – darunter befinden sich besonders viele Vogelgattungen. Weiter westlich herrschen Savannen- und Graslandschaften vor, in denen unter anderem Kakao, Reis, Zuckerrohr und Baumwolle angebaut werden.

Großes Bild: Zur vielfältigen Vegetation im dichten »Atlantischen Regenwald« in Brasilien gehören auch riesige Baumfarne (»Dicksonia sellowiana«).

Im Regenwald Venezuelas findet man auch immer wieder sogenannte Epipyten oder »Aufsitzerpflanzen« (kleines Bild oben).

Tropischer Regenwald spiegelt sich in einer ruhigen Lagune im Orinoco-Delta in Venezuela (kleines Bild rechts).

BRASILIENS ATLANTISCHE WÄLDER

Die Mata Atlântica, der »Atlantische Regenwald«, erstreckte sich einst über knapp 3.000 Kilometer an der brasilianischen Atlantikküste. Heute sind davon inmitten der von Menschenhand geprägten Kulturlandschaft nur noch kleine Waldinseln übrig, die jedoch immer noch einen sehr großen Reichtum an Pflanzen und Tieren aufweisen, von denen viele endemisch sind. Da im Gebiet der »Atlantischen Regenwälder« Brasiliens größte Städte liegen, gehören sie zu den meistbedrohten Waldgebieten der Welt. Die UNESCO hat sie inzwischen als Biosphärenreservat und teils als Welterbe geschützt, was illegal durchgeführte Rodungen nicht verhindern kann. Die einzigartige Vegetation der Mata Atlântica bietet von der Küstenebene bei Cananéia bis zur Serra Paraná Piacaba unterschiedliche Formen wie Salzwasserlagunen, Wanderdünen, Sandstrände, Mangrovenhaine, Acker- und Weideland. Auf und an den Bäumen des Regenwalds wachsen Farne, Orchideen, Begonien und Bromelien, die wiederum Baumfröschen als Lebensraum dienen. Weitere Vertreter der Fauna sind Flachland-Tapir, La-Plata-Otter und die Adlerart der Harpyie.

PRÄRIEN, STEPPEN UND SAVANNEN

Die klimatischen Bedingungen verhindern üppige Vegetation, doch kahl ist es selbst in der Steppe nicht

Steppen sind trockene, baumlose Graslandschaften in den gemäßigten Breiten – die Eurasische Steppe etwa zieht sich von der ungarischen Puszta bis in die Mongolei. In Nordamerika wird diese Vegetationsform Prärie genannt; man findet sie dort in den Great Plains zwischen Rocky Mountains und den Großen Seen. Savannen sind ebenfalls flache Grasländer, die jedoch in den subtropischen und tropischen Breiten liegen. Dieser Vegetationstyp bedeckt ungefähr ein Sechstel der gesamten Festlandfläche unseres Planeten. In den niederschlagsreicheren Gebieten gehen Savannen meist in tropische Feuchtwälder über, in trockeneren Regionen in Halbwüsten oder Wüsten. Beide Formen sind durch geringen Pflanzenbewuchs charakterisiert, da Steppen und Savannen meist im Inneren der Kontinente und somit weit entfernt von den Ozeanen liegen.

Hohes, trockenes Gras, Zwergsträucher und dornenbewehrte Akazien sind die typische Vegetation in der Serengeti, einer Savanne, die sich im Norden Tansanias auf einer Fläche von etwa 30.000 Quadratkilometern erstreckt.

Großes Bild: Im Herbst leuchten die einzeln stehenden kleineren Bäume der zentralasiatischen Steppe orange-rot bis gelb.

Die Mongolischen Steppe bildet eine schier unendliche Weite (großes Bild).

In der Puszta findet man noch traditionelle Ziehbrunnen vor (kleines Bild oben).

VIER ELEMENTE

ERDE

EURASISCHE STEPPE

Die größte Steppenregion der Erde

Die Eurasische Steppe ist eine riesige Graslandschaft, die sich auf einer Länge von insgesamt etwa 5.000 Kilometern von der Puszta in Ungarn bis tief in die Mongolei in Asien hinzieht. Der größte Teil der Eurasischen Steppe liegt in Zentralasien, nur ein kleiner Abschnitt befindet sich im Osten des europäischen Kontinents, zum Beispiel in Russland, in der Ukraine und Ungarn. Im Allgemeinen gelten Steppengebiete als trist, karg und öde, und nur sehr wenige Menschen – hauptsächlich Nomaden – zieht es in solche vermeintlich unwirtlichen Gegenden. Doch die Steppen, die sich über den eurasischen Kontinent erstrecken, sind erstaunlich lebendig: Es gedeihen mehr als 1.500 Pflanzenarten, und hier leben Saiga-Antilopen sowie die Przewalski-Wildpferde, die als Stammform der Hauspferde gelten und früher in ganz Europa beheimatet waren. Inzwischen sind sie jedoch in die entlegensten Ecken Eurasiens zurückgedrängt worden. Zudem treffen sich zuweilen Millionen von Vögeln mitten in diesen »Einöden«, da die grasbewachsenen Steppenlandschaften Wasser und andere Nahrung versprechen.

MONGOLISCHE STEPPE

Steppen sind in der Mongolei die vorherrschende Landschaftsform. Die Gebirgsgras- und Kurzgrassteppen machen etwa die Hälfte des mongolischen Staatsgebiets aus. Diese Grasländer bieten den (nomadischen) Bauern nach wie vor genügend Weideland für ihr Vieh. In der Steppe wachsen neben Gräsern aber auch andere Pflanzen wie vor allem Moose und Flechten sowie niedrige Sträucher. Auch die meisten unserer Getreidepflanzen waren ursprünglich in der Steppe beheimatet. Während das Grasland üppig wächst, gedeihen in dem trockenen Klima nur wenige größere Pflanzen wie beispielsweise Bäume. Kleine Wäldchen sind in der Mongolischen Steppenlandschaft ein seltener Anblick, ausschließlich in günstigen Lagen. Zu den Bewohnern der Mongolischen Steppe gehören Steppenfüchse und -schafe, Trappen und zahlreiche Nagetiere.

PUSZTA

Die Puszta, eine Enklave der Eurasischen Steppe im Ungarischen Tiefland, entstand durch Menschenhand, als Waldbestände gerodet und Flüsse reguliert wurden, um Weideland zu gewinnen. Inzwischen gehen die Viehbestände in Ungarn jedoch zurück, weshalb es zur Umwandlung weiter Teile der Steppenlandschaft in Äcker kam. Heute existieren von den ungarischen Salz- und Grassteppen noch ungefähr 400.000 Hektar.

VIER ELEMENTE

ERDE

GOBI

Die größte Steppenregion Asiens

Über die geografische Definition der zentralasiatischen Steppenwüste Gobi ist man sich uneins. Sie erstreckt sich ungefähr vom Pamir bis zum Hinggan-Gebirge, im Norden bilden Altai- und Changaigebirge ihre Grenze, im Süden Nanschan- und Kunlun-Shan-Gebirge. Von West nach Ost erstreckt sie sich demnach über 2.000 Kilometer, von Süd nach Nord etwa 800 Kilometer. Ihre Gesamtfläche beträgt über eine Million Quadratkilometer, durchschnittlich liegt sie rund 1.000 Meter über dem Meeresspiegel. Das Klima ist kontinental, mit sehr kalten Wintern (bis unter -40 °C) und heißen Sommern. Die Jahresniederschläge betragen im Durchschnitt unter 200 Millimeter. Die feuchteren Randgebiete im Norden und Osten werden weidewirtschaftlich genutzt. Nirgendwo wohnen weniger Menschen als in der Gobi, doch mongolische Nomaden ziehen seit Jahrhunderten in Kamelkarawanen durch die Steppengebiete.

Eine Herde Trampeltiere zieht ihren Weg durch die farbenfroh blühende Steppenwüste Gobi (großes Bild). Oft zeigt sich die Wüste Gobi allerdings auch weniger pittoresk, die Ebenen sind stattdessen nahezu vegetationslos und karg.

Die Nomaden haben sich an das Leben in dieser Kargheit gewöhnt, halten sich Schafherden und leben in ihren Jurten (kleines Bild rechts).

VIER ELEMENTE

ERDE

EIN SCHIFF IN DER WÜSTE

DROMEDAR

Ob es jemals wilde Dromedare gab, ist unklar. Unumstritten ist jedoch die Tatsache, dass sie seit Jahrtausenden eine wichtige Rolle als Begleiter der Beduinen spielen. Sie werden als Reit- und Lastentiere eingesetzt, liefern Milch, Wolle und Fleisch und sogar der Kot wird als Brennstoff genutzt. Dafür müssen sie in der Wüste auch einige Extreme aushalten: Äußerste Hitze und bittere Kälte sind ebenso eine Herausforderung wie der Wassermangel und die spärliche Nahrung. Das Atmen wird obendrein durch teilweise Tage andauernde Sandstürme erschwert. Um bei diesen Voraussetzungen überleben zu können, besitzt das Dromedar einen perfekt angepassten Körper. Wasser zu sparen ist dabei das oberste Gebot. Zum Beispiel wird der Urin stark konzentriert und auch nur in kleinen Tropfen abgegeben. Auch die beim Atmen entstehende Luftfeuchtigkeit wird durch die Nasenschleimhaut (wieder) aufgenommen. In der Nacht kühlen Dromedare stark ab, sodass sie auch am Tag nicht so schnell ins Schwitzen geraten und auch die lange Nase ist zum Abkühlen konzipiert. Trotzdem kommt es oft vor, dass Dromedare bis zu 25 Prozent ihres Körpergewichts in einer Trockenperiode durchs Schwitzen verliert. Das können sie jedoch schnell wieder normalisieren: Nur etwa 10 Minuten braucht ein Dromedar, um diesen Gewichtsverlust durch Trinken auszugleichen. Auch in der Nahrungswahl sind Dromedare wenig anspruchsvoll. Sie sind reine Pflanzenfresser, selbst dornige oder stuppige Pflanzen werden von ihnen verspeist. Im Höcker – an dem man sie übrigens auf den ersten Blick von den Kamelen beziehungsweise Trampeltieren unterscheiden kann – speichern sie Fett, mit dem auch längere Hungerszeiten überstanden werden können.
Die Beduinen wissen ihre »Wüstenschiffe« zu schätzen: Sie nennen sie Ata Allah, »Geschenk Gottes«. Immerhin waren sie eine wichtige Voraussetzung für Wohlstand in früheren Zeiten. Denn ohne Dromedare wäre es auch nie möglich gewesen, durch die unwirtliche und unwegsame Wüste hindurch Handelsnetze aufzubauen. Vermutlich wurden bereits im 3. Jahrtausend vor Christus die ersten Dromedare domestiziert. Sie kommen im gesamten Norden des afrikanischen Kontinents, auf der Arabischen Halbinsel und Südwestasien vor.

WISSENSWERT

Fett, nicht Wasser

Oft hat man schon gehört, dass Kamele in ihren Höckern Wasser speichern können und sie so in der trockenen Wüste überleben können. Allerdings ist das nicht ganz korrekt. Genau genommen speichern sie nämlich Fett in ihren Höckern. Immerhin wäre es viel zu warm, würden sie wie andere Tiere ihre Fettschicht um den Körper herum verteilt tragen.

Trotzdem steckt in der landläufigen Meinung, die Höcker seien Wasserspeicher, zumindest ein kleiner Funken Wahrheit. Denn Kamele können ihr Fett in Wasser umwandeln! Und das sogar gewinnbringend: Ein Gramm Fett werden zu mehr als ein Gramm Wasser gewandelt.

In Kombination mit weiteren »Sparmaßnahmen« ist es Kamelen möglich, bis zu zehn Tage ohne Wasser zu überleben. Bietet sich die nächste Trinkgelegenheit, werden die Reserven schnell aufgefüllt: Große Kamele können rund 200 Liter in unter fünf Minuten trinken. Das ist möglich durch die spezielle Form der roten Blutkörperchen: Sie sind nicht, wie bei anderen Tieren, rund, sondern oval und Kamele können dadurch schnell viel Wasser aufnehmen, ohne dass der Körper »überwässert«.

BAKTRISCHES KAMEL

Zu den Kamelen zählen eigentlich mehrere verschiedene Arten: Die sogenannten Altweltkamele Dromedar und Trampeltier, sowie Lama und Vikunja als Neuweltkamele. Aber meistens meint man , wenn man von Kamelen spricht, gemeinhein nur die zottigen Tiere mit zwei Höckern auf dem Rücken – also die Trampeltiere, die auch Baktrisches Kamel oder Zweihöckriges Kamel genannt werden. Neben dem äußeren Erscheinungsbild unterscheiden sich Trampeltier und Dromedar in ihrer Verbreitung: Erstere kommen hauptsächlich auf dem asiatischen Kontinent, letztere auf dem afrikanischen Kontinent vor.

Bis zu 2,30 Meter Schulterhöhe können Baktrische Kamele erreichen, ihr Gewicht beträgt rund 450 bis 500 Kilogramm. Damit ist es auch der größte Bewohner der asiatischen Steppen. Allerdings sind die freilebenden Bestände durch die jahrtausendlange Domestikation und bis heute andauernde Bejagung stark gefährdet. Nur noch rund 950 Exemplare gibt es Schätzungen zufolge in freier Wildbahn: In China im Lop-Nor-Becken sowie in der Taklamaka-Wüste, und im mongolischen Teil der Wüste Gobi.

VIER ELEMENTE

ERDE

TIBETISCHE STEPPE

Die höchstgelegene Steppenregion der Erde

Die weitläufigen Hochlandsteppen im Nordosten Tibets, Changthang oder Qangtang genannt, präsentieren sich in den warmen Sommermonaten als grüne Graslandschaften, im sehr trockenen und kalten Winter nehmen sie dagegen einen wüstenhaften Charakter an. Der Changthang, der von den Hochgebirgszügen des Transhimalaya und des Kunlun Shan eingerahmt wird, liegt durchschnittlich 4.500 Meter über dem Meeresspiegel, was die Region zum höchstgelegenen Steppengebiet der Erde macht. Es gibt zwar Vegetation, doch auf einer Fläche von rund einer Million Quadratkilometern wächst kein einziger Baum. Dennoch leben in dem Steppengebiet zahlreiche Wildtiere, die früher in ganz Tibet vorkamen, doch inzwischen hierher zurückgedrängt wurden, wie etwa Wildyak, Tibetischer Braunbär, Tibetische Gazelle und Tibetantilope. 1983 richtete die chinesische Regierung das Qangtang-Naturreservat ein, das mit 298.000 Quadratkilometern den größten Nationalpark in ganz Asien darstellt. Seitdem haben die Tierbestände in der tibetischen Steppe wieder deutlich zugenommen.

Kaum hätte man einen passenderen Namen für den Berg Shishapangma finden können: Aus dem Tibetischen übersetzt bedeutet er »der Bereich oberhalb der grasbewachsenen Ebene« (großes Bild).

Das weite Grasland ist typisch für die Steppe (kleines Bild).

VIER ELEMENTE

ERDE

OSTINDISCHE FEUCHTSAVANNE

Die größte Savannenregion Asiens

Feuchtsavannen schließen sich vom Äquator aus gesehen dem tropischen Regenwald an und gehen in Richtung der Wendekreise in Trockensavannen über. Dieser Vegetationstyp tritt vor allem in Afrika und Asien, aber auch in Australien und Südamerika auf. In Indien ist die Savanne in unterschiedlichen Formen (auch Trockensavanne) im Norden, in zentralen Gebieten und im Osten verbreitet. Der Monsun prägt das Klima der Feuchtsavannen: Von April bis November regnet es so viel, dass es häufig Überschwemmungen gibt. Die Temperaturen betragen im Sommer etwa 32 °C, im Winter 10 °C. Die Vegetation besteht überwiegend aus Monsun- und Feuchtwäldern mit laubabwerfenden Bäumen, die weniger Wasser benötigen und meist auf Hügeln zu finden sind. Außerdem prägen bis zu sechs Meter hohe immergrüne Gräser die Landschaft der Savanne.

Die Fläche des Kaziranga-Nationalparks im Nordosten Indiens ist zu etwa 70 % vom Grasland der Feuchtsavanne bedeckt. Der Park bietet Tieren wie dem Asiatischen Elefanten, dem Indischen Panzernashorn, dem Bengalischen Tiger und wilden Wasserbüffeln einen geschützten Rückzugsraum.

Großes Bild: Eine Familie aus Indischen Elefanten ziehen gemeinsam ihrer Wege.

Aufmerksam blickt dieser Sambar oder Pferdehirsch im Kaziranga-Nationalpark aus seinem Versteck (kleines Bild oben).

Auch Wasserbüffel sind auf Nahrungssuche in dem indischen Nationalpark. Wilde Wasserbüffel zählen zu den stark bedrohten Arten, man schätzt ihre Zahl auf nur noch 3.000 bis 4.000 Exemplare (kleines Bild unten).

AUSTRALIENS OUTBACK

»Outback« werden in Australien spärlich bewachsene Gebiete im Landesinneren genannt, die fernab der Zivilisation liegen. Dies trifft auf über zwei Drittel der gesamten Fläche Australiens zu: auf Regionen im Northern Territory, in Western Australia, Queensland, New South Wales und South Australia. In weiten Abschnitten des extrem trockenen Outbacks im Westen des Kontinents fällt manchmal jahrelang kein Regen, und im Sommer wird es häufig über 50 °C heiß. In Westaustralien liegt auch der gut 620.000 Hektar große Karijini-Nationalpark, eine Steppenlandschaft mit spektakulären geologischen Formationen und Flussläufen, die sich nach den seltenen, aber zuweilen sturzbachartigen Regenfällen im Sommer rasch mit Wasser füllen. Berühmt sind die Schluchten des Parks, über deren Wände dann Wasserfälle in die Tiefe stürzen.

NEUSEELANDS HIGH COUNTRY

Die mit »High Country« bezeichneten, hoch gelegenen, ländlichen Vegetationszonen in Neuseeland entsprechen in etwa dem steppenähnlichen Outback Australiens, der Pampa in Argentinien oder dem High Veld in Südafrika. Als High Country werden konkret das Mackenzie-Becken und Central Otago auf der Südinsel sowie Teile der Zentralen Hochebene (North Island Volcanic Plateau) auf der Nordinsel Neuseelands bezeichnet. Diesen weitläufigen Gebieten gemeinsam sind die geringen Niederschläge – weil die Hochebenen im Regenschatten der Neuseeländischen Alpen und mehrerer Vulkane liegen –, eine extrem niedrige Bevölkerungsdichte, die Höhenlage von mehr als 600 Meter über dem Meeresspiegel sowie ein kontinentales Klima mit sehr kalten Wintern und heißen Sommern. In den zumeist mit Tussockgras bewachsenen Steppenlandschaften sieht man häufig Viehherden weiden, hauptsächlich Schafe, aber auch Alpakas oder Hirsche.

AUSTRALIEN UND NEUSEELAND

Outback und High Country –
Die größten Steppenregionen Australiens und Ozeaniens

Im Outback Australiens wächst stacheliges Spinifexgras, zwischen dem sich charakteristisch rotbraune Termitenhügel erheben (großes Bild).

»Mondlandschaft« im Outback (kleines Bild links).

Der Lindis-Pass in Otaga, Neuseeland, liegt an der Hauptstrecke zum Mackenzie-Becken (kleines Bild rechts).

ROTE RIESENKÄNGURUS

Die größten Beuteltiere der Erde

Eines der besten Beispiele für die Evolution ist die Entwicklung der australischen Beuteltiere. Ihre Entstehung reicht 150 Millionen Jahre zurück, als Australien durch das Auseinanderbrechen des Urkontinents Gondwana isoliert wurde, sodass sich die Beuteltiere, anders als in Asien und Südamerika, ohne Konkurrenz zu den höheren Säugetieren ungestört entwickeln konnten. Innerhalb der Ordnung der Beuteltiere sind das Rote und das Graue Riesenkänguru die größten Vertreter. Männliche Tiere des Roten Riesenkängurus erreichen eine Körpergröße von bis zu 1,60 Meter und ein Gewicht von 90 Kilogramm. Die Weibchen sind etwa ein Viertel kleiner. Die Länge des Schwanzes beträgt etwa einen Meter. Das Fell der vor allem in den inneren Landesteilen Australiens verbreiteten Roten Riesenkängurus ist rotbraun.

Das Rote Riesenkänguru »Macropus rufus« lebt in Australien auf Grasflächen, in Buschwaldungen und Halbwüsten – manchmal in Gruppen, oft aber auch einzeln.

DICKSCHWANZ-SCHLAFBEUTLER

Die kleinsten Beuteltiere der Erde

Am Rücken grau, am Bauch weiß, große Ohren, ein langer Schwanz – das sind die Dickschwanz-Schlafbeutler. Seine Ernährung besteht vor allem aus Nektar und Pollen, er nimmt zur Not aber auch mit Insekten und Früchten vorlieb. Er lebt entlang der Küste im Süd-Westen Australiens, sowie auf Tasmanien. Mit einer Körperlänge von 7-9 Zentimetern, zu der noch etwa 8-11 Zentimeter Schwanzlänge hinzukommen, gelten die Tiere als die kleinsten Beuteltiere weltweit.

VIER ELEMENTE

ERDE

EMUS

Die größten Vögel
Australiens

Das Wappentier Australiens ist der flugunfähige Große Emu, der in den trockenen, ebenen, locker bewaldeten Buschsteppen und Halbwüsten Westaustraliens beheimatet ist. Nach jahrelanger Verfolgung lebt er heute in Reservaten und ist auf Tasmanien völlig ausgerottet. Der größte Vogel Australiens und nach dem Afrikanischen Strauß größte Laufvogel der Welt kann bis zu 1,90 Meter hoch und 45 Kilogramm schwer werden. Die Weibchen wachsen etwas höher und sind schwerer als die Männchen. Letztere sind allein für Brut und Jungenaufzucht zuständig. Mit seinen starken, langen Beinen kann der Große Emu bis zu 60 Kilometer pro Stunde schnell rennen.

Die grünen Eier der Emus werden vom Männchen ausgebrütet, während das Weibchen weiterzieht. Etwa fünf Stunden nachdem sie geschlüpft sind, können die 25 Zentimeter großen Küken laufen, und bereits nach einer Woche verlassen sie mit dem Männchen das Nest. Noch etwa sechs Monate lang haben sie zu ihm eine sehr enge Bindung. Ihr charakteristisches gestreiftes Federkleid tragen die Küken etwa drei Monate lang.

Das Gefieder der Emus ist grau-braun und zottelig. Nach der Mauser wird es dunkel, danach aber durch Sonneneinstrahlung aufgehellt.

SAHEL UND OST-AFRIKANISCHE SAVANNEN

Die größte Savannenregion des nördlichen Afrika

Die Landschaft des Sahel (arabisch für »Ufer«) zieht sich in einem etwa 300 Kilometer breiten Gürtel von Mauretanien und dem Senegal an der atlantischen Küste bis nach Somalia zum Horn von Afrika durch den gesamten afrikanischen Kontinent. Sie bildet die allmähliche Übergangszone zwischen der äußerst trockenen Sahara im Norden und den wechselfeuchten Savannen im Süden. Der Sahel besteht meist aus Dornbuschsavannen mit vereinzelten Grasfluren, die sich als Weidegebiete für nomadische Viehhaltung eignen. Weiter südlich, in den Gebieten des Niger, des Senegal sowie in der Umgebung des Tschadsees, ist auch Feldbewässerung möglich. Aufgrund extensiver Landwirtschaft und Viehhaltung sind große Teile der ursprünglichen Baum- und Strauchvegetation vernichtet worden; Überweidung hat zu starker Bodenerosion geführt, sodass jährlich mehrere Millionen Tonnen Staub aus dieser Region weiträumig – sogar bis nach Europa – verfrachtet werden.

Im ostafrikanischen Staat Kenia liegen mehrere große Savannengebiete, zum Beispiel im 1.510 Quadratkilometer großen Masai-Mara-Naturschutzgebiet. Daran schließt sich im Westen der nur 390 Quadratkilometer große Amboseli-Nationalpark sowie im Süden die Savanne der Serengeti an, die sich in Tansania in 1.500 bis 1.800 Meter Höhe erstreckt. Der Südosten der ausgedehnten Grasflure besteht aus Kurzgrassteppe, im Westen erstrecken sich Langgrasareale, durchbrochen von vereinzelten Galeriewäldern. Hier prägen die für die afrikanische Baumsteppe typischen Schirmakazien die Landschaft. Das Kernland des zu den wildreichsten Gebieten der Erde gehörenden Areals bildet der gleichnamige Nationalpark, der eine Fläche von rund 14.750 Quadratkilometern einnimmt. Legendär wurde die Serengeti durch die Wanderungen der riesigen Tierherden. Wenn im Mai und Juni die Regenfälle im Süden nachlassen und die Grasebenen abgeweidet sind, ziehen Gazellen, Gnus, Zebras, Löwen, Hyänen, Geparden in den Masai-Mara-Nationalpark.

Feurig legt sich die Sonne am Abend zur Ruhe und schickt ihre letzten warmen Strahlen über die Massai Mara (großes Bild).

Am Rand der Serengeti grasen im Ngorongoro-Krater Zebras (kleines Bild links).

Im Land der Dogon im Süden von Mali erheben sich die Felsen von Bandiagara, ein Felsmassiv aus Sandstein, das sich über 200 Kilometer erstreckt, fast senkrecht etwa 250 Meter tief abfällt und bis zu 700 Meter hohe, von Höhlen durchzogene Klippen aufweist (kleines Bild rechts).

VIER ELEMENTE

ERDE

LÖWEN, NASHÖRNER, RINDER

Die größten Tiere Afrikas

KAFFERNBÜFFEL – DIE GRÖSSTEN RINDER DER AFRIKANISCHEN SAVANNEN

Wegen seiner mächtigen Hörner gehört der Kaffernbüffel zu den früher oft gejagten Tieren Afrikas – das bullige, leicht reizbare Wildrind hat aber schon so manchen Großwildjäger und auch Löwen – der einzige wirkliche Feind (neben dem Menschen) für einen gesunden, ausgewachsenen Büffel – getötet. Da es schlecht sieht, geht es oft ganz unvermittelt auf bewegte Objekte zu. Der Kaffernbüffel zieht in stattlichen Herden von 50 bis 500 Tieren durch die Savannen und weidet nachts und in der Dämmerung.

LÖWEN – DIE GRÖSSTEN RAUBKATZEN AFRIKAS

Der Löwe ist mit einer Länge von bis zu 2,50 Metern und einer Schulterhöhe von etwa 1,20 Meter das größte Landraubtier auf dem afrikanischen Kontinent. Als einzige Katzenart lebt der Löwe im familiären Rudel, dem die Weibchen ihr Leben lang angehören. Sie werden zusammen mit den Jungtieren von einem einzigen männlichen Löwen angeführt. Junge Männchen werden ab dem Alter von drei Jahren aus der Sippe vertrieben; sie ziehen dann allein weiter oder schließen sich anderen Junggesellen an, bis sie das Weibchenrudel eines alten, oft zahnlos gewordenen Löwen erobern. Im Familienverband jagen die Weibchen gemeinsam, während der männliche Löwe sein Rudel verteidigt und sein Revier gegen fremde Artgenossen sichert. Bei Kämpfen fängt die mächtige Mähne die Prankenhiebe des Gegners ab, sie dient aber vor allem dem Imponieren.

NASHÖRNER – DIE ZWEITMÄCHTIGSTEN SAVANNENTIERE AFRIKAS

Afrikanische Nashörner sind Bewohner trockener Steppengebiete, während ihre asiatischen Verwandten feuchtere Lebensräume bevorzugen. Die beiden in Afrika lebenden Nashornarten haben sich auf unterschiedliche Nahrung spezialisiert.

BREITMAULNASHORN

Das Breitmaulnashorn weidet überwiegend Gras. Es lebt gesellig in kleinen gemischten Gruppen in jeweils bestimmten Gebieten. Geruchs- und Gehörsinn sind sehr gut ausgebildet, die Tiere sehen aber schlecht. Erst mit sieben bis neun Jahren sind die Kolosse ausgewachsen und erreichen dann eine Schulterhöhe von 1,60 bis 2 Metern und eine Länge von drei bis vier Metern. Es gibt zwei Unterarten: das Nördliche Breitmaulnashorn kommt in der Demokratischen Republik Kongo vor, das Südliche Breitmaulnashorn in Südafrika, Botsuana, Namibia, Swasiland, Simbabwe, Kenia und Sambia. Ersteres ist vom Aussterben bedroht. Der Bestand des Südlichen Breitmaulnashorns wird dagegen auf mehr als 14.500 Tiere geschätzt.

SPITZMAULNASHORN

Das Spitzmaulnashorn ist kleiner (bis zu 1,60 Meter Schulterhöhe und 3,50 Meter Länge) als sein Verwandter, es hat eine dunklere Haut, ist ein angriffslustiger Einzelgänger und hat an der Oberlippe einen fingerförmigen Fortsatz. Damit ergreift es zum Beispiel Rinde, Blätter und Triebe von Bäumen und Sträuchern. Als Lebensraum bevorzugt es Dornbusch-, Strauch- und Baumsavannen, immer in der Nähe von Wasserstellen. Das vordere Horn des Spitzmaulnashorns kann bis zu 1,30 Meter lang werden und ist ein begehrtes Objekt von Jägern, weshalb die Art vom Aussterben bedroht ist.

GNUS UND ZEBRAS

Die größten Tierherden Afrikas

Die Gnus, die zur Gruppe der Kuhantilopen gehören, ernähren sich von frischem, kurzem Steppengras und müssen viel trinken. Zweimal jährlich ziehen sie auf der Suche nach Wasser und neuen Weidegründen in Herden von Zehntausenden durch die Savanne, vor allem in der Serengeti. Dabei legen sie bis zu 1.600 Kilometer im Jahr zurück. Die Kopf-Rumpf-Länge beträgt etwa zwei Meter, die Schulterhöhe 130 Zentimeter und das Gewicht 200 Kilogramm. Die Tiere haben kurzes Fell, eine Nacken- und Brustmähne, eine Quaste am Schwanzende sowie mächtige Hörner, die die männlichen Tiere bei ihren Revierkämpfen zum Einsatz bringen.

Das Zebra ist in den Savannen Afrikas südlich der Sahara in mehreren Arten verbreitet: Bergzebra, Steppenzebra und Grevyzebra. Zebras gehören zu den Pferdeartigen, vereinfacht gesagt: Sie sind die Wildpferde Afrikas. Sie bilden untereinander gemischte Herden und ziehen häufig mit Straußen und Gnus durch die afrikanische Wildnis. Die Streifen der Zebras sind eine wirksame Tarnfärbung in der Savanne – aus einiger Entfernung löst sich die Kontur des Tieres im Auge des Betrachters auf. Neuere Untersuchungen haben außerdem ergeben, dass zwischen dem weißen Fell und den schwarzen Streifen eine kühlende Luftzirkulation entsteht. Zebras flüchten bei Gefahr mit bis zu 80km/h.

Eine Gnuherde durchquert den Mara, den einzigen ganzjährig wasserführenden Fluss im Serengeti-Wildreservat, der vielen Tieren das Überleben sichert (großes Bild).

Zebras findet man unter anderem im Kruger-Nationalpark (kleine Bilder).

ELEFANTEN, GIRAFFEN, ELENANTILOPEN, STRAUSSE

Die größten Tiere der Erde

AFRIKANISCHE ELEFANTEN – DIE GRÖSSTEN LANDTIERE DER ERDE

Der Afrikanische Elefant ist das größte Landtier der Erde. Im Unterschied zum kleineren Asiatischen Elefanten sind die Ohren und die Stoßzähne viel größer, außerdem hat er zwei Finger am Rüssel. Überschüssige Körperwärme wird über die Ohren abgegeben, was deren Größe erklärt, denn Elefanten können nicht schwitzen. Mit dem Rüssel rupft das Tier Äste ab und frisst sie mitsamt Rinde, Blättern und Früchten. Es trinkt täglich etwa 220 Liter Wasser und duscht sich häufig. Parasiten entfernt es durch ausgiebige Staubbäder.

GIRAFFEN – DIE HÖCHSTGEWACHSENEN LANDTIERE DER ERDE

Mit dem langen Hals und den noch längeren Beinen hat sich die Giraffe die oberen Fressetagen der Akazien in den Savannen gesichert. Das höchste Tier, das heute die Erde bewohnt (die Giraffe kommt in mehreren Unterarten nur in Afrika vor), besitzt wie der Mensch nur sieben Halswirbel. die jedoch extem verlängert sind. Mit der 40 Zentimeter langen Greifzunge reißt sie Ästchen mitsamt Blättern und Dornen ab. Ihr Verbreitungsgebiet ist stark geschrumpft: Nur noch im zentralen Teil Ostafrikas gibt es größere zusammenhängende Bestände. Giraffen leben in getrennten Herden: Weibchen und Jungtiere auf der einen, Männchen auf der anderen Seite. Bei Rangordnungskämpfen schlagen sie mit dem Kopf und dem Hals aufeinander ein. Zum Trinken müssen die Giraffen ihre Beine weit spreizen. Bei Gefahr preschen sie mit 50 km/h im Galopp davon. Gegenüber Löwen setzen sie sich mit tödlichen Fußtritten zur Wehr.

Großes Bild: Eine Herde Afrikanischer Elefanten wandert auf der Suche nach Wasser durch den kenianischen Amboseli Nationalpark.

Giraffenmutter mit trinkendem Jungen (kleines Bild oben).

Giraffen in der Savanne Namibias. Die bis zu sechs Meter hohen Tiere haben eine gelbbraune Grundfarbe mit unterschiedlich großen braunen Flecken (kleines Bild unten).

ELENANTILOPEN – DIE GRÖSSTEN ANTILOPEN DER ERDE

Die Elenantilope mit ihren relativ geraden, gedrehten Hörnern, wird zwischen zwei und drei Meter lang und erreicht eine Schulterhöhe von etwa 1,50 Meter. Sie ist damit die größte Antilopenart der Welt. Elenantilopen leben in Herden in den trockenen Savannen und Bergländern Afrikas. Sie sind gute Läufer (bis zu 70 Kilometer pro Stunde) und Springer und ernähren sich von Laub, Gras und Wurzeln, die sie mit den Hufen ausgraben. An hohe Temperaturen sind sie gut angepasst: Um Wasserverlust durch Schwitzen zu vermeiden, steigt in der Trockenzeit ihre Körpertemperatur um 7 °C an.

Die Stoßzähne eines 50-jährigen Afrikanischen Elefantenbullen wiegen etwa 50 Kilogramm (kleines Bild oben).

Elenantilope mit elegantem Geweih (kleines Bild rechts).

Rangstreitigkeiten werden unter Straußen meist mit Drohgebärden ausgetragen (kleines Bild unten).

STRAUSSE – DIE GRÖSSTEN VÖGEL DER ERDE

Der Afrikanische Strauß aus der Gruppe der Laufvögel ist der größte Vogel der Welt: Die Männchen bzw. Hähne werden bis zu 2,50 Meter hoch, die Weibchen, Hennen genannt, bis etwa 1,90 Meter. Charakteristisch sind der lange, nackte Hals und der im Verhältnis zum Körper kleine Kopf des Straußes. Die Flügel sind für Laufvögel groß, aber die Tiere sind viel zu schwer – Hähne wiegen bis zu 130 Kilogramm –, um sich damit tatsächlich in die Luft erheben zu können. Strauße leben in lockeren Verbänden, die sich immer wieder neu zusammensetzen, aber dennoch klar hierarchisch gegliedert sind. In der Brunftzeit lösen sich diese Gruppen dann auf, und die geschlechtsreifen Hähne suchen sich einen Harem aus einer Haupt- und mehreren Nebenhennen. Vor der Paarung kratzt der Hahn mit den Klauen Nestgruben mit etwa drei Meter Durchmesser in die Erde, in die die Hennen später die Eier legen.

VIER ELEMENTE

ERDE

GEPARDEN

Die schnellsten Landtiere der Erde

Als weltweit schnellstes Landsäugetier erreicht der Gepard auf kurzen Strecken (maximal 500 Meter) nicht nur bis zu 120 Kilometer pro Stunde, er kann auch innerhalb von fünf Sekunden von Null auf 100 Kilometer pro Stunde beschleunigen. Diese unglaubliche Schnelligkeit des Geparden geht weniger auf seine langen Beine als auf seine enorm leistungsfähige Lunge zurück. Selbst plötzliche Haken schlagende Gazellen entkommen dem Geparden nicht, denn er kann einen notwendigen Zickzack-Spurt mit seinem langen Schwanz ausgleichen. Nach nur 20 Sekunden hat er seine Beute meist erwischt, mit einem Schlag der Pfote umgeworfen und einem Biss in die Kehle getötet. Danach schlingt er sein Mahl extrem schnell hinunter, damit es ihm nicht von Löwen oder Hyänen entrissen wird. Beutetiere sind zumeist kleinere Huftiere wie Gazellen, die leichter zu überwältigen sind als die größeren Zebras oder Gnus.

Wenn Geparden rennen, befinden sich oft alle vier Pfoten gleichzeitig in der Luft (großes Bild).

Währenddessen kümmert sich die Gepardin in der kenianischen Savanne um den Nachwuchs (kleines Bild).

USAIN BOLT

Schnellster Sprint der Menschen:
Usain Bolt

Er kann so schnell rennen wie ein galoppierendes Pferd: Ursain Bolt schafft Spitzengeschwindigkeiten bis zu 44 Kilometer pro Stunde. Doch er läuft nicht eine Stunde lang auf Höchsttempo, sondern ist für seine außergewöhnlichen Sprints bekannt. Der 1,96 Meter große Jamaikaner ist ein Ausnahmetalent im Sprint. Er ist nicht nur achtfacher Olympiasieger und elffacher Weltmeister, sondern auch noch der einzige Mensch der Welt, der die 100-Meter-Laufstrecke unter 9,6 Sekunden geschafft hat. Er ist damit der schnellste Mensch aller Zeiten. Seine extrem langen Beine sorgen dabei für spektakuläre Bilder, bei denen er am Start oft hinten liegt, aber dann aufgrund seiner enormen Schrittlänge von 2,43 Metern unglaublich schnell aufholt.

VIER ELEMENTE

ERDE

LANDFAHRZEUGE

Die schnellsten Autos der Welt

BUGATTI VEYRON – DAS SCHNELLSTE STRASSEN-TAUGLICHE SERIENFAHRZEUG DER WELT

In 2,5 Sekunden beschleunigt der Bugatti Veyron Super Sport auf 100, nach 6,7 Sekunden auf 200 km/h, nach knapp 15 Sekunden werden 300 km/h überschritten, und nur kurz später ist die Höchstgeschwindigkeit von 431 km/h erreicht. Die verkauften Versionen sind jedoch wegen der Reifen bei 415 km/h abgeriegelt. Dennoch ist der Bugatti Veyron Super Sport damit der schnellste für die Straße zugelassene Serienwagen. Der mächtige 16-Zylinder-Motor mit 7993 Kubikzentimeter Hubraum liefert bei 6400 Umdrehungen pro Minute 882 Kilowatt (1200 PS) Leistung, das maximale Drehmoment von 1500 Newtonmetern liegt bei 3000 bis 5000 Umdrehungen pro Minute an. Auch mit diesen Zahlen weist er Spitzenwerte auf, genauso wie mit den Verbrauchswerten, die nach Werksangaben bei durchschnittlich 23,1 Liter Super bleifrei auf 100 Kilometern liegen sollen.

MERCEDES BENZ W 125

Rudolf Caracciola, 1938, 432,7 km/h
Autobahn Frankfurt – Darmstadt

Am 28. Januar 1938 erreichte Rudolf Caracciola mit 432,7 Kilometern pro Stunde die höchste Geschwindigkeit, die bis zu diesem Zeitpunkt je auf einer öffentlichen Straße gefahren wurde. Für die Rekordfahrt wurde ein Grand-Prix-Wagen des Modells W 125 modifiziert – einer der legendären »Silberpfeile«, mit denen Mercedes-Benz die Autorennen der 1930er-Jahre dominierte. Statt des normalen Achtzylindermotors hatte der Rekordwagen einen V12-Kompressormotor (5.577 Kubikzentimeter, 736 PS). Der Rekord sollte fast achzig Jahre halten: Erst im Jahr 2017 wurde er durch Niklas Lilja in Nevada gebrochen. Mit einer Koenigsegg Agera RS erreichte er die neue Höchstgeschwindigkeit auf einer öffentlichen Straße von 457,49 Kilometern pro Stude..

Bereits am 29. April 1899 fuhr Camille Jenatzy mit dem Elektrowagen »La Jamais Contente« schneller als 100 km/h. Der auf dem Concours de Vitesse bei Paris aufgestellte Rekord von 105,9 km/h hielt aber nur bis zum 13. April 1902, als Léon Serpollet mit dem Dampfwagen »Œuf de Pâques« 120,8 km/h erreichte. Seitdem hat die Jagd nach neuen Geschwindigkeitsrekorden nicht aufgehört. Mit immer stärkeren Antrieben werden immer höhere Geschwindigkeiten erzielt. Dominierten bis Mitte des 20. Jahrhunderts Verbrennungsmotoren, ging man in den 1960er-Jahren dazu über, Flugzeugtriebwerke in Landfahrzeuge einzubauen. Da man für die Rekordfahrten weite, völlig ebene Flächen benötigt, werden sie auf Salzseen wie den Bonneville Salt Flats in Utah durchgeführt.

DIE SCHNELLSTEN LANDFAHRZEUGE DER WELT

1. **THRUST SSC** 1997, 1.227,985 km/h
2. **THRUST2** 1983, 1.019,47 km/h
3. **BLUE FLAME** 1970, 1.001,67 km/h
4. **SPIRIT OF AMERICA SONIC** 1965, 966,961 km/h
5. **GREEN MONSTER** 1965, 927,872 km/h
6. **SPIRIT OF AMERICA** 1965, 846,861 km/h
7. **WINGFOOT EXPRESS** 1964, 668,027 km/h
8. **BLUE BIRD CN7** 1964, 644,96 km/h
9. **RAILTON MOBIL SPECIAL** 1947, 634,39 km/h
10. **RAILTON SPECIAL** 1939, 595,04 km/h

BLUE FLAME

Bonneville Salt Flats, Utah

Am 23. Oktober 1970 durchbrach die »Blue Flame« als erstes Radfahrzeug die Barriere von 1000 Kilometern pro Stunde und stellte einen neuen Geschwindigkeitsrekord auf. Als Antrieb diente eine Rakete, die eine Mischung aus flüssigem Erdgas und Wasserstoffperoxyd verbrannte (daraus entstand die namensgebende blaue Flamme) und eine Schubkraft von 7.248 Kilogramm entwickelte (= 42.658 Kilowatt oder 58.000 PS). Im Technikmuseum Sinsheim ist das Rekordauto heute zu bewundern.

TURBINATOR

Don Vesco, 2001, 737,8 km/h
Bonneville Salt Flats, Utah

Der von den Brüdern Don und Rick Vesco gebaute Turbinator ist seit dem 18. Oktober 2001 das schnellste Fahrzeug mit angetriebenen Rädern. Als Motor dient eine 1967 gebaute T-55-Gasturbine aus einem Transporthubschrauber, die 2.758 Kilowatt (3.750 PS) leistet. Der 1,5 Tonnen schwere Turbinator ist 9,5 Meter lang, aber nur 0,91 Meter breit und 0,81 Meter hoch und erinnert optisch so mehr an ein Flugzeug ohne Flügel denn an ein Auto.

THRUST SSC

Andy Green, 1997, 1.227,985 km/h
Black Rock Desert, Nevada

Das Thrust Supersonic Car durchbrach am 15. Oktober 1997 als erstes Landfahrzeug die Schallmauer. Es ist 16,5 Meter lang, 3,7 Meter breit, 2,14 Meter hoch und wiegt 10,5 Tonnen. Damit hat es nicht nur die Proportionen eines Kampfjets auf Rädern, es wird auch von Turbofantriebwerken mit Nachbrennern angetrieben, die in Kampfjets eingebaut wurden. Die beiden Rolls Royce Spey 202 entwickeln eine Schubkraft von je 9.299 Kilogramm (54.729 Kilowatt oder 74.411 PS).

VIER ELEMENTE

ERDE

ZÜGE

Die schnellsten Züge der Welt

Die Dampflokomotive »Adler«, die auf der ersten Bahnverbindung Deutschlands zwischen Nürnberg und Fürth fuhr, erreichte eine Höchstgeschwindigkeit von 40 km/h. Bis in die 1960er-Jahre lag das durchschnittliche Tempo von Reisezügen selten über 120 km/h. Mit dem Bau von Hochgeschwindigkeitsnetzen in Japan und seit 1981 in Frankreich begann die neue Ära der Highspeed-Züge. Bis heute werden in Europa, Amerika, vor allem jedoch in China zahlreiche neue Strecken geplant und errichtet. Auch die Entwicklung der Züge, die schon jetzt Reisegeschwindigkeiten von 350 Kilometern pro Stunde ermöglichen, wird stark vorangetrieben.

DIE HÖCHSTEN REISEGESCHWINDIGKEITEN AUF SCHIENENWEGEN

1. **CRH 380A**
China, 380 km/h
2. **CRH3 (VELARO CN)**
China, 350 km/h
3. **AVE S-103 (VELARO E)**
Spanien, 350 km/h
4. **KTX-II**
Südkorea, 330 km/h
5. **AVE S-102 (TALGO 350)**
Spanien, 330 km/h
6. **ICE 3 (BR 403/406)**
Deutschland, Belgien, Niederlande, Frankreich, 330 km/h
7. **TGV POS**
Frankreich, Deutschland, 320 km/h
8. **TGV DUPLEX**
Frankreich, 320 km/h
9. **SHINKANSEN E6**
Japan, 320 km/h
10. **SHINKANSEN E5**
Japan, 320 km/h

CHINA RAILWAY HIGH-SPEED

Der 3. Dezember 2010 war ein denkwürdiger Tag für Chinas ehrgeiziges Prestigeprojekt »China Railway High-Speed« zum Ausbau seines Hochgeschwindigkeitsverkehrs: Ein Zug des Typs CRH 380A erreichte auf der Strecke Shanghai–Hangzhou mit 486,1 km/h die höchste Geschwindigkeit, die bei einem Serientriebwagenzug bislang je gemessen wurde. China verfügt inzwischen nicht nur über das längste Schnellbahnschienennetz der Welt, sondern auch über eine imposante Flotte von Hochgeschwindigkeitszügen. Derzeit sind fünf verschiedene Baureihen mit Betriebsgeschwindigkeiten von über 200 km/h im Verkehr. Vier von ihnen basieren auf einem Technologietransfer: der CRH1 von Bombardier (bis zu 250 km/h), der CRH2 mit Kawasaki-Technik (Shinkansen; bis zu 250 km/h), der CRH3 von Siemens (bis zu 350 km/h) sowie der CRH5 von Alstom (bis zu 250 km/h). Die neueste Generation der Superschnellzüge der Serie CRH 380A mit dem markanten stromlinienförmigen Kopf ist eine chinesische Eigenentwicklung.

TGV – DER SCHNELLSTE ZUG DER WELT

Frankreich verfügt mit dem TGV über das leistungsfähigste Hochgeschwindigkeitssystem auf der Welt – und zugleich über das schnellste. Die internationale Reputation, die der französische »Train à grande vitesse« (kurz TGV, auf Deutsch: Zug mit hoher Geschwindigkeit) genießt, ist enorm. Doch der Technologievorsprung kommt nicht von ungefähr: Bereits seit Mitte des 20. Jahrhunderts wird in Frankreich intensiv an der Entwicklung spezieller Hochleistungszüge gearbeitet. Der erste aerodynamische Experimentalzug TGV 001 wurde 1972 in Betrieb genommen. Am 8. Dezember 1972 sorgte er mit einem Weltkrekord von 318 km/h für Aufsehen. Anfangs mit einem Gasturbinenantrieb ausgestattet, wurde der ab 1978 ausgelieferte Serienzug TGV-PSE elektrisch angetrieben. Nach Einweihung der Strecke Paris–Südost am 22. September 1981 reduzierten sich die Reisezeiten massiv. Die Höchstgeschwindigkeit betrug damals bereits 260 km/h (heute 320 km/h). Seither entstanden mehrere Generationen und Varianten des TGV, etwa Atlantique, Réseau und Duplex für den Einsatz innerhalb Frankreichs oder Eurostar für die Strecke Paris–Brüssel–London.

TGV V150 – DER SCHNELLSTE ZUG DER WELT

Frankreich, Höchstgechwindigkeit 574,8 km/h

Am 3. April 2007 begann um 13.01 Uhr die Rekordfahrt des schnellsten Rad-Schiene-Fahrzeugs der Welt. Ein TGV V150 – die Abkürzung V150 steht für 150 Meter pro Sekunde – startete auf der Hochgeschwindigkeitsstrecke zwischen Straßburg und Paris. Der Zug mit zwei Triebköpfen und drei Doppelstock-Mittelwagen wog 234 Tonnen und verfügte über 25.000 PS. Nach zwölf Minuten Fahrtzeit hatte der Zug um 13.13 Uhr mit exakt 574,79 Kilometern pro Stunde einen neuen Weltrekord aufgestellt. Die Fahrt endete nach nur 29 Minuten um 13.30 Uhr. Der Aufwand, den die Herstellerfirma Alstom, der Netzbetreiber RFF und die französische Bahngesellschaft SNCF für diese Versuchsfahrt betrieben, war enorm.

Großes Bild: Zukunftsweisend sind die Hochgeschwindigkeitszüge der China Railway High-Speed Reihe.

ICE
Deutschland, max. 330 km/h

Der ICE ist das Flaggschiff im Fernreiseverkehr der Deutschen Bahn. Seit der Einführung im Jahr 1991 haben alle ICE-Züge mehr als 1,5 Milliarden Kilometer zurückgelegt. Fast 80 Millionen Reisende nutzen jährlich den ICE, der heute in der dritten Generation eine Reisegeschwindigkeit von 330 km/h ermöglicht. Die Marke ICE gilt als eine der populärsten in Deutschland, sie erreicht einen Bekanntheitsgrad von fast 100 Prozent.

AVE
Spanien, max. 350 km/h

AVE, zu Deutsch »Vogel«, so lautet der Markenname des spanischen Hochgeschwindigkeitsnetzes. Dessen Bau begann im Jahr 1992 und ist nach Frankreich das zweitlängste in Europa. Die neuesten AVE-Züge fahren mit einer Geschwindigkeit von bis zu 330 Kilometern pro Stunde und benötigen zum Beispiel für die 350 Kilometer zwischen Madrid und Valencia am Mittelmeer nur 95 Minuten.

NTV Italo
Italien, max. 360 km/h

Als »Ferrari auf Schienen« wird der neueste Highspeed-Zug Italiens gern bezeichnet. Nicht nur wegen seiner knallroten Farbe oder einer möglichen Höchstgeschwindigkeit von 360 km/h – in Italien sind allerdings höchstens 300 km/h erlaubt –, sondern auch, weil der Italo von einem privaten Konsortium um Ferrari-Chef di Montezemolo betrieben wird. Die sehr komfortablen Züge sind für bis zu 460 Personen ausgelegt und befahren Italiens wichtigste Nord-Süd-Strecke von Mailand über Rom nach Neapel.

CRH
China, max. 380 km/h

Für sein Hochgeschwindigkeitsprogramm CRH kaufte China weltweit Züge, die für den eigenen Gebrauch modifiziert wurden. So stammen der CRH1 von Bombardier, der CRH2 aus der japanischen Shinkansen-Baureihe, der CRH3 von Siemens und der CRH5 von Bombardier. Der CRH 380A, der unter anderem auf der Strecke zwischen Beijing und Shanghai eingesetzt wird, wurde dagegen vollständig in China entwickelt und gebaut. Auf einer Testfahrt erzielte er den Rekord für nicht modifizierte, konventionelle Züge (486,1 km/h).

Shinkansen
Japan, max. 443 km/h

Japan gilt als das Mutterland der Highspeed-Züge. Bereits im Jahr 1964 fuhren hier die ersten Shinkansen der japanischen Staatsbahn mit einer Reisegeschwindigkeit von 200 km/h. Seit die Staatsbahn JNR 1987 privatisiert wurde, wird das Shinkansen-Netz von verschiedenen Gesellschaften betrieben, die unterschiedliche Typen einsetzen. Die Shinkansen-Züge sind vor allem wegen ihrer Durchschnittsgeschwindigkeiten von bis zu 206 km/h und ihrer Pünktlichkeit legendär. Durchschnittliche Verspätung auf der Strecke zwischen Tokio und Osaka: nur 0,3 Minuten!

VIER ELEMENTE

ERDE

SÜD- UND NORDAMERIKA

Größte Savannen und Steppen
Nord- und Südamerikas

GREAT PLAINS – DIE GRÖSSTE STEPPENREGION NORDAMERIKAS

Mit einer Länge von über 5.000 Kilometern und einer Breite zwischen 500 und 1.200 Kilometern reichen die Great Plains (»Großen Ebenen«) westlich der Inneren Ebenen (Interior Plains) von der arktischen Küste im Mündungsdelta des Mackenzie bis zum Rio Grande im mittleren Texas, wo sie an die Golfküstenebene grenzen. Insgesamt umfassen die Great Plains rund zwei Millionen Quadratkilometer Fläche in zehn US-Bundesstaaten und drei kanadischen Provinzen, auch Prärieprovinzen genannt. Während ihre mittlere Höhe im Osten nur etwa 400 bis 500 Meter beträgt, steigen die von einer Vielzahl von Flüssen zerschnittenen Plateaus der Great Plains westwärts auf Höhen von bis zu 1.600 Meter am Fuß der Rocky Mountains an. Das Grasland in der östliche Randzone der Great Plains wird im Eigentlichen als Prärie bezeichnet. Prärien sind Steppengebiete, in denen Gräser und Wildblumen vorherrschen und nur vereinzelt Bäume auftreten.

Die Plateaulandschaft der Great Plains bestand ursprünglich aus weitläufigen natürlichen Grasflächen. Als jedoch die ersten weißen Siedler mit ihren Rindern und Pferden Besitz von diesem Land ergriffen, änderte sich ihr Erscheinungsbild, und die Landschaften verloren immer mehr ihren ursprünglichen Charakter. Riesige Felder, auf denen heute überwiegend in Monokultur Getreide angebaut wird, bestimmen jetzt das Aussehen dieser Region.

CERRADOS – DIE GRÖSSTEN SAVANNENREGIONEN SÜDAMERIKAS

Cerrados sind die Savannengebiete in Zentralbrasilien, die sich über zehn Bundesstaaten erstrecken und insgesamt eine Fläche von zwei Millionen Quadratkilometern einnehmen, was etwa ein Viertel des gesamten brasilianischen Territoriums ausmacht. Vor allem Hochebenen beherrschen die Region bis zu einer Höhe von 900 Metern.

In den Cerrados herrscht trockenes Klima mit zwei Jahreszeiten: einer Regenzeit (Oktober bis April) und einer Trockenzeit (Mai bis September), in der Dürre herrscht. An der Oberfläche ist der Boden zwar trocken, ab einer Tiefe von etwa zwei Metern jedoch ist er feucht. Viele Pflanzen haben sich den Bedingungen dort im Lauf der Zeit angepasst, und spezielle Arten besitzen Wurzeln von 30 Meter Länge, womit sie bis zum Grundwasserspiegel gelangen. Gräser und Pflanzen mit flachen Wurzeln verdörren jedoch in der Trockenzeit. Die Bäume der Cerrados werden teilsweise an die zehn Meter hoch und ähneln denen der afrikanischen Feuchtsavanne, einige bleiben aber im Gegensatz zu diesen das ganze Jahr über grün, andere werfen ihr Laub während der Trockenzeit nur teilweise ab. In den Cerrados gedeihen außerdem 10.000 Gefäßpflanzenarten, von denen es etwa die Hälfte nur hier gibt. Zur Tierwelt dieser Savannenregion gehören annähernd 200 Säugetier-, über 800 Vogel-, 180 Reptilien- und mehr als 100 Amphibienarten. Da in den Ebenen immer intensiver Landwirtschaft betrieben wird, ist die Artenvielfalt dieses besonderen Ökosystems jedoch inzwischen bedroht.

Unendliche Weiten der Great Plains (großes Bild, kleine Bilder links oben und Mitte).

Wolken ziehen über einen Cerrado in Brasilien (kleines Bild links unten).

Gauchos treiben ihre Schafherde auf Tierra del Fuego (kleines Bild unten).

PAMPA – DIE GRÖSSTEN STEPPENREGIONEN SÜDAMERIKAS

Die Pampa ist eine Großlandschaft in Argentinien, die sich bis in den Süden Uruguays erstreckt. Es handelt sich um eine weitgehend baumlose, von Osten nach Westen leicht ansteigende Ebene, die vom Andenvorland im Westen bis zur Atlantikküste reicht und im Norden in die Region Gran Chaco, im Süden in das Patagonische Tafelland übergeht. Da sie verschiedene Klima- und Vegetationszonen durchläuft, unterscheidet man zwischen der östlichen »Pampa húmeda« und der westlichen »Pampa seca«. Die Pampa seca liegt im ariden Klimabereich und trägt Dornstrauchvegetation, im Norden wird sie von tropischem Trockenwald durchsetzt. Die Pampa húmeda ist ein reines Grasland, das sich über 530.000 Quadratkilometer ausbreitet. Richtung Westen nehmen die Niederschläge stetig ab, wobei ein häufiger Wechsel von Wassermangel und -überfluss charakteristisch ist. Dieser Faktor begünstigt die Entstehung eines natürlichen Graslandes. Die Böden der Pampa sind feinkörnig, locker und gut wasserhaltend. Bedeutende Flüsse fehlen, am wichtigsten sind im Norden der Rio Carcarana und im Süden der Rio Salado. Um 1880 begann die intensivere wirtschaftliche Nutzung der Pampa, einerseits durch Rinder- und im Süden Schafzucht, andererseits durch ihre teilweise Umwandlung in Ackerland. So bildet die Pampa als eine der größten Agrarzonen der Südhalbkugel heute das wirtschaftliche Kernland Argentiniens, auf dem 60% des Viehbestandes weiden. Viele Tier- und Pflanzenarten sind dadurch vom Menschen verdrängt oder stark dezimiert worden. Zu den Pampasbewohnern zählen unter anderen Guanakos.

VIER ELEMENTE

ERDE

HÖHLEN

Die größten Höhlen der Erde

Als Höhlen werden in der Wissenschaft der Speläologie ausschließlich natürlich entstandene unterirdische Hohlräume mit einer Länge von mindestens fünf Metern bezeichnet. Dabei werden primäre Höhlen – die zeitgleich mit dem sie umgebenden Gestein entstanden sind – und sekundäre Höhlen – die später durch Verwitterung oder Tektonik geschaffen wurden – unterschieden. Zu den schönsten Höhlen gehören die Tropfsteinhöhlen mit ihren teils bizarren Formationen aus Stalagmiten und Stalaktiten. Die größte Höhle liegt in Kentucky – und ein Teil der zahlreichen Gänge der Mammoth Cave ist noch nicht einmal erfasst!

Die längsten Höhlen Europas

1 **Optymisticeskaja**
Ukraine, 257 km

2 **Hölloch**
Schweiz, 208 km

3 **Sistema del Alto Tejuelo**
Spanien, 173 km

4 **Sieben-Hengste-Hohgant**
Schweiz, 164,5 km

5 **Schönberg-Höhlensystem**
Österreich, 151,2 km

6 **Sistema del Mortillano**
Spanien, 146,5 km

Die längsten Höhlen Asiens

1 **Shuanghe Dongqun**
China, 283,2 km

2 **Gua Air Jernih**
(Gunung-Mulu-Nationalpark)
Malaysia, 236,8 km

3 **San Wang Dong**
China, 67,8 km

4 **Botovskaja**
Russland, 67,7 km

5 **Bol'shaja Oreshnaja**
Russland, 58 km

Die längsten Höhlen Australiens/Ozeaniens

1 **Bullita Cave System**
Australien, 120,4 km

2 **Bulmer Caverns**
Neuseeland, 74 km

3 **Mamo Kananda**
Papua-Neuguinea, 54,8 km

4 **Nettelbed Cave**
Neuseeland, 38,3 km

5 **Greenlink**
Neuseeland, 34,9 km

6 **Atea Kananda**
Papua-Neuguinea, 34,5 km

7 **Exhaleair- Tomo Thyme**
Neuseeland, 33,4 km

DIE TIEFSTEN HÖHLEN DER ERDE

1. **WERJOWKINA**
   Georgien, 221,2 km
2. **WORONJA-HÖHLE**
   Georgien, 219,9 km
3. **SARMA-HÖHLE**
   Georgien, 183 km
4. **SNEZHNAJA-HÖHLE**
   Georgien, 176 km
5. **LAMPRECHTSOFEN**
   Österreich, 173,5 km
6. **GOUFFRE MIROLDA**
   Frankreich, 173,3 km
7. **GOUFFRE JEAN-BERNARD**
   Frankreich, 162,5 km
8. **SISTEMA DEL CERRO DEL CUEVÓN**
   Spanien, 158,9 km
9. **HIRLATZHÖHLE**
   Österreich, 156 km
10. **SISTEMA HUAUTLA**
    Mexiko, 156 km

Die längsten Höhlen Afrikas

1. **Réseau Marosakabe**
   Madagaskar, 113 km
2. **Sof Omar Caves**
   Äthiopien, 15 km
3. **Arnhem-Höhle**
   Namibia, 4,5 km
4. **Cango Caves**
   Südafrika, 4 km

Die längsten Höhlen Nord- und Mittelamerikas

1. **Mammoth Cave**
   Kentucky, USA, 663 km
2. **Sistema Sac Actun**
   Mexiko, 372 km
3. **Jewel Cave**
   South Dakota, USA, 335,6 km
4. **Sistema Ox Bel Ha**
   Mexiko, 284,6 km
5. **Wind Cave**
   South Dakota, USA, 248,2 km
6. **Lechuguilla Cave**
   New Mexico, USA, 242 km
7. **Fisher Ridge Cave System**
   Kentucky, USA, 209,2 km

Die längsten Höhlen Südamerikas

1. **Toca da Boa Vista**
   Brasilien, 114 km
2. **Toca da Barriguda**
   Brasilien, 35 km

VIER ELEMENTE
ERDE

MAMMOTH CAVE

Die Längste Höhle der Erde

Die im Mittel 115,50 Meter tiefe und insgesamt über 590 Kilometer lange Mammoth Cave (Mammut-Höhle) ist das größte und am weitesten verzweigte Höhlensystem der Welt. Die Gänge führen den Besucher in eine Welt bizarrer Kalksteinformationen, die ein steter Tropfen in Jahrmillionen aus dem porösen Gestein gewaschen hat. Die riesigen Säle mit ihren eindrucksvollen Stalagmiten, Stalaktiten und den auskristallisierten Gipsdecken entstanden vor über 300 Millionen Jahren, im Erdzeitalter des Karbons. Durch eine durchlässige Sandsteinschicht sickerte Wasser in die darunter liegende Kalksteinschicht. In chemischen Prozessen entstanden Hohlräume, die durch das Absinken des Grundwasserspiegels austrockneten. In der Folge ließ das herabtropfende mineralhaltige Wasser die säulenförmigen Kalkspatgebilde entstehen. Die Höhlen beheimaten so außergewöhnliche Tiere wie den Höhlenblindfisch, die Höhlengrille und die Kentucky-Höhlenkrabbe. Für einige bedrohte Fledermausarten sind die Höhlen ein wichtiges Refugium. Seinen Namen bekam das Höhlensystem aufgrund der gewaltigen Größe seiner einzelnen Säle und Räume, nicht vom prähistorischen Mammut.

Im Scheinwerferlicht der Höhlenforscher wird die ganze Vielfalt der unterirdischen Landschaft der Mammut-Höhle sichtbar (großes Bild).

Tropfstein (»Speläothem«) im »Drapery Room« der Mammoth Cave (kleines Bild).

VIER ELEMENTE

ERDE

UNTERGRUNDBAHNEN

Die längsten U-Bahnsysteme der Welt

U-Bahn, Subway, Metro, MRT sind die häufigsten Begriffe für die elektrischen Schienenbahnen, die in Großstädten zur Personenbeförderung eingesetzt werden. Außer in Tunneln fahren U-Bahnen in zahlreichen Städten auch oberirdisch, auf separaten Gleisen oder aufgeständert als Hochbahn über den Straßen der Stadt. Dass sie heute in fast allen Metropolregionen der Welt eingesetzt werden, verdanken die Metros ihrer hohen Leistungsfähigkeit: Mit ihnen können bis zu 50.000 Fahrgäste pro Stunde und Richtung bei Zugfolgezeiten von nur 90 Sekunden befördert werden.

Von Anfang an stark frequentiert: die alte, im Jahr 1918 erbaute U-Bahn-Station Whitehall Street in New York. Seit einem Umbau im Jahr 2009 ist die Station, die im Bankenviertel von Manhattan liegt, mit der South Ferry Station verbunden. Sie wird jährlich von über neun Millionen Fahrgästen genutzt (großes Bild).

Ein eindrucksvolles Ambiente bietet die Moskauer Metrostation Komsomoloskaya (kleines Bild).

DIE LÄNGSTEN U-BAHN-SYSTEME DER WELT

1. **SHANGHAI** China, 743 km
2. **BEIJING** China, 727 km
3. **GUANGZHOU** China, 531,1 km
4. **CHENGDU** China, 519,2 km
5. **MOSKAU** Russland, 412,1 km
6. **SHENZHEN** China, 411 km
7. **LONDON** Großbritannien, 402 km
8. **NEW YORK CITY** USA, 399 km
9. **NANJING** China, 378 km
10. **CHONGQING** China, 370 km

VIER ELEMENTE

ERDE

TUNNELBAUWERKE

Hindernisse überwinden durch Berge und unter Gewässern sollen die längsten Tunnel der Welt

Es erfordert höchste Ingenieurskunst, dass die nur scheinbar unspektakulären Röhren dem unglaublichen Druck der mächtigen Erd- und Wassermassen standhalten, der auf ihnen lastet. Der Tunnelbau ist technisch kompliziert und gefährlich, so viele Opfer wie einst fordert er heute dank weitaus verbesserter Technologie jedoch nicht mehr. So ließen Ende des 19. Jahrhunderts beim Bau des 15 Kilometer langen Schweizer Gotthard-Scheiteltunnels mehrere Hundert Arbeiter ihr Leben. 67 Todesopfer forderte der italienisch-Schweizer Simplon-Tunnel, von 1906 bis 1982 der längste Tunnel der Welt. In den 1980er-Jahren forderte die Konstruktion des Seikan-Tunnels noch 34 Menschenleben.

LÆRDALSTUNNEL – DER LÄNGSTE STRASSENTUNNEL DER WELT

Norwegen, 24.510 m

Seitdem im Jahr 2000 der Tunnel zwischen Aurland und Lærdal eröffnet wurde, ist auch im Winter die Verbindung zwischen Oslo und Bergen weitaus einfacher geworden. Für den längsten Straßentunnel der Welt gruben sich drei Baugruppen fünf Jahre lang durch die Erde. Mithilfe von Satellitennavigationssystemen und Lasertechnik trafen sie punktgenau zusammen. Damit die Fahrer nicht ermüden, wurde die Streckenführung bewusst mit geringem Gefälle und leicht kurvig angelegt. Drei große Hallen unterbrechen die eintönige Fahrt. Auf den Rat von Lichtexperten hin sind sie vom Boden zur Decke gelb, grün und blau ausgeleuchtet. Wer dort ankommt, erlebt die erfrischende Illusion eines Sonnenaufgangs.

Zwischen Courmayeur in Italien und Chamonix in Frankreich führt der über elf Kilometer lange Mont-Blanc-Tunnel durch das Montblanc-Massiv. Alljährlich wird der einröhrige Tunnel von knapp zwei Millionen Fahrzeugen durchfahren (großes Bild).

Gut durchdacht wurde im Lærdalstunnel auch die Beleuchtung (kleines Bild links).

Als drittlängster Eisenbahntunnel der Welt verbindet der Eurotunnel unter dem Ärmelkanal hindurch das europäische Festland mit Großbritannien (kleines Bild rechts).

GOTTHARD-BASISTUNNEL – DER LÄNGSTE EISENBAHNTUNNEL DER WELT

Schweiz, 57.104 m

Etwa 152 Kilometer lang ist das gesamte Tunnelsystem des Gotthard-Basistunnels, wenn man alle Verbindungsstollen und Schächte mit dazuzählt. Aber auch die Länge des Haupttunnels allein hat mit der Eröffnung im Juni 2016 Geschichte geschrieben. Denn der Tunnel löst mit dieser Länge den Seikan-Tunnel ab, der bis dato längste Eisenbahntunnel der Welt. Auch die Tiefe ist beachtlich: Bis zu 2.300 Meter Gestein liegen über dem Tunnel, wodurch er weltweit der tiefste Eisenbahntunnel unter Tage ist. Der Gotthard-Basistunnel verbindet das Kanton Uri bei Erstfeld mit dem Kanton Tessin bei Bodio.

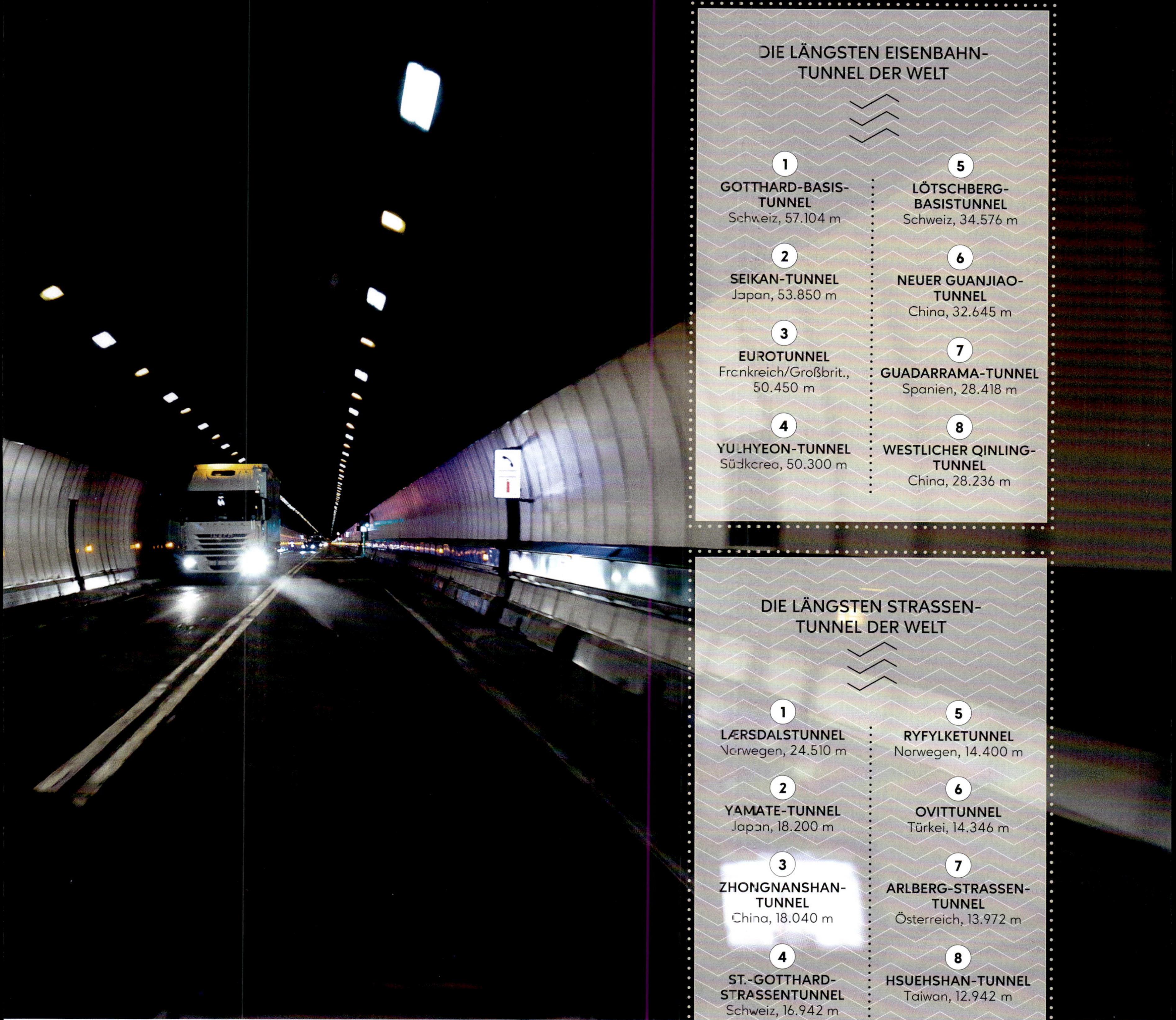

DIE LÄNGSTEN EISENBAHN-TUNNEL DER WELT

1. **GOTTHARD-BASIS-TUNNEL**
Schweiz, 57.104 m
2. **SEIKAN-TUNNEL**
Japan, 53.850 m
3. **EUROTUNNEL**
Frankreich/Großbrit., 50.450 m
4. **YULHYEON-TUNNEL**
Südkorea, 50.300 m
5. **LÖTSCHBERG-BASISTUNNEL**
Schweiz, 34.576 m
6. **NEUER GUANJIAO-TUNNEL**
China, 32.645 m
7. **GUADARRAMA-TUNNEL**
Spanien, 28.418 m
8. **WESTLICHER QINLING-TUNNEL**
China, 28.236 m

DIE LÄNGSTEN STRASSEN-TUNNEL DER WELT

1. **LÆRSDALSTUNNEL**
Norwegen, 24.510 m
2. **YAMATE-TUNNEL**
Japan, 18.200 m
3. **ZHONGNANSHAN-TUNNEL**
China, 18.040 m
4. **ST.-GOTTHARD-STRASSENTUNNEL**
Schweiz, 16.942 m
5. **RYFYLKETUNNEL**
Norwegen, 14.400 m
6. **OVITTUNNEL**
Türkei, 14.346 m
7. **ARLBERG-STRASSEN-TUNNEL**
Österreich, 13.972 m
8. **HSUEHSHAN-TUNNEL**
Taiwan, 12.942 m

SEIKAN-TUNNEL – DER ZWEITLÄNGSTE EISENBAHNTUNNEL DER WELT

Japan, 53.850 m

Der Seikan-Tunnel verbindet seit 1988 die japanischen Inseln Hokkaido und Honshu. Dieses Bauwerk der Superlative verläuft als einziger Tunnel der Welt in internationalen Gewässern. Bis zu 240 Meter liegen seine mächtigen Röhren unterhalb der erdbebengefährdeten Tsugaru-Straße. Als weltweit einziger Tunnel besitzt der Seikan-Tunnel außerdem zwei unterseeische Bahnhöfe. Der Yoshioka-kaitei in 147,4 Meter Tiefe ist der tiefste Bahnhof der Welt, nur wenig höher liegt der Tappi-kaitei. Allerdings hielten an diesen beiden Stationen nur bis 2006 fahrplanmäßig Züge – heute sind es nur noch Notausstiege.

CARLSBAD CAVERNS
(LECHUGUILLA CAVE), NEW MEXICO

Fläche: 189,26 km²
Raumhöhe »BigRoom«: 78 m

Zahl der Stalaktiten: wie Nadeln im Schwarzwald

Besucher/Jahr: 465.912 (2018)

Bauzeit: »Grundsteinlegung« war zu Zeiten der Dinosaurier

Bewohner: rund 500.000 Bulldoggfledermäuse

Im US-Bundesstaat New Mexico liegt der Carlsbad Caverns National Park, der weltweit für seine Tropfsteinhöhlen mit besonders spektakulären und schönen Formationen bekannt ist. In diesem Höhlensystem befindet sich auch einer der größten unterirdischen Räume der Welt: der Big Room mit einer Fläche von ca. 52.000 Quadratmetern. Ein etwa zwei Kilometer langer gut gesicherter Trail führt durch die Höhle. In der Selenite Chandelier Chamber der Carlsbad-Höhlen kann man weiß-durchsichtige »Kristalllüster« aus Selenit, einer besonders reinen Gipsart, bestaunen, und die Bat Cave ist Unterschlupf von extrem vielen Fledermäusen, die hier tagsüber dicht gedrängt von der Decke hängen.

KATHEDRALEN UNTER TAGE

PETERSDOM, ROM

Grundfläche: 20.139 m²

Raumhöhe des Hauptschiffs: 45 m

Zahl der Säulen im Innenraum: 778

Besucher/Jahr: bis zu 20 Mio

Bauzeit: ca. 120 Jahre

Über die Dächer Roms erhebt sich die Peterskirche (San Pietro in Vaticano), das Zentrum der Christenheit. Sie war ursprünglich unter Kaiser Konstantin dem Großen um 324 als fünfschiffige Basilika über dem mutmaßlichen Grab des Apostels Petrus angelegt worden.

Der Grundstein zum heutigen, unter Papst Julius II. begonnenen Kirchenbau wurde 1506 gelegt. Zunächst vom ersten Bauleiter Donato Bramante als Zentralbau in Form eines griechischen Kreuzes geplant, wurde der Petersdom nach Bramantes Tod jedoch als Längsbau in Form eines lateinischen Kreuzes realisiert, mit einer zentralen Kuppel über der Vierung, durch die das Licht einfällt. Die von Michelangelo entworfene Kuppel ist das größte freitragende Ziegelbauwerk der Welt. Die Dimensionen der Peterskirche sind enorm: Mit der Vorhalle ist sie 211 Meter lang, die Höhe beträgt 132 Meter, der Kuppeldurchmesser 42 Meter. Auf einer überbauten Fläche von 15.160 Quadratmetern finden hier rund 60.000 Gläubige Platz.

Bei Planung und Ausgestaltung des Petersdoms wirkten die besten Renaissance- und Barockkünstler ihrer Zeit mit, neben Bramante und Michelangelo etwa Raffael und Bernini. Unter der Kuppel, direkt über dem Petrusgrab, befindet sich der von Bernini 1623 mit einem barocken Bronzebaldachin bekrönte Papstaltar.

VIER ELEMENTE

ERDE

TÄLER UND CANYONS

Über Jahrhunderte hinweg entstehen tiefe Schluchten, die eindrucksvoll die Kraft von Wasser zeigen

Täler sind für gewöhnlich lang gezogene Hohlräume in der Landschaft, die durch die Erosionstätigkeit von Flüssen und die Verwitterung des Gesteins bzw. auch durch Spaltenbildung an Verwerfungslinien entstanden sind. Man unterscheidet zwischen Engtälern mit V- oder U-förmigem Querschnitt und schmalem Talboden, Durchbruchstälern, die sich durch ein Gebirge schneiden, sowie Trockentälern, die nur nach starkem Regen Wasser führen. Schluchten und Canyons gehören in der Regel zu den Engtälern. Mit Canyons werden dabei enge, tief eingeschnittene Täler in fast waagerechten lagernden Gesteinsschichten mit abgestuften Talhängen bezeichnet.

DIE TIEFSTEN TÄLER UND CANYONS DER ERDE

1. **KALI GANDAKI**
Nepal, 5.600 m
2. **YARLUNG ZANGBO**
China/Tibet, 5.382 m
3. **HUTIAO-SCHLUCHT**
China, 3.900 m
4. **COLCA CAÑÓN**
Peru, 3.269 m
5. **HELLS CANYON**
USA, 2.438 m
6. **GREAT GORGE**
USA, 2.400 m
7. **BARRANCA DEL COBRE**
Mexiko, 1.870 m
8. **GRAND CANYON**
USA, 1.600 m
9. **TARA-SCHLUCHT**
Montenegro, 1.300 m
10. **JANGTSE-SCHLUCHTEN**
China, 1.200 m
11. **YOSEMITE VALLEY**
USA, 1.200 m
12. **VIKOS-SCHLUCHT**
Griechenland, 1.000 m
13. **MARBLE CANYON**
USA, 1.000 m
14. **BLYDE RIVER CANYON**
Südafrika, 800 m
15. **ZION CANYON**
USA, 800 m
16. **GRAND CANYON DU VERDON**
Frankreich, 700 m
17. **DEAD HORSE POINT**
USA, 600 m
18. **BLACK CANYON**
USA, 555 m

Großes Bild: Ein Boot durchquert das grüne Wasser des Lake Powell im Glen Canyon in Arizona, USA – eingerahmt von eindrucksvollen rot-weiß gebänderten Felsenformationen.

Eine der längsten Schluchten Europas ist die 18 Kilometer lange Samaria-Schlucht auf der griechischen Insel Kreta (kleines Bild).

VIER ELEMENTE

ERDE

KALI-GANDAKI-TAL/ YARLUNG ZANGBO

Die tiefsten Täler der Erde

Die tiefsten Täler findet man dort, wo sich auch die höchsten Berge der Erde in den Himmel erheben: in Nepal und Tibet. In der Vergangenheit wurden sie entweder als wichtige Handelsroute genutzt oder lagen über eine lange Zeit hinweg unerforscht im Verborgenen.

KALI GANDAKI

Nepal, ca. 5.600 m

Die Schlucht des Flusses Kali Gandaki im nepalesischen Himalaya-Gebirge gilt als tiefste Schlucht der Welt. Sie verläuft zwischen den Achttausendern Dhaulagiri im Westen und Annapurna im Osten. In dem Abschnitt zwischen den beiden Bergen befindet sich der Fluss auf einer Höhe von 1.300 und 2.600 Metern über dem Meeresspiegel – ganze 5.500 bis 6.800 Meter unterhalb der Gipfel. Die Schlucht erstreckt sich von Kagbeni in Richtung Süden, ihre tiefste Stelle erreicht sie bei Lete, danach wird sie wieder breiter und verläuft so weiter bis Beni. Seit Jahrhunderten wird die Schlucht als Handelsroute benutzt, und heute ist sie ein Teil einer beliebten Trekking-Strecke, die wiederum ein Abschitt des Annapurna-Rundwegs ist. Der Fluss Kali Gandaki ist älter als das Himalaya-Massiv selbst. Als die Berge vor Jahrmillionen durch tektonische Aktivitäten angehoben wurden, bahnte sich der bereits hier verlaufende Fluss seinen Weg durch die Landschaft zwischen den Bergen.

YARLUNG ZANGBO

China/Tibet, ca. 5.382 m

Der Fluss Yarlung Zangbo entspringt am Berg Kailash und fließt etwa 1.700 Kilometer in Richtung Osten. Er entwässert zunächst ein Gebiet im Norden des Himalaya-Gebirges, ehe er in der Nähe von Pe in Tibet die etwa 240 Kilometer lange Yarlung-Zangbo-Schlucht erreicht. Sie verläuft in einer Kurve um das 7.755 Meter hohe Namcha-Barwa-Massiv durch den östlichen Himalaya. Der Fluss hat in der Schlucht ein rasantes Gefälle: Während er am Anfang auf etwa 3.000 Metern Höhe verläuft, liegt das Ende der Schlucht auf nur noch 300 Meter über dem Meeresspiegel. Nach der Schlucht erreicht er Arunachal Pradesch in Indien, wo er schließlich zum Brahmaputra wird. Im April 1994 ließ eine chinesische Nachrichtenagentur verlauten, dass die Yarlung-Zangbo-Schlucht, die erst kurz zuvor erforscht worden war, das tiefste Flusstal der Erde sei, noch vor der Kali-Gandaki-Schlucht in Nepal. Tatsache ist auf jeden Fall, dass sie eine der unzugänglichsten Schluchten der Erde ist, mit einer wenig erforschten Flora und Fauna.

Unwirtlich erscheint die Umgebung der tiefen Schlucht des Kali Gandaki (großes Bild).

Wer sich entlang der Yarlung-Zangbo-Schlucht auf Wanderung begibt, wird immer wieder eindrucksvolle Ausblicke geboten bekommen – sowohl auf den Fluss, als auch auf die Gipfel, hier beispielsweise des Bergs Gyala Pheri (kleines Bild unten links).

VIER ELEMENTE

ERDE

COLORADO RIVER CANYONS

Das größte Schluchtensystem der Erde

Das flächenmäßig größte Schluchtensystem befindet sich auf dem Colorado-Plateau im Südwesten der USA. Haupsächlich der Colorado, aber auch andere Flüsse haben durch die aushöhlende Kraft ihrer Strömung ein riesiges Canyonsystem geschaffen.

BLACK CANYON OF THE GUNNISON

555 m

Über die gewaltige Fläche von rund 112.000 Quadratkilometer verteilt sich das Tafelland des Colorado-Plateaus auf die US-Bundesstaaten Arizona, Utah, Colorado und New Mexico. Hier haben sich die Gebirgsflüsse imposante Täler geschaffen. Das einzigartige Landschaftsbild des Black Canyon of the Gunnison wurde allmählich von der Gewalt des Gunnison River, einem Zufluss des Colorado, sowie dem Abscheuern des harten Gneisgesteins geschaffen. Der Canyon ist so schmal, dass nur wenig Sonnenlicht den Talboden erreicht. Die Felsenwände erscheinen deshalb besonders dunkel, woher der Name des Canyons herrührt. Am Chasm Overlook ist die Schlucht 555 Meter tief, und die Ränder liegen hier nur 345 Meter auseinander. Das Gefälle des Gunnison beträgt in der Schlucht 18 Meter pro Kilometer, in einem besonders steilen Abschnitt sogar gewaltige 50 Meter pro Kilometer – hier schießt das Wasser geradezu durch den Canyon.

CANYONLANDS – DEAD HORSE POINT

600 m

Colorado und Green River haben in das Canyonlands-Plateau in Utah tiefe Schluchten gegraben. 1964 wurde dieses reizvolle Gebiet zum Nationalpark erhoben. Er gliedert sich in vier Teile mit jeweils besonderen Felsformationen: Die »Island in the Sky« liegt im Norden, »The Needles« im Südosten, »The Maze« im Westen, und der kleine »Horseshoe Canyon« ist im Westen.

GLEN CANYON – LAKE POWELL

170 m

Der Lake Powell, der durch die Aufstauung des Colorado River an der Glen-Canyon-Staumauer entstand, ist nach dem Lake Mead in Nevada der zweitgrößte Stausee in den Vereinigten Staaten. Seine Küstenlinie misst 3.153 Kilometer und ist damit länger als die ganze Westküste der USA! In einem Seitencanyon befindet sich auch die größte natürliche Steinbrücke der Welt, die Rainbow Bridge.

Düster ist es in der tiefen Schlucht des Black Canyon of the Gunnison, wenn die Sonne tief steht (großes Bild).

Vom Toroweap Overlook bietet sich ein eindrucksvoller Blick auf den Grand Canyon (kleines Bild oben rechts).

Imposant sind auch der Dead Horse Point (kleines Bild oben) und der Glen Canyon (kleines Bild unten).

GRAND CANYON

1.600 m

Der berühmteste Canyon des Colorado River ist der Grand Canyon im Norden Arizonas. Im Laufe von Jahrmillionen hat sich der Fluss hier ein Durchbruchstal durch das Colorado-Plateau geschaffen, dessen Schichten im unteren Bereich aus Granit und darüber aus rotem Sedimentgestein aufgebaut sind. Nach oben hin verbreitert sich die Schlucht treppenförmig, entsprechend dem unterschiedlichen Widerstand der jüngeren, aus Sand- und Kalkstein bestehenden Schichten. Mit über 350 Kilometern Länge, einer Tiefe von 1.600 Metern und einer Breite von sechs bis 30 Kilometern ist der Grand Canyon nicht nur eine optische Attraktion, sondern ermöglicht auch einen guten Einblick in die Erdgeschichte. Während die Hügelzonen ein offener Trockenwald bedeckt, ist das Plateau mit Steppenvegetation überzogen.

MARBLE CANYON – HORSESHOE BEND

1.000 m

Der Marble Canyon markiert im Norden Arizonas den Anfang des Grand Canyon. Hier, wo der Colorado sich mit dem Little Colorado River vereint, sollte einst der größte Staudamm des Flusses entstehen, doch aufgrund massiver Proteste wurde der Plan 1968 aufgegeben. Ganz in der Nähe, sechs Kilometer südlich der Stadt Page, vom Glen Canyon flussabwärts, beschreibt der Colorado eine spektakuläre hufeisenförmige Schleife – die Horseshoe Bend.

VIER ELEMENTE

ERDE

DIE DREI SCHLUCHTEN DES JANGTSEKIANG

Das größte Schluchtensystem Asiens

Im Sichuan-Becken vereinigt sich der Jangtse mit mehreren anderen Flüssen. Er wird entsprechend breiter und reißender und durchfließt dort, wo er aus dem Daba-Gebirge herausbricht, die berühmten drei Schluchten: Qutang-, Wuxia- und Xiling-Schlucht. Diese drei Flusstäler sind insgesamt 204 Kilometer lang, haben ein Gefälle von 120 Metern und sind von steilen, 500 bis 1.000 Meter hohen Felswänden gesäumt. Die kürzeste und schmalste der drei Schluchten ist die landschaftlich besonders reizvolle Qutang-Schlucht. An der 44 Kilometer langen Wuxia-Schlucht (»Hexenschlucht«) erheben sich die »Zwölf Schwestern«: der Legende nach die zu Stein erstarrte Göttin Jao Ji und ihre elf Schwestern, die zuvor böse Flussdrachen besiegt hatten und fortan als Felsen die Schiffe flussabwärts geleiten. Die längste der Drei Schluchten stellt die Xiling-Schlucht mit 66 Kilometern dar. An ihrer engsten Stelle ist sie nur 80 Meter breit. Hier befindet sich eine der größten Talsperren der Erde: der Drei-Schluchten-Staudamm.

Glühend steckt der Sonnenaufgang den Himmel in Brand und spiegelt sich im Wasser. Die hoch aufragenden Felswände machen die Qutang-Schlucht zu einer der eindrucksvollsten ihrer Art (großes Bild).

Und auch die Xiling-Schlucht bietet ein unvergessliches Bild bei tiefstehender Sonne (kleines Bild oben).

Tagsüber hat man dann einen genaueren Blick für die Details, für die Felsen und ihre Fauna (kleines Bild unten).

GRAND CANYON DU VERDON

Der gewaltigste Canyon Europas

Die größte Schlucht der Alpen liegt ganz im Südwesten des Gebirges, in der französischen Provence, wo man sich dem Meer schon viel näher wähnt als den Gipfeln: Rund 25 Kilometer lang und bis zu 700 Meter tief ist der Grand Canyon du Verdon. Mit ihren steilen Felsabstürzen und dem türkisfarbenen Wasser ist die Verdon-Schlucht eine der berühmtesten Naturattraktionen Europas. Die Kalkplateaus, durch die sich der Verdon seinen Weg gebahnt hat, wurden vor 200 bis 80 Millionen Jahren von Meeresablagerungen gebildet.

Westlich von Castellane fließt das kleine Flüsschen Verdon zwischen himmelhohen Felswänden, die an manchen Stellen am Boden der Schlucht keine sechs Meter auseinander stehen (großes Bild).

Einen besonders schönen Blick hat man vom »Point Sublime« aus (kleines Bild oben).

Senkrecht auf den Fluss herabschauen können jedoch nur Vögel (kleines Bild unten).

VIER ELEMENTE

ERDE

AMPHITHEATER EUROPAS

Die eindrucksvollsten Amphitheater des antiken Roms

KOLOSSEUM

Das Kolosseum weiß gleich mit mehreren Größenrekorden aufzuwarten: Es ist nicht nur das größte jemals gebaute Amphitheater, sondern ist auch der größte geschlossene Bau der römischen Antike und ihr größtes Amphitheater. Errichtet zwischen 72 und 80 n. Chr., wurde es knapp 450 Jahre lang für brutale Tierhetzen zur Unterhaltung des Publikums genutzt. Rund 50.000 Zuschauer hatten im Kolosseum Platz. Heute ist die Ruine das berühmteste Symbol der italienischen Hauptstadt und wird in großer Zahl von Touristen besucht (großes Bild und kleines Bild oben).

VERONA

Zwar ist die Arena von Verona nur das drittgrößte Amphitheater der Antike – nach dem Kolosseum folgt auf Platz zwei das Amphitheater von Capua – allerdings gilt es als das am besten erhaltene überhaupt. 152 Meter lang und 113 Meter breit, wurde es um 30 n. Chr. erbaut und bot etwa 30.000 Zuschauern einen Platz auf den über 40 Stufenrängen. Die heutige Nutzung hat glücklicherweise nicht mehr mit den blutigen Spielen zu tun, die früher im Amphitheater ausgetragen wurden. Stattdessen dient es aufgrund der hervorragenden Akkustik als eindrucksvoller Rahmen von Konzerten (kleines Bild unten).

VIER ELEMENTE

ERDE

KONZERT- UND THEATERHÄUSER

Die größten Opernhäuser und Theater der Welt

Bis heute gelten besonders Opernabende als gesellschaftliche Ereignisse, auf denen die Hautevolee sich trifft, nicht nur um der Musik zu lauschen, sondern auch, um zu sehen und gesehen zu werden. Obwohl die Kleidervorschriften längst gelockert wurden, sind bei solchen Veranstaltungen immer noch Smoking und festliche Abendroben angesagt. Die prachtvollen Opernbauten, die im 19. Jahrhundert in den großen europäischen Metropolen als Treffpunkt der »feinen Gesellschaft« entstanden, bieten die passende Kulisse für diese Events. Häuser wie die 1869 fertiggestellte Wiener Staatsoper oder die 1875 eingeweihte Opéra Garnier in Paris gleichen königlichen Palästen. Bei der Ausgestaltung der Fassaden schwelgten die Erbauer in der Architektur vergangener Epochen, der Weg zu den Zuschauerplätzen führt über ausladende Marmortreppen und verschwenderisch dekorierte Korridore. Die großen Opern- und Theaterbauten der Moderne hingegen beeindrucken durch die Klarheit und Nüchternheit der architektonischen Form. Beim Bau der Sydney Opera, aber auch der Pekinger Oper wurde besonders Wert auf Multifunktionalität gelegt. Die futuristisch anmutende Pariser Oper – die Opéra Bastille – gilt sogar als Gegenentwurf zur Opéra Garnier.

Sydney Opera – das größte Opernhaus der Welt

Australien, Sydney, 5.532 Plätze

In Sydneys Opernhaus sind fünf verschiedene Theater mit insgesamt 5.532 Sitzplätzen untergebracht. Es umfasst nicht nur ein großes Musiktheater mit 1.547 Sitzen, sondern außerdem drei Sprechtheater und einen riesigen Konzertsaal, der allein 2.669 Menschen Platz bietet. Die mehr als 1.000 Veranstaltungen, die hier jedes Jahr stattfinden, ziehen ein Millionenpublikum an. Das Gebäude gilt nicht zuletzt dank der kühnen Dachkonstruktion als ein Meisterwerk moderner Architektur und steht seit 2007 auf der UNESCO-Welterbeliste. Es wurde von dem dänischen Architekten Jørn Utzon entworfen und nach 24 Jahren Bauzeit 1973 von Queen Elizabeth II. eingeweiht.

Nationales Zentrum für Darstellende Künste

China, Beijing, 5.452 Plätze

Das im Dezember 2007 eröffnete Gebäude des chinesischen Nationaltheaters gehört zu den spektakulären Großbauprojekten der Volksrepublik China. Es wurde von dem französischen Architekten Paul Andreu entworfen und wird aufgrund seiner auffälligen halbrunden Form im Volksmund »Vogelei« genannt. Das Haus beherbergt eine Oper, einen Konzertsaal und ein Theater, in dem unter anderem die berühmte Peking Oper ihre Stücke zur Aufführung bringt. Das Gebäude wurde mit einer Haut aus Titaniumkacheln überzogen.

Opéra Bastille

Paris, Frankreich, 3.903 Plätze

Das neue Pariser Opernhaus an der Place de la Bastille verfügt über vier Theater mit insgesamt fast 4.000 Plätzen. Außer dem großen Opernsaal beherbergt es zwei Theaterstudios und ein Amphitheater mit 500 Sitzen. Die Initiative zum Bau des neuen Opernhauses ging von François Mitterrand aus. Die alte Opéra Garnier sollte entlastet und die Oper als Institution überdies vom Image des Elitären befreit werden. Aus dem Wettbewerb, der zur Umsetzung des Projekts 1982 ausgeschrieben wurde, ging der uruguayisch-kanadische Architekt Carlos Ott als Sieger hervor. Das moderne Opernhaus, das er schuf, begeistert alle Welt. Es wurde 1989 am Vorabend des französischen Nationalfeiertags eingeweiht.

Metropolitan Opera

USA, New York, 3.900 Plätze

Das New Yorker Opernhaus zählt nicht nur zu den größten, sondern auch zu den bedeutendsten Musikbühnen der Welt. Ein Ruf an die »Met« ist für Sänger wie für Dirigenten immer noch ein Ritterschlag. Angefangen von Enrico Caruso, über Maria Callas und Grace Bumbry bis hin zu Luciano Pavarotti, Placido Domingo und Anna Netrebko: So gut wie alle Berühmtheiten der Opernwelt haben an der »Met« gesungen und großartige Erfolge gefeiert. Seit September 1966 residiert die 1880 gegründete Oper in einem modernen Bau, der zum Lincoln Center for the Performing Arts gehört. Das Repertoire umfasst sowohl klassische als auch avantgardistische Opernwerke.

Civic Opera House
USA, Chicago, 3.563 Plätze

Das nach der New Yorker Metropolitan Opera größte Opernhaus Nordamerikas ist Teil eines Gebäudekomplexes, der außerdem noch drei Bürotürme umfasst. Es wurde 1929 eröffnet und zunächst von der Chicago Civic Opera, die während der Großen Depression in Konkurs ging, bespielt. Seit 1954 finden hier Aufführungen der privaten Lyric Opera Chicago statt. Maria Callas trat bereits in dem gleichen Jahr an der Oper auf und feierte dort ihren ersten Erfolg in Nordamerika.

Teatr Wielki
Polen, Warschau, 2.705 Plätze

In dem zwischen 1825 und 1833 errichteten klassizistischen Monumentalbau residieren Polens Nationaloper und das wichtigste Theater des Landes. Das Haus verfügt über drei Bühnen und bietet 2.705 Zuschauern Platz. Während des Zweiten Weltkriegs wurde es von der deutschen Wehrmacht fast vollständig zerstört. Bei der Wiedereröffnung im Jahr 1965 war es das größte und modernste Theater der Welt.

Shanghai Grand Theatre
Shanghai, China, 2.650 Plätze

Der von dem französischen Architekten Jean-Marie Charpentier entworfene Theaterbau im Zentrum Shanghais verbindet auf großartige Weise Formen fernöstlicher Architektur mit modernem westlichem Design. Das nach oben geschwungene Dach erinnert an traditionelle chinesische Bauweisen, der verglaste Unterbau ist zeitgenössischen Stilen verpflichtet. Das Haus beherbergt drei Theatersäle mit modernster Bühnentechnik und ausgezeichneter Akustik.

Teatro Colón
Argentinien, Buenos Aires,
2.500 Sitzplätze, 1.000 Stehplätze

Das größte Theater Südamerikas gehört dank einer hervorragenden Akustik zu den beliebtesten Musikbühnen der Welt. Im Laufe seiner Geschichte zog das Haus Sangeskünstler wie Enrico Caruso oder Maria Callas und namhafte Dirigenten wie Arturo Toscanini oder Wilhelm Furtwängler an. Bis heute geben sich die internationalen Stars der Musikwelt im Teatro Colón die Ehre.

Festspielhaus Baden-Baden
Deutschland, 2.500 Plätze

Das zurzeit größte deutsche Opernhaus wurde erst 1998 eröffnet und gehört doch schon zu den meistbesuchten des Landes. Der lichtdurchflutete ultramoderne Bau entstand nach Plänen des Wiener Architekten Wilhelm Holzbauer auf dem Gelände des alten Hauptbahnhofs. Er ist mit modernsten Klang- und Bühnentechniken ausgestattet. Das historische Bahnhofsgebäude wurde restauriert und in den Komplex integriert.

Teatro alla Scala
Mailand, Italien, 2.200 Plätze

Die Mailänder Scala zählt zu den bedeutendsten Opernhäusern der Welt. Für viele Sänger bildet ein Engagement an dieser Bühne das Sprungbrett für eine internationale Karriere. Das nach Entwürfen von Giuseppe Piermarini errichtete, 1778 eröffnete Gebäude war Vorbild für viele Theaterbauten des 19. Jahrhunderts. Im Zweiten Weltkrieg fast vollständig zerstört, wurde es in Rekordzeit wieder aufgebaut.

Opéra Garnier
Frankreich, Paris, 2150 Plätze

Seit der Eröffnung der neuen Oper an der Place de la Bastille im Jahr 1989 wird an der Opéra Garnier fast nur noch klassisches Ballett inszeniert, dennoch ist der neobarocke Prachtbau ein Wahrzeichen von Paris geblieben. Er wurde zwischen 1860 und 1875 errichtet und sollte nach dem Willen seiner Erbauer ein Gegengewicht zu dem strengen Klassizismus der zeitgenössischen Architektur bilden. Die Fassade ist überreich mit Skulpturen und Friesen ausgeschmückt, die Räumlichkeiten innen wirken aufgrund des üppigen Dekors überladen.

Opernhaus
Wien, Österreich, 1.700 Plätze, 560 Stehplätze

Obwohl Wien seine Rolle als Weltmusikhauptstadt wohl längst eingebüßt hat, zählt die Oper der Hauptstadt Österreichs immer noch zu den herausragenden Musikbühnen. Auch das Ballettensemble genießt Weltruf. Namhafte Dirigenten waren an der Staatsoper tätig. Eines der berühmtesten Orchester der Welt, die Wiener Philharmoniker, setzt sich aus Mitgliedern des Opernorchesters zusammen. Das Gebäude, in dem die Oper seit 1869 residiert, gilt als gelungenes Beispiel historisierender Architektur im Stil der Neo-Renaissance.

DIE GRÖSSTEN OPERNHÄUSER UND THEATER DER WELT
(Sitzplätze)

1. **SYDNEY OPERA** – Australien, Sydney, 5.532
2. **CHINESISCHES NATIONALTHEATER** – China, Beijing, 5.452
3. **OPÉRA BASTILLE** – Frankreich, Paris, 3.903
4. **METROPOLITAN OPERA** – USA, New York City, 3.900
5. **CIVIC OPERA HOUSE** – USA, Chicago, 3.563
6. **WAR MEMORIAL OPERA HOUSE** – USA, San Francisco, 3.126
7. **TEATR WIELKI** – Polen, Warschau, 2.705

VIER ELEMENTE

ERDE

KINGS CANYON PURNULULU CANYONS

Die größten Canyons Australiens

KINGS CANYON

Australien

Der Kings Canyon liegt im Watarraka-Nationalpark im Northern Territory. Seine bis zu 300 Meter hohen Felswände aus rotem, gelbem und weißem Sandstein sehen zum Teil aus, als hätte man sie mit dem Messer abgeschnitten. Andernorts sorgte die Erosion für abgerundete Formationen. Auf dem Plateau befindet sich die »Lost City« aus Sandsteinkuppeln, die verfallenen Häusern ähneln.

PURNULULU CANYONS

Australien

Das Terrain des Purnululu-Nationalparks erhebt sich mit über 200 Metern Höhe über die umliegenden Ebenen. Das gesamte Gebiet wird von tiefen Canyons durchzogen, die teilweise sehr steil abfallen. Zu den spektakulärsten Schluchten zählen unter anderem die Echidna Chasm, die Cathedral Gorge sowie die Piccaninny Gorge.

Auf dem Grund des Kings Canyons befindet sich ein Wasserloch, das als »Garten Eden« bezeichnet wird, da in dessen Umkreis seltene, subtropische Pflanzen gedeihen (großes Bild, kleines Bild oben).

Die bienenkorbartigen Felsformationen der Bungle Bungle Range am Piccaninny Creek (kleines Bild unten) waren vor den 1980er-Jahren nur einigen Einheimischen und Wissenschaftlern bekannt. Seit 1987 ist das Gebiet Nationalpark.

VIER ELEMENTE

ERDE

BLYDE RIVER CANYON FISH RIVER CANYON

Die größten Canyons Afrikas

BLYDE RIVER CANYON

Einige Hundert Kilometer östlich von Johannesburg erheben sich die Drakensberge, ein Gebirgszug, der von Lesotho bis in die Provinz Limpopo reicht. Im nördlichen Abschnitt dieser Bergkette erstreckt sich der Blyde River Canyon. Die riesige, breite Schlucht aus rotem Sandstein beginnt an den Bourke's Luck Potholes. Sie ist etwa 26 Kilometer lang und bis zu 800 Meter tief. Ihre Flanken fallen beinahe senkrecht zum Fluss Blyde hin ab. Unten im Talboden fließt der Blyde an mächtigen, einzeln stehenden Felsen vorbei. Die spektakulärsten darunter sind die drei »Rondavels« (»Rundhütten«). Dabei handelt es sich um fast kreisrunde Felsenriesen mit spitzen Abdachungen, denen die Hütten der einheimischen Bevölkerung ähneln.

FISH RIVER CANYON

Der nur periodisch Wasser führende Fish River ist mit 650 Kilometern der längste Fluss und eine von acht Wasserregionen Namibias. Er entspringt im Naukluft-Gebirge und mündet südwestlich von | Ai-| Ais in den Oranje. Am Unterlauf des Flusses befindet sich auf einer Distanz von etwa 150 Kilometern und einer Tiefe von bis zu 550 Metern der Fish River Canyon. Er ist nach dem dem Grand Canyon der zweitgrößte der Welt und entstand vermutlich vor rund 500 Millionen Jahren während regenreicher Epochen. Die Schlucht wurde jedoch nicht allein durch Wassererosion geformt, Bewegungen in der Erdkruste bewirkten ein Einbrechen der Talsohle.

Der Blyde River Canyon ist Teil der Schichtstufe zwischen dem südafrikanischen Tiefland, dem Lowveld, und dem rund 1.000 Meter höher gelegenen Highveld. Der Übergang ist hier besonders dramatisch: Die Klippen der Drakensberge wachsen nahezu senkrecht aus der Ebene empor (großes Bild).

Grüne Vegetation und roter Sandstein: der Blyde River Canyon im Nordteil der südafrikanischen Drakensberge (kleines Bild).

VIER ELEMENTE

ERDE

GRAND CANYON
BARRANCA DEL COBRE

Die gewaltigsten Canyons Nord- und Mittelamerikas

GRAND CANYON
USA, 1.600 m

Im Jahr 1540 erblickte der Spanier López de Cárdenas als erster Europäer das grandiose Panorama des Grand Canyon, doch bis zu einer exakten Kartografierung dauerte es noch bis zur Mitte des 19. Jahrhunderts. Die Entstehungsgeschichte des Grand Canyon ist noch immer nicht genau erforscht. Vermutlich begann der Fluss sich vor sechs Millionen Jahren seinen Weg durch das Felsplateau zu suchen. Im Lauf der Zeit entstand so diese einzigartige Schlucht, über die der Naturforscher John Muir sagte, sie sei »die großartigste von Gottes irdischen Stätten«. Wind und Wetter trugen das Ihre dazu bei, den Felswänden ihre bizarren Formen zu geben. Die leicht erkennbare Abfolge der unterschiedlichen Gesteinsschichten in den Felswänden dokumentiert die verschiedenen Perioden der Erdzeitalter. Hier gefundene Fossilien geben wichtige Informationen über das Leben der Urzeit.

BARRANCA DEL COBRE
Mexiko, 1.870 m

Die Barranca del Cobre (»Kupferschlucht«) ist eine Gebirgsformation in der Sierra Madre Occidental im mexikanischen Bundesstaat Chihuahua. Das Schluchtensystem, das der Rio Urique und seine Nebenflüsse gegraben haben, ist etwa 30.000 Quadratkilometer groß und 50 Kilometer lang. Es gehört zu den größten und zugleich zerklüftetsten Schluchtengebieten Nordamerikas. Seine einzelnen Täler sind bis zu 1.500 Meter breit und fallen teilweise senkrecht bis in 1.870 Meter Tiefe ab. Die sechs tiefsten Canyons in der Barranca del Cobre sind:

Urique Canyon
1.870 m

Sinforosa Canyon
1.799 m

Batopilas Canyon
1.799 m

Copper Canyon
1.759 m

Tararecua Canyon
1.425 m

Oteros Canyon
983 m

Wie ein silbernes Band schlängelt sich der Colorado River durch die wohl berühmteste Schlucht der Welt. Die durch Klippen, Vorsprünge und Plattformen mehrfach gestuften Steilwände sind durch Nebentäler gegliedert. Je nach Standort und Sonnenstand wechseln die Farben der Gesteinsschichten (großes Bild).

Die 30 Meter hohen Havasu Falls findet man in einer Seitenschlucht des Grand Canyon (kleines Bild oben).

Senkrecht abfallende kupferfarbene Felswände prägen das imposante Schluchtensystem der Barranca del Cobre (kleines Bild unten).

VIER ELEMENTE

ERDE

GEBIRGE

Den gewaltigen Verschiebungen der Erdplatten haben wir majestätische Gebirge zu verdanken

Schon immer erlagen die Menschen der Schönheit der majestätischen Bergwelt. Viele Völker sehen die unerreichbaren Gipfel bis heute als Sitz der Götter und Wohnstatt von Geistern an. Noch bis weit ins 20. Jahrhundert hinein waren die Achttausender der höchsten Gebirgsmassive der Erde, Himalaya und Karakorum, unbezwungen. 1950 erreichten die ersten Menschen, Maurice Herzog und Louis Lachenal, den Gipfel der Annapurna I, drei Jahre später erklommen Edmund Hillary und Tenzing Norgay den Mount Everest, den »Thron der Götter« und höchsten Berg der Erde. Entstanden sind diese asiatischen Gebirge wie auch die europäischen Alpen sowie die Rocky Mountains Nordamerikas und die Anden Südamerikas in langen Zeiträumen durch Auffaltung, hervorgerufen von den permanenten Bewegungen der Kontinentalplatten. Gleiten diese aufeinander zu, werden die Landmassen gestaucht, aufgefaltet und zu Gebirgen aufgeschichtet. Aufgrund der anhaltenden Plattenbewegung wachsen die Gipfel der Erde unaufhörlich auch heute noch jedes Jahr um einige Millimeter. Fast jede Landmasse dieser Erde hat ihre Berge der Superlative.

DIE HÖCHSTEN GEBIRGE DER ERDE

Höhe des höchsten Berges über dem Meeresspiegel

1 **HIMALAYA**
Asien, Mount Everest, 8.848 m

2 **KARAKORUM**
Asien, K2, 8.611 m

3 **HINDUKUSCH**
Asien, Tirich Mir, 7.707 m

4 **PAMIR**
Asien, Kongur Tagh, 7.649 m

5 **HENGDUAN SHAN**
Asien, Mount Gongga, 7.556 m

6 **TIAN SHAN**
Asien, Jengish Chokusu, 7.439 m

7 **KUNLUN**
Asien, Liushi Shan, 7.167 m

8 **TRANSHIMALAYA**
Asien, Nyainqên-tanglha, 7.162 m

9 **ANDEN**
Südamerika, Aconcagua, 6.963 m

10 **HINDURAJ**
Asien, Koyo Zom, 6.873 m

11 **ALASKA RANGE**
Nordamerika, Denali, 6.194 m

12 **ST. ELLAS MOUNTAINS**
Nordamerika, Mount Logan, 5.959 m

13 **KILIMANDSCHARO**
Afrika, Kibo, 5.895 m

14 **SIERRA NEVADA DE SANTA MARTA**
Südamerika, Pico Cristóbal, Colón, 5.775 m

15 **KAUKASUS**
Europa, Elbrus, 5.642 m

16 **SIERRA MADRE ORIENTAL**
Mittelamerika Citlaltépetl, 5.636 m

Der schneebedeckte Denali spiegelt sich im Wonder Lake im Denali-Nationalpark. Er ist Teil der Alaska Range und mit 6.194 Metern der höchste Berg des nordamerikanischen Kontinents.

VIER ELEMENTE

ERDE

HIMALAYA

Das höchste Gebirge der Erde

Die eindrucksvollsten Bilder des höchsten Gebirges der Welt, des Himalayas, sind wohl jene von weit oben, nämlich von Satelliten aufgenommene. Hufeisenförmig umschließt eine Kette aus Sieben- und Achttausendern zahlreiche fast schneefreie Täler, die alle im nepalesischen Nationalpark Sagarmatha liegen. Hier ragen auch die berühmten Achttausender auf, darunter der Cho Oyu (8.201 Meter), der Mount Everest (8.850 Meter), der Lhotse (8.516 Meter) und der Makalu (8.463 Meter). Von oben gut erkennbar ist, wie sich riesige Gletscherzungen bis weit in die Täler hineinschieben. Diese Gletscherflüsse münden in den Dudh Kosi, der gen Süden zum Sunkoshi fließt und die Quellgebiete der größten Ströme Asiens, Brahmaputra, Ganges und Indus, speist. Einige der 19 Flüsse, die das Himalaya-System entwässern, verlassen in tiefen Durchbruchstälern, deren Steilränder bis zu fünf Kilometer in die Höhe ragen, die Gebirgsketten nach Süden.

Erfurcht ist wohl das richtige Gefühl beim Anblick auf den Mount Everest, den höchsten Berg der Welt (großes Bild).

Er liegt von weiteren Riesen umgeben im Himalaya (kleines Bild).

VIER ELEMENTE

ERDE

MOUNT EVEREST

Der höchste Berg der Erde

Der Mount Everest, benannt nach dem britischen Landvermesser Sir George Everest, wird auf nepalesisch Sagarmatha (»Stirn des Himmels«) und auf tibetisch Qomolangma (»Mutter des Universums«) genannt. Zurecht, denn er ist mit 8.850 Metern über dem Meeresspiegel der höchste Berg der Erde und befindet sich im Khumbu Himal in Nepal an der Grenze zu Tibet. Auf nepalesischer Seite ist er Teil des Sagarmatha-Nationalparks, auf der Nordseite gehört er zum Qomolangma National Nature Reserve.

Wie der gesamte Himalaya entstand der Mount Everest durch die Plattentektonik, als die Indische mit der Eurasischen Platte kollidierte. Die kleinere Indische Platte schiebt sich nach wie vor mit etwa drei Zentimetern pro Jahr unter Eurasien. Der Mount Everest wächst in der Folge noch immer, allerdings nur wenige Millimeter jährlich.

Aufgrund der großen Höhe beträgt der Luftdruck auf dem Mount Everest nur knapp ein Drittel des Normaldrucks auf Meeresspiegelniveau. Es herrschen extreme Temperaturschwankungen und starke Winde. Nach Überzeugung der einheimischen Bevölkerung dienen die steilen Himalaya-Gipfel im ewigen Schnee den Göttern als Wohnsitz. Seit Beginn des 20. Jahrhunderts versuchen sich auch Bergsteiger an den Achttausendern. Nach der Erstbesteigung 1953 durch Edmund Hillary und Tenzing Norgay bezwangen Reinhold Messner und Peter Habeler den Gipfel 1978 erstmals ohne zusätzlichen Sauerstoff. Die schnellste Besteigung gelang dem Sherpa Pemba Dorjee, der 2004 vom Basislager bis zum Gipfel nur etwas über acht Stunden brauchte. Die älteste Bergsteigerin auf dem Gipfel war 2012 die damals 73-jährige Tamae Watanabe. Seit den 1980er-Jahren herrscht ein wahrer »Mount-Everest-Tourismus«, der aufgrund des großen Andrangs und des hohen Müllaufkommens zu Umweltproblemen führte. In der Saison 1996 kehrten zwölf Menschen vom Berg nicht mehr zurück, weil sie von Wetterumschwüngen überrascht wurden. Dünne Luft, eisige Kälte und das unvorhersehbare Wetter gefährden das Leben der Bergsteiger bis heute, auch wenn die technische Ausrüstung in den letzten Jahrzehnten erheblich verbessert wurde. Doch nach wie vor zieht der Mount Everest zahlreiche Menschen an, die einmal auf dem höchsten Punkt der Erde stehen möchten.

WISSENSWERT

Erstbesteigung

Im Frühjahr 1953 versuchten mehrere Gruppen einer britischen Expedition, den Gipfel des höchsten Bergs der Erde, den »Thron der Welt« zu erklimmen. Der neuseeländische Imker und Bergsteiger Edmund Hillary und sein nepalesischer Sherpa Tenzing Norgay erreichten am 29. Mai als erstes Zweierteam den Gipfel des Mount Everest, nachdem eine Gruppe vor ihnen 100 Meter vor dem ersehnten Ziel hatte umkehren müssen. Seit der Erstbesteigung durch Hillary und Norgay haben viele Hundert Menschen den Berg bezwungen, mehr als 200 starben jedoch auch beim Auf- oder Abstieg.

Zu jeder Tageszeit, von jeder Perspektive aus strahlt der Mount Everest Erhabenheit aus.

VIER ELEMENTE

ERDE

ACHTTAUSENDER

Die 14 höchsten Berge der Erde

Alle über 8.000 Meter hohen Berge dieser Erde befinden sich in Asien: neun davon im Himalaya, fünf im angrenzenden Karakorum. Sie verteilen sich dabei auf die Länder China (mit Tibet), Indien, Nepal und Pakistan. Fünf Achttausender-Massive liegen ganz auf dem Territorium eines Landes, die restlichen neun haben ihre Basis in zwei verschiedenen Ländern. Als erster Achttausender wurde 1950 die Annapurna bestiegen, drei Jahre später standen die ersten Bergsteiger auf dem Mount Everest, dem höchsten Berg der Erde. Mit mehr als 4.100 Gipfelbesteigungen ist der Mount Everest der unter Bergsteigern begehrteste Gipfel.

Die 14 Achttausender

(mit Erstbesteigungen)

1 **Mount Everest**
Nepal, China, 8.848 m
Hillary, Norgay, 1953

2 **K2**
Pakistan, China, 8.611 m
Compagnoni, Lacedelli, 1954

3 **Kangchendzönga**
Nepal, Indien, 8.586 m
Band, Brown, 1955

4 **Lhotse**
Nepal, China, 8.516 m
Luchsinger, Reiss, 1956

5 **Makalu**
Nepal, China, 8.485 m
Terray, Couzy, 1955

6 **Cho Oyu**
Nepal, China, 8.188 m
Tichy, Jöchler,
P. Dawa Lama, 1954

7 **Dhaulagiri**
Nepal, 8.167 m
Diemberger, Na. Dorje, Forrer,
Schelbert, Diener, Ny. Dorje,
1960

8 **Mansalu**
Nepal, 8.163 m
Norbu, Imanishi, 1956

9 **Nanga Parbat**
Pakistan, 8.125 m
Buhl, 1953

10 **Annapurna I**
Nepal, 8.091 m
Lachenal, Herzog, 1950

11 **Gasherbrum I (Hidden Peak)**
Pakistan, China, 8.080 m
Schoening, Kauffman, 1958

12 **Broad Peak**
Pakistan, China, 8.051 m
Buhl, Diemberger, Schmuck,
Wintersteller, 1957

13 **Gasherbrum II**
Pakistan, China, 8.034 m
Moravec, Larch, Willenpart,
1956

14 **Shishapangma**
China, 8.027 m
Chin. Exped. X. Jìng, 1964

Der majestätische Mount Everest mit den Gipfeln Nuptse und Lhotse bei Sonnenuntergang.

Nanga Parbat,
Himalaya, 8.125 m

Annapurna I,
Himalaya, 8.091 m

Cho Oyu,
Himalaya, 8.188 m

Makalu,
Himalaya, 8.485 m

Gasherbrum I (Hidden Peak),
Karakorum, 8.080 m

Gasherbrum II,
Karakorum, 8.034 m

Broad Peak,
Karakorum, 8.051 m

Shishapangma,
Himalaya, 8.027 m

Dhaulagiri,
Himalaya, 8.167 m

Manaslu,
Himalaya, 8.163 m

WISSENSWERT

Besteigung aller Achttausender

Rund 40 Menschen ist bisher die Besteigung aller vierzehn Achttausender gelungen. Der erste, der diese Leistung vollbrachte, war der vielleicht berühmteste Bergsteiger, Reinhold Messner. 1970 begann er mit der Besteigung des Nanga Parbats, 1986 schloss er die Serie mit dem Lhotse. Welche Frau als erstes alle Achttausender bestiegen hat, gilt als umstritten. Zu den ersten zählen jedoch unter anderem Edurne Pasaban und Gerline Kaltenbrunner. Eine besondere Herausforderung ist, die Achttausender ohne Flaschensauerstoff zu erreichen. Auch dies schaffte Messner bei allen vierzehn Gipfelgiganten.

VIER ELEMENTE

ERDE

ASIEN

Die höchsten Berge Asiens

Die Morgensonne zieht ihre goldenen Strahlen langsam über die Gipfel des Karakorum (großes Bild).

Der vergletscherte Tirich Mir (kleines Bild oben).

Der höchste Berg der Türkei: der Ararat (kleines Bild Mitte).

Blick vom Mount Kinabalu auf Borneo (kleines Bild unten).

Der höchste Berg der Erde, der 8.850m hohe Mount Everest, thront im asiatischen Himalaya-Gebirge. Doch daneben hat dieser Kontinent noch weitere gewaltige Bergketten und Gipfel zu bieten.

KARAKORUM

K2, 8.611 m

Im Karakorum, einem Gebirge in Zentralasien, erhebt sich der zweithöchste Berg der Erde, der K2, sowie drei weitere Achttausender: Gasherbrum I, Broad Peak und Gasherbrum II. Nirgendwo sonst gibt es so viele Achttausender auf so geringer Fläche wie im Zentralen Karakorum. Außerdem befinden sich hier einige der größten Gletscher der Erde außerhalb der Polregionen samt Alaska und Patagonien, etwa der Biafo-Gletscher und der Hispar-Gletscher. Der K2 oder Lambha Pahar auf der Grenze zwischen Pakistan und China gehört zum Baltoro-Muztagh-Gebirgsmassiv. Er gilt unter Alpinisten als weit anspruchsvoller als der Mount Everest.

HINDUKUSCH

Tirich Mir, 7.707 m

Der Hindukusch, ein geologisch junges Gebirge, entstand durch das Eindringen der Indischen Platte in das zentralasiatische Festland und wächst noch immer. Der größte Teil befindet sich in Afghanistan, der östliche Part mit den höchsten Gipfeln gehört zu Pakistan. Die Hauptkette in der Grenzregion von Afghanistan und Pakistan ist ein dem Himalaya ähnliches Hochgebirge mit mehreren Gipfeln über 7.000 Meter. Die Grate des höchsten Berges, des Tirich Mir, erstrecken sich in alle Himmelsrichtungen.

PAMIR

Kongur Tagh, 7.649 m

Das Faltengebirge Pamir verbindet einige der großen asiatischen Bergketten: Tianshan, Karakorum, Kunlun Shan und Hindukusch. Im Osten schließt sich das Hochland von Tibet an. Der höchste Gipfel des Pamirs ist der Kongur Shan in China. Wegen seiner versteckten Lage wurde dieser Berg erst 1900 entdeckt. Die Besteigung gilt als extrem schwierig, insbesondere wegen der unwirtlichen Wetterbedingungen – die Erstbesteigung erfolgte erst 1981.

TIAN SHAN

Jengish Chokusu, 7.439 m

Das Tian Shan (»Himmlische Berge«) ist ein Hochgebirge, das die zentralasiatische Großlandschaft Turkestan in einen Nord- und einen Südteil trennt. Es erstreckt sich über Staatsgebiete von China, Kasachstan, Kirgisistan und Tadschikistan. Der stark vergletscherte Jengisch Chokusu wird häufig als nördlichster Siebentausender der Erde bezeichnet – geografisch exakt wäre dies allerdings der 7.010 Meter hohe Khan Tengri.

KUNLUN SHAN

Liushi Shan, 7.167 m

Das Kunlun-Hochgebirge verläuft vom Karakorum entlang der Nordgrenze zu Tibet in Richtung Osten und bildet auf 2.500 Kilometern Länge die Grenze zum Hochland von Tibet. Die Gebirgsketten weisen mehr als 200 über 6.000 Meter hohe Gipfel auf. Bei einem Beben im südlichen Kunlun Shan riss 2001 auf einer Länge von 400 Kilometer die Erdoberfläche auf. Diese Erdspalte ist die längste durch tektonische Aktivität entstandene.

TRANSHIMALAYA

Noijinkangsang, 7.206 m
Nyainqêntanglha, 7.162 m

Der Transhimalaya, ein aus mehreren Gebirgsketten bestehendes Gebirgssystem im südlichen Tibet verläuft auf einer Länge von 1.600 Kilometern weitgehend parallel zum Himalaya in Ost-West-Richtung. Die Perspektive auf das Gebirge gab ihm seinen Namen: Von Indien aus betrachtet, befindet sich das Gebirge jenseits (trans) des Himalaya. Im Transhimalaya entspringt der Indus.

HKAKABO-RAZI-MASSIV

Hkakabo Razi, 5.881 m

Der Hkakabo Razi ist der höchste Berg Myanmars und ganz Südostasiens. Die Umgebung – 1998 zum Hkakabo-Razi-Nationalpark erklärt – ist für ihre außergewöhnliche Tier- und Pflanzenvielfalt bekannt. Der Berg selbst ist bis etwa 2.700 Meter hoch von Regenwald bewachsen, darüber von Laubwäldern, ab einer Höhe von 3.400 Meter von Nadelwäldern, und ab 4.500 Metern ganzjährig von Schnee und Eis bedeckt.

ANATOLISCHES HOCHLAND

Ararat, 5.137 m

Das Armenische oder Anatolische Hochland liegt am östlichen Rand des Kaukasus auf türkischem, iranischem, georgischem und armenischemTerrain. Der höchste Berg des Hochlands und zugleich der Türkei ist der erloschene und in höheren Lagen stark vergletscherte Vulkan Ararat. Den letzten Ausbruch des Ararat gab es 1840. Erst seit 2001 erlauben die türkischen Behörden Ausländern (unter Auflagen) die Gipfelbesteigung.

ZAGROS

Qash Mastan, 4.409 m

Das Zagros-Massiv ist das größte Gebirge im Iran, einige kleinere Gebiete befinden sich allerdings auch auf irakischem Staatsgebiet. Die Gebirgskette verläuft etwa 1.500 Kilometer von der Provinz Kurdistan bis zur Straße von Hormuz. Das Gebirge gehört zu den geologisch jüngeren Kettengebirgen, die sich von den Pyrenäen über die Alpen, den Balkan und die Türkei bis zum Hochgebirge Elburs fortsetzen.

ELBURS

Damavand, 5.610 m

Das Hochgebirge Elburs erstreckt sich mit einer durchschnittlichen Höhe von etwa 2.000 Metern im nördlichen Iran zwischen dem Kaspischen Meer und dem Persischen Hochland. Der Gebirgszug trennt als Klima- und Vegetationsscheide die feuchteren Küstenlandschaften des Nordens vom wüstenhaften, trockeneren Binnenhochland im Süden. Der Damavand (»Frostiger Berg«) ist der höchste Berg Irans.

KAMTSCHATKA

Kljutschewskaja Sopka, 4.750 m

Kamtschatka ist eine Halbinsel im ostasiatischen Teil Russlands. 1996 wurde die Vulkanregion von der UNESCO zum Weltnaturerbe erklärt. Der etwa 8.000 Jahre alte, stark vergletscherte Kljutschewskaja Sopka, der zum Pazifischen Feuerring gehört, ist der größte aktive Stratovulkan. Der kegelförmige Berg entstand am Hang eines alten Vulkans, weshalb er so hoch ist, und besitzt 27 Nebenkrater.

CROCKER RANGE

Kinabalu, 4.095 m

Der Kinabalu ist der höchste Berg Malaysias. Der geologisch noch sehr junge und überwiegend aus Granit bestehende Berg dominiert die Gebirgskette auf der Insel Borneo. Er ist etwa 90 Kilometer von Kota Kinabalu, der Hauptstadt des Bundesstaates, entfernt. Noch immer wächst der Kinabalu jedes Jahr etwa fünf Millimeter. Die Pflanzenwelt des Kinabalu ist sehr vielfältig und nahezu so artenreich wie die ganz Europas.

VIER ELEMENTE

ERDE

YAKS

Die größten Hochgebirgstiere der Erde

Der Wildyak (»Bos mutus«) kann eine Länge von 3,25 Metern und eine Schulterhöhe von zwei Metern bei einem Gewicht von 1.000 Kilogramm erreichen. Diese Rinderart ist hervorragend an die kargen, sehr kalten Hochebenen Zentralasiens angepasst. Wildyaks leben in Höhen zwischen 4.000 und 6.000 Metern. Ihr Bestand ist gefährdet, wahrscheinlich gibt es nur noch an die 10.000 Tiere in China, Indien, Nepal und Bhutan. Von ihnen zu unterscheiden sind die als Haustiere gehaltenen, kleineren Yaks oder Grunzochsen (»Bos grunniens«), die weit verbreitet sind. Sie dienen zur Milchgewinnung, als Reit- und Transporttier. Ihr Fell wird zur Herstellung von Kleidung und der Dung als Brennmaterial verwendet.

Auch auf dem Weg zum Base Camp des Mount Everests begegnen einem die schweren, zottigen Tiere (großes Bild).

Im nepalesischen Nationalpark Sagarmatha am Mount Everest leben auch einige der gefährdeten Wildyaks (kleines Bild oben).

Rund acht Kilometer vom Mount Everest entfernt findet man den Gipfel des Pumori – und weitere Exemplare des Yaks (kleines Bild unten).

VIER ELEMENTE

ERDE

SÜDAMERIKA

Die höchsten Gebirge Südamerikas

ANDEN
Aconcagua, 6.963 m

Der »steinerne Wächter« – so die Übertragung des Quechua-Wortes Ackon-Cauak, von dem sich der Name Aconcagua ableitet – ist mit seinen 6.963 Metern nicht nur der höchste Berg Argentiniens, sondern auch der höchste der Anden, des Doppelkontinents Amerika sowie der Südhalbkugel. Der Aconcagua inmitten des Parque Provincial Aconcagua ist Jahr für Jahr das Ziel mehrerer tausend Bergsteiger aus aller Welt, denn er gilt über die Nordroute als leicht zu besteigen. Erstmals gelang das in der Neuzeit dem Schweizer Matthias Zurbriggen am 18. Januar 1897. Doch steht zu vermuten, dass indianische Ureinwohner den Gipfel des für sie heiligen Berges viel früher bezwungen und als Kultstätte genutzt hatten, da man 1982 in 5.200 Metern Höhe die 500 Jahre alte Mumie eines rituell bestatteten, siebenjährigen Inka-Jungen fand.

BERGLAND VON GUAYANA
Pico da Neblina, 2.994 m

Der Pico da Neblina (»Nebelspitze«), der höchste Berg Brasiliens und gleichzeitig die höchste Erhebung Südamerikas außerhalb der Anden, gehört zu den Tepuis. Er liegt im Bergland von Guayana, das durch die mächtigen Tafelberge und eine endemische Tier- und Pflanzenwelt charakterisiert ist. Von einigen Tafelbergen stürzen die höchsten Wasserfälle der Welt, wie zum Beispiel der Salto Angel, in den tropischen Regenwald hinab.

SIERRAS DE CÓRDOBA
Cerro Champaqui, 2.790 m

Die Sierras de Córdoba sind ein Gebirge im Westen der zentralargentinischen Provinz Córdoba und eines der bedeutendsten Ferienzentren Argentiniens mit drei Millionen Besuchern im Jahr. Im Wesentlichen bestehen die Sierras de Córdoba aus drei Bergketten, die in Nord-Süd-Richtung verlaufen: der Sierra Chica, der Sierra Grande und der Sierra de los Comechingones. Aus Letzterer erhebt sich der höchste Berg: der Cerro Champaquí.

Vom Aconcagua in den argentinischen Anden ziehen sich bis zu 10 Kilometer lange Gletscher herab (großes Bild).

Trockene Steppe in der Nähe der Stadt Mendoza, im Hintergrund der Aconcagua (kleines Bild).

VIER ELEMENTE

ERDE

LAMAS, GUANAKOS, ALPAKAS, VICUNJAS

Die größten Tiere der Anden

Lama (»Lama glama«), Guanako (»Lama guanicoe«), Alpaka (»Lama pacos«) und Vikunja (»Vicugna vicugna«) bilden die Gruppe der Neuweltkamele. Sie sind leicht an ihrem fehlenden Höcker zu erkennen. Von diesen größten Tieren der Anden sind nur Guanako und Vikunja wildlebend, Lama und Alpaka sind domestizierte Formen des Guanakos und werden als Transport- und Fleischtier (Lama) oder Wolllieferant (Alpaka) gehalten. Das Guanako hat eine Länge von 1,20 bis 2,20 Metern, eine Schulterhöhe von 1,20 Metern und ein Gewicht von 100 bis 120 Kilogramm. Das Fell ist hellbraun, an der Unterseite weiß, am Kopf schwarz. Es kommt bis zu einer Höhe von 4.000 Metern vor. Das Vikunja ist kleiner und schlanker (Länge 1,60 Meter, Schulterhöhe 0,95 Meter, Gewicht bis zu 50 Kilogramm). Es hat ein feineres, sehr dichtes Fell, ist heller und hat keine schwarze Gesichtsfärbung, es lebt in Höhen von 3.700 bis 5.500 Metern. Das Lama ist ein wenig größer als das Guanako (bis zu 1,30 Meter Schulterhöhe, bis zu 150 Kilogramm schwer) und hat eine variable Fellfarbe (weiß, braun, schwarz oder gefleckt). Das Alpaka ist etwas kleiner als das Lama und wiegt nur bis zu 65 Kilogramm. Die Fellfarbe ist ebenfalls variabel.

Das kleinste der Neuweltkamele: Vikunja (kleines Bild oben).

Als Lastentier wird das Lama geschätzt. Wildlebende Lamas gibt es daher keine (kleine Bilder unten).

WISSENSWERT

Alpaka und Wolle

Sie kratzt nicht und gilt als besonders weich; Alpaka-Wolle ist eine ganz besondere Naturfaser. Was die Andenbewohner einst für Mützen und Ponchos verwendet haben, um in den kühlen Höhenregionen der Anden zu überleben, hat auch in Europa viele Liebhaber gefunden. Das ist kein Wunder, denn die Fasern der Alpaka-Wolle sind viel feiner und halten so die Wärme auch besser. Nicht nur bei den Inka galten Kleidungsstücke aus Alpaka-Wolle als Zeichen des Wohlstandes, auch hierzulande sind Pullover oder Jacken aus Alpaka nicht günstig. Die feinen Fasern garantieren, dass die Kleidungsstücke leicht sind und dennoch wärmen. Heute züchten nicht nur die Menschen in Südamerika die kamelartigen Tiere, sondern Alpakazucht wird auch in Deutschland immer beliebter. Als Nebenerwerb organisieren Alpakazüchter hierzulande auch Wanderungen mit den tiefenentspannten Tieren, so können Interessierte noch mehr über die Andentiere lernen.

Großes Bild: Das Guanako lebt in der Regel in Familiengruppen aus einem Hengst, mehreren Stuten und einer Anzahl Jungtieren in trockenen Berg- und Flachländern bis hinunter auf Meereshöhe. Sein Verbreitungsgebiet ist damit deutlich größer als das des Vikunjas, das die höheren Lagen bevorzugt. Allen Neuweltkamelen ist gemeinsam, dass sie spucken, wenn sie sich belästigt fühlen.

VIER ELEMENTE

ERDE

NORD- UND MITTEL-AMERIKA

Die eindrucksvollsten Gebirge Nord- und Mittelamerikas

Große, ausgedehnte Gebirgsketten – wie die Kordilleren mit den Rocky Mountains als Hauptgebirgszug und die Appalachen – prägen vor allem das Landschaftsbild im Westen Nordamerikas.

ALASKA RANGE

Denali, 6.194 m

Die Alaska Range, die südlich gelegene Hauptkette der Kordilleren in Alaska, beschreibt einen Bogen von der Alaska-Halbinsel im Südwesten, wo sie bei den Chigmit Mountains in die Alëutenkette übergeht, bis etwa zur Grenze zum kanadischen Territorium Yukon im Osten, wo sie mit den Wrangell Mountains in die zu den nordamerikanischen Coast Mountains gehörende Elias-Kette übergeht. Der Gebirgszug bildet die kontinentale Wasserscheide zwischen dem Beringmeer im Nordwesten und dem Golf von Alaska im Süden. Die höchste Erhebung der Alaska Range und zugleich der höchste Berg ganz Nordamerikas – somit einer der »Seven Summits« – ist der Denali (»Der Große«) Früher war er auch noch unter einem anderen Namen bekannt: Mount McKinley, nach dem 25. US-Präsidenten William McKinley benannt. Bereits 1917 richtete man den Denali Nationalpark ein, auf dessen Terrain sich der mächtige Berg erhebt und eine Heimat unter anderem für Grizzlys ist.

ÖSTLICHE SIERRA MADRE

Citlaltépetl, 5.636 m

In der Sierra Madre Oriental, einem Gebirgszug im Nordosten Mexikos, liegt an der Grenze der beiden Bundesstaaten Veracruz und Puebla der höchste Berg Mexikos: der Vulkan Citlaltépetl (»Berg des Sterns«). Sein letzter Ausbruch ereignete sich im Jahr 1687. Nach langer Ruhe zeigten sich 2010 am Citlatépetl wieder Fumarolen, die möglicherweise erste Anzeichen für eine neue Aktivitätsphase darstellen.

SIERRA NEVADA

Mount Whitney, 4.421 m

Die Sierra Nevada ist ein Hochgebirge in den USA, das zum größten Teil in Kalifornien verläuft, ein kleinerer Teil liegt in Nevada. Der höchste Berg dieser Kette und zugleich höchster Berg der USA außerhalb Alaskas ist der Mount Whitney, der nach dem Geologen Josiah Whitney benannt wurde. Im Jahr 1873 gelang drei einheimischen Fischern die Erstbesteigung des Berges.

ROCKY MOUNTAINS

Mount Elbert, 4.401 m

Die Rocky Mountains, Teil der von Feuerland bis Alaska reichenden Kordilleren, sind ein ausgedehntes Faltengebirge im westlichen Nordamerika. Sie erstrecken sich von Mexiko durch die kontinentalen Vereinigten Staaten bis nach Kanada und Alaska. Der leicht zu besteigende und deshalb sehr populäre Mount Elbert im US-Bundesstaat Colorado ist der höchste Gipfel der Rocky Mountains und der zweithöchste Gipfel auf dem nordamerikanischen Festland.

CASCADE RANGE

Mount Rainier, 4.392 m

Parallel zur Westküste Nordamerikas, von British Columbia bis Nord-Kalifornien, verläuft die Cascade Range, Teil des Pazifischen Feuerrings und somit vulkanischen Ursprungs. Der bekannteste Vulkan des Gebirges ist der Mount St. Helens. Der höchste Kaskaden-Gipfel ist jedoch der Mount Rainier, ein Schichtvulkan bei Seattle.

Der Denali, der höchste Berg Nordamerikas, erhebt sich majestätisch über die anderen Gipfel der Alaska Range (großes Bild).

Östliche Sierra Madre – Citlaltépetl (kleines Bild links oben)

In den Alabama Hills an den Ausläufern der Sierra Nevada haben sich natürlich Steinbögen gebildet (kleines Bild links unten).

Der Mount Rainier in der Cascade Range spiegelt sich im Licht des Sonnenaufgangs im Wasser des Tipsoo Lake (kleines Bild unten).

WISSENSWERT

Pumas – Die größten Raubkatzen Nordamerikas

Der Puma (»Profelis concolor«) zählt zur Familie der Kleinkatzen und ist dennoch die größte Raubkatze Nordamerikas. Er wird bis zu 1,3 Meter lang, erreicht eine Schulterhöhe von 65 Zentimetern und hat ein Gewicht von 50 bis 60 Kilogramm. Auffallend ist sein über 80 Zentimeter langer Schwanz, der eine schwarze Spitze hat. Interessant ist, dass der Puma nicht brüllen kann, sondern nur laut heult. Pumas leben als strikte Einzelgänger und besiedeln unterschiedliche Lebensräume: Halbwüste, Regenwald, Tiefland und Hochgebirge; sie sind von Kanada bis Südargentinien zu finden. Früher war der Puma in den USA weit verbreitet, heute wird die Population auf 50.000 Tiere geschätzt, die in dünn besiedelten Gebieten und Nationalparks zu finden sind. An der Ostküste ist er ausgerottet. In Freiheit werden Pumas bis zu 20 Jahre alt.

SÜDLICHE SIERRA MADRE

Cerro Teotepec, 3.550 m

Die Südliche Sierra Madre ist ein Gebirgszug im Süden Mexikos, der sich über 1.000 Kilometer vom Süden Michoacáns, gen Osten durch Guerrero bis zum Isthmus von Tehuantepec im Osten von Oaxaca erstreckt. Bekannt ist dieser Bereich der Sierra Madre vor allem für seine große Tier- und Pflanzenvielfalt und die außergewöhnlich hohe Anzahl endemischer Arten. Der höchste Gipfel der Bergkette ist der Cerro Teotepec.

WESTLICHE SIERRA MADRE

Cerro Mohinora, 3.308 m

In der Sierra Madre Occidental im Westen Mexikos und äußersten Südwesten der USA erhebt sich der Colima, der aktivste Vulkan Mexikos: er ist seit 1576 mehr als 40-mal ausgebrochen. Der Colima besteht aus zwei Erhebungen: dem älteren, inaktiven Nevado de Colima und dem jüngeren, sehr aktiven und 3.860 Meter hohen Volcán de Colima. Laut der UN gehört er zu den 16 gefährlichsten Vulkanen der Welt.

SHISHALDIN

2.857 m

Der Shishaldin im Zentrum von Unimak Island gehört zu den aktivsten Vulkanen im Inselbogen der Aléuten. Seit dem Jahr 1775 ereigneten sich mindestens 27 Ausbrüche. Ein kleiner Gipfelkrater auf dem symmetrischen Kegel dieses Schichtvulkans produziert beständig eine Dampfwolke und hin und wieder etwas Asche. Größere Ascheausstöße behindern zuweilen die Sicht von Flugzeugpiloten auf der verkehrsreichen Route.

VIER ELEMENTE

ERDE

AFRIKA

Die höchsten Gebirge Afrikas

Schneebedeckt blickt das Kilimandscharo Massiv auf den Amboseli Nationalpark (großes Bild).

Türkisfarbene Gewässer legen sich den schroffen Gipfeln im Mount-Kenya-Massiv zu Füßen (kleines Bild oben).

Wind lichtet die Wolkendecke über dem Ruwenzori-Gebirge in Uganda (kleines Bild unten).

Der drittgrößte Kontinent der Erde liegt im Durchschnitt 650 Meter über dem Meeresspiegel. Darüber ragen jedoch zahlreiche Hochgebirge auf, etwa der höchste Berg, der Kibo, und der höchste Vulkan, der Kamerun-Berg.

KILIMANDSCHARO

Kibo, 5.895 m

Der Kilimandscharo im Nordosten Tansanias ist das höchste Bergmassiv Afrikas, mit dem höchsten Berg des Kontinents, dem Kibo – der somit zu den »Seven Summits« gehört. Häufig bezeichnet man den Kilimandscharo als höchsten Berg Afrikas – topografisch ist das allerdings falsch ist, denn das Massiv heißt Kilimandscharo. In diesem Gebiet driften seit Jahrmillionen die Afrikanische Platte und die Ostafrikanische Platte auseinander und bilden so den Ostafrikanischen Graben. Das Massiv liegt rund 340 Kilometer südlich des Äquators, nahe der Grenze Tansanias zu Kenia. Es befindet sich also in einer tropisch-heißen Region, ist jedoch neben dem Ruwenzori-Gebirge und dem Mount-Kenya-Massiv der dritte teilweise vergletscherte Hochgebirgszug des Kontinents. Die Eiskappe des Kibo büßte jedoch zwischen 1912 und 1989 etwa 75 % ihrer ursprünglichen Fläche ein, danach schrumpfte sie um weitere 25 %.

MOUNT-KENYA-MASSIV

Batian, 5.199 m

Der Batian, der zweithöchste Berg des Kontinents, erhebt sich im Mount-Kenya-Massiv. Der Batian befindet sich nordöstlich der kenianischen Hauptstadt Nairobi im Zentrum des Landes. Wie bei vielen der »Seven Second Summits«, der zweithöchsten Berge der sieben Kontinente, ist auch hier die Besteigung des Batian weit anspruchsvoller als die Erklimmung des höchsten Bergs Afrikas, des Kibo.

RUWENZORI-GEBIRGE

Margherita Peak, 5.109 m

Die Berge des Ruwenzori-Gebirges in Ostafrika werden häufig auch als »Mondberge« bezeichnet. Die Grenze zwischen der Demokratischen Republik Kongo und Uganda verläuft genau über den Gipfel des höchsten Bergs dieses Massivs, des Margherita Peak oder Mount Stanley. Obwohl in der tropisch-heißen Region gelegen, ist er ab 4.500 Meter Höhe vergletschert.

HOCHLAND VON ABESSINIEN

Ras Daschän, 4.533 m

Der Ras Daschän, eine Gruppe von neun felsigen Gipfeln, ist der höchste Berg im Hochland von Abessinien und in ganz Äthiopien. Der Berg, der sich in der Mitte des Simien-Gebirges befindet, besteht hauptsächlich aus Basaltgestein vulkanischen Ursprungs und ist das einzige Gebirgsmassiv Äthiopiens, das in den Wintermonaten schneebedeckt ist.

ATLAS

Jbel Toubkal, 4.167 m

Der Atlas ist ein Hochgebirge im Nordwesten Afrikas, das eine markante Scheidelinie zwischen dem feuchten Klima im äußersten Norden Westafrikas und der extrem trockenen Sahara bildet. Der höchste Gipfel des Gebirges und zugleich Marokkos ist der Jbel Toubkal im »Hohen Atlas« im Süden dieses Landes. Der Berg dominiert die umliegende Landschaft mit seinen steilen Bergwänden und ist von mehreren ähnlichen Gipfeln umgeben. Auf den höher gelegenen Hängen finden sich bis weit in den Sommer hinein ausgedehnte Schneefelder.

DRAKENSBERGE
Thabana Ntlenyana, 3.482 m

Die Drakensberge (»Drachenberge«) sind das höchste Gebirge im südlichen Afrika. Im Königreich Lesotho, wo sich der höchste Berg, der Thabana Ntlenyana (»Schöner kleiner Berg«) erhebt, werden sie Maloti-Berge genannt. Das Bergmassiv entstand im Jura vor etwa 180 Millionen Jahren durch Vulkanismus: Mächtige Sedimentschichten wurden damals von basaltischen Massen überflutet, die sich heute als hohe Berge markieren.

In den strahlenden Himmel ragen die bizarren Formen des Hoggars (kleines Bild ganz rechts).

Unverkennbar wirken die Drakensberge dank ihrer Plateauform (kleines Bild unten).

TIBESTI-GEBIRGE
Emi Koussi, 3.415 m

Das vulkanische Tibesti-Gebirge im Tschad ist das höchste Bergmassiv in der Sahara und gehört zu den isoliertesten Regionen der Erde. Der höchste Berg, der Emi Koussi, ist ein aktiver Vulkan. Wegen der extrem abgeschiedenen Lage wurde dessen vulkanische Aktivität erst in den 1970er-Jahren festgestellt, als ein Satellit zufällig einen Ausbruch festhielt.

KAMERUNBERG
4.095 m

In der Südwest-Provinz von Kamerun, am Golf von Guinea, erhebt sich der höchste Berg Westafrikas: der Kamerunberg, auch Fako genannt. Die Hänge des aktiven Vulkans sind von dichtem Urwald bewachsen. In höheren Lagen herrschen Savanne und alpine Matten vor, am Gipfel sind Flechten die einzige Vegetation. Hier liegt gelegentlich auch Schnee. Die Südwesthänge gehören mit über 11.000 Millimetern jährlichem Niederschlag zu den weltweit regenreichsten Orten.

PICO DEL TEIDE
3.715 m

Die Vulkaninsel Teneriffa gehört zwar politisch zu Spanien, liegt aber vor der Küste Marokkos. Die höchste Erhebung auf dieser Kanareninsel und zugleich der höchste Berg auf spanischem Staatsgebiet ist der Pico del Teide. Der dritthöchste Inselvulkan der Erde ist eines der Wahrzeichen Teneriffas. Er ragt aus der riesigen Las-Cañadas-Caldera empor, seine Hänge sind geringfügig bewachsen, im Winter liegt auf dem Gipfel Schnee. Um den Berg besteht seit 1954 ein Nationalpark.

HOGGAR-GEBIRGE
Tahat, 2.908 m

Das Hoggar- oder auch Ahaggar-Gebirge, eine Bergszenerie vulkanischen Ursprungs im Süden Algeriens, ist für seine bizarren Felslandschaften mit zahlreichen Kegeln, Spitzen und Bergfestungen berühmt. Die höchste Erhebung dieses höchsten Gebirges in der Sahara und somit zugleich der höchste Berg Algeriens ist der Tahat. In dieser Region leben vorwiegend Tuareg. Die größte bewohnte Oase in der Hoggar-Region ist Tamanrasset.

VIER ELEMENTE

ERDE

AUSTRALIEN/OZEANIEN

Die höchsten Gebirge
Australiens und Ozeaniens

Australien kann mit einer großen Anzahl kleinerer Gebirge und Inselbergen wie dem Uluru aufwarten. Den Osten dominiert die Great Dividing Range.

SUDIRMAN RANGE

Puncak Jaya, 4.884 m

Die Sudirman Range, Teil des Maoke-Gebirges, erstreckt sich in West-Papua, dem westlichen, zu Indonesien gehörenden Teil der Insel Neuguinea. In diesem Massiv erhebt sich der höchste Berg Ozeaniens und somit der höchste Gipfel zwischen dem Himalaya und den Anden: der Puncak Jaya (»Siegesgipfel«), der auch Carstensz-Pyramide genannt wird. Diesen Namen hat er von dem niederländischen Seefahrer und Entdecker Jan Carstensz, der den Berg 1623 zum ersten Mal beschrieb. Der Puncak Jaya ragt neben der größten Goldmine der Welt, der Grasberg-Mine, auf. Ob der Berg als Vertreter Australiens und Ozeaniens zu den »Seven Summits« (den höchsten Bergen der sieben Kontinente) gehört oder nicht, ist zuweilen ein Streitpunkt. Politisch gesehen gehört er zu Indonesien und damit Asien – andererseits liegt er jedoch auf der australischen Kontinentalmasse und gehört damit geografisch nicht zu Eurasien. Den meisten Experten gilt die Carstensz-Pyramide als höchste Erhebung Ozeaniens und somit auch als einer der »Seven Summits«. Unter diesen ist sie einer der am schwierigsten zu besteigenden, obwohl sie vergleichsweise niedrig ist. Sie gilt als klettertechnisch weit diffiziler als der Mount Everest oder der Denali. In Bezug auf Höhenlagen und Temperaturen sind diese beiden allerdings die größeren Herausforderungen.

NEUSEELÄNDISCHE ALPEN

Aoraki/Mount Cook, 3.724 m

Der Aoraki / Mount Cook (die Doppelform ist bedingt durch den Sprachenstreit), der höchste Berg Neuseelands, liegt in den Neuseeländischen Alpen auf der Südinsel. Er ist das Zentrum des Mount Cook National Park, der sich zweier Superlative rühmen kann – nicht nur des höchsten Berges, sondern auch des größten Gletschers des Landes: Der Tasman-Gletscher ist 29 Kilometer lang, vier Kilometer breit und 600 Meter dick. 1991 verlor der Berg zehn Meter an Höhe, als Eis- und Geröllmassen vom Gipfel zu Tal rutschten.

MOUNT RUAPEHU

2.797 m

Der Ruapehu im Tongariro-Nationalpark ist der höchste Vulkan Neuseelands und die höchste Erhebung der Nordinsel. Sein Gipfel birgt einen Kratersee, der durch vulkanische Dämpfe erwärmt wird. Dennoch ist der Krater vergletschert – sieben kleinere Gletscher befinden sich an den Hängen des Ruapehu. Die jüngste Eruption des nach wie vor aktiven Vulkans im September 2007 begann ohne jede Vorwarnung. Die Rauchwolke war 5.000 Meter hoch, ein Bergwanderer wurde bei dem Ausbruch schwer verletzt.

EMPEROR RANGE

Mount Balbi, 2.715 m

Im nördlichen Teil der Salomonen-Insel Bougainville befindet sich die Emperor Range mit mehreren Vulkanen, darunter der höchste Berg der Insel: Mount Balbi. Der Mount Balbi, ein im Holozän entstandener Schichtvulkan, hat auf einem nördlich des Gipfels verlaufenden Kamm fünf Krater, von denen einer einen Kratersee enthält. In der Nähe der Krater existieren mehrere Fumarolen (Dampfaustrittsstellen), doch in historisch belegter Zeit ist der Balbi nicht ausgebrochen und gilt somit als erloschen.

Hinter dem Lake Pukaki mit dichtem Baumbestand am Ufer erhebt sich durch seine Schneehaube kontrastreich der höchste Berg Neuseelands: der Aoraki/Mount Cook (großes Bild).

Die schroffe Spitze des Puncak Jaya auf Neuguinea überragt alle anderen Gipfel Ozeaniens (kleine Bilder links oben).

Auf der Nordinsel Neuseelands findet man den Mount Ruapehu (kleine Bilder links unten).

Pastellfarben erhebt sich die Morgensonne am Mount Taranaki (kleines Bild unten).

MOUNT POPOMANASEU
2.335 m

Der imposante Mount Popomanaseu ist der höchste Gipfel des vulkanischen Kavo-Gebirgszugs. Dieser durchzieht die Hauptinsel der pazifischen Inselrepublik Salomonen, Guadalcanal. Die Insel ist gebirgig, bewaldet und besitzt eine ausgedehnte Küstenebene. Lange Zeit galt der Mount Makarakomburu mit angegebenen 2.447 Meter als höchster Berg der Salomonen, doch diese Messung stellte sich schließlich als falsch heraus – tatsächlich überragt ihn der weiter östlich gelegene Mount Popomanaseu um mehr als 20 Meter.

MONT OROHENA
2.241 m

Auf der südpazifischen Insel Tahiti erhebt sich der höchste Berg Französisch-Polynesiens: der Mont Orohena, ein erloschener Vulkan, 1953 erstbestiegen. Die Landschaft der Doppelinsel Tahiti, die geografisch zu den Gesellschaftsinseln gehört, ist von mehreren steilen Gipfeln geprägt. Der Mont Orohena befindet sich auf Tahiti Nui (Groß-Tahiti), die höchste Erhebung von Tahiti Iti (Klein-Tahiti) ist der Mount Ronui mit 1.332 Metern Höhe. Fließgewässer haben an vielen Stellen tiefe Täler eingegraben, die von schroffen Felsgraten begrenzt werden.

MOUNT TARANAKI
2.518 m

Der Taranaki – in der Sprache der Maori »Kahler Berg« – ist ein solitärer Vulkan mit perfekter Spitzkegelform im Westen von Neuseelands Nordinsel. Er gilt als geologisch relativ jung. Die letzte größere Eruption gab es allerdings im 16. Jahrhundert, weshalb er mittlerweile als erloschen gilt. Der in Kraternähe mit Schnee und Eis bedeckte Vulkankegel ist an den Hängen dicht von Regenwald bewachsen. Die Erstbesteigung unternahmen 1839 wohl am selben Tag Ernst Dieffenbach und James Heberley.

MEYER RANGE
Mount Taron, 2.340 m

Im zu Papua-Neuguinea gehörenden Bismarck-Archipel und dort im südlichen Teil der Insel Neuirland befindet sich das Hans-Meyer-Gebirge. Es ist nach dem deutschen Forschungsreisenden, Zoologen und Erstbesteiger des Kilimandscharo, Hans Heinrich Josef Meyer benannt. Die höchste Erhebung dieses Gebirges und zugleich der höchste Berg Neuirlands ist mit 2.340 Metern der Mount Taron. In den Tälern des Hans-Meyer-Gebirges befinden sich die letzten zusammenhängenden Regenwälder dieser Insel.

GREAT DIVIDING RANGE
Mount Kosciuszko, 2.228 m

Die Great Dividing Range ist Australiens größter Gebirgszug, der im Mount Kosciuszko als höchstem Berg des australischen Festlands gipfelt. Die Range verläuft von der Nordspitze Queenslands die gesamte Ostküste entlang durch New South Wales bis nach Victoria. Der Mount Kosciuszko, der zu den Snowy Mountains gehört, ist vom 6.900 Quadratkilometer großen Kosciuszko National Park umgeben. Wegen der immensen Höhenlage herrscht hier ein für Australien ungewöhnliches alpines Klima.

VIER ELEMENTE

ERDE

MONOLITHEN

Die größten natürlichen Monolithen der Erde

EL CAPITAN

El Capitan ist ein 914 Meter hoher, massiver Monolith im Yosemite National Park im US-Bundesstaat Kalifornien. Sein Gipfel liegt auf einer Höhe von 2.307 Metern über dem Meeresspiegel. Mit rund 1.300 Hektar graubraunem Granit ist er einer der größten frei stehenden Granit-Monolithen der Erde (fast doppelt so hoch wie der Fels von Gibraltar). Die steilen Wände mit nur wenigen Rissen machen El Capitan zu einem Paradies für Freikletterer – besonders seine »Nase« (The Nose), die über den Talgrund hinausragt, ist eine sportliche Herausforderung.

WISSENSWERT

Rekord Speedklettern an der »Nose«

Immer wieder brechen Speed-Climber neue Rekorde im Überwinden der dieser beliebten Kletterstrecke, inzwischen liegt der Rekord für die rund 1000 Meter lange Kletterroute deutlich bei unter zwei Stunden. Während die Huberbrüder im Jahre 2008 noch 2:45 Stunden benötigten, schafften Alex Honnold und Tommy Caldwell zehn Jahre später, die Zeit auf 1:58 zu drücken.

ULURU

Inmitten einer ausgedehnten Trockensavanne liegt »das rote Herz Australiens«, der Uluru-Kata Tjuta National Park. Und wie am Namen zu erkennen ist, befindet sich hier eines der Wahrzeichen Autraliens: der Uluru (»Sitz der Ahnen«), einer der größten Inselberge der Erde. Er gilt den australischen Ureinwohnern, den Aborigines, als heiliger Ort, weshalb man ihn nicht besteigen und sich stattdessen auf die 9,4 Kilometer lange »Basewalk-Umrundung« beschränken sollte. 3,5 Kilometer lang und 2,4 Kilometer breit ist das Felsmassiv, das wie ein gestrandeter Wal aus der Steppenlandschaft 348 Meter hoch auf- und mehrere Kilometer in die Erde hineinragt.

DEVILS TOWER

Der Devils Tower in Wyoming ist 265 Meter hoch, seine Spitze liegt 1.559 Meter über Meereshöhe. Er entstand vor rund 40 Millionen-Jahren und besteht aus vulkanischem Phonolithgestein. Das weichere Gestein darum herum erodierte – übrig blieb dieser Härtling.

Im Yosemite-Nationalpark löst der massive El Capitan bei Freeclimbern Sehnsucht und Respekt zugleich aus (großes Bild).

VIER ELEMENTE

ERDE

MONOLITHEN

Die größten von Menschen geschaffenen Monolithen der Erde

MEMNONKOLOSSE

Heute sind die Memnonkolosse nur noch 18 Meter hoch, als sie jedoch in der ägyptischen Antike errichtet wurden, maßen sie wohl rund 21 Meter. Allein die Füße der Statuen, die den Pharao Amenophis III. abbildeten, sind jeweils zwei Meter lang. Zu finden sind sie unweit des Tals der Könige im Niltal (großes Bild).

ALEXANDERSÄULE, ST. PETERSBURG

47,5 Meter hoch ist die Alexandersäule, die das Zentrum des Palastplatzes in St. Petersburg bildet. Geschaffen wurde sie in den 1830er Jahren aus einem einzigen Rapakiwi-Granitblock, für dessen Transport zunächst ein eigener Frachtkahn entwickelt werden musste. Auch das Errichten der Säule, die mit einer Engelsstatue gekrönt wird, war eine Meisterleistung: Ohne Kräne, wie wir sie heute verwenden könnten, wurde sie von 3.000 Menschen gemeinsam aufgerichtet – in nur zwei Stunden (kleines Bild unten Mitte).

BAALBEK

Erst 2014 wurde im Libanon der größte je von Menschenhand bearbeitete Steinklotz entdeckt. Gedacht war der unbenannte Monolith für den Tempelbau von Baalbek, doch er wurde nie aus dem Steinbruch abtransportiert. So liegt er seitdem mit seinen 1650 Tonnen Gewicht, rund 20 Meter lang und rund 4,5 Meter hoch und breit, gemeinsam mit einigen anderen gewaltigen Monolithen an seinem Ort. Wie er hätte transportiert werden sollen, ist bis heute unklar und so rankten sich bereits Mythen um den steinernen Koloss (kleines Bild unten links).

VATIKAN-OBELISK

Mit einem Gewicht von 361 Tonnen ist der Vatikanische Obelisk der zweitgrößte Monolith, der tatsächlich errichtet wurde – nach der 600 Tonnen schweren Alexandersäule. Der Obelisk stand jedoch nicht nicht immer auf dem Petersplatz, ursprünglich zierte er den Circus Gai et Neronis. Doch Papst Sixtus V. ließ ihn umsetzen. Für die erneute Errichtung an seinem heutigen Ort im September 1586 wurden über 40 Flaschenzüge, sowie die Kraft von 900 Menschen und zahlreichen Pferden genutzt. (kleines Bild unten rechts)

VIER ELEMENTE

ERDE

EUROPA

Die höchsten Gebirge Europas

In Europa ist eine Vielzahl von Gebirgen durch die Kollision der Afrikanisch-Arabischen mit der Eurasischen Platte vor 35 Millionen Jahren entstanden.

KAUKASUS

Elbrus (Westgipfel), 5.642 m

Der Kaukasus ist ein etwa 1.100 Kilometer langes Hochgebirge in Eurasien zwischen dem Schwarzen und dem Kaspischen Meer. Er liegt auf den Territorien Russlands, Georgiens, Armeniens, Aserbaidschans sowie der nordöstlichen Türkei. Das Hochgebirge unterteilt sich in den Großen und den Kleinen Kaukasus. Die höchste Erhebung – und zugleich auch Russlands höchster Berg – ist der Elbrus im Großen Kaukasus. Ob er (oder der Mont Blanc) der höchste Berg Europas ist, hängt von der Definition der innereurasischen Grenze – Kaukasus oder Manytsch-Niederung – ab. Für immer mehr Bergsteiger ist der Elbrus Europas höchster Berg und somit einer der »Seven Summits« (der höchsten Berge aller sieben Kontinente). Die beiden Gipfel des Elbrus, eines zurzeit nicht aktiven Vulkans, liegen etwa 1.500 Meter auseinander. Mehr als 70 Gletscher fließen von den Hängen des Elbrus ins Tal und bilden eine 145 Quadratkilometer große Eisfläche.

Der Mont Blanc mit der gleichnamigen Gebirgsgruppe spiegelt sich bei Sonnenaufgang im Lac des Cheserys (großes Bild).

Grandioses Panorama mit Sonnenaufgang und Blick vom Gipfel des 5642 Meter hohen Elbrus über den Kaukasus (unten links).

Griechenlands höchster Gipfel ist durch die Mythologie mit großer Bedeutung aufgeladen (unten Mitte).

Schön angeleuchtet wird der Corno Grande durch die niedrige Sonne (unten rechts).

ALPEN

Mont Blanc, 4.810 m

Der Mont Blanc (italienisch Monte Bianco) ist der höchste Berg der Alpen und liegt auf französischem und italienischem Terrain. Der Berg aus Granit zeigt sich von zwei verschiedenen Seiten: Während er im Norden rundlich und fast lückenlos vergletschert ist, zeigt er sich im Süden als massiver Feldblock mit äußerst steilen Wänden. Die Erstbesteigung des Mont Blanc im Jahr 1768 durch die Franzosen Jacques Balmat und Michel-Gabriel Paccard gilt als das Startsignal für den Alpinismus.

SIERRA NEVADA

Mulhacén, 3.482 m

Der Mulhacén ist die höchste Erhebung der Sierra Nevada in den Provinzen Granada und Almería in der spanischen Region Andalusien. Auf dem europäischen Kontinent ist er außerhalb der Alpen und des Kaukasus der höchste Berg. Die Nähe zum Mittelmeer sorgt für ein mildes Klima, trotzdem sind die Gipfel teilweise schneebedeckt.

PYRENÄEN

Pico de Aneto, 3.404 m

Die Gebirgskette der Pyrenäen zwischen Atlantik und Mittelmeer trennt die Iberische Halbinsel vom übrigen Europa. Die Grenze zwischen Spanien und Frankreich verläuft mitten durch das Gebirge. Im östlichen Teil der Pyrenäen liegt der Zwergstaat Andorra. Die höchste Erhebung dieses im Tertiär entstandenen Gebirgszugs mit rund 200 Bergen über 3.000 Meter ist der Pico de Aneto, Spaniens dritthöchster Gipfel, der den südlichen Teil des Maladeta-Massivs bildet. Er wurde zuerst am 20. Juli 1842 von Platon de Tchihatcheff bestiegen.

ÄTNA

Ätnagipfel, 3.323 m

Der rund 600.000 Jahre alte Ätna auf Sizilien ist der höchste und aktivste Vulkan Europas. Er hat vier Gipfelkrater und etwa 400 weitere Nebenkrater an den Flanken des Bergkegels. Unter den aktiven Vulkanen der Welt steht der Ätna bezüglich der Zahl seiner Ausbrüche an erster Stelle.

RILA-GEBIRGE
Musala, 2.925 m

Das Musala-Massiv ist die höchste Erhebung in Bulgarien und auf der gesamten Balkanhalbinsel. Vor Jahrhunderten nannten die Bulgaren den Berg nach ihrem Himmelsgott Tangra, im 15. Jahrhundert tauften die Osmanen ihn in Musala um. Von 1949 bis 1962 trug der Berg den Namen Stalin. König Philipp II. von Makedonien (382–336 v. Chr.), Vater Alexanders des Großen, ist der erste historisch dokumentierte Besteiger des Musala. Auf dem Gipfel befinden sich heute eine Wetterstation und ein Labor zur Erforschung kosmischer Strahlung.

OLYMP
Mytikas, 2.918 m

Der Olymp in Makedonien ist das höchste Gebirge Griechenlands. Wegen der besonderen geologischen Formationen und der einzigartigen Flora und Fauna (darunter mehrere bedrohte Arten) wurde das Olympmassiv bereits 1913 von der UNESCO zum Biosphärenreservat erklärt. In der griechischen Mythologie spielt der Olymp eine bedeutende Rolle.

PIRIN-GEBIRGE
Vihren, 2.914 m

Im Südwesten Bulgariens erstreckt sich von Nordwest nach Südost auf 40 Kilometern Länge das Pirin-Hochgebirge, das im Vihren gipfelt. Das Gebirge ist mit knapp 265 Quadratkilometern gleichzeitig der größte Nationalpark des Landes und steht in der UNESCO-Liste des Weltnaturerbes. Benannt ist das Pirin-Gebirge nach Perun, dem obersten Gott der slawischen Mythologie. Charakteristisch für den Vihren sind das weiße Gestein und die schroffen Grate. Für Alpinisten interessant ist die 400 Meter hohe Nordwand des Gipfels.

APENNIN
Corno Grande, 2.912 m

Die höchste Erhebung des etwa 1.500 Kilometer langen Gebirges, das Italien von Nordwesten nach Südosten durchzieht, ist der viel bestiegene Corno Grande (»Großes Horn«), ein eindrucksvolles Felsmassiv im Herzen des Gran Sasso d'Italia in den Abruzzen. Der Calderone-Gletscher ist der südlichste Gletscher Europas.

ANTARKTIS

Die höchsten Gebirge der Antarktis

Das höchste Gebirge auf dem antarktischen Kontinent ist das Ellsworth-Gebirge, das sich am westlichen Rand des Filcher-Ronne-Eisschelfs in der Westantarktis erstreckt. Hier liegt der höchste Berg der Antarktis und somit einer der »Seven Summits«: der Mount Vinson.

Das Transantarktische Gebirge, das den gesamten Kontinent Antarktika durchquert, ist mit rund 3.500 Kilometer der fünftlängste Gebirgszug der Erde und gipfelt im Mount Kirkpatrick als höchster Erhebung.

DIE HÖCHSTEN GEBIRGE DER ANTARKTIS

1. **ELLSWORTH-GEBIRGE**
Mount Vinson, 4.892 m
2. **SENTINEL RANGE**
Mount Tyree, 4.852 m
3. **SENTINEL RANGE**
Mount Shinn, 4.661 m
4. **SENTINEL RANGE**
Mount Epperly, 4.602 m
5. **SENTINEL RANGE**
Mount Gardner, 4.587 m
6. **TRANSANTARKTISCHES GEBIRGE**
Mount Kirkpatrick, 4.528 m
7. **WHITMORE-GEBIRGE**
Mount Rutford, 4.368 m
8. **SENTINEL RANGE**
Mount Craddock, 4.477 m
9. **QUEEN ELIZABETH RANGE**
Mount Markham, 4.350 m

Nur hier und da spitzt aus der weißen Schneedecke der Ellsworth Range um den Mount Vinson dunkles Gestein hervor (großes Bild).

Südlich des Mount Vinsons spannt sich ein tiefblauer Himmel über die Berge (kleines Bild rechts).

ELLSWORTH-GEBIRGE – DAS HÖCHSTE GEBIRGE DER ANTARKTIS

Das Ellsworth-Gebirge befindet sich im westlichen Teil des Kontinents, südlich der Antarktischen Halbinsel zwischen Filchner-Ronne-Schelfeis und Bellinghausen-Meer. Der Sentinel Range bildet den nördlichen und höchsten Bereich des Massivs, in dem sich auch der höchste Berg der Antarktis, der Mount Vinson, befindet. Daran schließen sich der Minnesota-Gletscher und die Heritage Range an. Benannt ist das Gebirge nach dem amerikanischen Forscher Lincoln Ellsworth, der es 1935 als Erster entdeckt und überflogen hat.

TRANSANTARKISCHES GEBIRGE – DAS LÄNGSTE GEBIRGE DER ANTARKTIS

Der stark vergletscherte Hochgebirgsgürtel erstreckt sich über den gesamten antarktischen Kontinent – über mehr als 3.000 Kilometer – von der Küste Victorialands nach Süden zum Weddell-Meer und besteht aus mehreren Bergketten. Höchster Punkt ist der Mount Kirkpatrick mit 4.528 Metern. Der überwiegende Teil des Gebirges ist von einem Eispanzer bedeckt, den nur die höchsten Gipfel durchbrechen. Eine Besonderheit sind die Trockentäler – völlig schnee- und eisfreie Landstriche, in denen kein Niederschlag fällt.

Über den amerikanischen Great Plains brauen sich oft sogenannte Superzellen zusammen – Gewitterwolken, die im Inneren einen rotierenden Wirbel aufweisen. Aus ihnen entstehen nicht selten Tornados.

VIER ELEMENTE

LUFT

LUFT

Die Luft repräsentiert die Leichtigkeit unter den Elementen, die Luft scheint frei zu sein, losgelöst, jenseits der Schwerkraft. Doch auch sie hat verschiedenste Erscheinungsformen, die Kraft der Stürme tobt über das Land, am Meer herrscht meist eine leichte Brise. Wissenschaftlich gesehen besteht Luft zum größten Teil aus dem chemischen Element Stickstoff und zu einem geringeren Teil aus Sauerstoff, den Rest machen Edelgas, Kohlenstoffdioxid und andere Gase aus. Aber wenn etwas im Leben wichtig ist, ist es so wichtig wie die Luft zum Atmen.

VIER ELEMENTE

LUFT

MEISTER(WERKE) DER LÜFTE

Der Mensch erschafft sich mit Wissen und Technik, was die Natur seit jeher beherrscht

Der Traum vom Fliegen ist so alt wie die Menschheit. Wer die Leichtigkeit und Geschicklichkeit von Vögeln am Himmel verfolgt, kennt zugleich die Sehnsucht ebenso abzuheben und der Schwerkraft der Erde zu entfliehen. Der Ingenieur Otto Lilienthal war wohl der erste Mensch, dessen erste Flugversuche bekannt und berühmt wurden. Die technischen Möglichkeiten wurden rasch immer professioneller und heute gilt es als Selbstverständlichkeit mit Flugzeugen und Raketen andere Länder, Kontinente und sogar den Mond zu erreichen.

Der Andenkondor ist der größte Gebirgsvogel der Erde. Um seinen bedrohten Bestand zu stärken, werden immer wieder Aufzucht- und Auswilderungsprogramme gestartet (großes Bild).

In einer vorgegebenen Formation begeben sich Zugvögel jeden Winter gen Süden, um im Sommer wieder in ihre Heimat zurückzukehren (Bild oben).

Die Raumfähre »Endeavour« startete im Jahr 2012 zu ihrem letzten Einsatz ins All. Seitdem kann man sie im Museum California Science Center von Los Angeles bewundern (Bild ganz links).

Ein Airbus A380 der Fluggesellschaft British Airways wartet in Hongkong auf Starterlaubnis (Bild links).

VIER ELEMENTE

LUFT

AIRBUS A380

Das größte Passagierflugzeug der Welt

Mit seinem Erstflug 2005 hat der Airbus A380 den damaligen Rekordhalter Boeing 747 als größtes Passagierflugzeug der Welt abgelöst. Zwar ist der Airbus mit einer Rumpflänge von 72 Metern kürzer als sein Konkurrent, übertrifft ihn jedoch hinsichtlich aller anderen Maße. Aufgrund der Flügelspannweite von 80 Metern und der Höhe von 24 Metern kann der A380 nur auf wenigen dafür angepassten Flughäfen landen und abgefertigt werden. Je nach Ausstattungsvariante finden 525 bis 850 Passagiere Platz, die auf zwei durchgängigen Passagierdecks untergebracht sind – äußerlich erkennbar an der Doppelreihe von Fenstern auf beiden Seiten. Dank des Einsatzes neuer, leichterer Verbundwerkstoffe bei Struktur und Komponenten konnte das Leergewicht auf 275 Tonnen begrenzt werden, als Startgewicht sind maximal 560 Tonnen zugelassen. Vier Triebwerke mit einem Schub von je 310 bis 320 kN bringen den A380 auf eine Reisegeschwindigkeit von 920 km/h, die Reichweite beträgt rund 15.000 Kilometer.

Emirates ist die Fluggesellschaft, die mit Abstand die meisten A380 besitzt: Über 150 Flugzeuge dieser Art wurden an Emirates geliefert (großes Bild). Auf Platz zwei steht Singapore Airlines mit 24 Lieferungen.

Ein Airbus A380 macht sich bereit zum Landeanflug auf den Flughafen Bangkok-Suvarnabhumi (kleines Bild oben).

Wer in die erste Klasse von Emirates eincheckt, muss auch an Bord einer A380 nicht auf Luxus verzichten (kleines Bild unten links).

VIER ELEMENTE

LUFT

ANDENKONDORE

Die größten Gebirgsvögel der Erde

Der Andenkondor (»Vutur gryphus«) aus der Familie der Neuweltgeier ist die größte Geierart der Erde. Er hat eine Körperlänge von 110 Zentimetern und ein Gewicht von 12 bis 15 Kilogramm, und seine Flügelspannweite erreicht weit über drei Meter – eine der größten Spannweiten im Reich der Vögel, mit der er in Flughöhen von 7.000 Metern gelangt. Geiertypisch hat der Andenkondor einen kahlen Kopf und Hals, den eine weiche weiße Krause umsäumt. Auf dem Kopf trägt das Männchen einen fleischigen Scheitelkamm. Das Weibchen ist kammlos und kleiner als das Männchen. Das Gefieder ist schwarz, auf der Oberseite mit weißen Federn durchsetzt. Der Andenkondor gehört zu den bedrohten Tierarten. In freier Wildbahn wird er etwa 40 Jahre alt, in Gefangenschaft bis zu erstaunlichen 85 Jahren. Sein Verbreitungsgebiet reicht von Venezuela entlang der Anden bis nach Patagonien. Die Vögel halten sich vorzugsweise in gebirgigen Regionen auf, in denen sie oft die variierende Luftströmung für ihren Gleitflug ausnutzen. Häufig legen Andenkondore auch kurze Strecken zu Fuß zurück. Die meiste Zeit des Tages ruhen sie sich jedoch aus und pflegen gegenseitig ihr Gefieder, was der Bindung des Paars oder der Gruppe dient.

Der Andenkondor mit seiner überwältigenden Flügelspannweite ist in der Lage, über 7.000 Meter Flughöhe und somit die höchsten Gipfel der Anden zu erreichen. Dabei nutzt er die thermischen Aufwinde in den Gebirgslandschaften (großes Bild).

Besonders die Männchen sind mit ihrem Scheitelkamm (kleines Bild unten links) nicht unbedingt die attraktivsten Vögel. Erheben sie sich jedoch zum Flug, wie hier in den peruanischen Anden (kleines Bild unten rechts), kann man ob ihrer Anmut und Kraft nur staunen.

VIER ELEMENTE

LUFT

JAKOBSKREUZ

Das größte Gipfelkreuz der Welt

Auf der Buchensteinwand in den Kitzbühler Alpen in Tirol im Pillerseetal, thront seit dem Jahr 2014 ein monumentales Bauwerk mit futuristischen Ausmaßen. Das 30 Meter hohe Gipfelkreuz ziert natürlich nicht einfach nur den 1.456 Meter hohen Gipfel des Berges, es beherbergt eine geniale Innenarchitektur, zu der zwei ausgesuchte Spitzenrestaurants, mehrere Aussichtsplattformen und Seminarräume zählen. Seit 2020 können Pilger und Wanderer außerdem eine ebenfalls integrierte Kapelle besuchen.

Die große Panorama-Aussichtsplattform befindet sich auf knapp 30 Metern Höhe (kleines Bild oben) und bietet einzigartige Ausblicke auf die Loferer Gebirgskette und Leoganger Steinberge, auf den Wildseeloder und das Kitzbüheler Horn. In den vier Armen des Kreuzes befinden sich beheizbare Aussichts- und Ausstellungsräume (kleines Bild unten), die auch für Kunstausstellungen, Vernissagen dienen oder für Hochzeiten gemietet werden können. Auf den jeweiligen Dächern gibt es weitere vier Aussichtsplattformen, die mit Hilfe eines Aufzugs erreichbar sind und damit einen grandiosen 360°-Panoramablick ermöglichen.

Eine Gipfelkreuz der Superlative: Das Jakobskreuz in den Tiroler Alpen zieht alle Blicke auf sich.

VIER ELEMENTE

LUFT

AIRBUS BELUGA XL

Das größte Frachtflugzeug der Welt

Das Frachtflugzeug Antonow AN-225 war einst für den regelmäßigen Huckepack-Transport der Raumfähre »Buran« vorgesehen. Das Frachtraumvolumen von 1220 Kubikmetern übertrafen lange Zeit die Maße aller anderen Frachtflugzeuge beträchtlich. Konkurrenz kam dann von der Beluga-Flotte durch Airbus auf. Doch seit dem Jahr 2020 wurden auch diese Rekorde vom Start des Airbus Beluga XL überholt. Die Hauptaufgabe besteht weiterhin im Transport von Rumpfteilen, Tragflächen und Leitwerken von verschiedenen Standorten zu den Endmontagestationen in Hamburg, Toulouse, Sevilla. Auffällig ist auf den ersten Blick das Design, entgegen seiner gigantischen Größe wirkt das Frachtflugzeug mit der Kopfform und den aufgezeichneten Augen und Mund eines Wals nahezu verspielt. Neben dem großen Hauptfrachtdeck verfügt der Airbus Beluga XL auch über ein Unterdeck-Frachtabteil, in dem mehrere Paletten und Stückgut transportiert werden können. Er hat 30 Prozent mehr Transportkapazität als der Vorgänger Beluga ST. In Zahlen bedeutet das ein Frachtvolumen von 2.209 Kubikmetern statt die 1.231 Kubikmeter. Das Cockpit ist tiefer als der Hauptrumpf platziert.

Was fliegt denn da? Einen weißen Wal in der Luft bekommt man nicht alle Tage zu Gesicht (oben).

Bis zum Jahr 2023 soll es insgesamt sechs dieser Giganten am Himmel geben (großes Bild).

Für das Beladen des Frachtraumes vom Beluga XL geht oberhalb des Cockpits das Bugtor auf (unten).

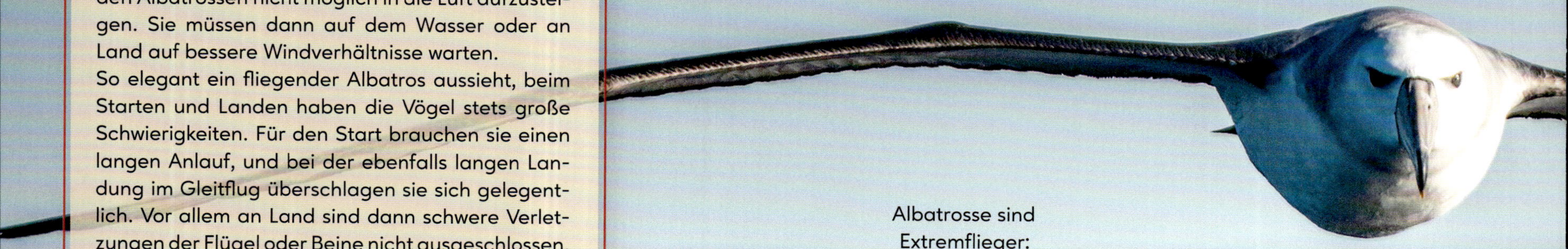

VIER ELEMENTE

LUFT

SO WEIT DIE FLÜGEL TRAGEN

Albatrosse sind Extremflieger: Manche Exemplare umrunden gleich mehrmals die Erde oder legen 15.000 Kilometer ohne Zwischenstopp zurück.

WISSENSWERT

Ready for takeoff

Der Großteil aller Albatrosse – es gibt 13 Arten – lebt an bzw. über den polaren und subpolaren Meeren der Südhalbkugel. Die Vögel können trotz ihres hohen Gewichts dicht über der Meeresoberfläche sehr weite Strecken fliegen. Sie setzen neben ihren langen schmalen Flügeln die Technik des Dynamischen Segelflugs ein, indem sie ihre Flugbahn so wählen, dass der Energiegewinn infolge der Windverhältnisse den Energieverlust der Flügelbewegung übertrifft. Beträgt die Windgeschwindigkeit jedoch weniger als 12 km/h, ist es den Albatrossen nicht möglich in die Luft aufzusteigen. Sie müssen dann auf dem Wasser oder an Land auf bessere Windverhältnisse warten.

So elegant ein fliegender Albatros aussieht, beim Starten und Landen haben die Vögel stets große Schwierigkeiten. Für den Start brauchen sie einen langen Anlauf, und bei der ebenfalls langen Landung im Gleitflug überschlagen sie sich gelegentlich. Vor allem an Land sind dann schwere Verletzungen der Flügel oder Beine nicht ausgeschlossen. Um die Nester in ihren Brutkolonien zu schützen, planen Albatrosse daher Start- und Landebahnen ein, auf denen keine Nester gebaut werden.

STRATOLAUNCH

Reichweite: 1852 km

Spannweite: 117 m

Gewicht: 589.670 kg

Höchstgeschwindigkeit: 853 km/h

ANTONOW AN-225

Reichweite: 4500 km

Spannweite: 88,40 m

Gewicht: 285.000 kg

Reisegeschwindigkeit: 800 km/h

Reichweiten in km | 1.000 | 2.000 | 3.000 | 4.000 | 5.000 | 6.000 | 7.000

MEHR SPANNWEITE HAT DERZEIT KEIN FLUGZEUG

Das Flugzeug mit seinen Zwillingsrümpfen ist mit sechs Boeing 747-Triebwerken ausgestattet. Zum Vergleich: Eine Boeing 747 hat eine Spannweite von knapp 68 Metern. Ursprünglich sollte der Stratolaunch, der im April 2019 seinen Erstflug absolviert hatte, Raketen mit Satelliten aufnehmen, um diese weiter ins All zu schießen.

DAS GRÖSSTE FLUGZEUG DER WELT

Die Antonow An-225 ist ein 1988 in der Sowjetunion gebautes sechsstrahliges Frachtflugzeug, das bis 2012 über 1000 Starts und Landungen mit nur rund 5000 Flugstunden hatte. Bis zum Erstflug der Stratolaunch Roc 2019 war die Antonow das längste und schwerste eingesetzte Flugzeug der Welt und auch das mit der größten Spannweite.

FLUGZEUG MIT DER GRÖSSTEN SPANNWEITE

Das als Model 351 bezeichnete Doppelrumpfflugzeug wurde von Stratolaunch Systems entwickelte und bei Scaled Composites in Mojave (Kalifornien) gebaut. Es soll während des Fluges Trägerraketen ins All schießen – und damit Satelliten deutlich günstiger als bisher auf ihren Weg in die Erdumlaufbahn bringen.

Aus zwei Boeing 747-Jumbojets konstruierte Stratolaunch Systems ein Megaflugzeug mit völlig neuartiger Optik. Die beiden Rümpfe wurden mit einem verstärkten Verbindungsstück zusammengefügt, unter dem bis zu drei Trägerraketen mit einem Gewicht bis zu 227 Tonnen befestigt werden. Die 73 Meter lange Maschine steht auf einem Fahrwerk mit insgesamt 28 Rädern.

Sechs PW4056-Triebwerke sorgen für die notwendige Schubkraft. Das Cockpit für die dreiköpfige Besatzung wurde in den rechten Rumpf gebaut. In einer Flughöhe von etwa 11.000 Metern sollen dann die Trägerraketen mit den Satelliten abgeschossen werden – zwölf oder mehr Starts pro Jahr. Der Jungfernflug des Giganten war erfolgreich, danach wurde es aber still um das ehrgeizige Projekt.

Zwischenzeitlich wurde das Flugzeug verkauft – weitere Entwicklungen sind geplant aber noch ungewiss.

HUGHES H-4 HERCULES
Reichweite: 9451 km
Spannweite: 97,54 m
Gewicht: 180.000 kg
Reisegeschwindigkeit: ca. 400 km/h

PFUHLSCHNEPFE
Reichweite ohne Pause: über 12.000 km
Spannweite: bis zu 0,4 m
Gewicht: bis zu 0,5 kg
Reisegeschwindigkeit: 100 km/h

WANDERALBATROSS
Reichweite ohne Pause: bis zu 15.000 km
Spannweite: bis zu 3,5 m
Gewicht: bis zu 12 kg
Reisegeschwindigkeit: 127 km/h

9.000 | 10.000 | 11.000 | 12.000 | 13.000 | 14.000 | 15.000 | 16.000

EINE SCHMUCKE GANS

Die Hughes H-4 Hercules (Spitzname »Spruce Goose«) ist ein zwischen 1944 und 1946 von der Hughes Aircraft Company – gegründet von dem legendären Milliardär Howard Hughes – gebautes Flugboot aus Holz. Dieser Baustoff wurde verwendet, weil zu dieser Zeit nur nicht kriegswichtige Materialien für den zivilen Flugzeugbau zur Verfügung standen. Da der einzige Flug der H-4 in nur 20 Metern Höhe stattfand, ist ihre Flugfähigkeit für darüber hinausgehende Höhen nicht nachgewiesen.

DESIGN EINES KAMPFJETS

Die aerodynamische Form verringert den Luftwiderstand, die langen Flügel verhelfen zu schnellerem Fliegen. Als Langstreckenzieher werden die Pfuhlschnepfen deshalb bezeichnet, weil sie jedes Jahr in großen Scharen von Alaska nach Neuseeland fliegen, um dort zu überwintern.

DER HIMMEL IST IHR LEBENSRAUM

Wanderalbatrosse – die Vögel mit der größten Flügelspannweite der Welt – verbringen den Hauptteil ihres Lebens in der Luft bzw. zur Nahrungssuche auf dem Wasser. Nur zum Brüten suchen sie festes Land auf.

VIER ELEMENTE

LUFT

HUGHES H-4 HERKULES (SPRUCE GOOSE)

Das größte Wasserflugzeug und das größte Propellerflugzeug der Welt

Ein gigantisches Unikat – die Flügelspannweite von 97 Metern und die Höhe von 25 Metern sind immer noch Weltrekord – kann m Evergreen Aviation Museum in McMinnville bei Portland (Oregon) besichtigt werden: das Flugboot Hughes H-4. Seinen Spitznamen »Sproose Goose« (Fichtengans) verdankt es der Holzbauweise – für das ab 1942 gebaute Transportflugboot durften keine kriegswichtigen Rohstoffe verwendet werden. Finanziert und mitentwickelt wurde das Monstrum vom Milliardär Howard Hughes, der es 947 trotz mangelnden Interesses der US Navy fertigstellen ließ. Aber der hölzerne Flugriese war zu schwer und blieb ein Schwimmriese: Hughes selbst unternahm den Erstflug am 2. November 1947, die H-4 vermochte jedoch trotz ihrer acht 28-Zylinder-Motoren nicht höher als 20 Meter vom Wassser abzuheben.

Nach ihrem »Jungfernflug« lag die Hughes H-4 Hercules viele Jahrzehnte im Hafen von Long Beach (Kalifornien) vertäut. Erst 1992 wurde sie ins Evergreen Aviation Museum in McMinnville (Oregon) verfrachtet, wo sie heute als Besuchermagnet die Hauptattraktion darstellt (großes Bild).

Im Hafen von Long Beach (links oben).

Innenansicht des Riesenvogels (links unten).

ANTONOW AN-22 – DAS GRÖSSTE PROPELLER-FLUGZEUG DER WELT

Einst das größte Serienflugzeug der Welt, ist die 1965 bis 1975 gebaute Antonow AN-22 heute noch das größte Propellerflugzeug. In seinem 33 x 4,4 x 4,4 Meter großen Frachtraum vermag der immer noch im Einsatz befindliche Flugriese bis zu 80 Tonnen Fracht zu transportieren. Äußerlich macht der Schulterdecker, der auch auf Graspisten starten und landen kann, durch je zwei hintereinander angeordnete gegenläufige Propeller an den vier Turboproptriebwerken sowie zwei das Höhenleitwerk durchstoßende Seitenruder auf.

VIER ELEMENTE

LUFT

SPERBERGEIER, GÄNSE, MAUERSEGLER

Die höchsten Flughöhen von Vögeln

GÄNSE

Sie fliegen höher als so manches Flugzeug: Vögel erreichen mitunter erstaunliche Flughöhen, allen voran die Streifengans. Auf ihrem Zug ins Winterquartier fliegt sie einmal über den Himalaja und erreicht dabei Höhen mit bis zu 6000 Metern, es wurden auch schon Tiere in 9000 Metern Höhe geortet, zum Beispiel über dem Mount Everest.

SPERBERGEIER

Doch das ist noch nicht alles, was Vögel an Flughöhe erreichen können: Der Sperbergeier hält den Rekord an Flughöhen, denn er schafft mehr als 11.000 Meter Höhe, was durch eine Kollision mit einem Flugzeug nachgewiesen wurde. Nicht deshalb, jedoch aufgrund des durch Menschen verursachten Lebensraumverlust, gilt der Flugkünstler als vom Aussterben bedroht.

MAUERSEGLER

Doch auch die »normalen« Vögel schaffen schon erstaunliches, wie etwa der Mauersegler, der bei rund 2000 Metern Höhe fliegt. Übrigens ist er am längsten in der Luft, er schläft sogar im Fliegen und lässt sich dabei von der Thermik tragen. Meist ist er über Monate hinweg in der Luft, nur die Brutzeit zwingt ihn zu Boden.

WISSENSWERT

Kollision mit Flugzeugen

Ein lauter Knall und dann geht gar nichts mehr – im Flugzeug ist diese Situation ein Alptraum, der eigentlich nicht passieren sollte. Doch immer wieder kam es in der Vergangenheit zu just diesen Situationen. Im Gedächtnis geblieben ist vielen noch die Notwasserung eines Airbus im New Yorker Hudson River. Eine Schar von Kanadagänsen war in die Umgebung des Flugzeugs geraten und sorgte für den Ausfall der Triebwerke. Kollisionen mit Vogelschwärmen sind ein häufiger Unfall beim Fliegen, vor allem beim Starten und Landen treten sie auf, selten in großer Flughöhe. Obwohl die Technik immer ausgereifter wird, kann sie dieses Problem nicht verhindern, in Nordamerika und Kanada wachsen die Gänsepopulationen, die die Flughäfen dort mit gezielter Jagd und Vergrämung aus der Gefahrenzone vertreiben möchte. Denn die geringe Höhe, in der die Kollisionen meistens passieren, erschweren eine Notlandung, weil wenig Zeit bleibt, eine solche gut vorzubereiten.

Ein bereits betagter Sperbergeier ist hier über dem Masai Mara Nationalpark in der Luft (großes Bild).

Eindrucksvoll sind Gänse nicht nur aufgrund der Höhen und Weiten ihrer Flüge, sondern auch aufgrund der Formationen, in denen sie zu fliegen pflegen (links oben).

Für gewöhnlich sind Mauersegler Gebäudebrüter. Doch manchmal nehmen sie auch, wie dieses Exemplar, mit einem Baum als Brutstätte vorlieb (rechts oben).

FLUGHÖHEN

Die Flugzeuge mit den größten Flughöhen

LOCKHEED U-2

Als 1960 eine U-2 über der UdSSR abgeschossen wurde, erfuhr alle Welt von ihrer Mission. Das Spionageflugzeug kann bis auf eine Höhe von 25.900 Metern steigen und war lange Zeit für gegnerische Luftstreitkräfte unerreichbar.

MIG-25

Rekordversionen des russischen Abfangjägers und Aufklärers MiG-25 stellten eine Reihe von Weltrekorden auf. Bestand hat immer noch der Höhenrekord für nicht raketengetriebene Flugzeuge: 37.650 Meter – allerdings nur im Parabelflug.

LOCKHEED SR-71A

Schon äußerlich gibt sich der ab 1966 in Dienst gestellte strategische Aufklärer als Flugzeug der Extraklasse zu erkennen: fließende, gewellte Formen, Fehlen von rechten Winkeln, schwarze Lackierung, zwei schräg nach innen gestellte Seitenleitwerke – alles »Tarnkappen«-Merkmale, die das Aufspüren erschweren sollen. Und auch seine Flugleistungen haben es in sich: Der »Blackbird« ist sowohl mit als auch ohne Nutzlast das schnellste Flugzeug der Welt ohne Raketenantrieb, sein absoluter Geschwindigkeitsrekord beträgt 3.529 km/h. Und dies alles in fast unerreichbaren Höhen: Im Horizontalflug erreichte der »Überflieger« 26.213 Meter – auch das Weltrekord.

Zu schnell und zu unsichtbar, um abgeschossen zu werden: eine Lockheed SR-71-A hoch über den Wolken. Von 1966 bis 1968 wurden 32 Exemplare des Hochleistungsaufklärers gebaut. Obwohl kein klassisches Stealth-Flugzeug, kam bereits Tarnkappentechnik zum Einsatz. Die Verwendung gekrümmter Formen und die Vermeidung von rechten Winkeln reduzierten die Radarsignatur erheblich. 1998 wurde das Programm eingestellt, verbliebene Maschinen wurden Museen übergeben (großes Bild).

Zwei Flugzeuge des Typs MiG-25 (kleines Bild unten links).

Blackbirds auf der Edwards Air Force Base (kleines Bild rechts).

VIER ELEMENTE
Luft

SO WEIT DIE FLÜGEL RASEN

WISSENSWERT

Mach
ist keine Geschwindigkeitsangabe

Ernst Mach war Österreicher, Physiker, Philosoph, belegte den Doppler-Effekt – und obendrein wurde sein Name in der Mach-Zahl verewigt. Was genau gibt diese an? Grob gesagt, gibt sie die Geschwindigkeit im Verhältnis zur Schallgeschwindigkeit an, zum Beispiel bei Flugzeugen. Das heißt, die Mach-Zahl ist keine absolute Angabe wie 10 Kilometer pro Stunde, sondern ein Verhältniswert. Komplizierter wird es deshalb, weil die Schallgeschwindigkeit je nach Temperatur der Umgebungsluft variiert. Um den Gefrierpunkt bei 0°C beträgt sie 1.193 Kilometer pro Stunde, bei 100°C allerdings schon 1.394°C. Demnach heißt das, dass ein Flugzeug mit Mach 1 bei einer Lufttemperatur von etwa 0 °C in 1.000 Metern Höhe 1.193 Kilometer pro Stunde zurücklegt. In zehn Kilometern Höhe bei einer Lufttemperatur von −50 °C legt es jedoch nur 1.076 Kilometer in der Stunde zurück. Mach 1 bezeichnet dabei die Schallgeschwindigkeit.

Was ist die Schallmauer?

Ein lauter Knall kündigt an, dass das Flugzeug die Schallmauer durchbrochen hat. Natürlich ist das keine richtige Mauer aus Zigelsteinen, mit der das Flugzeug kollidierte, sondern vielmehr ein physikalischer Begriff. Sie entsteht, wenn eine bewegte Schallquelle so schnell wird, dass sie die Schallgeschwindigkeit überschreitet – und dadurch schneller als die eigenen Druckwellen ist, die sich dann zu der Schallmauer verdichten.

Bell X-1: Das erste Überschallflugzeug
der Welt

Am 14. Oktober 1947 startet in 7.000 Meter Höhe aus dem Bombenschacht einer B-29 heraus ein Spezialflugzeug zu einer ganz besonderen Mission. Charles »Chuck« Yeager, der Pilot Bell X-1, zündet die mit Methylalkohol und Sauerstoff betriebenen Brennkammern des Raketentriebwerks und durchbricht in 13.000 Meter Höhe erstmals in der Geschichte der Luftfahrt die Schallgrenze (1.127 km/h = Mach 1,06). 1953 übertraf die weiterentwickelte Version X-1a erstmals Mach 2.

5.000 km/h 6.000 km/h 7.000 km/h

X-15
Höchstgeschwindigkeitsrekord: 7.274 km/h
Erster Testflug: 10. März 1959
Letzter Flug: 24. Oktober 1968

Eine X-15 löst sich gerade in großer Höhe von seiner fliegenden Starthilfe, einer B-52.

Zu den Beutetieren der Wanderfalken gehören fast nur kleine und mittlere Vögel, die er im freien Luftraum fängt. Dadurch kann er sich schlecht tarnen oder heranpirschen – diesen Umstand macht er wett, indem er mit seiner hohen Geschwindigkeit den Überraschungsmoment nutzt.

X-15 – DAS SCHNELLSTE BEMANNTE FLUGZEUG DER WELT

Ein von einem Piloten gesteuertes Flugzeug, das mit fast siebenfacher Schallgeschwindigkeit fliegt und Höhen von über 100 Kilometern erreicht? Das gab es tatsächlich! 1959 hob eines von drei gebauten Experimentalflugzeugen des Typs »North American Aviation X-15« zum Erstflug ab. Der Start der Extremflugzeuge erfolgte in 15.000 Meter Höhe von einer B-52 aus. Bei 199 Flügen (bis 1968) wurden die Rekordmarken von 7.274 Kilometer pro Stunde sowie 107.960 Höhenmetern erreicht.
Um den extremen Kräften und Temperaturen widerstehen zu können, kamen neue Werkstoffe zum Einsatz.

DER WANDERFALKE – DAS SCHNELLSTE LEBEWESEN DER WELT

Auf allen Kontinenten außer der Antarktis findet man den Wanderfalken – Er ist damit die am weltweit am weitesten verbreitete Vogelart überhaupt. Doch nicht nur deshalb hat er sich seinen Ruf als Rekordvogel verdient. Er ist nämlich auch das schnellste Lebewesen auf unserem Planeten. Im Sturzflug kann er über 320 Kilometer pro Stunde schnell werden. Die unter ihm fliegenden Beutevögel, auf die er es dabei abgesehen hat, können dann nur durch enges Kreisen entkommen, ansonsten fallen sie dem pfeilschnellen Jäger zum Opfer. Die Wucht des Aufpralls reicht meistens schon aus, um die Beute zu erschlagen. Während Wanderfalken noch bis vor rund 50 Jahren nahezu ausschließlich an Felsen brüteten, ist in den letzten Jahrzehnten auch immer häufiger das Brüten an Gebäuden oder anderen Mauerwerken zu beobachten.

WISSENSWERT

Wanderfalke oder Taube

Sind nicht vielleicht doch Tauben die schnelleren Vögel? Denn würde es ein Wettfliegen geben, würde der Wanderfalke vermutlich schnell an seine Grenzen kommen – weil er waagrecht fliegen müsste, um mitzuhalten. Doch seine Rekordgeschwindigkeiten erreicht er nur, wenn er sich im Sturzflug aus großer Höhe auf die Erde zubewegt. Der Kurzstrecken-Rekordvogel ist also die Taube.

VIER ELEMENTE

LUFT

BIENENELFEN

Die kleinsten Vögel
der Erde

Die Bienenelfe aus der Familie der Kolibris ist der kleinste Vogel der Welt. Das Bienenelfenweibchen misst von der Schnabelspitze bis zum Schwanzende sieben, das Männchen sogar nur 6,3 Zentimeter. Das Gewicht der auch als Elfenkolibris bekannten Vögel liegt bei etwa 2 Gramm.

Die Heimat der Bienenelfen ist ausschließlich die Karibikinsel Kuba, wo sie noch in drei weit auseinanderliegenden Waldgebieten zu finden sind. Das Nest baut das Weibchen aus Pflanzenfasern, und auch am Brutgeschehen nimmt das Männchen kaum Anteil. Nach etwa zwei Wochen schlüpfen die Jungen, nach drei Wochen sind sie flügge. Die Bienenelfe ernährt sich von Nektar und kleinen Insekten, die sie in den Blüten findet.

WISSENSWERT

Größenvergleich

War es ein großes Insekt? Nein ein Vogel! Die Bienenelfe trägt ihren Namen ganz zu Recht, denn sie ist nicht nur winzig, sondern auch noch so schnell, dass man sie mit einem einzigen Blick kaum erfassen kann. Sie wird auch Hummelkolibri genannt und erreicht grade mal eine Körpergröße von fünf bis sieben Zentimetern. Sie ist der kleinste Vogel der Welt und nur etwa halb so groß wie ein menschlicher Daumen. Die Bienenelfe, die nur auf Kuba vorkommt, muss 1500 Blüten am Tag anfliegen, um genügend Nektar zu bekommen und konkurriert damit mit den fast gleichgroßen Insekten um die Nahrung.

Links: Die winzigen, federleichten Bienenelfen mit ihrer schönen Gefiederfärbung ernähren sich vorwiegend von Blütennektar. Sie »schweben« mit über 80 Flügelschlägen pro Sekunde vor der Blüte und saugen mithilfe ihres dünnen Schnabels und ihrer doppelt so langen Zunge den Nektar aus den Blüten.

Großes Bild: Eine weibliche Bienenelfe beim Brüten in ihrem Nest auf Kuba. Die Weibchen brüten zwei- bis dreimal im Jahr jeweils zwei Eier aus.

VIER ELEMENTE

LUFT

RAKETEN

Die größten und stärksten Raketen der Welt

SATURN V

USA
Höhe, 110,6 m
Startgewicht, 2.934,8 t
Startschub, 33.578 kN
max. Nutzlast, 133 t

Die Raketen der Reihe trugen wesentlich zum Erfolg des Mondlandeprogramms der USA bei. Von Apollo 8 bis Apollo 17 starteten alle Raumschiffe des Projekts mit diesen Raketen. Mit der letzten Saturn V startete 1973 ein Skylab ins All.

Zweite Stufe einer Saturn V.

SATURN V – DIE RAKETE ZUM MOND

Bis heute ist die für das Mondlandeprogramm der NASA entwickelte Saturn V die leistungsstärkste Rakete, die jemals gebaut wurde, geblieben. Die dreistufigen Giganten dieser Reihe beförderten die Apollo-Raumschiffe samt Landefähren in eine hohe Erdumlaufbahn, die dann einen Schwenk in Richtung Mond ge-stattete. Die fünf Triebwerke der beim Start gezündeten ersten Stufe trugen die Rakete innerhalb von nur zweieinhalb Minuten auf eine Höhe von 61 Kilometern. Sie verbrauchten 2.000 Tonnen Treibstoff und waren danach ausgebrannt. Mit der nach dem Abwurf der ersten gezündeten zweiten Stufe erreichte die Rakete eine Höhe von 185 und eine Stundengeschwindigkeit von 24.600 Kilometern. Zwölf Minuten nach dem Start wurde diese Stufe abgeworfen und die dritte gezündet, die das Raumschiff in den Orbit brachte. Bevor es Kurs auf den Mond nahm, umkreiste es die Erde mehrmals. Das Triebwerk der dritten Stufe blieb dabei ausgeschaltet. Für den Schwenk in Richtung Mond wurde es erneut gezündet. Danach wurde die dritte Stufe abgekoppelt und entsorgt.

Die Raumkapsel »Columbia« beim Start (unten).

Start von Apollo 11 am 16. Juli 1969 (links).

FALCON HEAVY
SpaceX
Höhe, 70 m
Startgewicht, 1.420 t
Startschub, 22.800 kN
max. Nutzlast, 63,8 t

Zwar reiht sich die Schwerlast-Trägerrakete Falcon Heavy sowohl was die Höhe, als auch die Startmasse betrifft, hinter den ursprünglich zur Mondlandung geplanten Raketen der USA (Saturn V) und UdSSR (N1) ein, und selbst die sowjetische Energija ist stärker als der Falke von SpaceX – doch alle drei genannten Rekordraketen sind heute bereits im Ruhestand. Somit ist Falcon Heavy mit Abstand die stärkste aktuell verfügbare Trägerrakete weltweit. Am 6. Februar 2018 erfolgte in Florida der erste Flug, nachdem der Start mehrmals verschoben werden musste. An Board: Das Elektroauto Tesla Roadster – kaum verwunderlich, immerhin ist Elon Musk CEO sowohl von Tesla, als auch von SpaceX.

Die am Johnson Space Flight Center in Houston 1977 aufgebaute »Saturn V« wurde aus den Stufen verschiedener Raketen des Typs zusammengebaut. Die gewaltigen fünf F-1 Triebwerke der ersten Stufe haben einen Durchmesser von drei Metern. Das Space Flight Center beherbergt das Mission Control Center, das die Apollo-Missionen überwachte und heute die Flüge zur ISS kontrolliert.

RAUMFAHRZEUGE

Die größten Raumfahrzeuge der Welt

SPACESHUTTLE

USA
Höhe, 48,9 m
Startgewicht, 2.046 t
Startschub, 30.160 kN
max. Nutzlast, 24,5 t

Die Spaceshuttles waren die ersten wiederverwendbaren Raumfahrzeuge. Nicht nur die Raumfähren, auch die beiden Feststoffraketen, die beim Start eines Shuttles rund 83 Prozent des Schubs lieferten, wurden immer wieder eingesetzt. Sie waren an dem riesigen Außentank, der das Shuttle mit Treibstoff versorgte, angebracht und bereits zwei Minuten nach dem Start ausgebrannt. Nach ihrer Abtrennung gleiteten sie an Fallschirmen in den Atlantik und konnten geborgen werden. Das Shuttle flog mit seinen Haupttriebwerken weiter und beschleunigte in nur sechs Minuten auf 27.328 Stundenkilometer. Mit Erreichen des Orbits, wurden die großen Haupttriebwerke abgeschaltet und der nicht wiederverwendbare Außentank abgeworfen. Die Landung wurde mit einem Bremsmanöver eingeleitet. Die Shuttles schwebten dann im Gleitflug zur Erde zurück. Beim Wiedereintritt in die Atmosphäre waren sie rund 25.800, beim Aufsetzen auf der Landebahn noch 346 Stundenkilometer schnell. Zwischen 1981 und 2011 starteten die fünf Shuttles insgesamt 135-mal ins All. Auf diesen Flügen wurden u. a. Satelliten transportiert und Astronauten zur MIR und später zur ISS gebracht. 1986 explodierte die »Challenger« kurz nach dem Start, 2003 verglühte die »Columbia« bei der Landung aufgrund eines Defekts am Hitzeschild.

BURAN
Sowjetunion
Höhe, 58,8 m
Startgewicht, o.A.
Startschub, 35.000 kN
max. Nutzlast, 22 t

Das Raumfahrzeug wurde in den 1970er- und 1980er-Jahren entwickelt. Obwohl es zunächst eine Kopie des Spaceshuttles zu sein scheint, basiert es auf einer anderen Technologie. Während die US-Fähren über eingebaute Haupttriebwerke verfügten, die nur in den ersten Minuten nach dem Start von Feststoffraketen unterstützt wurden und danach den Antrieb übernahmen, wurde der sowjetische Raumgleiter von einer riesigen Rakete, der »Energija«, in den Orbit befördert. Die erste Stufe dieser Rakete bestand aus Flüssigkeitsraketentriebwerken, die nach ihrem Ausbrennen abgeworfen wurden und an Fallschirmen zur Erde glitten. Nur die Hauptstufe mit dem riesigen Tank konnte nicht wiederverwendet werden. 1988 startete eine Buran auf einer »Energija« zu einem unbemannten Flug, der erfolgreich verlief. Das Programm wurde dennoch aus Kostengründen gestoppt.

VIER ELEMENTE

LUFT

INTERNATIONAL SPACE STATION

ISS – Die größte Raumstation der Welt

Die ISS wird von der NASA, der ESA sowie den Raumfahrtagenturen Russlands, Kanadas und Japans gemeinsam betrieben. Seit 1998 wird sie systematisch aus Modulen, die russische Trägerraketen, Spaceshuttles und seit 2008 auch unbemannte Raumfahrzeuge der ESA und Japans in den Orbit bringen, aufgebaut. Mittlerweile wiegt die ISS rund 400 Tonnen und hat eine Spannweite von 100 Metern erreicht. Seit 2000 ist die Raumstation bemannt. Die Crew wird halbjährlich ausgetauscht. Anfangs bestand sie aus nur drei Mitgliedern, seit 2009 sind es sechs. Regelmäßige Flüge russischer, japanischer und europäischer Raumfrachter stellen ihre Versorgung sicher. Für eine Evakuierung stehen zwei Sojus-Kapseln bereit. Auf der ISS wird rege Forschung betrieben. Die an der Raumstation beteiligten Nationen und Organisationen haben Labore eingerichtet, die unter anderem die Sonnenaktivität beobachten, Tests mit Atomuhren durchführen und die kosmische Strahlung messen. Die ISS wird mindestens bis 2024 in Betrieb sein.

Japanisches Experiment-Modul »Kibo« (kleines Bild links).

Eine der umfangreichsten Missionen der bemannten Raumfahrt fand 2006 mit dem STS-116 statt. Bei dem Außenboardeinsatz waren Robert Lee Curbeam und Christer Fuglesang beteiligt. Unter ihnen breitet sich der Pazifik und die Nord- und Südinsel Neuseelands aus (großes Bild).

Abschied nehmen von der Internationalen Raumstation heißt es für die Besatzung der STS-132 beim Abkoppeln (kleines Bild oben).

Nur elf deutsche Astronauten waren bisher im All. Einer davon ist Alexander Gerst, der hier bei seinem über sechs Stunden dauernden Außenboardeinsatz im Oktober 2014 zu sehen ist (kleines Bild links unten).

WISSENSWERT

Weltraumtourismus

Jeff Bezos macht es. Richard Branson auch. Sie fliegen ins Weltall. Einfach so, nicht der Forschung verschrieben, sondern dem Spaß am Erleben. Weltraumtourismus hat seit dem Jahr 2021 besonders Fahrt aufgenommen, als die Milliardäre die Momente der Schwerelosigkeit demonstrierten und damit möglicherweise eine neue Ära des Urlaubmachens einläuteten. Diese kurzen Starts sind möglicherweise erst der Anfang, bereits jetzt träumen Milliardäre von Weltraumhotels und längeren Aufenthalten im Weltall. Die Pläne sind wegen des Klimaschutzes umstritten, andererseits erhofft man sich vom Perspektivwechsel auch ein neues Bewusstsein für die Verletzbarkeit der Erde. Im Jahr 2001 übrigens ist Dennis Anthony Tito als erster Weltraumtourist zur Raumstation ISS in den Orbit geflogen.

VIER ELEMENTE

LUFT

APOLLO 11

Die ersten Menschen auf dem Mond

Das 1961 von John F. Kennedy angestoßene Mondlandeprojekt stellte eine enorme Herausforderung dar, die der Entwicklung neuer Technologien und jahrelanger Vorbereitungen bedurfte. Doch bereits acht Jahre später war es soweit: Am 16. Juli 1969 startete die Apollo-11-Mission. An Bord der »Columbia« traten die Astronauten Neil Armstrong, »Buzz« Aldrin und Michael Collins ihre Reise zum Mond an. Nach dreitägigem Flug erreichten sie den Erdtrabanten. Während Collins in der »Columbia« den Mond umkreiste, landeten Armstrong und Aldrin mit der Mondfähre »Eagle« im Meer der Ruhe. Nach einem zweieinhalbstündigen Aufenthalt kehrten sie zum Mutterschiff zurück und machten sich auf den Weg zur Erde zurück. Am 24. Juli 1969 landete die »Columbia« sicher im Pazifik.

Die erste Landung von Menschen auf dem Mond wurde als außerordentliches Ereignis von welthistorischer Bedeutung gefeiert. Dank einer außen an der Landefähre angebrachten Kamera, deren Bilder durch eine Parabolantenne an der Spitze des Gefährts direkt zur Erde übertragen wurden, konnten Millionen von Menschen den Augenblick, als Neil Armstrong als erster Mensch den Boden des Erdtrabanten betrat, vorm Fernseher live miterleben. 20 Minuten nach Armstrong verließ »Buzz« Aldrin die Landefähre. In den zweieinhalb Stunden ihres Mondaufenthalts hissten die beiden Astronauten die amerikanische Flagge, setzten Messinstrumente aus und sammelten Gesteinsproben ein. Bei allem wurden sie von der Kamera, die Armstrong inzwischen auf einem Stativ installiert hatte, gefilmt.

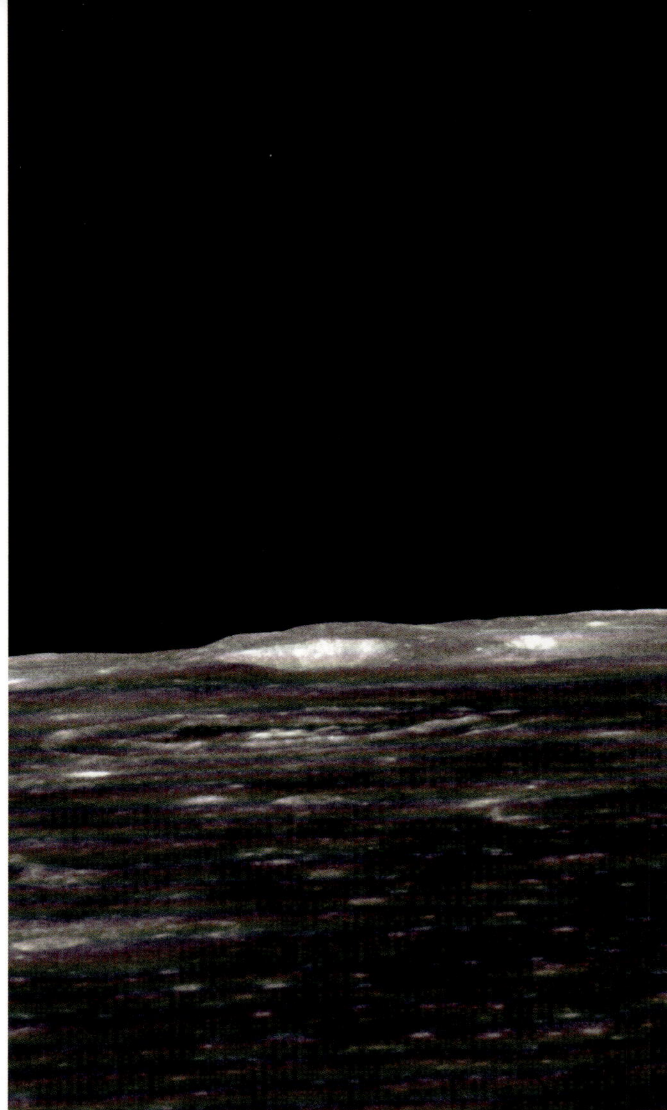

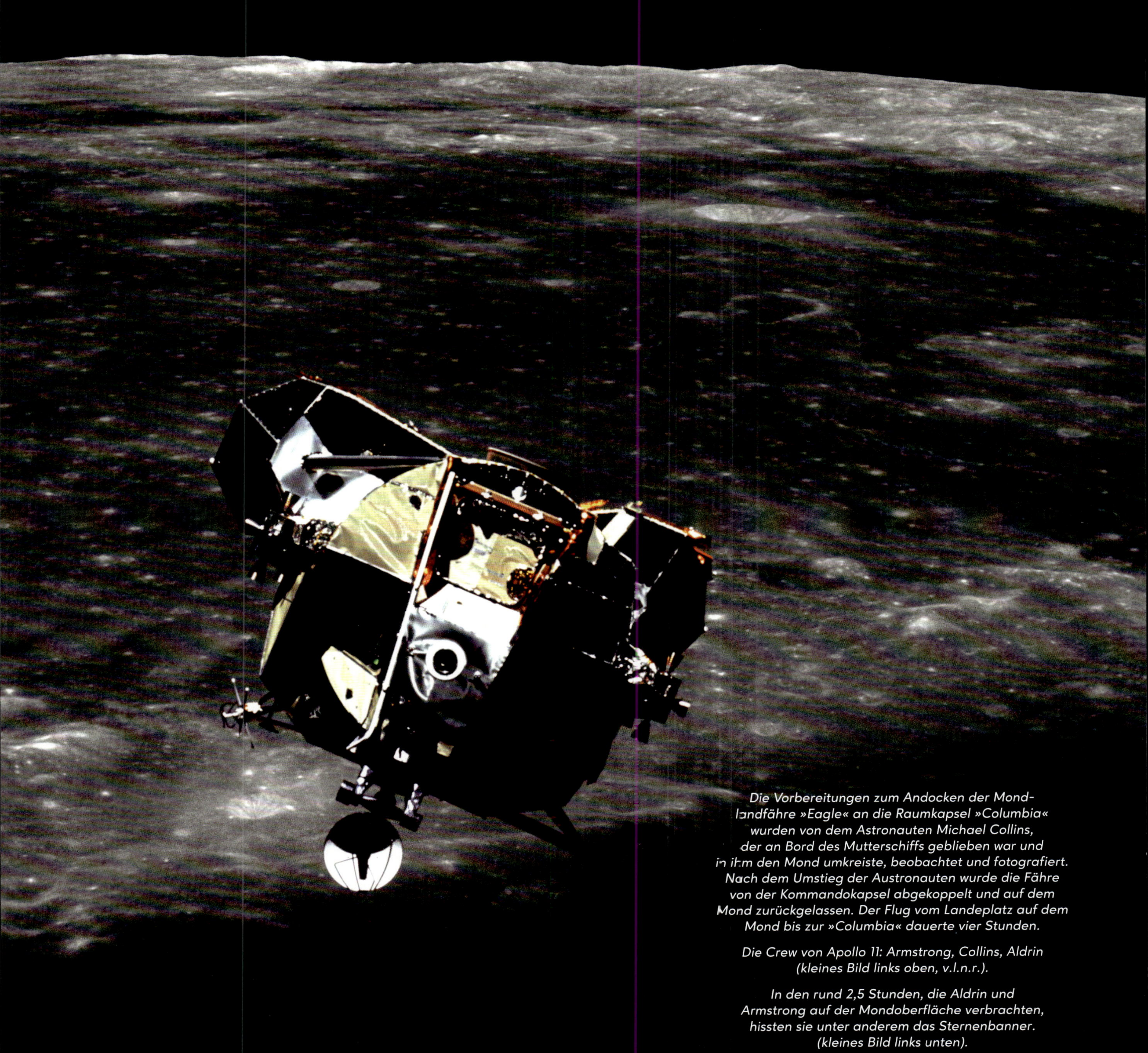

Die Vorbereitungen zum Andocken der Mondlandfähre »Eagle« an die Raumkapsel »Columbia« wurden von dem Astronauten Michael Collins, der an Bord des Mutterschiffs geblieben war und in ihm den Mond umkreiste, beobachtet und fotografiert. Nach dem Umstieg der Austronauten wurde die Fähre von der Kommandokapsel abgekoppelt und auf dem Mond zurückgelassen. Der Flug vom Landeplatz auf dem Mond bis zur »Columbia« dauerte vier Stunden.

Die Crew von Apollo 11: Armstrong, Collins, Aldrin (kleines Bild links oben, v.l.n.r.).

In den rund 2,5 Stunden, die Aldrin und Armstrong auf der Mondoberfläche verbrachten, hissten sie unter anderem das Sternenbanner. (kleines Bild links unten).

ICH SEHE WAS, WAS DU NICHT SIEHST

WISSENSWERT

Die Komplexaugen der Libellen

Wer sie unter dem Mikroskop anschaut, könnte denken, sie hätten eine löchrige Sonnenbrille auf: Insekten wie Fliegen, Pferdebremsen oder Libellen haben Facettenaugen. Das sind Augen, die sich aus vielen kleinen Einzelaugen zusammensetzen, die wie in Form einer extrem verkleinerten Bienenwabe ein Auge bilden. Das Facettenauge ist vor allem hilfreich beim Fliegen, dann ist es dem menschlichen Auge überlegen, dort kann das Auge in fünfmal schnellerer zeitlicher Abfolge die Bilder verarbeiten als das menschliche Auge. Dafür haben Facettenaugen eine viel schlechtere räumliche Auflösung als das menschliche Auge. Während der Mensch seinen Blick eher fokussiert, haben Facettenaugen ein weites Blickfeld.

SIE LEBEN SCHON ÜBER 300 MILLIONEN JAHRE AUF UNSERER ERDE

Durch ihre Fähigkeit sich Veränderungen anzupassen, haben Libellen in der Erdgeschichte überlebt. Diese faszinierenden Insekten flogen bereits zu Beginn der Evolution durch die Lüfte über Seen und Täler.

Damals waren sie riesengroß – mit einer Flügelspannweite von bis zu 75 cm. Wunderschön sind sie heute noch, mit 2,5–11 cm Flügelspannweite aber viel kleiner. Die meisten Klimakatastrophen konnten die Libellen sicherlich deshalb überleben, weil sie einen Großteil ihres Lebens als Larve im Wasser verbringen.

Filigran und zerbrechlich wirken die Libellen, wenn sie auf Blüten oder Blättern sitzen. Dabei sind sie gnadenlose Jäger der Lüfte, die ihre Beute nach rasanten Verfolgungsjagden stellen und erlegen. Noch im Flug können sie andere Insekten mit ihren Fangarmen greifen und sie mit ihren kräftigen Mundwerkzeugen verspeisen. Kämpfe um ein Weibchen sowie die Paarung finden ebenfalls in der Luft statt. Ihre perfekten Flugmanövern sind nur deshalb möglich, weil Libellen mit 20 Milligramm bis zu einem Gramm extrem leicht sind. Ihre hauchdünnen extrem reißfesten Flügel machen lediglich zwei Prozent ihres Körpergewichts aus, und sie haben die Fähigkeit, senkrecht oder sogar rückwärts zu fliegen.

Allein in Deutschland gibt es 81 Arten, in Europa sind es etwa 165 Spezies und weltweit 5.500–6.500 Arten. Unterteilt werden die Libellen nach ihrer Körpergröße in Großlibellen (Anisoptera) und Kleinlibellen (Zygoptera).

TELESCOPE (LBT)
Mount Graham, Arizona, USA
zwei Einzelspiegel mit jeweils
8,4 Metern Durchmesser

GRAN TELESCOPIO CANARIAS
Roque de los Muchachos,
La Palma, Spanien
Spiegeldurchmesser 10,4 m

RATAN 600
DAS GRÖSSTE RADIOTELESKOP
DER WELT
Nördlicher Kaukasus, Russland
895 Spiegel in einem Kreis von
576 Metern Durchmesser

Die Libelle hat mit ihren Hochleistungsaugen Rundumsicht von fast 360 Grad – extrem hilfreich auf der Beutejagd.

DIE GRÖSSTEN OPTISCHEN TELESKOPE DER WELT

Mit der Entwicklung neuer Techniken dringt unser Blick zu immer weiter entfernten Regionen des Universums vor.

Was die größten optischen Teleskope heute entdecken, war noch vor wenigen Jahren ein unerfüllbarer Forschertraum. Die Träume europäischer Wissenschaftler richten sich derzeit auf das Extremely Large Telescope (ELT). Es soll in den 2020er-Jahren in Chiles Atacamawüste gebaut werden und zum Maß aller astronomischen Dinge aufsteigen. Der 39-Meter-Spiegel dieses geplanten Teleskops wird 15-mal schärfer sein als die bislang größten optischen Teleskope – und rund 100 .000 .000-mal schärfer als das menschliche Auge.

DIE GRÖSSTEN RADIOTELESKOPE DER WELT

Der US-Physiker Karl Jansky entdeckte 1932, dass das Zentrum der Milchstraße Radiowellen ausstrahlte. Er wurde zum Begründer der Radioastronomie – einem Teilgebiet der Astronomie. Um Radio- und Röntgen-, Ultraviolett- und Infrarotstrahlung aus dem All auffangen zu können, sind riesige Radioteleskope erforderlich.

Diese überdimensional großen Anlagen »lauschen« der kosmischen Strahlung. Da sie kein Licht empfangen, sind sie weder vom Wetter noch vom dunklen Nachthimmel abhängig. Superteleskope wie beispielsweise das Radioteleskop Effelsberg, ein stählerner 7000-Tonnen-Gigant mit einem sehr sensiblen technischen Innenleben, können Radiowellen aus zwölf Milliarden Lichtjahren Entfernung empfangen. So weit ist es bis zum Mond nicht. Forscher arbeiten derzeit an der Entwicklung eines Radioteleskops, das auf der stillen erdabgewandten Seite des Mondes installiert werden soll.

VIER ELEMENTE

LUFT

METEORITEN

Die größten Meteoritenfunde und Meteoritenkrater

DIE GRÖSSTEN METEORITENKRATER AUF DER ERDE

Der Wilkesland-Krater in der Antarktis ist mit 500 Kilometern Durchmesser der größte bekannte Krater der Erde. Vor etwa 250 Millionen Jahren schlug hier ein gewaltiger Meteorit ein. Der Krater ist unter 1,5 Kilometern Eis verborgen. 2006 wurde er im Rahmen von Messungen der Fluktuationen des irdischen Schwerefelds durch die GRACE-Satelliten entdeckt und durch Radaraufnahmen bestätigt.

Die größten Meteoritenfunde

Masse in Tonnen (t)

1 **Hoba**
Namibia, 60 t

2 **Campo-del-Cielo**
Argentinien, 37 t

3 **Cape York**
Grönland, 31 t

4 **Armanty**
China, 28 t

5 **Bacubirito**
Mexiko, 22 t

6 **Cape York**
Grönland, 20,1 t

7 **Mbosi**
Tansania, 16 t

8 **Campo-del-Cielo**
Argentinien, 14,9 t

Die größten Meteoritenkrater

Mittlerer Durchmesser

1 **Wilkesland**
Antarktis, 500 km

2 **Vredefort**
(Südafrika), 300 km

3 **Sudbury**
(Kanada), 250 km

4 **Chicxulub**
(Mexiko), 170 km

5 **Popigai**
(Russland), 100 km

6 **Manicouagan**
(Kanada), 100 km

7 **Acraman**
(Australien), 90 km

8 **Chesapeake Bay**
(USA), 90 km

9 **Puchezh-Katunki**
(Russland), 80 km

10 **Morokweng**
(Südafrika), 70 km

11 **Kara**
(Russland), 65 km

12 **Beaverhead**
(USA), 60 km

DER HOBA-METEORIT

Die Erde befindet sich ständig unter Meteoritenbeschuss, täglich fallen mehrere Tausend Tonnen dieser extraterrestrischen Festkörper auf uns herab – die meisten dieser Brocken sind so klein, dass sie beim Eintritt in die Atmosphäre verglühen. Statistisch gesehen erreichen größere Exemplare die Erde nur sehr selten. Zwei Klassen werden dabei unterschieden: Stein- und Eisenmeteoriten. Die größten erhaltenen Exemplare gehören zu den Eisenmeteoriten. Der 1920 in Namibia gefundene, etwa 60 Tonnen schwere Hoba-Meteorit führt dabei die Liste an. Vor etwa 80.000 Jahren soll er auf die Erde gestürzt sein, ein Krater ist allerdings nicht mehr zu sehen. Der freigelegte Eisen-Nickel-Block liegt bis heute unverrückt an seiner ursprünglichen Position. Der Stein kann besichtigt werden, für Besucher wurden im Erdreich eingelassene Rundmauern eingerichtet, die an ein Amphitheater erinnern.

WISSENSWERT

Sprengkraft

Kometen und Asteroiden gehören zu den im All vorhandenen Himmelskörpern, die mit anderen Gestirnen – darunter der Erde – zusammenstoßen können. Forscher schätzen, dass sich über tausend solcher Körper mit Größen über einem Kilometer in Umlaufbahnen bewegen, die irgendwann einmal in der Zukunft als Meteoriten auf die Erde stürzen könnten. Ein Drittel davon sind Kometen. Zahlreiche größere Zusammenstöße hat es in der Erdgeschichte gegeben: Über 100 Krater mit Durchmessern zwischen einem und mehreren Hundert Kilometern sind bekannt, die auf den Einsturz eines extraterrestrischen Körpers zurückgehen. Die Folgen waren teilweise verheerend: Das Aussterben der Dinosaurier und eines Großteils der mesozoischen Tier- und Pflanzenwelt vor 65 Millionen Jahren wird mit dem Meteoriten von etwa zehn Kilometer Durchmesser in Verbindung gebracht, der in Mexiko den Chicxulub-Krater herausgeschlagen hat. Die Explosion soll die fünffache Sprengkraft des gesamten Nuklearbombenarsenals der Welt gehabt haben. Die dabei aufgewirbelten Staub- und Gasmengen blockierten weltweit die Sonneneinstrahlung und führten so zu einer Klimakatastrophe.

VIER ELEMENTE LUFT

SKYSCRAPER

Die höchsten Skyscraper der Welt

Amerika war mit den Städten Chicago und New York gut 100 Jahre lang weltweit das Zentrum des Hochhausbaus. Als Klassiker gilt immer noch das Empire State Building in New York, das schon 1931 eine Höhe von 381 Metern erreichte und über 40 Jahre lang Rekordhalter blieb. 1972 wurde es für zwei Jahre vom 2001 eingestürzten Nordturm des World Trade Center (417 Meter) überflügelt, dieser dann für 24 Jahre vom Sears/Willis Tower in Chicago (442 Meter). Seitdem hat sich der Wettbewerb, wer »den Längsten« hat, nach Asien verlagert, wo in boomenden Metropolen wie Hongkong, Shanghai und Dubai ganze Skyscraper Cities aus dem Boden schießen und der derzeitige Rekordhalter Burj Khalifa in Dubai 828 Meter aufragt. Die Höhenangaben richten sich übrigens nach der strukturellen Höhe, das heißt, Turmspitzen als Teil der Gebäudestruktur zählen mit (selbst wenn sie nur dazu dienen, die Höhe »künstlich« nach oben zu treiben), nicht jedoch Funkantennen.

In Hongkong blicken sich zahlreiche Wolkenkratzer über den Victoria Harbour hinweg an. Vom Victoria Peak aus bietet sich eine besonders schöne Sicht auf die Skyline.

DIE HÖCHSTEN SKYSCRAPER DER WELT

(strukturelle Höhe)

1 **BURJ KHALIFA** Dubai, 828 m

2 **SHANGHAI TOWER** Shanghai, 632 m

3 **MAKKAH ROYAL CLOCK TOWER** Mekka, 601 m

4 **PING AN FINANCE CENTER** Shenzhen, 599 m

5 **GOLDIN FINANCE 117** Tianjin, 597 m

6 **LOTTE WORLD TOWER** Seoul, 555 m

7 **ONE WORLD TRADE CENTER** New York City, 541 m

8 **GUANGZHOU CTF FINANCE CENTER** Guangzhou, 530 m

8 **TIANJIN CTF FINANCE CENTER** Tianjin, 530 m

10 **ZHONGGUO ZUN** Peking, 528 m

11 **TAIPEI 101** Taipei, 508 m

12 **SHANGHAI WORLD FINANCIAL CENTER** Shanghai, 492 m

VIER ELEMENTE

LUFT

BURJ KHALIFA

Das höchste Gebäude der Welt

Der Burj Khalifa – bis zur Einweihung hieß das Gebäude Burj Dubai – ist bereits seit April 2008, also schon knapp zwei Jahre vor seiner Fertigstellung, das höchste Bauwerk der Welt und auch das höchste, das zu Wohnzwecken genutzt wird. Es überragt jeden Turm der Welt und hat weltweit auch die meisten Stockwerke vorzuweisen (189). Mit den Bauarbeiten wurde 2004 begonnen, im Januar 2009 wurde eine Gebäudehöhe von 828 Metern erreicht (inklusive Signalanlage beträgt die Gesamthöhe sogar 830 Meter), ein Jahr später war am 4. Januar 2010 die feierliche Einweihung.

Die Etagen des Burj Khalifa werden von insgesamt 57 Aufzügen und acht Fahrtreppen erschlossen. Zwei Doppeldeckaufzüge führen zur Aussichtsplattform in der 124. Etage auf 452 Meter Höhe. Sie sind mit einer Geschwindigkeit von zehn Metern pro Sekunde (36 km/h) die schnellsten Doppeldeckaufzüge der Welt. Außerdem hat das Gebäude die welthöchste Aufzugshaltestelle (638 Meter). 2909 Stufen führen vom Erdgeschoss bis zur 160. Etage in einer Höhe von 600 Metern. Bis zu dieser Höhe wurde das Gebäude als Stahlbetonkonstruktion ausgeführt, der restliche Teil des Zentralturms (über 200 Meter Höhe) ist eine Stahlkonstruktion.

Die Architektur des höchsten Gebäude der Welt stammt vom US-Amerikaner Adrian Smith. Die gesamte Stadt legt sich dem Bauwerk zu Füßen (großes Bild).

Und auch aus der Entfernung ragt der Burj Khalifa unverkennbar in den Himmel (kleines Bild).

An Neujahr wird auch um den Burj Khalifa mit einem bunten Feuerwerk gefeiert (oben).

Alles überragender Burj Khalifa in Downtown Dubai. Rechts im Bild die Hauptgeschäftsstraße Sheikh Zayed Road (unten).

VIER ELEMENTE

LUFT

ASIEN

Die höchsten Skyscraper Asiens

SHANGHAI TOWER
Shanghai, China, 632 m

Einst der Jin Mao Tower, dann das Shanghai World Financial Center und nun der Shanghai Tower – nacheinander liefen sie sich den Rang des höchsten Gebäude des Landes ab. Letzterer ist aktuell auch das zweithöchste Gebäude der Welt. Die Skyline Shanghais, die lange Zeit vom Oriental Pearl Tower dominiert wurde, ist heute überragt vom rund 630 Meter hohen Shanghai Tower. Hotelsuiten, Büroräume und auch Ausstellungen findet man im Inneren des Riesens. In einer Höhe von 561 Metern kann man außerdem den Blick über die Stadt und bis aufs Meer von der öffentlichen Aussichtsplattform genießen. Toller Pluspunkt des Gebäudes ist, dass beim Bau die Nachhaltigkeit mitgedacht wurde: Kaum ein Gebäude dieser Größenordnung kann da mithalten. So dienst die Drehung des Skyscrapers unter anderem zur Sammlung von Regenwasser, Windturbinen sorgen für Strom und die doppelwandige Konstruktion spart Energie ein.

MAKKAH CLOCK ROYAL TOWER
Mekka, Saudi-Arabien, 601 m

Der Wolkenkratzer mit 120 Etagen ist das dritthöchste Gebäude Asiens und der Welt. Architektonisch erinnert der Hauptturm an den Uhrturm von Big Ben. Gekrönt wird er von einer langen Spitze samt einer Halbmondskulptur, die sogar teilweise begehbar ist. Im Sommer 2010 wurde eine gigantische Turmuhr montiert, die weltgrößte ihrer Art. Die Zifferblätter haben eine Kantenlänge von 43 Metern, die Minutenzeiger sind 23 Meter lang und 3,5 Meter breit. Der kompakte Gebäudekomplex wurde errichtet, um möglichst viele muslimische Pilger beherbergen zu können, die zu den heiligen Stätten kommen.

PING AN INTERNATIONAL FINANCE CENTER
Shenzhen, China, 599 m

Eigentlich sollte er 660 Meter hoch in den Himmel ragen, der Skyscraper in Shenzhen, einer Stadt nördlich von Hongkong. Doch der nahe Flughafen vereitelte den Plan, denn der Bau wurde Restriktionen in der Höhe unterworfen, um die Flugzeuge in ihrem Luftraum nicht zu gefährden. 115 Stockwerke beherbergt das Ping An International Finance Center. Wenn es auch »nur« das vierthöchste Gebäude der Welt ist, hat es immerhin den Rekord der höchsten Aussichtsplattform der Welt inne: Aus 562 Metern kann man den Weitblick wagen, wenn man schwindelfrei genug ist.

GOLDIN FINANCE 117
Tianjin, China, 597 m

Auch unter dem Namen »China 117 Tower« bekannt, ist das Goldin Finance 117 eine ewige Baustelle. 2008 wurde mit dem Bau des Giganten begonnen, doch aufgrund finanzieller Probleme kam es zweimal zu einem Baustopp. Trotzdem überragt das Goldin Finance 117 mit seinen 117 namensgebenden Stockwerken weithin sichtbar die Skyline von Tianjin und 2015 wurde Richtfest gefeiert.

LOTTE WORLD PREMIUM TOWER
Seoul, Südkorea, 555 m

Im Nordwesten Südkoreas macht der Lotte World Premium Tower von sich reden: Wer genügend Mut besitzt, zahlt für ein Ticket zur Aussichtsplattform und kann auf einer nur 45mm dicken Glasplatte stehend nach unten blicken – über 110 Stockwerke hoch über dem Boden. Viel Zeit zum Nachdenken, ob man beim Ticketkauf die richtige Entscheidung getroffen hat, lässt einem der Skyscraper nicht, denn mit dem Aufzug rast man mit 600 Metern pro Minute in Windeseile nach oben. Außer der Aussichtsplattform befinden sich im Lottte World Premium Tower Büros, ein Hotel und Wohnungen. Den Namen verdankt der Turm übrigens der Angebeteten aus Goethes »Die Leiden des jungen Werthers«. Passenderweise findet man in dem Park zu Fuße des Wolkenkratzers eine Bronzestatue des Dichters – nachempfunden dem berühmten Goethe-Denkmal von Fritz Schaper im Berliner Tiergarten.

Das markanteste Bauelement des Shanghai World Finance Center ist ein etwa 50 Meter breites »Portal« im oberen Gebäudebereich. Es soll die enorme Windlast auf die Gebäudespitze verringern. Der Volksmund verpasste dem Wolkenkratzer dafür jedoch den inoffiziellen Namen »Flaschenöffner«. (großes Bild).

Ein gigantischer Uhrturm mit Blick über Mekka ist der Makkah Clock Royal Tower (kleines Bild unten links).

CHOW TAI FOOK CENTRE
Guangzhou, China, 530 m

Im Juli 2010 richteten sich interessiert die Blicke auf den Baukran, der als erster an der Stelle des heutigen Chow Tai Fook Centres ankam. Nur rund fünf Monate später wurde der Bau bereits wieder gestoppt und alle Gerätschaften abtransportiert – warum ist nicht bekannt geworden. Im Oktober 2011 nahm man schließlich die Arbeiten wieder auf und seit 2016 prunkt nun der dritthöchste Skyscraper Chinas in die Höhe.

TIANJIN CHOW TAI FOOK BINHAI CENTER
Tianjin, China, 530 m

Unweit der Bucht von Bohai ragt das Tianjin Chow Tai Fook Binhai Center 530 Meter in den Himmel. Seine schlanke Silhouette, die sich nach oben hin verjüngt, ist unverkennbar und nahezu im Gesamten zu bewundern, denn um den Wolkenkratzer herum stehen nur verhältnismäßig niedrige Gebäude. 81 Aufzüge findet man im Inneren des Gebäudes, das für unterschiedlichste Zwecke konzipiert wurde. Unter anderem kann man in eines der 350 Hotelzimmer einchecken.

ZHONGGUO ZUN
Peking, China, 528 m

Viele Namen für ein Gebäude: Zhongguo Zun, China Zun Tower, CITIC Tower – hinter allem steckt der knapp 530 Meter hohe Wolkenkratzer in Chinas Hauptstadt Peking. Das »Zun« im Namen verrät bereits die Form, denn mit dem Wort wird ein traditionelles chinesisches Weingefäß bezeichnet.

TAIPEI 101
Taipei, Taiwan, 509 m

Der Taipei 101 war ab 2004 das höchste Gebäude der Welt, bis er Anfang 2008 vom emporwachsenden Rohbau des Burj Khalifa in Dubai überflügelt wurde. Mit 508 Meter Höhe hebt sich der Taipei 101 – benannt nach seinen 101 Stockwerken – deutlich von der Skyline der Stadt ab. Auch seinen Rekord der schnellsten Aufzüge musste das Bürogebäude 2013 aufgeben, doch die rund 16,8 Meter pro Sekunde (60 km/h) ins 89. Stockwerk sind trotzdem noch beeindruckend.

SHANGHAI WORLD FINANCIAL CENTER
Shanghai, China, 492 m

Fassade, Struktur und mechanische Komponenten des Bauwerks sind trotz seiner asymmetrischen Form mit konkav und konvex gewölbten Fassaden als modulares System ausgelegt, das sich alle 13 Stockwerke wiederholt. Dadurch wurden Herstellung und Montage der Bauteile und anderer Komponenten vereinfacht, die Bauzeit verkürzt sowie strukturbedingte Ineffizienzen vermindert.

MEHR WIRD MEHR, WIRD MEHR ...

Bis zum 19. Jahrhundert zählten nur wenige Städte mehr als eine Million Einwohner. Doch seither hat sich die Lage dramatisch geändert. Die Zahl der Großstädte ist in den vergangenen 100 Jahren rasant angewachsen, und auch die Einwohnerzahlen sind stark gestiegen. Das Wachstum der großen Metropolen wird wohl zum größten Problem der Menschheit im 21. Jahrhundert werden. Denn in Zusammenhang mit der zunehmenden Zahl der Stadtbevölkerung, für die eine ausreichende Infrastruktur geschaffen werden muss, stehen weltweit steigende Luftverschmutzung durch Industrie- und Autoabgase sowie wachsende Müllmengen. Nach Schätzungen der UNO wird in zehn Jahren mehr als die Hälfte aller Menschen in Städten leben. In den Entwicklungsländern werden es 2015 mehr als drei Viertel aller Menschen sein, die, vom Glanze des Wohlstands angelockt, in die Metropolen ziehen. Doch der Zuzug führt meist zu einer Übervölkerung.

GRÖSSTE AMEISENKOLONIE
Mehrere Milliarden

TOKIO
38,5 Mio.

35 Mio

DIE GRÖSSTEN METROPOLREGIONEN DER ERDE

30 Mio

25 Mio

MEXICO STADT
SEOUL
jeweils 20–25 Mio

NEW YORK
19–25 Mio

20 Mio

SÃO PAULO
MUMBAI
MANILA
jeweils 15–25 Mio

15 Mio

LONDON
14,2 Mio

PARIS
12,5 Mio

10 Mio

MÜNCHEN
6,1 Mio

5 Mio

GROSSES BIENENVOLK
bis 100.000 Bienen

100.000

50.000

ES DRÄNGT SICH, ES WUSELT UND WIMMELT

WISSENSWERT

Wie groß kann ein Bienenvolk werden?

Je nach Bienenrasse und Bienenbeute (Behausung) kann ein Bienenvolk eine Größe von ca. 70.000 Bienen erreichen. Damit es 100.000 oder sogar noch mehr werden, sind aber besondere Umstände und einige Tricks notwendig. Um die Größe eines Bienenvolkes in dieser Dimension bestimmen zu können, werden gar nicht mehr die besetzten Waben gezählt, sondern die gefüllten Zargen. Dabei entscheidend ist, ob das Bienenvolk die Bienenbeute ausfüllt. Damit kein Schwärmen des Volkes provoziert wird, muss ausreichend Platz für die Tiere vorhanden sein. Eine gute Methode die Größe eines Schwarmes zu ermitteln, ist auch das Gewicht zu bestimmen. Etwa 2 Kilo und 15.000 Bienen hat ein normaler Schwarm. Es können aber auch schnell 4 Kilo und 30.000 Bienen werden, wenn ein Schwarm die Hälfte eines Bienenstocks einnimmt.

Männliche Bienen (Drohnen) gibt es nur für ein paar Wochen im Stock (ca. ab Ende April, Anfang Mai) – pro Bienenvolk etwa 1.000–2.000 Stück. Der Rest des Bienenvolkes besteht fast ausschließlich aus unfruchtbaren Weibchen, den Arbeiterinnen. Und dann natürlich die Bienenkönigin..

WISSENSWERT

Ameisen-Superkolonie mit einer unglaublichen Ausbreitung

Die vermutlich größte Ameisenkolonie der Welt haben Forscher in Südeuropa entdeckt. Über eine Länge von 5.760 Kilometer erstreckt sich die Kolonie von der italienischen Riviera entlang der Küste bis in den Nordwesten von Spanien. Es handelt sich um mehrere Milliarden Tiere der Spezies »Argentinische Ameise«. Ursprünglich stammt diese Art aus Südamerika, wurde aber auf andere Kontinente sowie nach Europa eingeschleppt und bildet nun Superkolonien aus mehreren Nestern mit jeweils mehreren Ameisenköniginnen.

Dass sich die Angehörigen der vielen verschiedenen Nester nicht gegenseitig bekämpfen, liegt vermutlich an ihrer genetischen Verwandtschaft. Diese sorgt dafür, dass die Ameisen aus verschiedenen Nestern von unterschiedlichen Königinnen einander erkennen. Die Kooperation der Ameisennester untereinander führte zum Zusammenschluss dieser gigantischen Kolonie und zur Verdrängung anderer Ameisenarten in der Umgebung. Die Zukunft dieser Superkolonie wird davon abhängen, wie lange die Arbeiterinnen die Königinnen die sie aufziehen als Verwandtschaft erkennen.

VIER ELEMENTE

LUFT

NORDAMERIKA

Die höchsten Skyscraper von New York und Chicago

NEW YORK

New York und Chicago waren Ende des 19. Jahrhunderts die ersten Großstädte, in denen Hochhäuser erbaut wurden. Grundlage waren die Erfindung des absturzsicheren Personenaufzugs und die Entwicklung im Stahlbau, der eine leichtere Bauweise und damit die Errichtung höherer Gebäude ermöglichte. 1894 wurde das Manhattan Life Building (106 Meter) erbaut, das erste Gebäude, das über 100 Meter hoch war. Mit der Fertigstellung des Empire State Building (443 Meter) 1931 und der einsetzenden Weltwirtschaftskrise endete ein Bauboom, der in Manhattan so markante Wolkenkratzer wie das Chrysler Building (319 Meter) hervorgebracht hatte. Heute stehen die zwei höchsten Skyscraper Nordamerikas in New York: Das One World Trade Center (541 Meter) und 217 West 57th Street (427 Meter).

Blick auf den Hochhauswald von Manhattan, New York. Ganz links zeichnet sich die Silhouette des Empire State Building ab, in der Bildmitte prunkt das Chrysler Building, einer der schönsten jemals gebauten Wolkenkratzer, mit seiner raffiniert beleuchteten Edelstahlkuppel im Art-déco-Stil (großes Bild).

Skyline von Manhattan mit dem Empire State Building in der Bildmitte und dem Bank of America Tower (mit abgeschrägtem Dach) rechts davon. (kleines Bild oben).

Das Zentrum des Wolkenkratzerbaus war lange Zeit – neben New York – Chicago. Die Hochbauten der Stadt am Michigansee zählten bis zum Ende des 20. Jahrhunderts zu den höchsten der Welt – so etwa der Willis Tower (kleines Bild unten, links im Bild).

CHICAGO

Chicago hat mehr als 300 über 100 Meter hohe Wolkenkratzer vorzuweisen, sieben davon erreichen sogar eine Höhe von über 300 Metern. Die Metropole am Michigansee ist mit New York Geburtsstadt des Hochhausbaus, hier entstand Ende des 19. Jahrhunderts die Chicagoer Schule, aus deren Reihen die ersten Hochhäuser hervorgingen, etwa das heute nicht mehr existierende Pioniergebäude Home Insurance Building von 1885. Es hatte zehn Stockwerke und war 42 Meter hoch. Die meisten Hochhäuser konzentrieren sich im Downtownviertel Chicago Loop. Der höchste Wolkenkratzer der Stadt und der dritthöchste der USA ist der 442 Meter hohe Willis Tower von 1974 (bis 2009 Sears Tower). Mutige wagen von den an seiner Fassade angebrachten Glasbalkonen in 412 Metern Höhe den Blick nach unten.

Ein eleganter pyramidenförmiger Wolkenkratzer, dessen Form von den Namensgebern aber auch mit einer Glasscherbe assoziiert wird ist Londons »The Shard«.

VIER ELEMENTE

LUFT

EUROPA

Die höchsten Skyscraper Europas

Europa kann, was die Höhe seiner höchsten Gebäude betrifft, nicht mit Asien oder Nordamerika mithalten. Unter den höchsten 75 Wolkenkratzern der Welt befinden sich gerade mal drei aus Europa, sie erreichen eine Höhe von maximal knapp über 300 Metern – und alle drei befinden sich in Russland. Zur neuen Hochhausmetropole Europas ist in jüngster Zeit nämlich Moskau geworden, wo im Stadtteil Moskau-City ein Wolkenkratzer nach dem anderen aus dem Boden geschossen ist, sieben davon befinden sich unter den Top-Ten der höchsten Skyscraper Europas. In Deutschland hat lediglich Frankfurt am Main eine ansehnliche Skyline zu bieten.

DIE HÖCHSTEN WOLKENKRATZER EUROPAS

1. **LAKHTA CENTER** – Sankt Petersburg, 462 m
2. **FEDERAZIJA WOSTOK** – Moskau, 373 m
3. **OKO TOWER 1** – Moskau, 354 m
4. **NEVA TOWER 2** – Moskau, 345 m
5. **MERCURY CITY TOWER** – Moskau, 338 m
6. **EURASIA** – Moskau, 309 m
7. **THE SHARD** – London, 306 m
8. **CAPITAL CITY MOSCOW TOWER** – Moskau, 302 m

LAKHTA CENTER
Sankt Petersburg, 462 m

Bereits zu Beginn der Bauphase schaffte es das Lakhta Center mit einem Rekord von sich reden zu machen: Keine andere ununterbrochene Betonage war je so groß wie die des Turmfundaments. Seit der Inbetriebnahme des Gebäudes im Sommer 2018 ragt das Lakhta Center glänzend und spitz zulaufend in den Himmel und blickt von seiner Uferlage weit über den Finnischen Meerbusen.

FEDERAZIJA WOSTOK
Moskau, 373 m

Eigentlich besteht das Federazija aus zwei Türmen, doch nur der größere von ihnen, Wostok genannt, kann mit einer Höhe von 373 Metern die Rekorde einheimsen. Bis zur Eröffnung von Lakhta Center war er das höchste Gebäude Europas. Der im Bau befindliche One Tower könnte dem Federazija Wostok allerdings in naher Zukunft auch schon seinen Rang auf Platz zwei ablaufen – 2024 soll der Wolkenkratzer fertiggstellt sein und eine Höhe von 405 Metern erreichen. Auch er steht in Moskau.

OKO TOWER 1
Moskau, 354 m

Und auch auf Platz drei der höchsten Gebäude Europas findet sich ein Russe. 2015 fertiggestellt, beherbergt der Oko Tower heute Wohnungen und Hotelzimmer. Wenn die Sonne scheint, meint man fast, der markante Turm würde funkeln, denn die Fassade besteht zu einem Großteil aus Glas, in dem sich die Sonne spiegelt.

THE SHARD
London, 306 m

Das Londoner Geschäftshochhaus Shard (»Scherbe«) London Bridge war mit einer Höhe von knapp 310 Metern und 95 Stockwerken 2012 kurzfristig das höchste Gebäude Europas, bevor es vom Mercury City Tower in Moskau abgelöst wurde. Aktuell ist es immerhin das einzige westeuopäische Hochhaus in den Top-Ten, wenn auch nur noch auf Platz 7. Das nach Plänen von Renzo Piano 2012 vollendete Hochhaus verjüngt sich pyramidenförmig zur Spitze hin und weckt Assoziationen an einen Glassplitter – daher auch der Name.

VIER ELEMENTE
LUFT

Türkises Meer, feinster Sandstrand, Sonne – sowohl die Stadt Gold Coast, als auch der vermutlich noch berühmtere Ortsteil Surfers Paradise tragen mehr als passende Namen. Die Skyline überragt der Q1 Tower.

AUSTRALIEN

Die höchsten Skyscraper Australiens

In Australien stehen die höchsten Wolkenkratzer südlich des Äquators. Darunter befinden sich auch einige der höchsten reinen Wohngebäude der Welt.

Q 1

Gold Coast, 323 m

Der Q1 Tower (Queensland Number One Tower) mit einer Gesamthöhe von 323 Metern wurde 2005 an der Gold Coast eröffnet. Der 78 Stockwerke hohe Tower befindet sich im Stadtteil Surfers Paradise von Gold Coast City und ist das höchste Gebäude auf der südlichen Erdhalbkugel. Der Name des Turms ist eine Hommage an die gleichnamige Olympia-Rudermannschaft Australiens der 1920er-Jahre.

AUSTRALIA 108

Melbourne, 317 m

Wenn man über die nötigen Finanzen verfügt und sich eine Wohnung im Australia 108 leisten kann, hat man am Morgen einen Ausblick, den man nicht überall findet: Zu Füßen liegen einem eine dichte Wolkendecke, aus der vereinzelt noch ein paar andere Hochhäuser spitzen und darüber geht die Sonne auf. Nach fünf Jahren Bauzeit wurde der Wolkenkratzer 2020 fertiggestellt.

EUREKA TOWER

Melbourne, 297 m

Der im Jahr 2006 fertiggestellte Eureka Tower ist das höchste Gebäude Melbournes und das dritthöchste Australiens. In 285 Meter Höhe gibt es im 88. Stockwerk eine öffentliche Aussichtsplattform. Im Gebäude befindet sich eine weitere Plattform aus milchigen Glasscheiben (The Edge), die etwa drei Meter waagrecht herausgefahren werden kann und auf Knopfdruck durchsichtig wird.

CROWN SYDNEY

Sydney, 271 m

75 Stockwerke besitzt das Crown Sydney – und der Name ist passend gewählt, denn kein anderes Gebäude der Stadt ist so hoch wie dieser Skyscraper. Das Design ist pittoresk, der Turm schraubt sich gewunden in die Höhe, die Fassade besteht aus rund 7000 Glaselementen in Form von Dreiecken. Im Inneren des Crown Sydney befinden sich hauptsächlich ein Hotel und Appartements.

VIER ELEMENTE

LUFT

KIRCHEN

Die höchsten Kirchen der Welt

Anders als die Größe einer Kirche, die nach unterschiedlichen Kriterien bestimmt werden kann, ist die Höhe eindeutig zu ermitteln – und zwar nach der Höhe des Turmes. Diese ist unabhängig von der Größe der Kirche, und so finden sich unter den höchsten Kirchen der Welt auch einige verhältnismäßig kleine Bauten. Gleichwohl waren dem Höhendrang statische Grenzen gesetzt: Im Laufe der Jahrhunderte sind einige sehr hohe Kirchtürme – wie etwa diejenigen von Lincoln Cathedral, St. Olaf in Tallinn oder St. Marien in Stralsund – zum Teil kollabiert und mussten bei der Restaurierung in ihrer Höhe reduziert werden. Heutiger Rekordhalter ist seit 1890 das 161 Meter hohe Ulmer Münster.

ULMER MÜNSTER – DIE HÖCHSTE KIRCHE DER WELT

Das Ulmer Münster ist das größte protestantische Gotteshaus der Welt. Und wartet gleich noch mit einem Rekord auf: dem 161 Meter hohen Kirchturm, dem höchsten der Welt. Ab dem 14. Jahrhundert entstand diese ungewöhnlich große fünfschiffige Basilika, in der 30.000 Menschen Platz finden. In den folgenden 200 Jahren wurde sie unter der Leitung diverser Baumeister im Stil der Prager und Straßburger Hochgotik erweitert. In der Reformation traten die Ulmer Bürger zum evangelischen Glauben über. Nach längerem Baustopp wurde die »Bürgerkathedrale« erst 1890 vollendet. Höhepunkte der Innenausstattung sind die spätgotischen Werke von Künstlern der Ulmer Schule, etwa das Chorgestühl von Jörg Syrlin d. Ä. und Michel Erhart.

ST. MARTIN, LANDSHUT – DER HÖCHSTE BACKSTEINKIRCHTURM DER WELT

Mit ihrem schlanken, hohen Turm beherrscht die St.-Martins-Kirche von Landshut die Silhouette der Stadt. Die ab 1389 aus Ziegeln errichtete dreischiffige Hallenkirche ist einer der bedeutendsten Sakralbauten der Spätgotik in Süddeutschland. Um 1500 wurde der Turm vollendet, seine sich nach oben hin verjüngende Form sowie der Wechsel von viereckigem zu oktogonalem Grundriss verleihen ihm ein elegantes Erscheinungsbild. Mit seiner Höhe von 130 Metern zählte er bei Erbauung zu den zehn höchsten Kirchtürmen der Welt überhaupt.

DIE HÖCHSTEN KIRCHEN DER WELT

1. **ULMER MÜNSTER**
161 m

2. **BASILIKA NOTRE-DAME DE LA PAIX**
Yamoussoukro, 158 m

3. **KÖLNER DOM**
157 m

4. **KATHEDRALE VON ROUEN**
151 m

5. **ST. NIKOLAI**
Hamburg, 148 m

6. **STRASSBURGER MÜNSTER**
142 m

7. **BASILIKA VON LICHEŃ**
141 m

8. **STEPHANSDOM**
Wien, 136 m

9. **NEUER DOM**
Linz, 135 m

10. **PETERSDOM**
Rom, 133 m

11. **ST. PETRI**
Hamburg, 132 m

12. **ST. MICHAELIS**
Hamburg, 132 m

Ein Wahrzeichen Wiens ist der gotische Stephansdom mit seinem steilen Satteldach, dem 136 Meter hohen Südturm und den beiden an der Westfassade erhaltenen Heidentürmen. Im Vordergrund die Barockkuppel der Peterskirche (großes Bild).

Kölner Dom mit Hohenzollernbrücke (kleines Bild oben).

Turm des Ulmer Münsters (kleines Bild Mitte).

Turm von St. Martin in Landshut (kleines Bild unten).

VIER ELEMENTE

LUFT

MINARETTE

Die höchsten Minarette der Welt

Minarette gehören seit der Frühzeit des Islam zu jeder Moschee dazu. In vielen Metropolen der islamischen Welt dominieren diese schlanken, hoch aufragenden Türme immer noch die Skyline. Bis in die jüngste Zeit forderte der Muezzin von seinem Platz im oberen Teil des Minaretts die Gläubigen fünfmal am Tag zum Gebet auf. Heutzutage wird sein Ruf meist durch Lautsprecher übertragen, die Minarette sind aber Erkennungszeichen der Moscheen geblieben. Kein islamisches Gotteshaus sollte über mehr Minarette als die Moschee in Mekka verfügen.

GROSSE MOSCHEE VON ALGIER – DAS HÖCHSTE MINARETT DER WELT

Lange Zeit war besaß die Hassan-II.-Moschee das höchste Minarett weltweit, mit 210 Metern Höhe. Doch seit 2019 hat die Große Moschee von Algier diesen Rekord inne: 265 Meter hoch ragt ihr Minarett in den Himmel. Der Bau war durchaus nicht unumstritten. Die Bevölkerung sollte mit der Errichtung von politischen und sozialen Problemen des Landes abgelenkt werden, und auch die mangelnde Erdbebensicherheit steht in der Kritik. Äußerlich erinnert das Minarett an ein Hochhaus und tatsächlich beherbergt es auch ein Museum und ein Forschungszentrum. Sein oberster Bereich ist von Glas umgeben und wird als Aussichtsplattform benutzt. Auch der Hauptkomplex der Moschee ist beachtlich und setzt mit seiner hellen Kuppel ein neues Wahrzeichen der algerischen Hauptstadt. Sogar die 1000-Dinar-Scheine werden mittlerweile von der Großen Moschee geziert.

DIE HÖCHSTEN MINARETTE DER WELT

1. **GROSSE MOSCHEE**
Algier, Algerien, 265 m

2. **HASSAN-II.-MOSCHEE**
Casablanca, Marokko, 210 m

3. **ABDUL-AZIZ-SHAH-MOSCHEE**
Shah Alam, Malaysia, 140 m

4. **PUTRA-MOSCHEE**
Putrajaya, Malaysia, 116 m

5. **SHEIKH-ZAYED-MOSCHEE**
Abu Dhabi, VAE, 107 m

6. **PROPHETENMOSCHEE**
Medina, Saudi-Arabien, 105 m

7. **FATEH BURJ**
Mohali, Indien, 100 m

8. **SABANCI-ZENTRALMOSCHEE**
Adana, Türkei, 99 m

Großes Bild: Die Große Moschee von Algier.

Sechs Minarette nennt die Sabanci-Zentralmoschee von Adana ihr Eigen (kleines Bild links unten).

Ihrem Aussehen verdankt die Abdul-Aziz-Shah-Moschee auch den Namen »Blaue Moschee« (kleines Bild rechts unten).

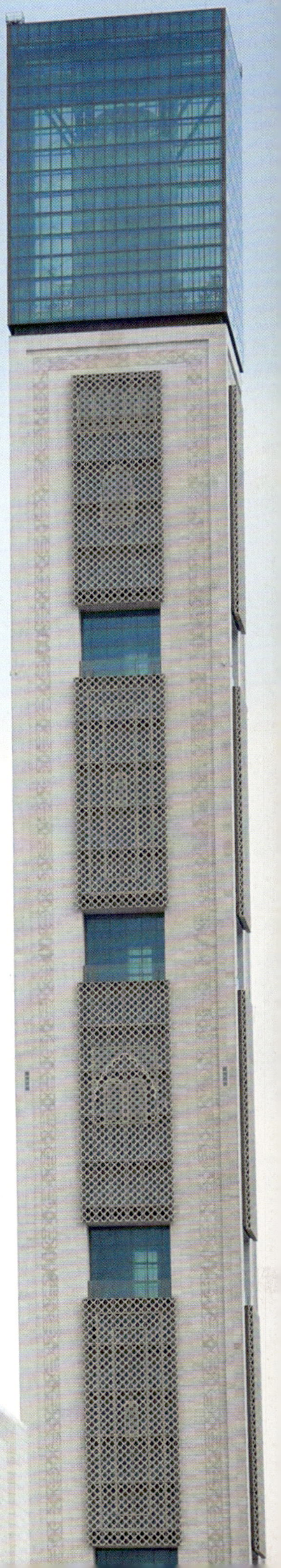

VIER ELEMENTE

LUFT

PAGODEN

Die höchsten Pagoden der Welt

Die Pagode ist fester Bestandteil buddhistischer Sakralbauten in Ostasien und wird wie die indischen Stupas als Aufbewahrungsort für eine Reliquie oder ein Abbild des Buddha genutzt. Sie hat sich im Zuge der Ausbreitung des Buddhismus im Reich der Mitte aus dem traditionellen chinesischen Turmbau entwikkelt und besteht meist aus drei oder fünf sich nach oben verjüngenden Stockwerken. In jedem Stockwerk ist der zentrale Baukörper von frei zugänglichen, begehbaren und überdachten Galerien umgeben. Die Dächer sind an den Ecken gebogen und oft mit Glocken bestückt.

TIANNING-PAGODE – DIE HÖCHSTE PAGODE DER WELT

Changzhou, China, 154 m

Mit ihren 154 Metern überragt diese Pagode (großes Bild) die Cheops-Pyramide um rund 20 Meter. Das Heiligtum wurde 2007 eingeweiht und soll fast 29 Millionen Euro gekostet haben. Die Spitze und der Dekor der Dächer sind aus purem Gold. Als Baumaterial wurde wertvolles Holz verwendet, das aus Myanmar und Neuguinea importiert werden musste. Die Pagode gehört zu einem Tempel, dessen Anfänge auf die Tang-Dynastie (617–907 n. Chr.) zurückgehen. Über die Jahrhunderte wurde er immer wieder zerstört und neu aufgebaut. Der Neubau der Pagode ist Indiz für eine Renaissance des Buddhismus in der Volksrepublik China.

HWEDAGON-PAGODE

Yangon, Myanmar, 112 m

Als die heiligste Pagode des Landes gilt die Shwedagon-Pagode in der einsten Hauptstadt Myanmars, die im Deutschen auch noch unter dem kolonialistischen Namen »Rangun« bekannt ist. Legenden zufolge wurde die Pagode bereits vor dem Tod Buddhas erbaut, Belege für ihre Existenz gibt es jedoch erst aus dem 14. Jahrhundert.

SHWESANDAW-PAGODE

Bagan, Myanmar, 100 m

Mitte des 11. Jahrhunderts wurde in der historischen Königsstadt Bagan von dem damaligen Herrscher Anawrahta die Shwesandaw-Pagode errichtet. Damals konnten die Gläubigen noch Terrakottatafeln mit gemalten Szenen religiöser Erzählungen bewundern, lockt der Sonnenuntergang viele Besucher auf die Stufen der Pagode.

DIE HÖCHSTEN PAGODEN DER WELT

1. **TIANNING-PAGODE** Changzhou, China, 154 m
2. **SHWEDAGON-PAGODE** Yangon, Myanmar, 112 m
3. **SHWESANDAW-PAGODE** Bagan, Myanmar, 100 m
4. **UPPATASANTI PAGODE** Naypyidaw, Myanmar, 99 m
5. **GLOBAL VIPASSANA PAGODE** Mumbai, Indien, 96 m
6. **LIAODI-PAGODE** Dingzhou, China, 84 m
7. **BEISI-PAGODE** Suzhou, China, 76 m
8. **QIANXUN-PAGODE** Dali, China, 70 m
9. **YONGYOUSI-TA-PAGODE** Chengde, China, 67 m
10. **FOGONG-TEMPEL-PAGODE** Ying, China, 67 m

VIER ELEMENTE

LUFT

VERKEHRS-VERBINDUNGEN

Verkehrswege in luftigen Höhen

Höher, schneller, weiter. Der Ehrgeiz des Menschen treibt immer weiter zu bauwerklichen Höchstleistungen an. Architekten und Bauingenieure setzen ihrem Schaffensdrang kaum Grenzen und kreieren auf diese Weise die abenteuerlichsten Straßen, Brücken und andere Verkehrswege, die alles bisherigen Rekorde brechen.

Die Donghai Daqiao führt 32,5 Kilometer über den See und verbindet die beiden Hafenstädte Luchao und Yangshan. Auf der 31,5 Meter breiten Trasse verlaufen sechs Fahrspuren. Bei der Eröffnung 2005 galt sie als längste Meeresbrücke der Welt (großes Bild).

Der Kardung-La-Pass in Indien gehört zu den höchsten befahrbaren Gebirgspässen der Erde (Bild oben).

Die Qinghai-Tibet-Bahn in China führt über die höchstgelegene Bahnstrecke der Welt. Der höchste Scheitelpunkt liegt auf 5.072 Meter (Bild links).

DIE SPINNEN, DIE SPINNEN

Die Darwin Rindenspinne (Caerostris darwini) nutzt das zäheste Biomaterial der Welt für ihre Netze. Den Bau eines neuen Netzes beginnt die Darwins Rindenspinne am höchsten Punkt eines Flussufers. Sie schießt aus ihrem Hinterteil mehrere Spinnfäden von beachtlicher Länge über das Wasser. Das hauchdünne Material wird vom Wind erfasst und bleibt irgandwann auf der anderen Uferseite kleben. Daraufhin folgen solange weitere Fäden, bis ein riesiges Radnetz fertig ist.

HÄRTER ALS DRAHTSEILE

Hauchdünn, immens dehnbar und trotzdem extrem stabil – das sind die beachtlichen Eigenschaften von Spinnenseide. Spinnen sind wahre Meisterkonstrukteure, wenn es darum geht ihre Netze für den Beutefang zu spinnen.

Die *Caerostris darwini* – auch Darwins Rindenspinne genannt, stellt in Bezug auf die Größe ihrer Netze und die verwendete Spinnenseide alle anderen Spinnenarten in den Schatten.

Dabei ist die Rindenspinne selbst nur zwischen 6 und 22 mm groß. Sie wurde erst 2009 auf Madagaskar entdeckt, aber sehr schnell für ihre sagenhaften Spinnfähigkeiten bekannt. Die kleine Webspinne schafft es, gigantische Netze mit bis zu 25 Metern Spannweite und einer Fläche von bis zu $2{,}8m^2$ zu spinnen. Ihr genialer Trick: Sie schießt ihre hauchdünnen Fäden mit großer Geschwindigkeit in die Luft und lässt sie dann vom Wind solange weitertragen, bis sie irgendwo kleben bleiben.

Obwohl ihre Spinnseide so dünn ist, hat sie extrem robuste Eigenschaften. Mit einer durchschnittlichen Zähigkeit von $350\ MJ/m^3$ ist das Spinnmaterial der Rindenspinne doppelt so stark wie wie jede andere bisher bekannte Spinnseide. Durch ihre Fähigkeit das zähste Biomaterial der Welt zu produzieren, gelingt es der *Caerostris darwini* ihre riesigen Netze auch über Flüsse zu bauen. Damit findet die Rindenspinne unter den zahlreichen wasserliebenden Insekten immer genügend Nahrung.

DIE SEIDENSPINNE NEPHILIA

Bis zu zwei Meter Durchmesser kann das extrem stabile Netz der in Neuguinea beheimateten Seidenspinne Nephilia erreichen. Sie baut damit eines der größte Spinnennetz der Welt.

Ihre Netze sind sogar so reißfest, dass sie von einheimischen Fischern zum Fischfang benutzt werden.

250 SPINNEN BAUEN GEMEINSAM EIN NETZ

In einem texanischen Park entdeckten Forscher im August 2008 ein riesiges Spinnennetz. Mit einer Länge von 180 Metern erstreckt es sich über Bäume und Büsche im Naturschutzgebiet Lake Tawakoni.

In dem Netz lebten 250 Spinnen aus zwölf verschiedener Arten und in unzähligen Kokons wuchsen bereits die nächsten Spinnengenerationen heran. Eine ungewöhnliche Gemeinschaft, denn Spinnen leben normalerweise alleine in ihren Netzen und fressen sogar die eigenen Artgenossen, falls ihnen diese zu nahe kommen.

In diesem Spinnennetz scheint es aber für alle Spinnen genügend Beute zu geben, dass sie das Netz gemeinsam nutzen.

Die Nephila pilipesin wartet in ihrem gigantischen Netz geduldig auf ihr Opfer.

WISSENSWERT

Grandioser Blick in 175 Metern Höhe

Die längste Fußgänger-Hängebrücke der Welt ist nichts für schwache Nerven: Die »516 Arouca« überspannt in einer Höhe von 175 Metern die Schlucht des Flusses Paiva im Geopark Arouca im Norden von Portugal.
Mit einer Länge von 516 Meter hat die Brücke derzeit den Spitzenplatz in der Welt übernommen. Gerade einmal 1,20 m breit ist der Metallgitterweg, auf dem es von der einen zur anderen Seite geht. Beim Blick in die Tiefe ist die Schlucht aus einer ganz neuen Perspektive zu sehen. Wer jedoch etwas unsicher ob der Höhe und Stabilität der Brücke ist, der sollte lieber geradeaus schauen.

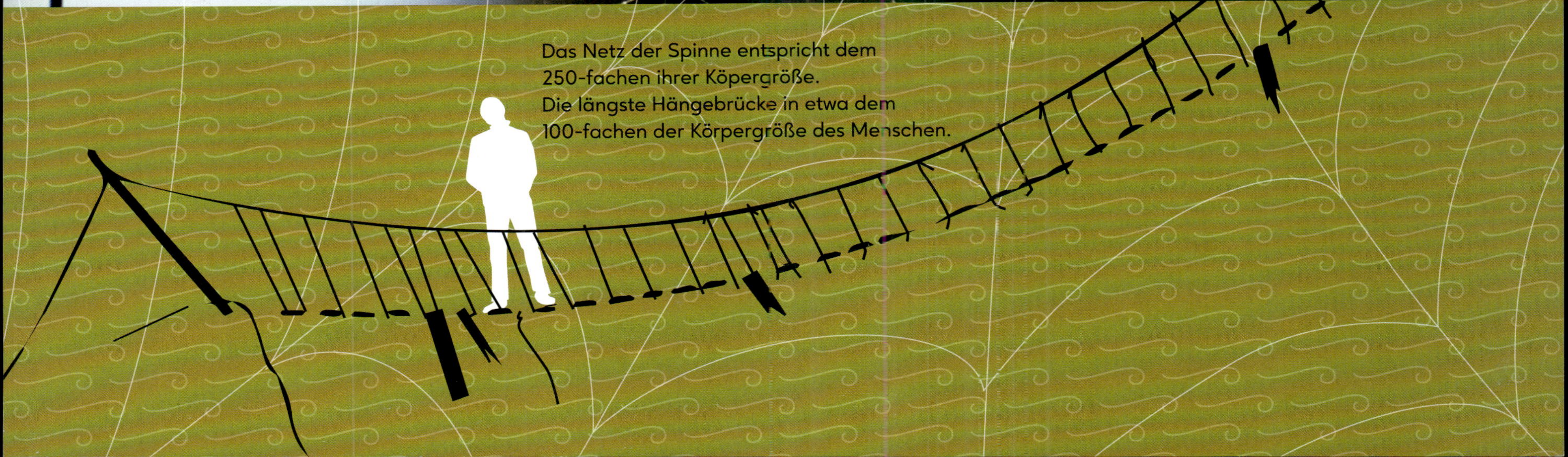

Das Netz der Spinne entspricht dem 250-fachen ihrer Köpergröße.
Die längste Hängebrücke in etwa dem 100-fachen der Körpergröße des Menschen.

HÄNGEBRÜCKEN

Die längsten Hängebrücken der Welt (befahrbar, Spannweite)

Die ersten Hängebrücken wurden schon vor Hunderten von Jahren in Asien und Südamerika gebaut. In Europa verbreitete sich diese Konstruktionsidee erst in der Neuzeit, und als mit dem Schmiedeeisen ein dafür geeignetes zugfestes und gleichzeitig elastisches Material entwickelt worden war, wurden erste Projekte umgesetzt. Wie kein anderes Brückenbauverfahren ermöglicht die Technik der modernen Hängebrücke die Verwirklichung großer Spannweiten, insbesondere wenn Drahtseile als Träger der Brückentafel dienen. Die erste Hängebrücke in einem Industriestaat baute James Finley 1801 in den USA, mit gerade einmal 21 Meter Spannweite. Doch schon 1820 stand in Nordengland die Union Bridge mit 137 Meter Spannweite, heute die älteste noch benutzte Hängebrücke, und 1883 erreichte die Spannweite bei der New Yorker Brooklyn Bridge bereits 486 Meter. Nur knappe 50 Jahre später wurde 1931 mit 1.067 Meter Spannweite zwischen den Pylonen bei der George Washington Bridge (New York) die Marke von 1.000 Metern überschritten.

AKASHI-KAIKYO-BRÜCKE – DIE LÄNGSTE HÄNGEBRÜCKE DER WELT

Die Akashi-Kaikyo-Brücke (großes Bild) verbindet die Stadt Kobe auf der japanischen Hauptinsel Honshu mit der Stadt Awaji auf der Insel Awaji-shima. Als die Hängebrücke am 5. April 1998 für den Verkehr freigegeben wurde, waren aus den ursprünglich vorgesehenen 1.990 Metern Spannweite zwischen den Pylonen 1.991 Meter geworden. Die seismischen Bewegungen des Kobe-Erdbebens vom 17. Januar 1995 hatten nicht nur die beiden Inseln auseinandergedrückt, sondern auch die 283 Meter hohen Brückenpfeiler. Und die in den Pfeilern eingebauten Schwingungsdämpfer gegen die Vibrationen, die Erdbeben und Taifune auslösen, hatten ihre erste Belastungsprobe hinter sich – die Pylonen überstanden das Erdbeben unbeschadet. Da die Brückentafel mit der Fahrbahn noch nicht gebaut war, konnten die Pläne entsprechend angepasst werden. Die Brückentafel wurde aus versteiften Fachwerkstahlträgern errichtet. Bei starkem Wind kann sie sich in der Mitte bis zu 27 Meter seitlich verschieben. Die beiden etwa vier Kilometer langen Trag-seile der Brückentafel besitzen einen Durchmesser von 112,2 Zentimetern. Sie setzen sich jeweils aus 36.830 einzelnen Drähten zusammen, von denen jeweils 127 in 290 Litzen versponnen sind. Insgesamt ist die sechsspurige Autobahnbrücke 3.911 Meter lang, 35,5 Meter breit und bietet dem regen Schiffsverkehr der Aleshi-Meerenge eine Durchfahrtshöhe von 65 Metern. Die Baukosten beliefen sich auf etwa 7,5 Milliarden Dollar.

DIE LÄNGSTEN HÄNGEBRÜCKEN DER WELT

1. **AKASHI-KAIKYO-BRÜCKE**
   Kobe, Japan, 1.991 m
2. **XIHOUMEN-BRÜCKE**
   Zhoushan, China, 1.650 m
3. **STOREBÆLT-BRÜCKE**
   Großer Belt, Dänemark, 1.624 m
4. **OSMAN-GAZI-BRÜCKE**
   Dilovası, Türkei, 1.550 m
5. **YI-SUN-SIN-BRÜCKE**
   Gwangyang, Südkorea, 1.545 m
6. **NAN-CHA-BRÜCKE**
   Zhenjiang, China, 1.490 m
7. **VIERTE NANJING-JANGTSE-BRÜCKE**
   Nanjing, China, 1.418 m
8. **HUMBER-BRÜCKE**
   Barton-upon-Humber Großbritannien, 1.410 m
9. **YAVUZ-SULTAN-SELIM-BRÜCKE**
   Istanbul, Türkei, 1.408 m
10. **JIANGYIN-BRÜCKE**
    Jiangyin, China, 1.385 m

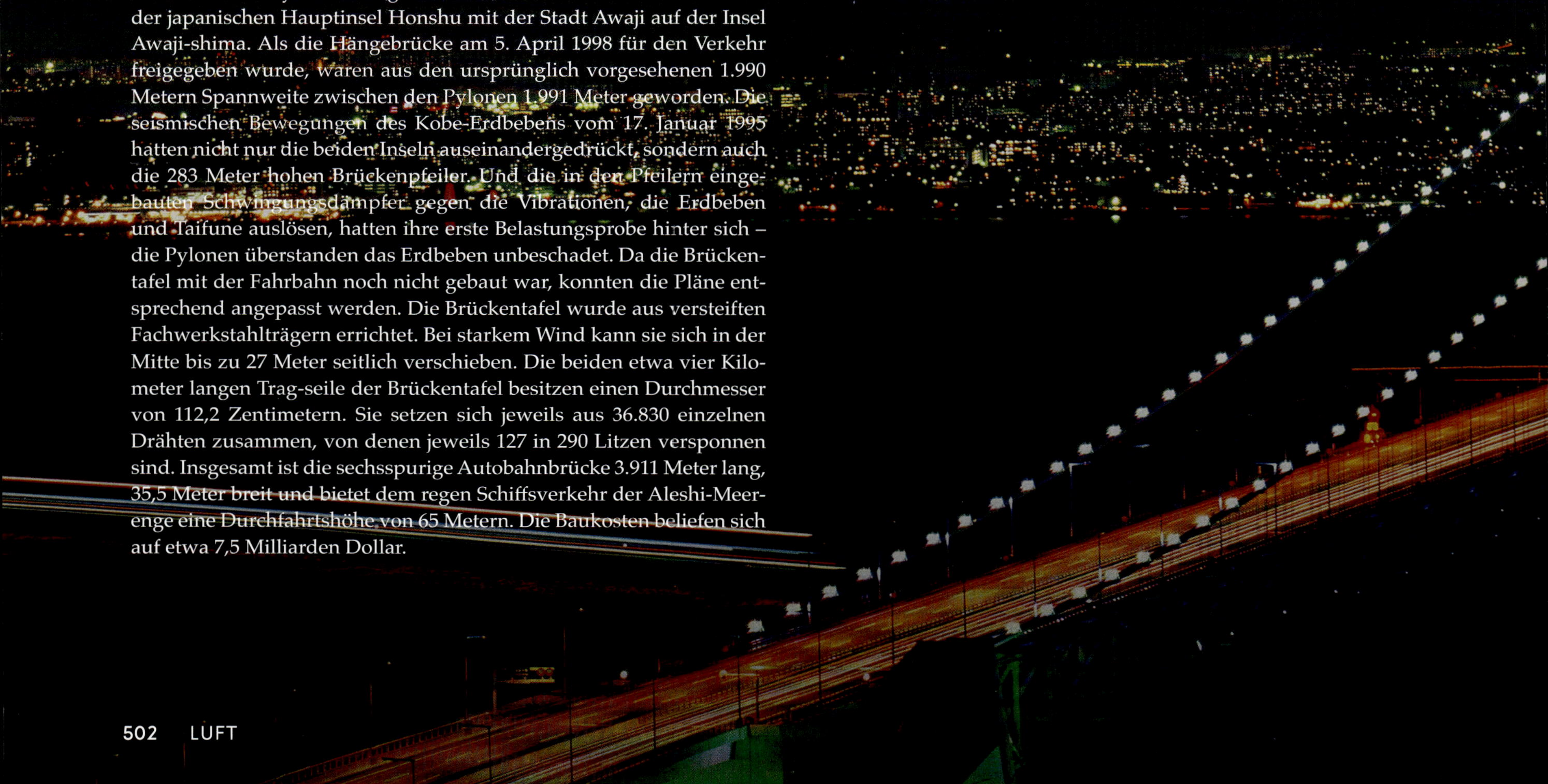

DIE LÄNGSTEN HÄNGEBRÜCKEN EUROPAS

STORÆBELT-BRÜCKE
Dänemark, 1.624 m

Zwei Brücken und ein Tunnel bilden seit 1998 die 18 Kilometer lange feste Straßen- und Eisenbahnverbindung über den Großen Belt zwischen den dänischen Inseln Fünen und Seeland. Der westliche Abschnitt der Storebæltbroen erstreckt sich 6.611 Meter als Hohlkastenbrücke aus Spannbeton zwischen Fünen und der Insel Sprogø. Der spektakulärere östliche Brückenteil ist insgesamt 6.790 Meter lang und verbindet Sprogø und Seeland. Zu diesem Abschnitt gehört die längste Hängebrücke Europas. Mit einer Hauptspannweite von 1.624 Metern ist sie die drittlängste Hängebrücke der Welt.

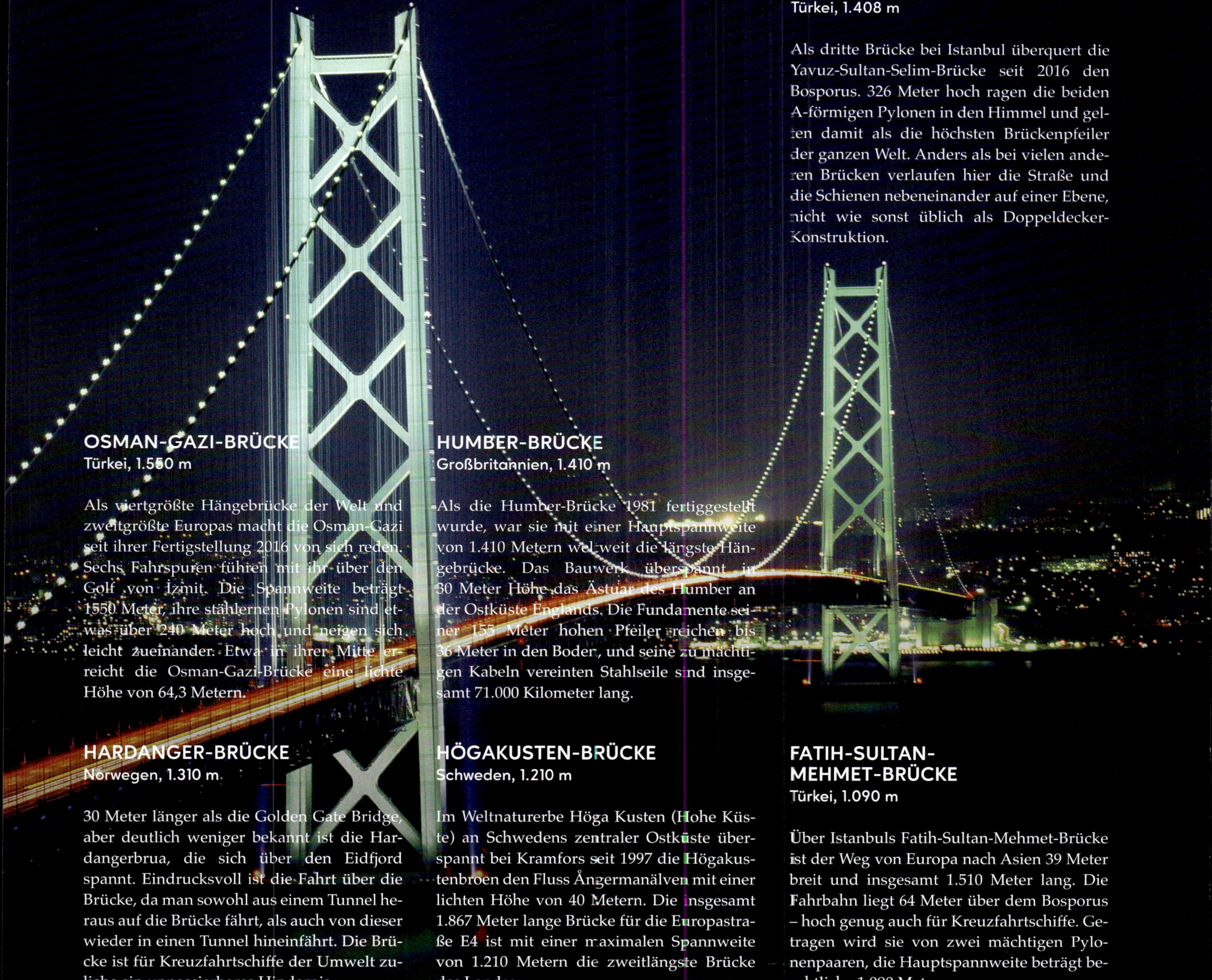

YAVUZ-SULTAN-SELIM-BRÜCKE
Türkei, 1.408 m

Als dritte Brücke bei Istanbul überquert die Yavuz-Sultan-Selim-Brücke seit 2016 den Bosporus. 326 Meter hoch ragen die beiden A-förmigen Pylonen in den Himmel und gelten damit als die höchsten Brückenpfeiler der ganzen Welt. Anders als bei vielen anderen Brücken verlaufen hier die Straße und die Schienen nebeneinander auf einer Ebene, nicht wie sonst üblich als Doppeldecker-Konstruktion.

OSMAN-GAZI-BRÜCKE
Türkei, 1.550 m

Als viertgrößte Hängebrücke der Welt und zweitgrößte Europas macht die Osman-Gazi seit ihrer Fertigstellung 2016 von sich reden. Sechs Fahrspuren führen mit ihr über den Golf von İzmit. Die Spannweite beträgt 1550 Meter, ihre stählernen Pylonen sind etwas über 240 Meter hoch und neigen sich leicht zueinander. Etwa in ihrer Mitte erreicht die Osman-Gazi-Brücke eine lichte Höhe von 64,3 Metern.

HUMBER-BRÜCKE
Großbritannien, 1.410 m

Als die Humber-Brücke 1981 fertiggestellt wurde, war sie mit einer Hauptspannweite von 1.410 Metern weltweit die längste Hängebrücke. Das Bauwerk überspannt in 30 Meter Höhe das Ästuar des Humber an der Ostküste Englands. Die Fundamente seiner 155 Meter hohen Pfeiler reichen bis 36 Meter in den Boden, und seine zu mächtigen Kabeln vereinten Stahlseile sind insgesamt 71.000 Kilometer lang.

HARDANGER-BRÜCKE
Norwegen, 1.310 m

30 Meter länger als die Golden Gate Bridge, aber deutlich weniger bekannt ist die Hardangerbrua, die sich über den Eidfjord spannt. Eindrucksvoll ist die Fahrt über die Brücke, da man sowohl aus einem Tunnel heraus auf die Brücke fährt, als auch von dieser wieder in einen Tunnel hineinfährt. Die Brücke ist für Kreuzfahrtschiffe der Umwelt zu-

HÖGAKUSTEN-BRÜCKE
Schweden, 1.210 m

Im Weltnaturerbe Höga Kusten (Hohe Küste) an Schwedens zentraler Ostküste überspannt bei Kramfors seit 1997 die Högakustenbroen den Fluss Ångermanälven mit einer lichten Höhe von 40 Metern. Die insgesamt 1.867 Meter lange Brücke für die Europastraße E4 ist mit einer maximalen Spannweite von 1.210 Metern die zweitlängste Brücke

FATIH-SULTAN-MEHMET-BRÜCKE
Türkei, 1.090 m

Über Istanbuls Fatih-Sultan-Mehmet-Brücke ist der Weg von Europa nach Asien 39 Meter breit und insgesamt 1.510 Meter lang. Die Fahrbahn liegt 64 Meter über dem Bosporus – hoch genug auch für Kreuzfahrtschiffe. Getragen wird sie von zwei mächtigen Pylonenpaaren, die Hauptspannweite beträgt be-

VIER ELEMENTE

LUFT

BRÜCKEN I

Die höchsten Brücken der Welt

BEIPANJIANG-BRÜCKE

China, 565 m

Leuchtend rot spannt sich die Beipanjiang-Brücke über das Tal des namensgebenden Flusses. Besonders, wenn die Wolken tief hängen, scheint sie über der Erde zu schweben und blickt auf die Wolken herab. Im September 2016 fertiggestellt und wenige Monate später für den Verkehr freigegeben, verkürzt sie die Fahrtzeit zwischen Liupanshui und Xuanwei in großem Maße: Während man zuvor rund fünf Stunden von der einen Provinz in die andere wollte, sollen es mit der Brücke nur noch etwa eine Stunde Fahrt sein.

SIDUHE-BRÜCKE

China, 496 m

Die Brücke ist eine 1,1 Kilometer lange Hängebrücke, die das tief eingeschnittene Tal des Siduhe in der Nähe von Yesanguan im Kreis Badong im Südwesten der chinesischen Provinz Hubei überspannt. Die Höhenberechnungen schwanken je nach Relation zwischen 472 und 550 Metern – in der Regel wird die Höhe zwischen Fahrbahn und Flussbett berechnet. Auch bei den konservativsten Berechnungsmethoden galt sie trotzdem über Jahre hinweg als die höchste Brücke der Welt, bis ihr die Beipanjiang-Brücke diesen Rang ablief.

PULIBRÜCKE

China, 485 m

Auf den ersten Blick könnte man die Pulibrücke fast mit der Siduhe-Brücke verwechseln, beide werden von leuchtend gelben Pylonen in Hohlkasten-Bauweise getragen. Allerdings ist die Pulibrücke etwas niedriger und auch in ihrer Gesamtlänge kürzer. Der Bau war aufgrund der Unzugänglichkeit des Gebiets eine wahre Meisterleistung.

Die 2016 eröffnete Beipanjiang-Brücke ist zweimal so hoch wie der Eiffelturm (großes Bild).

Die Siduhe-Brücke spannt sich hoch über das Tal (kleines Bild links).

DIE HÖCHSTEN BRÜCKEN DER WELT

1. **BEIPANJIANG-BRÜCKE** China, 565 m
2. **SIDUHE-BRÜCKE** China, 496 m
3. **PULIBRÜCKE** China, 485 m
4. **JINSHAJIANG-BRÜCKE** China, 461 m
5. **YACHIBRÜCKE** China, 434 m
6. **QINGSHUIHE-BRÜCKE** China, 406 m
7. **BALUARTE-BRÜCKE** Mexiko, 403 m
8. **LIUGUANGHE-BRÜCKE** China, 375 m

BALUARTE-BRÜCKE

Mexiko, 403 m

Die über eine Schlucht führende Baluarte-Brücke ist eine 1,1 Kilometer lange Schrägseilbrücke im Norden Mexikos. Unter ihr fließt der Rio Baluarte. Die vierspurige Brücke verbindet die Küstenstadt Mazatlán am Pazifik mit dem mexikanischen Bundesstaat. Offiziell fand die Brücke im Januar 2012 als höchste Schrägseilbrücke der Welt ihren Platz im Guinnessbuch der Rekorde, nämlich aufgrund ihres Höhenunterschieds zwischen Fahrbahn und Talsohle von 403 Metern. Heute ist sie immerhin die einzige Brücke unter den Top-Ten der höchsten Brücken, die nicht

VIER ELEMENTE

LUFT

BRÜCKEN II

Die längsten Brücken der Welt

Die meisten Brückenbauwerke, die mit ihrer Länge von sich reden machen, sind Eisenbahnbrücken der Schnellbahnstrecke Beijing–Shanghai in China. Die längste Brücke der Welt ist mit 164,8 Kilometern die Große Brücke Danyang-Kunshan. Nur Taiwan und Thailand können in den Top-Ten die Dominanz chinesischer Brücken etwas aufbrechen. Außerhalb Asiens ist die längste Brücke der Lake Pontchartrain Causeway über den namensgebenden See im Norden von New Orleans. Südamerikas längste Brücke ist die der Linie 1 der Metro Lima, in Europa ist es die umstrittene Krim-Brücke.

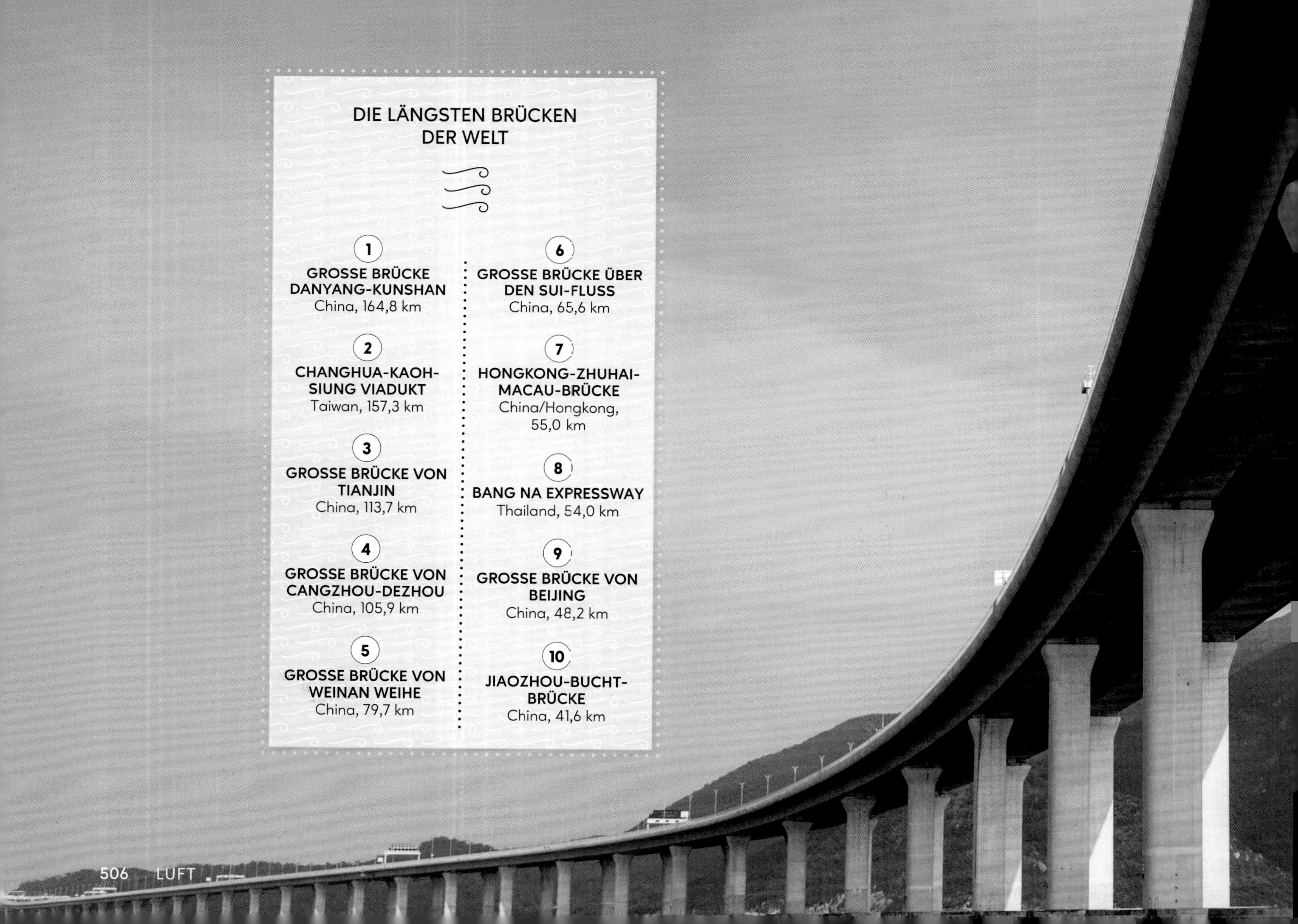

DIE LÄNGSTEN BRÜCKEN DER WELT

1. **GROSSE BRÜCKE DANYANG-KUNSHAN**
   China, 164,8 km
2. **CHANGHUA-KAOHSIUNG VIADUKT**
   Taiwan, 157,3 km
3. **GROSSE BRÜCKE VON TIANJIN**
   China, 113,7 km
4. **GROSSE BRÜCKE VON CANGZHOU-DEZHOU**
   China, 105,9 km
5. **GROSSE BRÜCKE VON WEINAN WEIHE**
   China, 79,7 km
6. **GROSSE BRÜCKE ÜBER DEN SUI-FLUSS**
   China, 65,6 km
7. **HONGKONG-ZHUHAI-MACAU-BRÜCKE**
   China/Hongkong, 55,0 km
8. **BANG NA EXPRESSWAY**
   Thailand, 54,0 km
9. **GROSSE BRÜCKE VON BEIJING**
   China, 48,2 km
10. **JIAOZHOU-BUCHT-BRÜCKE**
    China, 41,6 km

Wie klein der Mensch ist, kann er beim demütigen Anblick von unten hinauf zu den Pfeilern der Hongkong-Zhuhai-Macau-Brücke, kurz HZMB, erfahren (großes Bild).

CHINA RAILWAY EXPRESS LINE BEIJING–SHANGHAI

DIE LÄNGSTEN BRÜCKENBAUWERKE UND EISENBAHNBRÜCKEN DER WELT

Die längsten Brückenbauwerke sind Eisenbahnbrücken bzw. Viadukte, die für die 1.318 Kilometer lange Schnellbahnstrecke Beijing–Shanghai errichtet wurden. Die längste Brücke ist die Große Brücke Danyang-Kunshan mit 164,8 Kilometer Gesamtlänge. Damit ist sie das längste Brückenbauwerk der Welt. Die Brücke besteht größtenteils aus Fertigbauteilen, 32 Meter langen Hohlkastenträgern, mit denen die Balkenbrücke überwiegend aufgeständert wurde. Nur einige Brückenabschnitte, die über Bahnlinien, Straßen und Gewässer führen, sind etwas länger. Auf der Schnellbahnstrecke Beijing–Shanghai gibt es noch weitere vier Brücken, die zu den weltweit zehn längsten Brückenbauwerken zählen: die Große Brücke von Tianjin (113,7 km), die Große Brücke von Cangzhou-Dezhou (105,9 km), die Große Brücke über den Huai He (105,9 km) und die Große Brücke über den Sui-Fluss (65,6 km). Alle Brücken wurden in derselben Bauweise errichtet.

BANG NA EXPRESS WAY – DIE LÄNGSTE STRASSENBRÜCKE DER WELT

Thailand, 54,0 km

Die sechsspurige Autobahnbrücke gilt mit einer Länge von 54 Kilometern als längste Straßenbrücke der Welt. Vom architektonischen Charakter ist das Brückenbauwerk eher eine Art Hochstraße. Statisch betrachtet, ist es eine Balkenbrücke. Die aufgeständerten Stützbalken haben pro Feld eine Spannweite von 44 Metern und eine Breite von 27,2 Metern. Die Autobahn führt vom Bangkoker Stadtteil Bang Na beginnend am internationalen Flughafen vorbei weiter in Richtung Südosten bis in die Provinz Chonburi.

HONGKONG-ZHUHAI-MACAU-BRÜCKE – DIE LÄNGSTE BRÜCKE ÜBER WASSER

China, Hongkong, Macau, 55 km

Bis 2018 konnte das Straßenprojekt, zu dem die Jiaozhou-Bucht-Brücke gehört mit einer Gesamtlänge von 41,6 Kilometern den Titel der längsten Überwasser-Brücke weltweit für sich in Anspruch nehmen (großes Bild). Dann jedoch wurde es abgelöst durch die Hongkong-Zhuhai-Macau-Brücke, die sich zwischen den Sonderverwaltungszonen Hongkong und Macau über das Perlflussdelta erstreckt. Auch als weltweit längster Brückentunnel ist sie Rekordhalterin. Doch besonders für Hongkong ist die Brücke auch ein Dorn im Auge: Nicht nur herrscht auf der Brücke Rechtsverkehr – im Rest Hongkongs fährt man links –, auch forderte die Brücke einige Todesopfer unter den Arbeitern, die am Brückenbau beteiligt waren. Letzteres führte zu dem weniger rühmlichen inoffiziellen Namen der Brücke als »Blut-und-Tränen-Brücke«.

VIER ELEMENTE

LUFT

VIADUC DE MILLAU

Die längste Schrägseilbrücke der Welt und die höchsten Brückenpfeiler der Welt

In Südwestfrankreich begannen die Brückenbauer das neue Jahrtausend mit einer fantastischen technischen Meisterleistung: Zwischen 2001 und 2004 errichtete man dort über dem tiefen Flusstal des Tarn den auch ästhetisch überzeugenden Viadukt von Millau. 2.460 Meter ist diese längste Schrägseilbrücke der Welt lang. Gestützt wird sie von sieben Pfeilern, die aufgrund des welligen Geländes zwischen 77 und 245 Meter hoch und in bis zu 16 Meter tiefen Fundamenten verankert sind. Die Fahrbahn der Autobahnbrücke schwebt im sanften Schwung an ihrer höchsten Stelle 270 Meter über dem Fluss – von dort oben ist die Aussicht schlicht atemberaubend. Darüber ragen 97 Meter hoch die Pylone auf, deren schlanke Seile aus insgesamt 1.500 Tonnen Stahl das Hauptgewicht des Überbaus tragen. Für diesen allein wurden rund 36.000 Tonnen Stahl verarbeitet. Im Vergleich dazu brauchte man für den Eiffelturm Ende des 19. Jahrhunderts nur ein Fünftel dieser Menge.

DIE HÖCHSTEN BRÜCKEN NACH KONSTRUKTIONSHÖHE

1. **VIADUC DE MILLAU**
   Frankreich, 343 m
2. **YADUZ-SULTAN-SELIM-BRÜCKE**
   Türkei, 322 m
3. **RUSSKI-BRÜCKE**
   Russland, 321 m
4. **SUTONG-BRÜCKE**
   China, 306 m
5. **AKASHI-KAIKYO-BRÜCKE**
   Japan, 298 m
6. **STONECUTTERS BRIDGE**
   Hongkong, 298 m
7. **YI-SUN-SIN-BRÜCKE**
   Südkorea, 273 m
8. **JINGYUE-BRÜCKE**
   China, 265 m
9. **STOREBÆLT-BRÜCKE**
   Dänemark, 254 m
10. **ZHONGXIAN HUYU EXPRESSWAY BRÜCKE**
    China, 247 m

VIER ELEMENTE

LUFT

SCHIENENVERKEHR

Die höchstgelegenen Schienenverbindungen und Bahnhöfe der Welt

QINGHAI RAILROAD
China, 5.072 m

Als im Sommer 2006 die 1956 Kilometer lange Bahntrasse von Xining nach Lhasa fertiggestellt wurde, feierte die Volksrepublik China die verkehrstechnische Anbindung Tibets – und die Weltöffentlichkeit bestaunte eine technische Meisterleistung der Superlative. Mit einem Scheitelpunkt von 5.072 Metern ist der Streckenabschnitt von Golmud nach Lhasa die höchstgelegene Bahnstrecke der Welt. Die Station Tanggula (5.068 Meter) ist der weltweit höchste Bahnhof. Das Mammutprojekt stellte Ingenieure und Bauarbeiter vor große Herausforderungen: 960 Kilometer der Trasse verlaufen in einer Höhe von mindestens 4.000 Metern über dem Meeresspiegel. Dauerfrostböden, extreme Kälte und Sauerstoffmangel galt es beim Bau zu bewältigen und zugleich ein überaus empfindliches Ökosystem zu schützen.

FERROCARRIL CENTRAL ANDINO
Peru, 4.781 m

Eine der spektakulärsten Hochgebirgsbahnen verkehrt zwischen Lima und Huancayo. Erbaut wurde die Strecke zwischen 1870 und 1908 auf Initiative des amerikanischen Pioniers und Geschäftsmanns Henry Meiggs. Die heute von der peruanischen Eisenbahngesellschaft Ferrocarril Central Andino S. A. betriebene Andentrasse ist die höchstgelegene normalspurige Eisenbahnstrecke Amerikas und die zweithöchste der Welt. Über eine Distanz von 332 Kilometern passieren die Züge 58 Brücken, 69 Tunnel sowie sechs Spitzkehren. Der Galera-Scheiteltunnel befindet sich auf einer Höhe von 4.781 Metern über dem Meeresspiegel – nur knapp 100 Meter unterhalb des Ticlio-Passes (4.843 Meter).

DIE HÖCHSTGELEGENEN BAHNHÖFE DER WELT

1. **TANGGULA** – China, 5.068 m
2. **TANGGULA NORD/SÜD** – China, 4.950 m
3. **TUOJU** – China, 4.890 m
4. **ZHAJIAZANGBU** – China, 4.886 m
5. **TICLIO** – Peru, 4.829 m

Die peruanische Zentralbahn (großes Bild).

Tanggula-Pass-Station: auf 5.068 Metern der höchstgelegene Bahnhof der Welt (kleines Bild links).

Start der Jungfraubahn an der Kleinen Scheidegg (kleines Bild rechts unten).

PIKES PEAK COG TRAIN

USA, 4.301 m

1891 begab sich der erste Personenzug der Pikes Peak Cog Railway auf Jungfernfahrt zum 4.301 Meter hohen Gipfel des Pikes Peak in der Front Range der Rocky Mountains. Diese Bergbahn Schweizer Bauart verkehrt auch heute noch ab Manitou Springs im Bundesstaat Colorado auf einer Strecke von 14 Kilometern. Sie ist die höchstgelegene Zahnradbahn der Welt und die höchste Eisenbahn der USA.

JUNGFRAUBAHN

Höchste Eisenbahn Europas, 3.454 m

Vor 100 Jahren wurde im Berner Oberland mit der Jungfraubahn die höchste Eisenbahn Europas in Betrieb genommen. Ausgehend von der Kleinen Scheidegg (2.061 Meter), fährt sie durch die Gebirgsmassive von Eiger und Mönch hinauf zum Jungfraujoch, wo sich auf 3454 Meter über dem Meeresspiegel der höchste Bahnhof Europas befindet. Auf einer Strecke von 9,34 Kilometern überwindet die Zahnradbahn fast 1.400 Höhenmeter, mehr als sieben Kilometer liegen im Tunnel. Seit Inbetriebnahme des ersten Teilstücks 1898 wird die Jungfraubahn elektrisch angetrieben.

VIER ELEMENTE

LUFT

GEBIRGSSTRASSEN

Die höchsten Gebirgs- und Passstraßen der Welt

Die höchsten Passstraßen der Welt befinden sich im Himalaya und im Karakorum-Gebirge in Asien. Der höchste momentan befahrbare Pass ist der Marsimik La (5.640 Meter) im indischen Bundesstaat Jammu und Kaschmir, gefolgt vom Semo La (5.570 Meter) in Tibet. Aber auch in Südamerika gibt es sehr hohe Gebirgs- und Passstraßen wie beispielsweise den Chacaltaya mit 5.200 Meter Höhe. Hier, auf einer Höhe von 6.688 Metern am Vulkan Ojos del Salado (6.893 Meer), befindet sich zudem der höchste jemals mit einem Auto erreichte Punkt der Welt. Diese sehr hohen Pässe sind in der Regel schwierig zu befahren, oft bestehen sie nur aus Schotterpisten, sind sehr steil und zum Teil stark durch Erdrutsch und Steinschlag gefährdet.

DIE HÖCHSTEN PASSSTRASSEN DER WELT

(Passhöhe)

1. **MARSIMIK LA** – Indien, 5.640 m
2. **SEMO LA** – China/Tibet, 5.570 m
3. **KARAKORAM-PASS** – Indien, 5.540 m
4. **SUGE LA** – China/Tibet, 5.430 m
5. **QIESHAN LA (NAT. HIGHWAY 219)** – China/Tibet, 5.400 m
6. **AYI LA** – China/Tibet, 5.380 m
7. **KHARDUNG LA** – Indien, 5.360 m
8. **CHANG LA** – Indien, 5.360 m
9. **TAGLANG LA** – China/Tibet, 5.325 m
10. **TANGGU LA** – China/Tibet, 5.231 m

DIE »HÖCHSTE« AUTOFAHRT DER WELT AUF DEN HÖCHSTEN VULKAN DER WELT

(6.688 m)

Die Chilenen Gonzalo Bravo und Eduardo Canales fuhren mit ihrem umgebauten Suzuki Samurai im April 2007 an den Hängen des welthöchsten Vulkans, des Ojos del Salado (6.893 Meter), auf eine Höhe von 6.688 Metern hinauf. Etwa 200 Meter unterhalb des Gipfels mussten sie sich aber dem zweithöchsten Berg des amerikanischen Kontinents geschlagen geben. Der Lohn für ihr waghalsiges Unternehmen war eine Aufnahme ins Guinnessbuch der Rekorde.

DIE »HÖCHSTE« STRASSE DER WELT ZUM HÖCHSTEN BERGWERK DER WELT

(ca. 6.000 m)

Auf dem Vulkan Aucanquilcha (6.176 Meter) im Norden von Chile gab es seit 1913 in der Nähe des Gipfels eine Schwefelmine. Die Mine wurde durch eine Straße erschlossen, die auch von Lastern mit bis zu 20 Tonnen Gewicht befahren werden konnte. Die Straße führte bis auf eine Höhe von etwa 6.000 Metern. Seit die Mine 1992 geschlossen wurde, verfällt auch die Straße. Sie ist heute aufgrund von Erdrutschen nicht mehr vollständig befahrbar.

Eine leere und ramponierte Straße in der Nähe des Khardung-La-Passes im indischen Bundesstaat Jammu und Kaschmir. So sehen im Himalajagebiet viele Passstraßen aus. Vorsicht und ein geländegängiges Fahrzeug sind hier unabdingbar.

REGISTER

BILDNACHWEIS

C = Corbis, G = Getty, M = Mauritius
Cover: Patrick Tümmers, München
S. 2–3 G/Westend61, S. 4–5 M/Werner Dieterich, S. 6–7 Look/Travel Collection, S. 002 G/John Hay; S. 002 G/Michele Falzone; S. 002 M/Heidi & Hans-Juergen Koch; S. 002 G/Enzo Figueres; S. 004 Look/Per-Andre Hoffmann ; S. 004-005 M/Stefan Liebermann; S. 005 Kavram/Shutterstock.com; S. 006 Willyam Bradberry/Shutterstock.com; S. 006 A/Jeff Rotman; S. 007 Zhao Dongfang/Shutterstock.com; S. 007 R.M. Nunes/Shutterstock.com; S. 008 Josemar Franco/Shutterstock.com; S. 008 Nagel Photography/Shutterstock.com; S. 009 BorneoRimbawan/Shutterstock.com; S. 010 M/G&M Therin-Weise; S. 010-011 Minerva Studio/Shutterstock.com; S. 011 HelloRF Zcool/Shutterstock.com; S. 012-013 M/Stefan Liebermann; S. 014-015 Look/Per-Andre Hoffmann ; S. 016 G/Cesar Hugo Storero; S. 016-017 IAguirreV/Shutterstock.com; S. 018 A/David Hancock; S. 018 PLOO Galary/Shutterstock.com; S. 018 M/H. Mark Weidman Photography ; S. 019 A/Tom Till; S. 020-021 C/Macduff Everton; S. 021 Darryl Brooks/Shutterstock.com; S. 021 Wollertz/Shutterstock.com ; S. 022 C/Bettmann; S. 022 Look/Per-Andre Hoffmann ; S. 022-023 G/Toby Maudsley; S. 023 G/Michael Freeman; S. 023 C/Bettmann; S. 024 C/; S. 024 C/Michael S. Yamashita; S. 024-025 C/Kevin Schafer; S. 025 C/Pablo Corral Vega; S. 025 G/Marc Adamus; S. 025 C/Historical ; S. 026 G/Panoramic Images; S. 026-027 G/Art Wolfe; S. 027 G/Severns; S. 027 Phillip B. Espinasse/Shutterstock. Com; S. 028 M/Pavel Filatov; S. 029 G/Pubbli Aer Foto; S. 030 G/Carsten Peter ; S. 030 G/Simeone Huber; S. 030-031 G/Art Wolfe; S. 031 Traveler17/Shutterstock.com; S. 032 C/Hans Georg Roth; S. 032 G/Michel Setboun ; S. 032-033 M/Horst Fischer; S. 033 Irakite/Shutterstock.com; S. 034 G/Steve Taylor; S. 034 M/Haraldur Stefansson; S. 034-035 Bastien Schneider/Shutterstock.com; S. 035 M/Cavan Images; S. 035 M/Flpa; S. 036 C/Roger Wood; S. 036-037 C/Ren Zhenglai; S. 037 A/Martin Westlake; S. 038 Vera KL82/Shutterstock.com; S. 038 Smelov/Shutterstock.com; S. 038-039 Yykkaa/Shutterstock.com; S. 039 Sergey Krasnoshchokov/Shutterstock.com; S. 039 GTW/Shutterstock.com; S. 039 Yuri-D3/Shutterstock.com; S. 040 C/Peter Guttman; S. 040-041 Pav-Pro Photography Ltd/Shutterstock.com; S. 042 C/Richard T. Nowitz; S. 042-043 M/David Keith Jones; S. 043 A/The Africa Image Library; S. 043 A/The Africa Image Library; S. 044 Look/Hauke Dressler; S. 044-045 AndreyFilippov.com/Shutterstock.com; S. 046 Arjen de Ruiter/Shutterstock.com; S. 046-047 Wayak/Shutterstock.com; S. 048 G/Michele Falzone; S. 048 Laif/Bertrand Rieger; S. 048-049 Laif/John Frumm; S. 049 M/Alamy; S. 049 Philipimage/Shutterstock.com; S. 050 C/Fred Hirschmann; S. 050-051 G/Martin Gray; S. 051 A/Jon Arnold; S. 052 G/Bob Stefko; S. 052-053 G/Charles O'Rear; S. 054 PhotocechCZ/Shutterstock.com; S. 054 sabine_lj/Shutterstock.com; S. 054-055 G/Ed Darack; S. 055 M/Jan Csernoch; S. 056 M/Tiara Anggamulia; S. 056 M/Harald von Radebrecht; S. 056-057 M/NASA; S. 057 Matyas Rehak/Shutterstock.com; S. 058-059 C/George Steinmetz; S. 059 C/George Steinmetz; S. 060 M/Library Book Collection; S. 060-061 Yvonne Baur/Shutterstock.com; S. 061 Junrong/Shutterstock.com; S. 061 Stanislav-Z/Shutterstock.com; S. 062 M/Werner Otto; S. 062 Peeradontax/Shutterstock.com; S. 062-063 Taranchic/Shutterstock.com; S. 064 Joaquin Corbalan P/Shutterstock.com; S. 064 Taromon/Shutterstock.com; S. 064 Maximillian cabinet/Shutterstock.com; S. 064-065 M/Thomas Ebelt; S. 066 Lijuan Guo/Shutterstock.com; S. 066 Japan Explorers/Shutterstock.com; S. 066-067 Norbertv/Shutterstock.com; S. 068 A.Ricardo/Shutterstock.com; S. 068 A.Ricardo/Shutterstock.com; S. 068-069 A.Ricardo/Shutterstock.com; S. 070 Spreewald-Birgit/Shutterstock.com; S. 070 Yulia Grigoryeva/Shutterstock.com; S. 070-071 Tony Norkus/Shutterstock.com; S. 072 M/Science Source; S. 072-073 Withan Tor/Shutterstock.com; S. 073 Xtock/Shutterstock.com; S. 074 Vadim Sadovski/Shutterstock.com; S. 075 Zita/Shutterstock.com; S. 075 M/Massimo Dallaglio; S. 076 Marcobrivio.photo/Shutterstock.com; S. 076-077 Kavram/Shutterstock.com; S. 078 M/Alamy ; S. 078-079 Patrick Poendl/Shutterstock.com; S. 079 C/Jean du Boisberranger; S. 079 G/Frans Lemmens; S. 079 G/Frans Lemmens; S. 080 Aleksander hunta/Shutterstock.com; S. 080 J_K/Shutterstock.com; S. 080 Gonzalo Buzonni/Shutterstock.com; S. 080-081 Kokhanchikov/Shutterstock.com; S. 082 G/Travel Ink; S. 082 G/Travel Ink; S. 082-083 A/; S. 084 A/Arco Images; S. 084 C/George Steinmetz; S. 084-085 G/Pete Turner; S. 086 Dietmar Assmann/Shutterstock.com; S. 087 G/Michael Schwab; S. 088 C/Massimo Borchi; S. 088-089 G/Gordon Wiltsie; S. 089 Mohammad.Nouri/Shutterstock.com; S. 089 G/Bob Krist; S. 090 M/Alexander Redling; S. 090-091 Anton Petrus/Shutterstock.com; S. 091 Solkafa/Shutterstock.com; S. 092 G/Jeff Foott; S. 092 G/Siegfried Layda; S. 092-093 G/Don Smith; S. 093 G/Jeff Foott; S. 094 M/Clement Philippe; S. 094-095 G/Enrique Aguirre; S. 095 G/Pdil; S. 095 M/Lisa Werner; S. 096 G/Darrell Gulin; S. 096-097 G/Hebert; S. 097 G/Luis Veiga; S. 098 G/Ted Mead; S. 098-099 G/Ted Mead; S. 100-101 Tyrrannoid/Shutterstock.com; S. 101 G/Auscape; S. 102-103 Willyam Bradberry/Shutterstock.com; S. 104 Willyam Bradberry/Shutterstock.com; S. 104-105 M/Jeff Rotman; S. 106 A/ClassicStock; S. 106 G/Michael Melford; S. 106 C/Carson Ganci; S. 106-107 BlueOrange Studio/Shutterstock.com; S. 107 Nicolasvoisin44/Shutterstock.com; S. 108-109 Ethan Daniels/Shutterstock.com; S. 109 M/Solvin Zankl; S. 109 Sergey Kohl/Shutterstock.com; S. 110 Nicolasvoisin44/Shutterstock.com; S. 110 Kristina Vackova/Shutterstock.com; S. 110 Bangtalay/Shutterstock.com; S. 110 M/Mark Conlin; S. 111 Huber/Giovanni; S. 111 Geospace/EDC ; S. 112 TitoOnz/Shutterstock.com; S. 112-113 Superjoseph/Shutterstock.com; S. 113 M/Chris Willson; S. 113 Tanya Puntti/Shutterstock.com; S. 114 ABCDstock/Shutterstock.com; S. 114 G/Qilai Shen; S. 115 G/Eightfish; S. 116 C/Gavin Hellier; S. 116-117 Martin M303/Shutterstock.com; S. 117 Mia2you/Shutterstock.com; S. 118-119 ElRoce/Shutterstock.com; S. 120 G/Frederic Pacorel; S. 120 G/Panoramic Images ; S. 120-121 Altug Galip/Shutterstock.com; S. 122 Mariusz Potocki/Shutterstock.com; S. 122-123 Axily/Shutterstock.com; S. 123 G/Tartan Dragon; S. 124-125 G/Johnny Johnson; S. 125 G/Paul Oomen; S. 126 G/Eastcott Momatiuk; S. 126 G/Art Wolfe; S. 126 G/Paul Souders; S. 127 M/Hum Historical; S. 127 Kuleshov Oleg/Shutterstock.com; S. 128-129 G/Per Breiehagen; S. 129 C/Bettmann; S. 129 C/Bettmann; S. 129 C/Bettmann; S. 129 C/Bettmann; S. 129 G/Bettmann; S. 130 M/Arctic-Images; S. 131 M/Planet Observer; S. 131 Hourvari/Shutterstock.com; S. 132 H. & D. Zielske; S. 132-133 Geospace/EDC ; S. 134 Justin Berken/Shutterstock.com; S. 134 Earth theater/Shutterstock.com; S. 135 M/Digitalunderwater.com; S. 135 M/Franco Banfi; S. 135 A/Stock Connection; S. 135 C/Amos Nachoum; S. 136 M/Andrea Izzotti; S. 136-137 G/Jurij Cerednicenko; S. 138 Tatiana Ivkovich/Shutterstock.com ; S. 138 C/Theo Allofs; S. 138-139 G/Keith Bradley ; S. 140-141 Sergey Uryadnikov/Shutterstock.com; S. 142 G/China Tourism Press; S. 142-143 Zhao dongfang/Shutterstock.com; S. 144 Ewa Studio/Shutterstock.com; S. 144-145 M/Mediacolor's; S. 145 Lisa-S/Shutterstock.com; S. 146 Canon_photographer/Shutterstock.com; S. 146 Canon_photographer/Shutterstock.com; S. 147 Aldo91/Shutterstock.com; S. 147 M/Bailey-Cooper; S. 148 C/Skyscan; S. 148-149 M/NASA - digital version copyright; S. 149 G/Paul Souders; S. 150-151 C/Remi Benali; S. 152-153 G/Jon Hicks; S. 154 Mariusz Bugno/Shutterstock.com; S. 154 G/Hulton-Deutsch Collection; S. 154 G/Hulton-Deutsch Collection; S. 155 Gabriele Rohde/Shutterstock.com; S. 155 Ralf Gosch/Shutterstock.com; S. 156 G/Derek Lebowski; S. 156-157 Caio Pederneiras/Shutterstock.com; S. 157 G/Altrendo Travel; S. 158-159 Jaka Zvan/Shutterstock.com; S. 159 C/Jeffrey L. Rotman; S. 159 G/Tim Graham; S. 160-161 Lavizzara/Shutterstock.com; S. 161 M/Alamy; S. 162 Michael Zysman/Shutterstock.com; S. 162 Testing/Shutterstock.com; S. 162 Yginger Lee/Shutterstock.com; S. 162-163 Evan Austen/Shutterstock.com; S. 163 DSlight_photography/Shutterstock.com; S. 163 Curioso.Photography/Shutterstock.com; S. 164 Ivan Kazachenko/Shutterstock.com; S. 164 M/Fabio Nodari; S. 164-165 M/Prasit Rodphan; S. 165 Martchan/Shutterstock.com; S. 166-167 M/Manish Lakhani; S. 167 C/Alison Wright; S. 167 C/Blaine Harrington III; S. 167 Prabhjit S. Kalsi/Shutterstock.com; S. 168 M/All Canada Photos; S. 168 G/Yves Marcoux; S. 168-169 F11photo/Shutterstock.com; S. 169 G/Panoramic Images; S. 170-171 Eshma/Shutterstock.com; S. 171 C/Christophe Boisvieux; S. 171 Laif/Manfred Linke; S. 171 H. & D. Zielske; S. 172 G/Karl Johaentges; S. 172 Look/Karl Johaentges; S. 173 M/Keren Su; S. 174 Look/Don Fuchs; S. 174-175 G/John Hay; S. 175 G/Michael Gebicki; S. 176 Tonyz20/Shutterstock.com; S. 176 Alchemist777/Shutterstock.com; S. 176-177 David Havel/Shutterstock.com; S. 177 Catchlight Lens/Shutterstock.com; S. 178 Shcherbina Valeriy/Shutterstock.com; S. 178-179 R.M. Nunes/Shutterstock.com; S. 180 G/Ralph Lee Hopkins; S. 180-181 A/Kevin Schafer; S. 181 Vadim Petrakov/Shutterstock.com; S. 182 M/AC-Images; S. 182 Pit Stock/Shutterstock.com; S. 182-183 TRphotos/Shutterstock.com; S. 182-183 Davide bonaldo/Shutterstock.com; S. 184 M/Peter M. Wilson; S. 184-185 G/Kevin Schafer; S. 186 G/Panoramic Images; S. 186-187 Sunsinger/Shutterstock.com; S. 187 Procy/Shutterstock.com; S. 188 Laif/Emmler; S. 188 Laif/Clemens Emmler; S. 188-189 Robin Runck/Shutterstock.com; S. 190 G/Ian Cumming; S. 190 G/Jake Wyman; S. 190-191 Vadim Petrakov/Shutterstock.com; S. 192 G/Christian Hoehn; S. 192-193 GeGiGoggle/Shutterstock.com; S. 193 G/Art Wolfe; S. 194 Johan Knelsen/Shutterstock.com; S. 194 Hue Chee Kong/Shutterstock.com; S. 194-195 TRphotos/Shutterstock.com; S. 195 Linda Harms/Shutterstock.com; S. 195 Anderm/Shutterstock.com; S. 196-197 Daniel Bartos/Shutterstock.com; S. 197 A/Dfwalls; S. 197 Smit/Shutterstock.com; S. 198 Jonas Vestli/Shutterstock.com; S. 198 Santi Rodriguez/Shutterstock.com; S. 198-199 Magnus Binnerstam/Shutterstock.com; S. 200 A/View Stock; S. 200 Evgenii Emelianov/Shutterstock.com; S. 200-201 RudiErnst/Shutterstock.com; S. 202 THP Creative/Shutterstock.com; S. 202-203 Piu_Piu/Shutterstock.com; S. 203 A/Radius

Images; S. 203 C/Nik Wheeler; S. 204-205 JordanSchopper/Shutterstock.com; S. 206 M/Tsado; S. 206-207 Boris Rezvantsev/Shutterstock.com; S. 207 Melanie_10/Shutterstock.com; S. 207 C/Marc Garanger; S. 208 M/Gerald Nowak; S. 208-209 A/Imagebroker; S. 210 M/Maxim Petrichuk; S. 210 A/Robert Harding; S. 210-211 Agpotterphoto/Shutterstock.com; S. 212 M/Philippe Henry; S. 212-213 G/Joseph Sohm; S. 213 G/Pdil; S. 213 G/Donovan Reese; S. 214-215 Kiki Dohmeier/Shutterstock.com; S. 215 A/Ariadne Van Zandbergen; S. 215 G/James Baigrie; S. 216 A/Imagebroker; S. 216-217 Alvov/Shutterstock.com; S. 218 WitR/Shutterstock.com; S. 218-219 Andry Rodriguez/Shutterstock.com; S. 220 C/Frans Lanting; S. 220 Look/Don Fuchs; S. 220 C/Peter Adams; S. 220-221 Grobler du Preez/Shutterstock.com; S. 221 Laif/Giuglio Gil; S. 222 Dave Primov/Shutterstock.com; S. 222 FabrikaSimf/Shutterstock.com; S. 222 AtlasStudio/Shutterstock.com; S. 222 Hiren Ranpara/Shutterstock.com; S. 222-223 Dave Primov/Shutterstock.com; S. 223 M/Kevin Schafer; S. 224 C/Franz Marc Frei; S. 224-225 C/Theo Allofs; S. 226 G/Theo Allofs; S. 226-227 G/Joel Sartore; S. 227 G/Joel Sartore; S. 227 C/Guido Cozzi; S. 227 G/Bobby Haas ; S. 228 C/Frans Lanting; S. 228-229 MrLis/Shutterstock.com; S. 230-231 A/Phil Degginger; S. 232 M/Luis Leamus; S. 232 M/Konrad Wothe; S. 232-233 M/Peace Portal Photo; S. 233 M/Udo Bernhart; S. 234 Vadim Petrakov/Shutterstock.com; S. 234-235 Chris Christophersen/Shutterstock.com; S. 236 M/D. Pilipenko; S. 236-237 M/B.A.E. Inc.; S. 238 G/Panoramic Images; S. 238 G/Kevin Schafer; S. 238-239 G/Per Breiehagen; S. 239 Oscity/Shutterstock.com; S. 240 Hunzukutz Kahn/Shutterstock.com; S. 240 G/World Perspectives; S. 240 A/Ria Novosti; S. 240-241 Vasiq Eqbal/Shutterstock.com; S. 242 A/Itartass; S. 242-243 G/Per Breiehagen; S. 243 G/Bettmann; S. 244 G/Paul Souders; S. 244 M/Brian Horisk; S. 244-245 Tupungato/Shutterstock.com; S. 246 Mountaintreks/Shutterstock.com; S. 246-247 C/Yann Arthus-Bertrand; S. 248-249 Max Forgues/Shuttrstock.com ; S. 249 G/Robert Gendler; S. 250 Jefferson Bernardes/Shutterstock.com; S. 250-251 Saiko3p/Shutterstock.com; S. 252-253 Josemar Franco/Shutterstock.com; S. 254 Laif/Christian Heeb; S. 254-255 Nagel Photography/Shutterstock.com; S. 256-257 Laif/Berthold Steinhilber; S. 257 Ltdedigos/Shutterstock.com; S. 258-259 G/Jon Warburton Lee; S. 259 Lucky-photographer/Shutterstock.com; S. 260 G/Carsten Peter; S. 260 A/Westend61; S. 260 JordiStock/Shutterstock.com; S. 260 Artush/Shutterstock.com; S. 260-261 Joanna Rigby-Jones/Shutterstock.com; S. 262-263 G/Ron Watts; S. 263 Simon Dannhauer/Shutterstock.com; S. 264-265 Josemaria Toscano/Shutterstock.com; S. 266 Buladeviagens/Shutterstock.com; S. 266-267 Cge2010/Shutterstock.com; S. 268-269 G/Yva Momatiuk & John Eastcott; S. 269 C/Paul Souders; S. 269 G/TCL; S. 270-271 Mesa Studios/Shutterstock.com; S. 271 A/North Wind; S. 271 C/H.R. Bowers; S. 271 Sean M Smith/Shutterstock.com; S. 272-273 G/Jochen Schlenker; S. 273 Patryk Kosmider/Shutterstock.com; S. 274-275 NaughtyNut/Shutterstock.com; S. 275 Maurizio De Mattei/Shutterstock.com; S. 276 C/A. L. Murat; S. 276 C/Bettmann; S. 276-277 G/James Balog; S. 277 G/Johansen Krause; S. 277 G/Liu Jin; S. 277 G/Marc Solomon; S. 277 M/Brand X Pictures; S. 278 G/Arctic Images; S. 278-279 Tomas Pavelka/Shutterstock.com; S. 280 G/Peter Adams; S. 280 G/Tyler Stableford; S. 280-281 M/Steve Allen; S. 282 RUBEN M RAMOS/Shutterstock.com; S. 282-283 Ed Dods/Shutterstock.com; S. 283 RUBEN M RAMOS/Shutterstock.com; S. 283 Jeff Amantea/Shutterstock.com; S. 283 GTW/Shutterstock.com; S. 284 G/Sylvain Sonnet; S. 284 G/John Lawrence; S. 284 Look/; S. 284-285 G/Jake Wyman; S. 285 A/Mikael Utterstrom; S. 285 PhotoVisions/Shutterstock.com; S. 286 G/Peter Adams; S. 286-287 Dennis van de Water/Shutterstock.com; S. 287 G/Ted Mead; S. 288 Stephan Hawks/Shutterstock.com; S. 288-289 C/; S. 289 G/Darryl Torckler; S. 290 JordiStock/Shutterstock.com; S. 290-291 Volodymyr Goinyk/Shutterstock.com; S. 292 G/Steve Winter; S. 292 G/Astromujoff; S. 292 Look/Karl Johaentges; S. 293 C/George Steinmetz; S. 293 G/World Perspectives; S. 293 G/Peter Adams; S. 294 M/Danita Delimont / Howie Garber; S. 294 Sophia Granchinho/Shutterstock.com; S. 294-295 Jef Wodniack/Shutterstock.com; S. 296 C/Steve Kaufman; S. 296 G/Roger Tidman; S. 296-297 M/Roland Knauer; S. 298 G/Paul Nicklen; S. 298 G/DC Productions; S. 298-299 M/Thomas Sbampato; S. 300 Menno Schaefer/Shutterstock.com; S. 300 M/Karin Jähne; S. 300-301 Jennifer Krajsek/Shutterstock.com; S. 302-303 Christopher Meder/Shutterstock.com; S. 303 Pticelov/Shutterstock.com; S. 304 G/Macduff Everton; S. 304-305 Vadim Petrakov/Shutterstock.com; S. 306 M/David Burton; S. 306 Roger Wissmann/Shutterstock.com; S. 306-307 Menno Schaefer/Shutterstock.com; S. 307 Longtaildog/Shutterstock.com ; S. 308 G/Panoramic Images; S. 308-309 G/Ron Erwin; S. 310 Nata Naumovec/Shutterstock.com; S. 310 Phuketian.S/Shutterstock.com; S. 310 Vladimir Kovalchuk/Shutterstock.com; S. 310-311 Leonid Ikan/Shutterstock.com; S. 312 Erik Mandre/Shutterstock.com; S. 312 Vaclav Sebek/Shutterstock.com; S. 312 G/Roy Toft; S. 312-313 Vaclav Sebek/Shutterstock.com; S. 314 Rob Christiaans/Shutterstock.com; S. 314-315 Frank Wortmann/Shutterstock.com; S. 315 G/Krebs; S. 316 A/Magdalena Rehova; S. 316 G/Paul Oomen; S. 316-317 Manfred Ruckszio/Shutterstock.com; S. 318 A/Juniors Bildarchiv; S. 318-319 G/Ronald Wittek; S. 320-321 G/Keisuke Iwamoto; S. 321 A/View Stock; S. 321 G/Hitoshi Osawa; S. 322 G/Nature Expressions; S. 322-323 M/Steve Bloom; S. 323 Jakob Fischer/Shutterstock.com; S. 323 Look/Konrad Wothe; S. 323 Rayints/Shutterstock.com; S. 323 Mark Green/Shutterstock.com; S. 323 M/Tim Whitby; S. 324 M/Gary Crabbe; S. 324-325 Dave Allen Photography/Shutterstock.com; S. 326 MrForever/Shutterstock.com; S. 326 Andi111/Shutterstock.com; S. 326-327 Greg Brave/Shutterstock.com; S. 327 Kathie Nichols/Shutterstock.com; S. 328 A/Fabian Gonzales; S. 328-329 G/Karin Slade; S. 329 Yaping/Shutterstock.com; S. 330 Uwe Bergwitz/Shutterstock.com; S. 330 G/Hans Strand; S. 330-331 Sma105C/Shutterstock.com; S. 331 A/Christophe Viseux; S. 332 BEJITA/Shutterstock.com; S. 332-333 Artush/Shutterstock.com; S. 334 Fotofriends/Shutterstock.com; S. 334-335 A/Thomas Hallstein; S. 335 Guaxinim/Shutterstock.com; S. 336-337 BorneoRimbawan/Shutterstock.com; S. 337 Dirk Ercken/Shutterstock.com; S. 338 G/Tim Graham; S. 338-339 Huang jenhung/Shutterstock.com; S. 340-341 A/Robert Harding; S. 341 Eva Mont/Shutterstock.com; S. 341 G/Mattias Klum; S. 341 G/Guido Cozzi; S. 342 M/David Gee 4; S. 342 M/Joseph Austin; S. 342-343 Lucy.Brown/Shutterstock.com; S. 344 Francisco Blanco/Shutterstock.com; S. 344 Richard Whitcombe/Shutterstock.com; S. 344-345 Lavizzara/Shutterstock.com; S. 346 G/P. Kumar; S. 346 G/Richard Packwood; S. 346 G/James Warwick; S. 346-347 M/WorldFoto; S. 347 M/Ron Steiner ; S. 347 Lukaszemanphoto/Shutterstock.com; S. 348 AyhanTuranMenekay/Shutterstock.com; S. 348-349 G/Fadil Aziz; S. 349 Laif/Hoa-Qui; S. 349 AIHA 133/Shutterstock.com ; S. 350 Katie Stevens Photography/Shutterstock.com; S. 350-351 AustralianCamera/Shutterstock.com; S. 351 M/Jürgen & Christine Sohns; S. 352 G/Michael Nichols; S. 352-353 M/Kevin Schafer; S. 353 Onyx9/Shutterstock.com; S. 353 G/Ian Nichols; S. 354 Filip Fuxa/Shutterstock.com; S. 354 M/Eyal Bartov; S. 354 M/Jan Csernoch; S. 354 Dmitry Laudin/Shutterstock.com; S. 354-355 AG Technology Solutions/Shutterstock.com; S. 355 Bruno Martins Imagens/Shutterstock.com; S. 356 M/AA World Travel Library; S. 356-357 G/Ray Massey; S. 358 Valentina Po/Shutterstock.com; S. 358-359 Ken Griffiths/Shutterstock.com; S. 359 Image-BROKER.com/Shutterstock.com; S. 359 Artush/Shutterstock.com; S. 360 Riekephotos/Shutterstock.com; S. 360 A/Banana Pankace; S. 360-361 Kevin Wells Photography/Shutterstock.com; S. 362 G/P. Jaccod; S. 362-363 FMPortella/Shutterstock.com ; S. 363 A/Photoshot; S. 364 G/Nicholas Parfitt; S. 364-365 M/Konstantin Kikvidze; S. 366 A/Christoph Keller; S. 366 G/Ted Wood; S. 367 M/Heidi & Hans-Juerger Koch; S. 367 Look/Per-Andre Hoffmann; S. 368-369 Infra2808/Shutterstock.com; S. 369 Marti.Morini/Shutterstock.com; S. 369 Traveladdict/Shutterstock.com; S. 370 Belozorova Elena/Shutterstock.com; S. 370 G/Hiroyuki Nagaoka; S. 371 A/Nature Picture Library; S. 371 Anuradha Marwah/Shutterstock.com; S. 371 A/Nature Picture Library; S. 372 Alex Cimbal/Shutterstock.com; S. 372 G/Visionandimagination.com; S. 372-373 A/Bill Bachman; S. 374 Ken Griffiths/Shutterstock.com; S. 374 G/Martin Harvey; S. 375 Ken Griffiths/Shutterstock.com; S. 375 Wikimedia Commons/Photo by Phil Spark/https://de.wikipedia.org/wiki/Datei:Eastern_Pygmy_Possum_Pilliga_Forest_NSW.jpg/https://creativecommons.org/licenses/by/2.0/deed.de; S. 376 Jitkagold/Shutterstock.com; S. 376-377 Groenewegphotography/Shutterstock.com; S. 378-379 G/Darrell Gulin; S. 379 A/Images&Stories; S. 379 G/Paul A. Souders S. 380 C/Massimo Ripani; S. 380 G/Theo Allofs; S. 381 Chantal de Bruijne/Shutterstock.com; S. 381 Gaston Piccinetti/Shutterstock.com; S. 381 G/James Warwick; S. 382 G/J. Sneesby/B. Wilkins ; S. 382 G/Jim Zuckerman; S. 382-383 G/Martin Harvey; S. 383 G/Steve & Ann Toon; S. 383 C/Peter Johnson; S. 383 G/Martin Harvey; S. 384 G/41776000000; S. 384 Marcel Brekelmans/Shutterstock.com; S. 385 Petr Toman/Shutterstock.com; S. 385 Photoyh/Shutterstock.com; S. 386 Wikimedia Commons/PM 93/https://de.wikipedia.org/wiki/Datei:Bugatti_Veyron_16.4_%E2%80%93_Innenraum_(1),_5._April_2012,_D%C3%BCsseldorf.jpg#/media/Datei:Bugatti_Veyron_16.4_%E2%80%93_Frontansicht,_5._April_2012,_D%C3%BCsseldorf.jpg/ https://creativecommons.org/licenses/by-sa/3.0/de/deed.en; S. 386 Wikimedia Commons/Lothar Spurzem/https://de.wikipedia.org/wiki/Datei:LangH-MB-W125-1977.jpg/https://creativecommons.org/licenses/by-sa/2.0/de/deed.de; S. 386 G/Martyn Goddard; S. 386-387 Max Earey/Shutterstock.com; S. 387 G/Bettmann; S. 387 Patruflo/Shutterstock.com; S. 387 G/David Taylor; S. 388 M/Markus Mainka; S. 388 Wikimedia Commons/S23725/https://de.wikipedia.org/wiki/Datei:Deux_TGV_%C3%A0_Paris-Lyon.jpg/https://creativecommons.org/licenses/by-sa/4.0/deed.de; S. 388 Wikimedia Commons+ Flickr/Alain Stoll/https://de.wikipedia.org/wiki/Datei:TGV_World_Speed_Record_574_km_per_hour.jpg/https://creativecommons.org/licenses/by-sa/2.0/deed.de; S. 388-389 M/Zhang Zhiwei; S. 389 M/Markus Mainka; S. 389 David Herraez Calzada/Shutterstock.com; S. 389 M/Markus Mainka; S. 389 M/Chisanu Liengpan; S. 389 Wikimedia Commons/O01326/https://de.wikipedia.org/wiki/Datei:CRH380AJ-0202.jpg/https://creativecommons.org/licenses/by-sa/4.0/deed.de; S. 389 G/Giorgio Cosulich; S. 390 G/ Macduff Everton; S. 390 C/Caetano Barreira; S. 390 G/Robert Postma; S. 390-391 G/Panoramic Images; S. 391 G/Robert Van Der Hilst; S. 392 Zack Frank/ Shutterstock.com; S. 392-393 G/Pete Saloutos; S. 394 M/Clint Farlinger; S. 394 G/National Geographic; S. 395 M/Ben Pipe; S. 395 Felix Lipov/Shutterstock.com; S. 396 Leonid Andronov/Shutterstock.com ; S. 396-397 Valerio951/ Shutterstock.com ; S. 397 Kaca Skokanova/Shutterstock.com; S. 398 G/Altrendo Travel; S. 398-399 DBrower/Shutterstock.com; S. 399 Laif/Max Galli; S. 400 Proslgn/Shutterstock.com; S. 400-401 Galyna Andrushko/Shutterstock.com; S. 402-403 Zzvet/Shutterstock.com; S. 403 G/Gordon Wiltsie; S. 404 Elisaveta Ivanova/Shutterstock.com; S. 404 G/Chad Ehlers ; S. 404-405 Alexey Kamenskiy/Shutterstock.com; S. 405 Kazuki Yamakawa/Shutterstock.com; S. 406 Alamy/Image Source Pink; S. 406 Mark stephens photography/Shutterstock.com; S. 406-407 M/Zuma Press; S. 408 Marina VN/Shutterstock.com; S. 408 Leonid Sorokin/Shutterstock.com; S. 408 A/Rod Edwards; S. 409 Kristopher Kettner/Shutterstock.com; S. 409 Gianni triggiani/Shutterstock.com; S. 409 Kumeko/Shutterstock.com; S. 410 G/Laurie Chamberlain; S. 410 A/Imagebroker; S. 410 G/Siegfried Layda; S. 410-411 G/Laurie Chamberlain; S. 411 M/Kevin Foy; S. 411 G/Michael Lewis; S. 411 G/Roger Wright; S. 412 Totajla/Shutterstock.com; S. 412 C/Robert Garvey; S. 412-413 Maurizio De Mattei/Shutterstock.com; S. 414 M/Claude Schneider; S. 414-415 Laif/Christian Heeb; S. 416 G/ James Randklev; S. 416 G/Robert Frerck; S. 416-417 LHBLLC/Shutterstock.com; S. 418-419 G/Patrick Endres; S. 420 Mathias Putze/Shutterstock.com; S. 420-421 M/NASA Archive; S. 422 G/Bettmann; S. 422-423 A/Robert Preston; S. 423 G/Dan Rafla; S. 424 Beautiful landscape/Shutterstock.com; S. 424 G/Michael C. Klesium ; S. 424 G/Art Wolfe; S. 424-425 Martin Gillespie/Shutterstock.com; S. 425 G/Galen Rowell; S. 425 M/Alamy ; S. 425 Pictr Snigorski/ Shutterstock.com; S. 425 Punnawit Suwattananun/Shutterstock.com; S. 425 Saulius Damulevicius/Shutterstock.com; S. 425 A/Danita Delimont; S. 425 C/ Galen Rowell; S. 425 G/Stockbyte; S. 425 A/Ian Paterson; S. 425 G/Keren Su; S. 425 M/CuboImages; S. 426 A/Atmotu Images; S. 426 G/W. Buss; S. 426 G/ Grant Dixon; S. 426-427 Yongyut Kumsri/Shutterstock.com; S. 427 G/Wolfgang Kaehler; S. 428 C/Steinmetz ; S. 428 Daniel Prudek/Shutterstock.com; S. 428-429 Daniel Prudek/Shutterstock.com; S. 430 M/Westend61; S. 430-431 G/ Pubbli Aer Foto; S. 432 M/Javier Etcheverry; S. 432 Buteo/Shutterstock.com; S. 432 Ecuadorplanet/Shutterstock.com; S. 432-433 G/Joel Sartore; S. 433 J. Lekavicius/Shutterstock.com; S. 434 Mike Ver Sprill/Shutterstock.com; S. 434 G/ Travel Ink ; S. 434-435 BlueBarronPhoto/Shutterstock.com; S. 435 Agami Photo Agency/Shutterstock.com; S. 435 Pierre Leclerc/Shutterstock.com; S. 436 G/Paul A. Zahl; S. 436 Look/Michael Martin; S. 436-437 Volodymyr Burdiak/ Shutterstock.com; S. 437 ChrisVanLennepPhoto/Shutterstock.com; S. 437 Dmitry Pichugin/Shutterstock.com; S. 438 G/Travel Ink ; S. 438 C/George Steinmetz; S. 438-439 G/Gavin Hellier; S. 439 Stanislav Kachyna/Shutterstock.com; S. 440 Isogood_patrick/Shutterstock.com; S. 440 AleCasa77/Shutterstock.com; S. 440 Diegomezr/Shutterstock.com; S. 440 M/Reese Lassman; S. 441 Wikimedia Commons/BenniQ/https://de.wikipedia.org/wiki/Datei:Monolith_Baalbek.jpg/https://creativecommons.org/licenses/by-sa/4.0/deed.de; S. 441 M/EmmePi Travel; S. 441 M/Prill Mediendesign ; S. 441 TTstudio/Shutterstock.com; S. 442 M/Maxim Toporskiy; S. 442-443 G/Cornelia Doerr; S. 443 Sg-naturephoto.com/Shutterstock.com; S. 443 A.Pushkin/Shutterstock.com; S. 444-445 M/DOD Photo; S. 445 G/Gordon Wiltsie; S. 446-447 Minerva Studio/Shutterstock.com; S. 448 LPatricK297/Shutterstock.com; S. 448 Jason and Bonnie Grower/Shutterstock.com; S. 448-449 M/G&M Therin-Weise; S. 449 Henk Osinga Photography/Shutterstock.com; S. 450 M101Studio/Shutterstock.com; S. 450 Suparat Chairatprasert/Shutterstock.com; S. 450-451 VanderWolf Images/Shutterstock.com; S. 452 C/Chris Hellier; S. 452-453 C/Joe McDonald; S. 453 M/Imagebroker; S. 454 Martin Erdniss/Shutterstock.com; S. 454 ELEPHOTOS/Shutterstock.com; S. 454-455 Martin Erdniss/Shutterstock.com; S. 456-457 M/H18PDW Photography; S. 457 Terence Nelson/Shutterstock.com; S. 457 RikoBest/Shutterstock.com; S. 458 M/M. Guyt; S. 458-459 Sergey Uryadnikov/Shutterstock.com; S. 459 Jakub Vanek PRG/Shutterstock.com; S. 460 G/Bill Nation; S. 460 G/Bill Nation; S. 460-461 G/Images Press; S. 461 G/Dean Conger; S. 462 James P Mock/Shutterstock.com; S. 462-463 M/ Ingo Schulz; S. 463 G/Nasir Kachroo; S. 463 M/Dieter Mahlke; S. 464 Dan Simonsen/Shutterstock.com; S. 464 Meoita/Shutterstock.com ; S. 464-465 Jose Gil/Shutterstock.com; S. 466-467 G/Bettmann; S. 467 Ramy Fathalla/Shutterstock.com; S. 467 Harry Collins Photography/Shutterstock.com; S. 468 M/M. Woike; S. 468 Al'fred/Shutterstock.com; S. 468-469 G/Roberto Machado Noa; S. 469 M/Kike Calvo; S. 470 M/James Caldwell; S. 470-471 G/Danny Lehman; S. 471 M/Frances Roberts; S. 471 G/Bettmann; S. 472 Artsiom P/Shutterstock.com; S. 472-473 Jose Antonio Perez/Shutterstock.com; S. 473 Wws001/ Shutterstock.com; S. 474 M/NASA; S. 474 M/World Book Inc.; S. 474 G/Stocktrek Images; S. 474-475 M/NASA; S. 475 Guy In Utah/Shutterstock.com; S. 476 M/NASA; S. 476 M/NG Images; S. 476-477 G/Michael Collins; S. 478 Sipakorn/Shutterstock.com; S. 478-479 Suttipon Thanarakpong/Shutterstock.com; S. 479 M/Jeff Smith; S. 479 M/Jim West; S. 479 Carlos martin diaz/ Shutterstock.com; S. 480 M/Planet Observer; S. 480 M/Manfred Gottschalk; S. 480-481 Michael Gordon/Shutterstock.com; S. 481 A/Robert Harding; S. 481 M/Ross Armstrong; S. 482-483 Ronnie Chua/Shutterstock.com; S. 484 WaitForLight/Shutterstock.com; S. 484-485 Rahhal/Shutterstock.com; S. 485 G/ Buena Vista Images; S. 485 Kertu/Shutterstock.com; S. 486 G/Fayez Nureldine; S. 486-487 G/Eightfish; S. 488 Daniel Arranz/Shutterstock.com; S. 488-489 M/Torsten Dietrich; S. 489 Orapin Joonkhajohn/Shutterstock.com; S. 489 Olga Nikanovich/Shutterstock.com; S. 490-491 G/Martin Child; S. 491 G/Murat Taner; S. 491 G/Enzo Figueres; S. 492 G/John Harper; S. 493 Darren Tierney/Shutterstock.com; S. 494 Johanna Muehlbauer/Shutterstock.com; S. 494 A/Imagebroker; S. 494 Tichr/Shutterstock.com; S. 494-495 MRGB/Shutterstock.com; S. 496 M/Scenics & Science; S. 496 A/CuboImages srl; S. 496 Oussama.houssam/Shutterstock.com; S. 497 M/Alamy; S. 498 Jiaye Liu/Shutterstock.com; S. 498-499 HelloRF Zcool/Shutterstock.com; S. 499 John W W/ Shutterstock.com; S. 500 M/John Porter; S. 500-501 CRS PHOTO/Shutterstock.com; S. 501 M/De Visu; S. 502-503 G/Gyro Photography; S. 503 A/Simon Brooke-Webb; S. 504-505 C/; S. 504-505 G/Str; S. 506-507 G/SOPA Images; S. 508 M/Belle Vue; S. 508-509 M/Paul White; S. 510 A/TAO Images Limited; S. 510-511 A/Suzy Bennett; S. 511 A/James Bedford; S. 512-513 Dmitry Rukhlenko/ Shutterstock.com; S. 513 M/Travelfile; S. 513 Reisegraf.ch/Shutterstock.com.

IMPRESSUM

© 2022 Kunth Verlag GmbH & Co. KG, München –
MAIRDUMONT, Ostfildern
St.-Cajetan-Straße 41
81669 München
Tel. +49.89.45 80 20-0
Fax +49.89.45 80 20-21
www.kunth-verlag.de
info@kunth-verlag.de

1. Auflage
ISBN 978-3-96965-011-0
Printed in Slovakia

MIX
Papier aus verantwortungsvollen Quellen
FSC® C020353

Verlagsleitung: Grit Müller
Redaktion und Konzept: Isabel Rößler
Redaktion: Annika Voigt, mcp concept gmbh
Gestaltungskonzept und Illustrationsseiten: Patrick Tümmers, München
Seitenlayout, Satz und Bildredaktion: Ute Weber, Geretsried

Texte: Dr. Maria Guntermann, Cornelia Heinrich, Thomas Horsmann, Andrea Lammert (Tipps), Georg Ledig, Dieter Löffler, Heiner Newe, Dr. Reinhard Pietsch, Barbara Rusch, Eckard Schuster, Linde Wiesner